"三位一体"服务"三农"

新型合作经济与普惠金融

陈林 | 著

中国出版集团有限公司
研究出版社

图书在版编目（CIP）数据

"三位一体"服务"三农"：新型合作经济与普惠金融 / 陈林著. -- 北京 : 研究出版社, 2025. 4.
ISBN 978-7-5199-1841-5

Ⅰ. F325.12；F832.35

中国国家版本馆CIP数据核字第2025KV4085号

出 品 人：陈建军
出版统筹：丁　波
策划编辑：侯天保
责任编辑：杨　猛
责任营销：毛　欣
责任校对：林　娜　王淑先　杨芳云
责任印制：王宏鑫

"三位一体"服务"三农"：新型合作经济与普惠金融
"SANWEIYITI" FUWU "SANNONG"：XINXING HEZUO JINGJI YU PUHUI JINRONG

陈　林　著

研究出版社 出版发行

（100006　北京市东城区灯市口大街100号华腾商务楼）

北京中科印刷有限公司印刷　新华书店经销

2025年4月第1版　2025年4月第1次印刷

开本：710毫米×1000毫米　1/16　印张：30

字数：432千字

ISBN 978-7-5199-1841-5　定价：99.00元

电话（010）64217619　64217652（发行部）

版权所有·侵权必究

凡购买本社图书，如有印制质量问题，我社负责调换。

推荐序一

发展新型合作经济及其合作金融

戴相龙

中国人民银行原行长、中央农村工作领导小组原成员
国务院原农村金融体制改革部际协调小组组长

2019年5月，全国政协原副主席白立忱同志约请国务院有关部门原任负责人，研究申报成立中国合作经济论坛，商定先对我国农村合作经济现状进行调研。同年7月，经中国国际经济交流中心理事长、国务院原副总理曾培炎同志批准，设立了"三位一体"合作经济研究组，由我作为项目负责人，由陈林同志担任研究组长。此后，我带领研究组成员，先后到丰县、金乡县、瑞安市、玉田县、金寨县、安阳市、梨树县等地开展调研，与基层干部和群众、合作经济组织负责人、有关部门和地方领导深入交流，收获很大。

2021年中央一号文件，再度载入了生产、供销、信用"三位一体"综合合作。当年1月，中国合作经济与普惠金融论坛暨纪念"三位一体"合作经济改革十五周年活动在京举办，我参加了这次会议。此次论坛本是

"三位一体"服务"三农"
新型合作经济与普惠金融

"三位一体"研究组计划中的内部讨论,很多同志积极要求参会,因此扩大了范围。知名学者专家,有关部门和地方领导,以及基层实践者共聚一堂,进行深入交流和讨论,正本清源,共同为"三位一体"改革蓄势再发,掀开新的篇章。论坛参会人员具有各方面代表性,跨越实务、理论和政策领域,跨部门、跨学科、跨地区、跨层级。特别是在合作经济与普惠金融议题上,把农业农村、金融、供销流通和商务主管部门等各方面人士,聚合在一起是很少有的。也算是为打破部门分割、学科分割作出了努力。

发展"三位一体"新型合作经济是习近平总书记的重要部署,是对我国"家庭承包经营为基础,统分结合的双层经营"在"统"的层面的落实和完善。当年习近平总书记亲赴瑞安召开浙江全省现场会,发表重要讲话,将"三位一体"总结表述为"三重合作功能的一体化、三类合作组织的一体化、三级合作体系的一体化"。全省现场会要求条件好的地方可以大步前进,建立区域性的新型合作经济联合组织。

新型合作经济联合组织的主要职能是对合作经济的发展发挥自律、协调、服务、培训的作用。根据其职能,应登记为公法性质的公益性社会团体。坚持普遍入会,依据行政区划分级设立,一级行政区只设一家。建议扩大试点,积极发展新型农村合作金融。特别是在小农为主的条件下,合作金融有其独特优势,但是很难单独存在和发展,因此要积极主动嫁接到"三位一体"综合合作体系。新型合作金融不是经营货币信贷业务的银行机构,要建立一套与之相适应的管理制度。

我对于合作经济特别是合作金融情有独钟。在20世纪80年代中国农业银行任职期间,我就分管信用社改革(当时信用社属于农行管理),旗帜鲜明地支持合作金融。为此,我在1987年写了一篇论文,坚持下列观点:"信用社既是金融组织,也是经济团体","对社员的农副产品生产、加工、运输、销售进行跟踪服务,促进各种合作经济之间的经济联合","服务对象可以从农户扩大到合作经济组织;组织形式可以从单元制发展到多层联合制","促进信用合作与其他合作经济的改革相互配套,组成完整的农村合作体系"。后来到中国人民银行工作,我曾任中央农村工作领导小组成员、国务院农村金融体制改革部际协调小组组长。1997年2月，我主持召开全国农村信用社改革工作会议，安排部署相关改革工作。2002年8月，我去浙江温州实地调研，同意瑞安、乐清在信用联社基础上成立农村合作银行。

从20世纪80年代开始，党中央、国务院曾多次下发文件，要把农村信用社真正办成合作金融，这个目标未能实现。究其原因主要是：缺乏政策法规配套，生产、供销、信用相互割裂；农村信用社管理体制改革忽视内部改革，注重外部关系不断调整；农村信用社发展长期背离合作原则，实际已经商业化运营，更有很多改成了农村商业银行。

2007年《中华人民共和国农民专业合作社法》正式实施，全国农民合作社蓬勃发展，需要有合作金融为其服务，但是原有农村信用社已改为商业银行。在这个历史背景下，党中央、国务院决定发展新型农村合作金融，并从2006年至今十多次发文提出要求。2006年中央一号文件提出"引导农户发展资金互助组织"，随后原中国银监会制定了《农村资金互助社管理暂行规定》，批准成立了一批农村资金互助社。2008年，党的十七届三中全会有关决定提出"允许有条件的农民专业合作社开展信用合作"。2009年中央一号文件指出抓紧出台"农民专业合作社开展信用合作试点的具体办法"。特别是2014年中央一号文件提出："发展新型农村合作金融组织。在管理民主、运行规范、带动力强的农民合作社和供销合作社基础上，培育发展农村合作金融，不断丰富农村地区金融机构类型。"2017年中央一号文件提出加强农民合作社规范化建设，积极发展生产、供销、信用"三位一体"综合合作，要求"规范发展农村资金互助组织，严格落实监管主体和责任。开展农民合作社内部信用合作试点，鼓励发展农业互助保险"。2022年2月，中央全面深化改革委员会全体会议提出"有效发挥商业性、开发性、政策性、合作性金融作用"。这些都体现了中央一以贯之的政策方针。

2021年我到有关省及其县（市），对新型合作金融试点进行现场调研。总的来看，试点工作进展还比较缓慢。发展新型农村合作金融，是"三位一体"合作经济的题中应有之义。合作金融不仅是融资机制，也是农村合作经济的一部分,要注意发挥三项新功能。一是金融服务功能。新型农村合作金融应该比商业金融机构更好地为社员提供及时、方便、有效的各种金融服务。二是收益返还功能。新型农村合作金融是合作社内和社区内的资金互助、信用合作,要将互助合作形成的收益返还给社员。三是促进农村合作经济的联合。发挥合作金融的特殊作用,支持社区合作和专业合作,依托各级政府成立农村合作经济组织的联合组织,把小农户和大市场紧密联系起来。这三项功能是其他商业金融机构代替不了的。

发展"三位一体"合作经济,是增加农民收入、推动乡村振兴的战略举措,是"不忘初心、牢记使命"的重要体现。建议国家把《中华人民共和国农民专业合作社法》升为《中华人民共和国农民合作社法》,支持农民发展各种合作,支持农民合作社开展内部融资,支持农民合作社自下而上组建联合组织,推进农业农村现代化。

本书作者陈林同志是金融干部中少有的具备丰富地方工作经历和基层经验的,其在金融以外的一般人文社会科学素养也很深厚,葆有强烈的社会关怀和问题意识,以及长期的专注和执着。陈林同志从研究生阶段开始,有二十多年的相关研究、十多年的直接实践,厚积薄发,形成专著。无论是在合作经济的一般理论、"三位一体"合作经济的基本框架,还是在合作经济与普惠金融的交叉融合、金融机构嫁接互助合作机制、生态资源价值转化的金融路径、合作化与数字化的相互促进、金融科技赋能合作经济等方面,陈林同志都有系统研究,其作颇多真知灼见,也提供了具有可操作性的建议,值得推荐一读。

推荐序二

在坚持家庭承包制基础上的再合作化是农民实现共同富裕的必由之路

朱佳木

中华人民共和国国史学会会长
中国社会科学院"陈云与当代中国"研究中心理事长

陈林同志长期从事农村合作经济的研究,曾作为浙江温州瑞安农村生产、供销、信用"三位一体"新型合作经济试点工作的实际主持人,出任过瑞安"三位一体"农村合作协会首任会长,现供职于金融机构,并仍在坚持相关的研究。最近,他来信希望我能为他即将出版的新著《"三位一体"服务"三农":新型合作经济与普惠金融》一书写个序。老实讲,他研究和阐述的这个问题,专业性、实践性都很强,我对此一无调查,二无研究,因此,并没有也不应当有什么发言权。不过,既然陈林同志提出了这个请求,且他长期以来所坚持的通过新型合作化道路统筹城乡发展、实现共同富裕的主张,又是我所赞成的,所以,只好不揣浅陋,仅从新中国史的角度,谈谈对新型合作经济问题的一点不成熟的认识。

"三位一体"服务"三农"
新型合作经济与普惠金融

中国是一个农业古国，也是一个农业大国。在中国几千年的封建社会里，农民阶级与地主阶级的矛盾是社会的主要矛盾，矛盾就集中在土地问题上。每次地主阶级上层统治集团的改朝换代，基本上都是由于土地不断被地主尤其是豪强兼并，导致失地农民揭竿起义。而每次改朝换代之初呈现的盛世，也大多是由于农民重新获得土地，得以休养生息的结果。但时间不长，一方面，农民又因为生活所迫等卖地；另一方面，地主尤其是豪强又采取威逼利诱等手段兼并土地。在矛盾积累到一定程度后，失地农民只有再次起义，从而促成地主阶级上层统治集团的再次改朝换代。在一定意义上，一部中国的古代史大体就是由这个循环构成的，可谓朝代更迭的一种周期律。一直到近代的五四运动之后，中国共产党诞生了，这个周期律才被彻底打破。其主要原因就在于，不是别的政党，而是中国共产党找到并实行了从根本上解决农民土地问题的办法。

首先，我们党通过新民主主义革命，推翻了在近代同帝国主义、官僚资本主义勾结在一起的封建主义统治，并通过彻底的土地改革，实现了真正意义上的耕者有其田，即耕者的土地私有化与生产个体化的结合。然而，人口多、耕地少，始终是中国的基本国情。一家一户的小农经济，不仅经营规模小、比较效益差，而且改善农业生产条件和抗击各种风险的能力低。因此，做到了耕者有其田，并不能防止新的贫富分化，甚至出现新的土地兼并。于是，我们党在20世纪50年代初新解放区土地改革的基础上，进一步引导农民走互助合作的道路。首先是农民拿出劳力、农具，组成互助组，然后是农民拿出土地、大牲畜、大农具入股，组成初级合作社，共同劳动，按劳动和股份分配成果。但这种合作社"还是建立在私有制基础之上的……在社内社会主义因素和私有制也是有矛盾的"[①]，"到了一定的时候，这种半私有制就束缚了生产力的发展"[②]。也就是说，无论是互助组还是初级社，本质上都是土地的私有化与生产的合作化的结合。1953年，为了大幅度提高农产品特别是粮食的单位面积产量及其商品率，以适

[①] 《毛泽东文集》第六卷，人民出版社1999年版，第302—303页。
[②] 中共中央文献研究室编：《建国以来重要文献选编》第七册，中央文献出版社1993年版，第211页。

应大规模工业化建设的需要，我们党在推行社会主义过渡时期的总路线中，对农业进行了社会主义改造，逐步将后来作为股份的土地、大牲畜、大农具转变成了集体财产，把初级社提升为社会主义性质的高级社。这时，生产的合作化开始与土地的公有化结合到一起。在1958年"大跃进"期间，为了适应大规模农田基本建设尤其是水利建设以改变农业生产条件的需要，在高级社基础上又建立了基本以乡镇为单位的政社合一的联社，即人民公社。从经济体制的角度来看，其本质不过是扩大了土地公有化的范围，提高了生产合作化的层次。以上过程说明，土地所有制形式与生产的经营形式之间，并没有固定的联系模式，土地的私有化既可以和个体经营相结合，也可以和合作经营相结合；土地的公有化既可以和小集体合作化相结合，也可以和大集体合作化相结合。

改革开放后，我们党总结了前一时期农业、农民、农村工作的经验教训，从适应农业生产特点、调动农民生产积极性、促进农村改变面貌出发，解散了政社合一的人民公社，恢复了乡镇建制，将过去那种过分集中的集体经济改为了以村为单位的土地集体所有制基础上的家庭承包经营和统分结合的双层经营体制，即将土地的所有权和使用权、经营权相分离，保留土地的集体所有制，但允许农民家庭承包集体的土地，在承包地上分散经营。就是说，又把土地的公有化与生产的个体化结合了。

这项政策在实行的最初阶段，效果是明显的。对于迅速恢复农业生产、增加农副产品产量、提高农民收入，起到了十分积极的作用。但随着时间的推移，出现了一些新的情况。比如，很多青壮年农民进城打工或经商，家里的承包地或者由老人耕种，或者无人耕种；另外，一些农民虽然在家务农，却因为承包地太少而效益低下，由此产生了前者将承包地租给后者经营的需求。正是顺应农民的这种愿望，党和国家在坚持土地承包权长期不变的基础上，制定了允许土地承包方将土地经营权流转给他人使用的政策，即在土地的集体所有权和农民对土地的承包权、经营权之外，又增加了一个经营的流转权。就是说，土地仍然是集体的，个人可以承包，可以经营，甚至可以转给他人经营，但就是不能买卖，不能改变土地的集体所有制性质。这个新政策，既体现了我国是工人阶级领导的、以工农联盟为基础的人民民主专政的社会主义国家的性质，也体现了中国特色社会主义社会和新民主主义社会的最为显著的区别，从制度上断绝了土地被再次兼并尤其被国内外大资本收购的可能性，从而维护了经济波动情况下的社会稳定；同时，又适应了变化的实际情况，满足了农民既能够长期保留土地的承包权又能在必要时将经营权流转出去的愿望。接下来的问题是，这种经营权究竟向哪里流转对农业、农村、农民更有利。

早在20世纪90年代初，邓小平就看到了家庭承包经营虽然适合农业生产的特点和改革开放初期农业生产力的状况，但相对于我国人均耕地少和家庭劳力状况千差万别的实际，长久下去势必阻碍新技术的使用、生产力的提高，造成农民新的贫富悬殊、两极分化，因此提出了"两个飞跃"的思想。他说："中国社会主义农业的改革和发展，从长远的观点看，要有两个飞跃。第一个飞跃，是废除人民公社，实行家庭联产承包为主的责任制。这是一个很大的前进，要长期坚持不变。第二个飞跃，是适应科学种田和生产社会化的需要，发展适度规模经营，发展集体经济。这是又一个很大的前进，当然这是很长的过程。"[①] 他在这里说的要"发展适度规模经营"和"发展集体经济"，我理解就是指实行家庭承包制之后的再合作化。不过，他只是指出了一个方向，并没有讲用什么办法实现。现在，我们党通过总结群众的实践经验，创造性地规定农民在保留土地承包权的基础上，让经营权流转，这就为第二次飞跃，为再合作化，提供了一种具有现实可能性的途径。

进入21世纪以来，随着新型工业化、信息化、城镇化、农业现代化等"新四化"的深入发展，农民一家一户在承包地上的分散经营，不仅与农村劳动力的变化产生了矛盾，而且越来越不利于农业扩大再生产的投入、新技术的使用和与市场的对接。因此，当国家允许承包地经营权可以流转后，很多农民将经营权流转给愿意从事农业生产的"种田能手"，也有很多农民用承包地的经营权组织起各种形式的专业合作社，还有很多农民由于没有流转对象而让土地撂荒。在这种情况下，国家于2006年制定并于2017年修订了《中华人民共和国农民专业合作社法》，一些地方的党组织和政府为促进农业增产、农民增收、农村振兴，也纷纷动脑筋、想办法，积极探索农民在家庭承包经营和统分结合的双层经营体制基础上的再合作化路

---

① 《邓小平文选》第三卷，人民出版社1993年版，第355页。

径。烟台市委组织部推动农村党支部领办合作社，便是其中的一个例子。

2021年，我和一些同志慕名前往烟台参观学习，了解到那里的基本做法是：由村党支部领导集体经济组织发起成立农民专业合作社，用村的集体耕地、建设用地和其他各种资产占据大股；社员个人则用劳动折合股份入股，也可以用承包地的经营权、固定资产和资金入股，但股份最多不得超过合作社全部股份的20%，且无论占比多少都只能是一人一票；同时，鼓励和吸收低收入农户及老弱病残优先入社。有些合作社还引入了社会资本，聘用了外部人担任经理。通过这种合作社，把分散的农户重新组织起来，整合碎片化的土地、资产和其他资源，实行土地的规模化经营，延长了产业链，改变了过去多数村集体经济组织依靠简单发包租赁资源、农户则靠一家一户单打独斗等低层次的增收模式，为农业的集约化、标准化管理和良田、良种、良法、良品的普及与农产品的品牌销售，以及合作社与农业企业、科研院所、大型超市的联合创造了条件，从而增强了农民面对市场的地位和力量，促进了农民的增收和共同富裕，也使村委会有了从合作社收入中提取公益金，用于兴办公共食堂、养老院、托儿所、文化馆、健身娱乐设施等公益事业的能力。其实质就在于，农民把从村集体经济组织那里取得的土地承包经营权，通过入股合作社的形式，又流转回了村集体经济组织。我认为，这种土地公有化与生产经营个体化结合之后的生产经营再合作化，正是实现"第二个飞跃"的具体途径。据说，他们下一步还打算学习瑞安的经验，打造生产、供销、信用"三位一体"的综合合作社，提高合作的层次，扩大合作的内涵和规模。

习近平总书记在2013年中央农村工作会议上的讲话中指出："把农民土地承包经营权分为承包权和经营权，实现承包权和经营权分置并行，这是我国农村改革的又一次重大创新。""要不断探索农村土地集体所有制的有效实现形式，落实集体所有权、稳定农户承包权、放活土地经营权，加快构建以农户家庭经营为基础、合作与联合为纽带、社会化服务为支撑的立体式复合型现代农业经营体系。"① 2018年，他在强调坚持走中国特色乡村振兴之路时又指出："我国人多地少矛盾十分突出，……这样的资源禀

---

① 习近平：《论"三农"工作》，中央文献出版社2022年版，第84、85页。

赋决定了我们不可能各地都像欧美那样搞大规模农业、大机械作业，多数地区要通过健全农业社会化服务体系，实现小规模农户和现代农业发展有机衔接。当前和今后一个时期，要突出抓好农民合作社和家庭农场两类农业经营主体发展，赋予双层经营体制新的内涵，不断提高农业经营效率。"① 习近平总书记的这些论述清晰地说明，土地所有权、承包权、经营权的"三权分置"，是新型合作经济的前提条件，而经营权向农民合作社的流转，是提高农业经营效率、实现农民共同富裕、实施乡村振兴战略的必由之路。这种新型合作经济，本质上就是土地的公有化与生产合作化的再次结合。但这个合作化已不同于改革开放前那种由生产队集中组织劳动、按工分领取报酬的集体经济的合作方式，而是建立在农户仍然保留土地承包权的基础上，将土地经营权流转给新型合作经济组织的再合作化。正是这个办法，做到了社会稳定、农民安心、集体受益。显然，这是我们党集中农民群众智慧，在农村改革上的又一次重大的制度创新。

陈林同志的这部著作，梳理了农民合作经济的基本概念，分析了国际上可供借鉴的各种合作经济的经验和范例，探讨了生产、供销、信用"三位一体"合作经济的形式、特点和地位，并阐述了关于"三位一体"服务"三农"的一些具体问题。这些内容虽然并非我的专业，是我所不懂的，但无论是单项的专业生产合作，还是供销加信用的合作；无论是"二位一体"，还是"三位一体"，只要真正有利于农民的再合作化，有利于农业经营效率的提高，有利于农民的增收和共同富裕的推进，有利于乡村的振兴和城乡差别的缩小，我认为都是有意义的，都是值得研究、值得探索、值得推广的，因此也都是我愿意支持的。

毛主席曾说过："我们马克思主义的书读得很多，但是要注意，不要把'农民'这两个字忘记了；这两个字忘记了，就是读一百万册马克思主义的书也是没有用处的，因为你没有力量。"② 他的这段话虽然是在七八十年前说的，但时至今日，仍然振聋发聩。

是为序。

---

① 习近平：《论"三农"工作》，中央文献出版社2022年版，第279页。
② 《毛泽东文集》第三卷，人民出版社1996年版，第305页。

目录

导论 ... 1
一、横空出世：中国式现代化的合作经济道路 ... 3
二、他山之石：国际上的经验借鉴与研究启示 ... 7
三、高层回响：政策上实践上的重大关键命题 ... 13
四、智见略同：各级两会上的呼声与建言 ... 20
五、研究阐发：本书的内容、逻辑与创新突破 ... 27

第一章 合作经济的基础概念 ... 33
一、定义与特征 ... 35
 （一）基本定义 ... 35
 （二）主要特征 ... 36
 （三）应用领域 ... 38
二、概念辨析 ... 38
 （一）合作制是交易联合，不是交易（合同）本身 ... 39
 （二）合作与垄断：反垄断豁免 ... 41
 （三）合作制非指生产要素的结合或组合，也不是生产过程的协作 ... 43
 （四）合作与互助：从双边到多边 ... 44
 （五）合作与公益、志愿 ... 45
 （六）合作与合资、合伙 ... 46
 （七）社区团购与合作经济 ... 46
三、合作制与股份制：区别与联系 ... 48
四、生产合作与流通合作 ... 51

（一）从消费合作或劳务合作到生产合作 ············· 51
　　（二）从生产合作联系到"生产资料"，附会为"生产资料
　　　　 所有制" ··································· 56
　　（三）生产合作社的优势与局限 ····················· 57
　　（四）流通合作大有可为 ··························· 61
五、合作制不属于所有制范畴，也不等同于劳动联合 ········· 64
　　（一）合作制与所有制 ····························· 64
　　（二）合作制与劳动联合没有必然联系 ··············· 64
　　（三）劳动联合的更典型形式是工会 ················· 65
　　（四）劳动力垄断 vs. 生产资料垄断 ················· 67

第二章　合作经济与集体经济 ························· 71
一、回顾社会主义合作制的思想脉络与曲折实践 ············· 73
　　（一）早期萌芽 ··································· 73
　　（二）马克思和恩格斯合作制思想的发展 ············· 75
　　（三）从列宁的流通合作到斯大林集体化的政策转向 ··· 77
　　（四）毛泽东的合作制思想及早期实践 ··············· 78
　　（五）20世纪50年代的合作化（集体化）运动 ········ 81
　　（六）人民公社的三种体制、双重角色：从集体化到"政社
　　　　 分开"的实践困境 ·························· 85
　　（七）农村复苏和繁荣的多元动因 ··················· 88
　　（八）值得记取的经验教训 ························· 91
二、传统集体经济并非马克思主义初衷，违背了合作经济原则 ······ 92
　　（一）集体所有制并非马克思主义初衷或本来设想 ····· 92
　　（二）传统集体经济违背了合作经济原则 ············· 94
　　（三）理论上、法律上、实践上的长期困扰 ··········· 96
　　（四）传统集体经济的想象与现实日益脱节 ··········· 98
三、集体产权制度有其合理性，仍将长期存在 ··············· 104
　　（一）集体经济的三种含义 ························· 104

（二）集体产权制度：从"农民集体所有"到"成员集体
　　　　所有" ……………………………………………………… 105
　　（三）成员集体所有不是"共有"，也不同于集体经济组织
　　　　法人所有 ………………………………………………… 108
　　（四）集体保障制度可以是有益的补充 ……………………… 110
　　（五）集体基础在人不在地：也论折股量化 ………………… 111
　　（六）产权不见得越"明晰"越好 …………………………… 114
　　（七）集体产权不可分割不宜绝对化 ………………………… 116
　　（八）集体产权制度的历史文化基因：村社制、总有制、
　　　　宗族公地 ………………………………………………… 116
　四、新型集体经济回归合作经济本源 ……………………………… 119
　　（一）新型集体经济究其为何 ………………………………… 119
　　（二）农村集体经济的固有界限日益被突破 ………………… 122
　　（三）集体的出路重在合作与联合 …………………………… 123
　　（四）新型集体经济只能是新型合作经济 …………………… 125

第三章　合作经济与"三农"发展 ……………………………… 129
　一、农业家庭经营：普遍性、合理性和长期性 …………………… 131
　二、从传统小农到现代小农 ………………………………………… 135
　三、重新理解规模经营：土地规模与服务规模 …………………… 138
　四、"为农民赚钱"还是"赚农民的钱"：社会化服务当以
　　　合作为本 ………………………………………………………… 142
　五、"龙头企业＋农户"：农业产业化路向何方 ………………… 146
　六、农村市场化与农民组织化不可偏废："组织化的农村
　　　市场化" ………………………………………………………… 149
　七、大农与小农：合作组织发展的不同路径 ……………………… 152
　　（一）欧美模式与东亚模式 …………………………………… 152
　　（二）农民专业合作社乱象透视 ……………………………… 156
　八、作为公法社团的合作组织 ……………………………………… 158

（一）集体行动的困境与出路：强制与普惠（普遍受惠）… 158
　　（二）公法社团：摆脱 NGO 思维定式 ……………………… 160
　　（三）公共合作社或公法农协 ……………………………… 163
　　（四）日本《农协法》的最新修订 ………………………… 165
　　（五）自愿但未必自发；被动但不能被迫 ………………… 167
　　（六）正确理解民办、民管、民受益：关于"权能区分" … 167

第四章 "三位一体"合作经济的理论框架 …………… 171
一、三重合作功能的一体化：专业合作与社区合作条块交融 …… 173
　　（一）合作经济的综合协同效应 …………………………… 173
　　（二）从专业合作到综合合作：基于地缘的社区合作 …… 177
　　（三）生产服务以及其中的农技推广：更多依托合作组织 … 178
　　（四）农技推广体制改革："农技券"设想 ……………… 182
　　（五）农村专业技术协会（农技协）、科技特派员也可依托
　　　　 合作经济 ………………………………………………… 184
　　（六）合作经济内部的交叉补贴 …………………………… 186
二、三类合作组织的一体化：兼容性设计和普惠性基础 ……… 187
　　（一）合作组织的贯通与联合：关键在于成员一体化 …… 187
　　（二）多重成员制、联邦式架构、自律监管 ……………… 189
　　（三）新型合作组织：农村合作协会（中心）、信合联盟 … 192
　　（四）新型合作组织兼容集体经济元素 …………………… 195
三、三级合作体系的一体化：立体式复合型经营体系 ………… 199
　　（一）纵横联合、条块交融、大规模、多层次 …………… 199
　　（二）三级合作体系：经验与启示 ………………………… 201
　　（三）基层合作的重心可能稳定在乡镇层级 ……………… 202
　　（四）正规合作与非正规合作相互补充 …………………… 204
　　（五）政府委托联合组织承接合作事业管理职能和涉农
　　　　 公共服务事项 …………………………………………… 205
　　（六）正确处理大与小、上与下、先与后的关系 ………… 208

（七）参考：农会与合作社两大系统的整合 …………… 209
　　（八）参考：美国农场信贷银行的"体系化"与"合作化" … 211
　　（九）参考：依托母体组织的"柯克帕特里克"式合作社 … 213
四、"三位一体"与原有供销社、信用社 ………………… 215
　　（一）不可望文生义，抱残守缺 …………………………… 215
　　（二）不要杯弓蛇影、刻舟求剑 …………………………… 218
　　（三）供销社的困境与出路：有进有退、错位竞争 ……… 220
　　（四）农村信用社错失良机：犹未为晚 …………………… 224
五、政府主导与农民主体：打破"部门分割" ……………… 226
　　（一）抓住要害和枢纽："三位一体"是试金石 …………… 226
　　（二）打破部门分割，防止"异化"和"矮化" …………… 229
　　（三）超越"谁牵头、谁主管"的怪圈 …………………… 233
　　（四）"新三农"问题："三位一体"之"十大关系" ……… 235

第五章　合作成员分类分级与股金设置：利用和节制资本 ……… 237
一、正视农民的分化与流动 …………………………………… 239
二、合作经济的成员分类 ……………………………………… 243
　　（一）成员可以不必出资：出资成员与非出资成员 ……… 243
　　（二）务农为主的成员，与非务农为主的成员 …………… 245
　　（三）现行体制下的探索空间 ……………………………… 247
三、成员分类下的股金设置：利用和节制资本 ……………… 248
　　（一）资格股与优先股 ……………………………………… 248
　　（二）优先股奠定"类金融"基础：上限封顶、下不保底 … 251
　　（三）优先股还可保障合作社带头人、实际出资人的合理
　　　　　回报 ……………………………………………………… 253
　　（四）合作制优先股的先行探索 …………………………… 254
　　（五）合作制优先股的延伸设想 …………………………… 255
四、合作经济的成员分级 ……………………………………… 257
　　（一）成员分级与加权投票制 ……………………………… 257

（二）成员分级与交易配额制 ………………………………… 258

第六章　合作经济与普惠金融的殊途同归 ……………………… 261
　一、普惠金融及其异化：金融支农支小若干误区 ……………… 263
　　（一）理念与现实，包容与排斥，惩戒与赋能 ……………… 263
　　（二）大量增设网点或"服务点"得不偿失 ………………… 267
　　（三）不动产抵押法宝失灵 …………………………………… 268
　　（四）各种"流转平台"多是空中楼阁 ……………………… 269
　　（五）产业链金融依赖龙头企业适得其反 …………………… 270
　　（六）担保公司的作用本末倒置，政府何必越俎代庖 ……… 271
　　（七）大数据迷信难免落空："小数据"尚待发掘 ………… 272
　　（八）农业保险"空转"成为政策套利 ……………………… 274
　　（九）反思：全社会融资体系的多层次生态位 ……………… 279
　　（十）出路：农村信用体系不能脱离合作体系 ……………… 281
　二、农村金融深化与合作化 ……………………………………… 283
　　（一）金融抑制与金融深化的一般理论及其局限 …………… 283
　　（二）农村金融市场的高端与低端：缺乏竞争，还是缺乏
　　　　　合作 ………………………………………………………… 285
　　（三）农村金融中的信用与信息、风险与控制 ……………… 288
　　（四）农民组织化特别是合作化，促进金融深化 …………… 290
　　（五）若断若续、若有若无：当代中国的合作金融 ……… 291
　三、普惠金融合作为本：信用合作的创新方向 ………………… 293
　　（一）合作金融之于合作经济：外联、内嵌与嫁接 ………… 293
　　（二）信用合作应当依托社区合作、综合合作 ……………… 295
　　（三）信用合作有赖于体系支持、政府监管和行业自律 …… 297
　　（四）信用合作作为"机制"而非机构：可以不设资金池 … 300
　　（五）商业银行、合作金融相互配套 ………………………… 301

第七章　金融机构嫁接互助合作机制 ·················· 305
一、银行机构嫁接互助合作机制 ······················· 307
（一）"助贷"：依托合作经济组织开展征信评级及互助
联保、反担保增信 ······················· 307
（二）"委贷"：支持合作经济成员开展资金互助，由银行
全流程托管 ··························· 313
（三）转贷或配贷："批发资金转贷"或"结构化配贷" ······ 319
（四）多层体系下：合作集团财务公司及银行支持 ········· 320
二、信托机构嫁接互助合作机制 ······················· 321
（一）信托业务以合作社为载体，或通过合作社触达农户 ···· 321
（二）具有互助因素的若干公益慈善信托案例 ············ 326
（三）信托机构作为借贷中介：互助委托贷款的信托化 ······ 328
（四）众筹的信托化：预付类资金信托及其合作经济前景 ····· 332
（五）服务信托进一步深入互助合作场景 ··············· 337
三、保险机构嫁接互助合作机制 ······················· 339
（一）互助保险的国际经验 ······················· 339
（二）互助保险的中国现实：夹缝中的生命力 ············ 340
（三）团体险与"网络互助" ······················ 344
（四）农业保险的"协保机构""协保体系" ············· 346
（五）互助合作机制（组织）与保险机构的相互嫁接补充 ···· 350

**第八章　从"两山银行"到"两山合作社"：普惠金融落地
生根** ····································· 353
一、生态资源价值转化：资源整合先行 ··················· 355
二、重塑"两山银行"载体：兼容集体产权，构造合作经济
组织体系 ··································· 357
三、从资源资产整合到资金整合："有名无实"与"有实无名"
的"银行" ································· 362
四、超越股权、债权：重视引入"非营业信托" ············· 364

(一) 非营业信托 vs. 营业信托 ………………………………… 364
(二) 合作经济组织作为受托人 ………………………………… 365
(三) 生态银行的信托方式 ……………………………………… 367

五、地份制：大规模资源资产化构想 ……………………………… 369
(一) 农田建设投融资困境：利益主体错位，回报机制欠缺 ……………………………………………………………… 369
(二) 地份制：基于物权（地权）而非股权、债权 ……… 372
(三) 大地块分拆出让：不影响农地农用和规模经营，更不触及所有制 ………………………………………… 375
(四) 集体产权制度下：小块承包地的整合 …………………… 378
(五) 地份集合服务信托（土地服务合作社）………………… 380
(六) 可能的风险 ………………………………………………… 383

六、"两山"与"三位一体"内在相通 ……………………………… 386

第九章 合作化与数字化：新型平台经济与金融科技 …………… 389
一、运用系统集成的方法论 …………………………………………… 391
二、合作经济三大账户体系：公共簿记及其金融支持 ……………… 392
三、支付便利化、交易结算与分账返利一体化 ……………………… 394
(一) 合作经济的交易、支付与返利 ………………………… 394
(二) 参考：通用积分联盟 …………………………………… 395
(三) 交易平台的"二清"规避：同时完善合作经济的分账返利 ……………………………………………………… 397
四、平台经济反垄断：合作化平衡数字化 …………………………… 400
五、金融科技赋能合作经济：数字化促进合作化 …………………… 403
(一) 金融科技破解资金池 …………………………………… 403
(二) 基于互助合作的新型平台经济 ………………………… 405
(三) 金融机构的优势与契机 ………………………………… 406
六、数据中介与数据合作社 …………………………………………… 407
(一) 数据权益 ………………………………………………… 407

（二）数据中介 ································· 408
　　（三）数据信托 ································· 409
　　（四）数据合作社 ······························· 412
七、区块链与合作经济、普惠金融 ···················· 414
　　（一）区块链就是有信用的村子 ················· 414
　　（二）分布式自治组织（DAO）与分布式金融（DeFi）··· 416
　　（三）国内外若干案例 ·························· 417
八、合作经济权益登记托管系统：合作社的"新三板"······ 419

第十章　总结与展望 ······························· 423
一、合作经济保障粮食安全 ·························· 425
　　（一）粮食安全：成就与挑战 ···················· 425
　　（二）保障农民利益才有粮食安全 ················ 427
　　（三）粮商巨头与合作经济 ······················ 430
　　（四）兼论食品安全与合作经济 ·················· 432
二、合作经济巩固金融安全 ·························· 434
　　（一）最大的安全隐患：金融堰塞湖 ·············· 434
　　（二）合作经济作为金融安全阀、稳定器 ·········· 435
　　（三）银行业安全稳定与合作经济 ················ 436
　　（四）保险业安全稳定与合作经济 ················ 439
　　（五）金融的功能性与合作经济 ·················· 441
三、合作经济通向共同富裕 ·························· 442
四、"三位一体"开创新型合作化道路 ·················· 445

后　记 ·· 451

图表

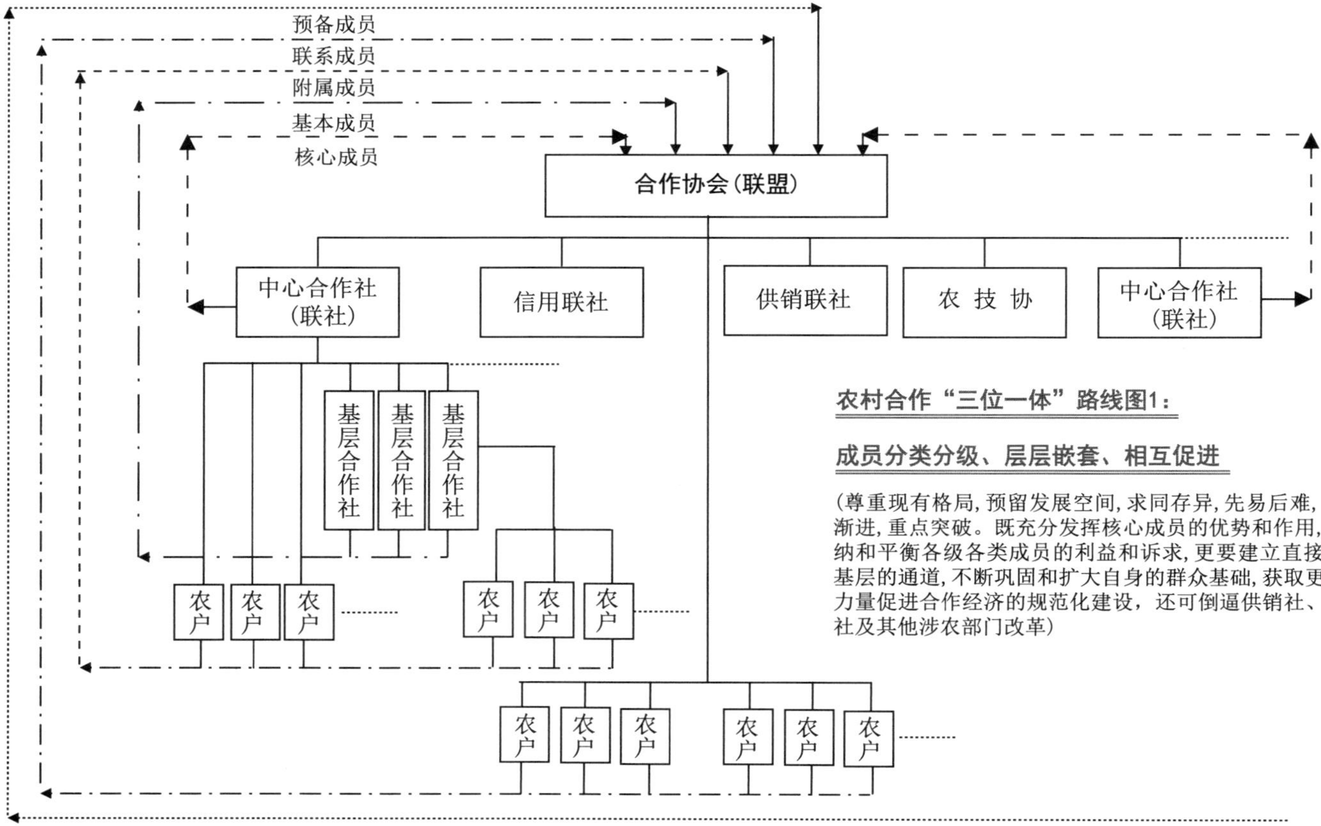

农村合作"三位一体"路线图1：
成员分类分级、层层嵌套、相互促进

（尊重现有格局，预留发展空间，既分发挥核心成员的优势和作用，循序渐进，重点突破。既充分发挥各类成员的利益和诉求，也容纳和平衡各级各类成员自身扩大的群众基础，获取更多基层的通道，不断巩固和扩大自身的群众基础，获取更多力量促进合作经济的规范化建设，还可倒逼供销社、信用社及其他涉农部门改革）

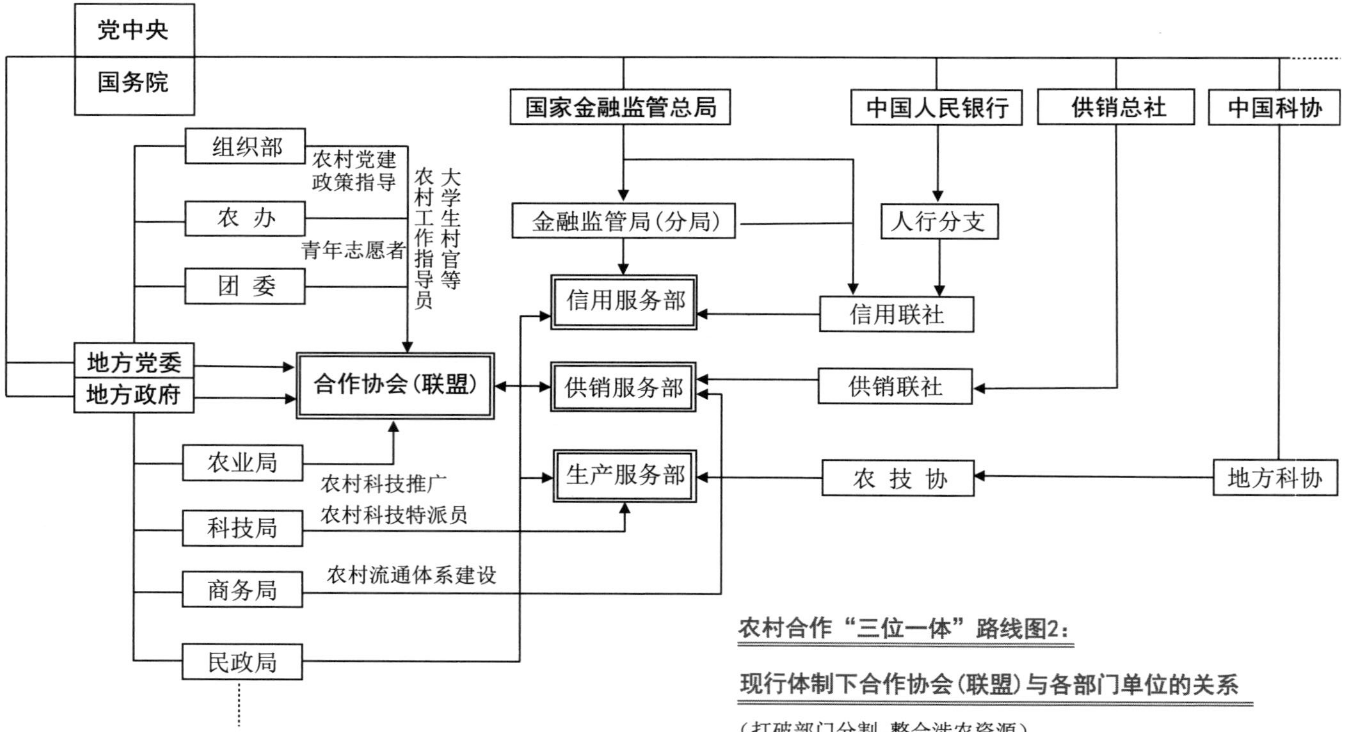

"三位一体"服务"三农"
新型合作经济与普惠金融

农村合作"三位一体"路线图2：
现行体制下合作协会（联盟）与各部门单位的关系

（打破部门分割，整合涉农资源）
（一个组织如协会、联盟，多方支持，各自表述）

党中央 — 国务院
- 组织部 — 农村党建政策指导
- 农办
- 团委 — 青年志愿者、大学生村官等、农村工作指导员

地方党委 地方政府
- 农业局 — 农村科技推广
- 科技局 — 农村科技特派员
- 商务局 — 农村流通体系建设
- 民政局

中国人民银行 — 人行分支
国家金融监管总局 — 金融监管局（分局）
供销总社 — 供销联社
中国科协 — 地方科协

合作协会（联盟）
- 信用服务部 — 信用联社
- 供销服务部
- 生产服务部 — 农技协

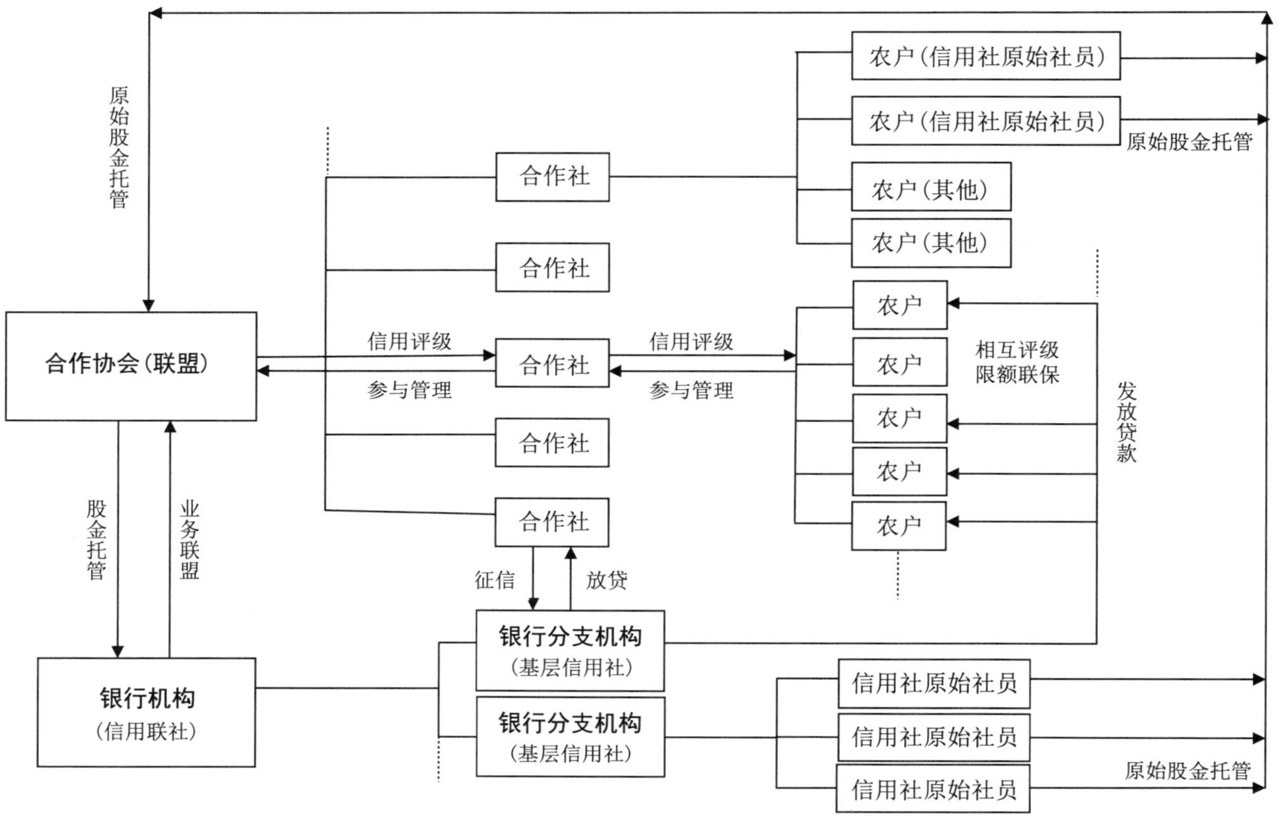

农村合作"三位一体"路线图3：银行机构（包括信用联社）嫁接互助合作机制

(农村金融深化与农民组织化，互为表里；金融改革与农村改革，不可偏废)

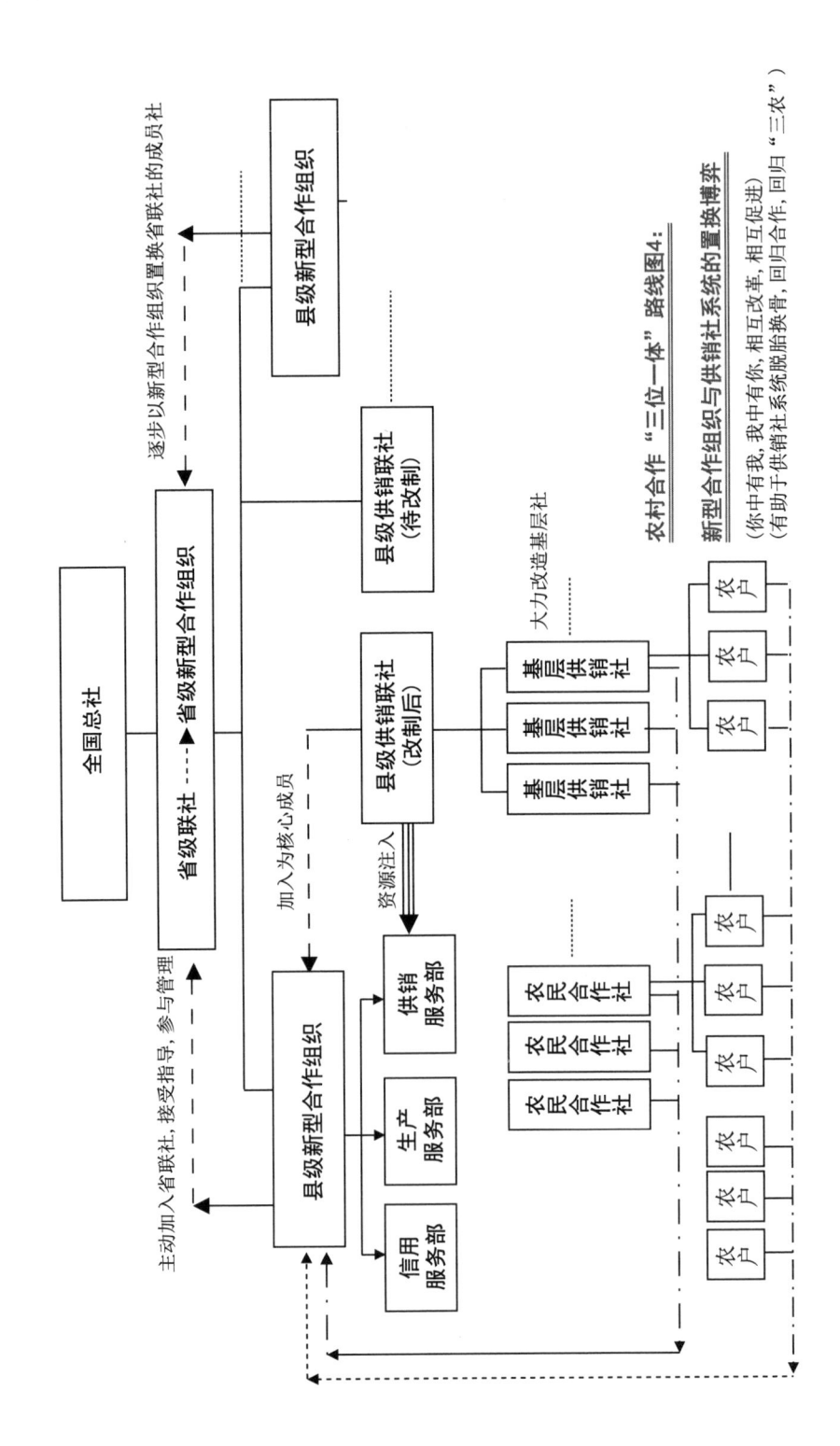

"三位一体"服务"三农"
新型合作经济与普惠金融

农村合作"三位一体"路线图4：

新型合作组织与供销社系统的置换博弈

（你中有我，我中有你，相互改革，相互促进）
（有助于供销社系统脱胎换骨，回归合作，回归"三农"）

```
                        全国总社
                           │
     省级联社 - - - - → 省级新型合作组织
                           │         ↑
                           │         │ 逐步以新型合作组织置换省联社的成员社
                           │         │
                    县级供销联社    县级新型合作组织
                     (待改制)
                           │
                    县级供销联社      县级新型合作组织
                     (改制后)              │
                      │                   ├── 供销服务部
                  ┌───┼───┐               ├── 生产服务部
                基层 基层 基层             └── 信用服务部
                供销 供销 供销
                 社   社   社       农民合作社 农民合作社 农民合作社
                  │   │   │              │         │         │
                农户 农户 农户         农户农户  农户农户  农户农户
```

（图中标注：主动加入省联社，接受指导，参与管理；加入为核心成员；资源注入；大力改造基层社）

> # "三位一体"服务"三农"
> "Trinity Cooperation System" as Solution to "Three Rural Issues"
>
> ## 新型合作经济与普惠金融
> New-type Cooperative Economy and Inclusive Finance

导 论

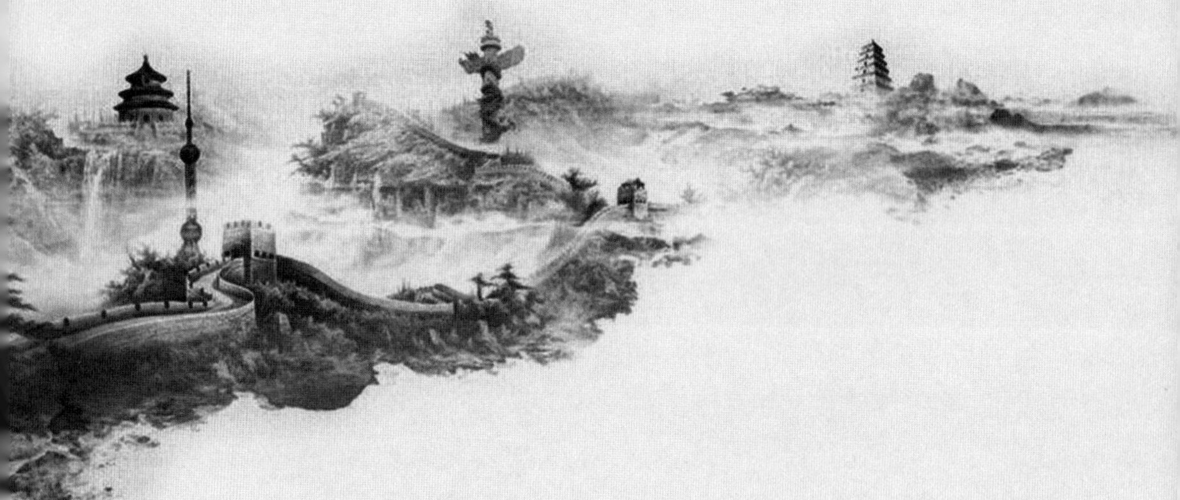

一、横空出世：中国式现代化的合作经济道路

中央农村工作领导小组办公室、浙江省农业和农村工作办公室2018年1月21日在《人民日报》头版发表《习近平总书记"三农"思想在浙江的形成与实践》，开篇第一段指出，习近平总书记在浙江工作期间"探索推进了'三位一体'合作经济发展等一系列农业农村重大改革"。

早在2005年6月，在基层实践的基础上，积极响应群众意愿，浙江省瑞安市政府专题会议就促进合作经济事业全面发展进行了研究和部署，启动"三位一体"农村合作协会的组建工作，并为弥补信用合作的短板，同步筹建信合联盟，开展了一系列创新探索。

《浙江日报》刊文指出，在浙江工作期间，习近平不但尊重群众首创精神，更善于从群众的丰富实践中汲取营养。2005年，瑞安成立新型农村合作组织。获悉这一基层创新举措，习近平进行了深入调研和有力指导。①

2006年1月8日，时任浙江省委书记的习近平同志在浙江全省农村工作会议上，正式提出了生产、供销、信用"三位一体"合作经济的宏伟构想，随后进一步加强了瑞安先行试点，创新构造"三位一体"农村合作协会以及信合联盟，探索更大范围、更深层次的合作与联合。2006年10月24日，习近平听取了瑞安试点负责人的专题汇报，给予高度肯定。2006年12月19日习近平亲赴瑞安，召开全省现场会进行经验总结和推广，并进一步概括为"统分结合""条块交融""三位一体"，以及"三重合作功能的一体化、三类合作组织的一体化、三级合作体系的一体化"。会议要求，条件好的地方可以大步前进，建立区域性的新型合作经济联合组织。"三

---

① 周咏南、刘乐平：《为有源头活水来——我省实施"八八战略"15周年系列综述·体制机制篇》，载《浙江日报》2018年6月25日。

位一体"合作经济思想至此完整确立,成为习近平新时代中国特色社会主义思想的重要组成部分,在实践中不断得到印证,日益发挥着巨大的指导作用。

"三位一体"合作经济的探索,源自基层的土壤和创造,各界有识之士的共同推动,更有赖于高层领导的及时总结和提升。在浙江工作期间,习近平亲自发现、总结了许多像瑞安"三位一体"这样的基层体制机制创新的改革经验,极大激发了全省上下解放思想、大胆改革的热情。[1]

2006年12月19日浙江全省现场会专门到瑞安召开,进行经验总结和推广,表明先行试点那时已经取得决定性成果。习近平同志高度肯定的"三位一体""瑞安经验",有其特定的时空背景和深刻内涵,后来一些地方和部门造成的异化扭曲,不能拿来鱼目混珠。

党的十八大以后,"三位一体"改革重整旗鼓。

2013年3月,在与全国人大江苏代表团座谈中,习近平总书记回顾了新中国成立60多年来农村先由分到合、再由合到分的过程。他指出,"分"的积极性充分体现了,但"统"怎么适应市场经济、规模经济,始终没有得到很好的解决。21世纪头10多年来,像沿海地区以及农业条件比较好的地方,在这方面都做了积极的探索,也有了一定的经验。农村合作社就是新时期推动现代农业发展、适应市场经济和规模经济的一种组织形式。[2] 2013年12月习近平总书记在中央农村工作会议中指出:"农村金融仍然是个老大难问题,解决这个问题关键是要在体制机制顶层设计上下功夫,鼓励开展农民合作金融试点,建立适合农业农村特点的金融体系。"[3]

2016年5月习近平总书记在黑龙江考察时指出,"农业合作社是发展方向"[4]。2017年中央一号文件,由此正式载入"三位一体"综合合作的

---

[1] 周咏南、刘乐平:《为有源头活水来——我省实施"八八战略"15周年系列综述·体制机制篇》,载《浙江日报》2018年6月25日。
[2] 顾雷鸣、王晓映:《在科学发展的道路上继续向前,创造出无愧于时代和人民的新业绩——习近平总书记参加江苏代表团审议侧记》,载《新华日报》2013年3月9日。
[3] 习近平:《论"三农"工作》,中央文献出版社2022年版,第97页。
[4] 《习近平黑龙江考察:农业合作社是发展方向》,2016年5月25日,见人民网:http://politics.people.com.cn/n1/2016/0525/c1024-28376720.html。

提法。按照中央党校"三农"问题研究中心副主任徐祥临教授的研究，这是一号文件最大的亮点。① 2017 年 6 月，中央农办等多个部委，专程到瑞安召开全国发展"三位一体"综合合作现场会。这也是对 2006 年 12 月时任浙江省委书记习近平同志亲自到瑞安召开全省现场会的致敬和呼应。

2018 年 9 月习近平总书记主持中央政治局集体学习时强调，"要突出抓好农民合作社和家庭农场两类农业经营主体发展"②。2020 年 7 月习近平总书记在东北考察时重提"走好农业合作化的道路"③。2021 年中央一号文件，再度载入了"三位一体"综合合作，并提出"稳妥规范开展农民合作社内部信用合作试点"（这也是"三位一体"的重要方面）。

2021 年 1 月，中国合作经济与普惠金融论坛暨纪念"三位一体"合作经济改革十五周年活动在京成功举办。中国信合联盟学术委员会发布了促进数字化与合作化、合作经济与普惠金融交叉融合，改造重构互联网平台经济的实施方案，以及相关立法建议。

2021 年 3 月，农业农村部办公厅印发的《关于开展 2021 年农民合作社质量提升整县推进试点工作的通知》提出，鼓励以农民合作社为组织载体发展生产、供销、信用"三位一体"综合业务合作。2021 年 6 月，中国人民银行、中国银保监会等部门联合发布《关于金融支持巩固拓展脱贫攻坚成果 全面推进乡村振兴的意见》，提出：推动开展生产、供销、信用"三位一体"综合合作试点。同样在 2021 年 6 月，中华全国供销合作总社、中央农办、中国人民银行、中国银保监会等四部门联合出台了《关于开展生产、供销、信用"三位一体"综合合作试点的指导意见》，供销社试图把"三位一体"置于自己的固有体系以内。

2022 年 2 月，中央全面深化改革委员会审议通过《推进普惠金融高质量发展的实施意见》，提出"有效发挥商业性、开发性、政策性、合作性

---

① 徐祥临：《构建"三位一体"农村综合合作社体系》，载《领导科学论坛》，2017 年第 3 期。
② 习近平：《论"三农"工作》，中央文献出版社 2022 年版，第 279 页。
③ 《充满希望的田野 大有可为的热土——习近平总书记考察吉林纪实》，载《人民日报》2020 年 7 月 26 日。

金融作用"。

另外，习近平总书记提出的"绿水青山就是金山银山"即"两山"绿色发展理念，与"三位一体"合作经济思想，也是内在相通、相辅相成的。"两山"生态价值转化机制，在底层逻辑上，不能不植根于新型合作经济的构造。特别是此前"两山银行"的资源"存取"概念，与"三位一体"之信用合作，环环相扣。为了规范"两山银行"，2023年6月，浙江省发展改革委、省自然资源厅等六部门联合印发了《关于两山合作社建设运营的指导意见》，从此正式采用了"两山合作社"的提法，与"三位一体"合作经济改革殊途同归。

2023年9月，在浙江杭州举办的"大道之行——'八八战略'实施20周年大型主题展览"，专设展板回顾了在浙江省农村工作会议精神指引下，探索发展农村新型合作经济的"瑞安实验"。2023年11月，浙江省人大常委会审议通过《关于持续深化生产供销信用"三位一体"改革加快推进为农服务现代化的决定》，这是全国首个关于"三位一体"合作经济的地方性文件。2024年5月，浙江省委办公厅、浙江省人民政府办公厅进一步发出《关于深入推进生产供销信用"三位一体"改革加快构建现代化为农服务体系的意见》。与之遥相呼应的是，2024年4月，重庆市政府办公厅印发《关于推进生产、供销、信用"三位一体"改革构建新型为农服务体系的实施方案》。2024年5月，中国信合联盟在黑龙江哈尔滨依托农机联合社、资金互助社、股份经济合作社、工会等基层组织，在当地政府支持下，设立双城互助中心。

十数年上下求索，把论著写在祖国大地上。"三位一体"合作经济的改革创新，从低调酝酿、纵横博弈、横空出世，到高歌猛进、沉潜厚积、蓄势再发。先行试点成功揭示了现实可能的策略路径与目标结构，但还不足以巩固，缺乏强有力的制度保障。现行的部门分割、学科分割的体制，对于大规模综合性多层次的新型合作经济建设，对于农民整体合力的提升，造成了极大的阻碍。"三位一体"，对于"三农"和经济、金融，乃至学术界原有的利益格局、思维定式和话语体系，是个极大冲击，也引起了多方面的反弹和互动。虽有曲折反复，却一直没有停歇，展现出强大的生命力。一些学者专家，坚持研究和倡导；在全国各级两会上，相关建议、提案呼应不断；若干省委省政府就"三位一体"作出了专门部署；更多部门、单位纷纷介入；在基层，来自社会各界的合作经济志愿者，也在积极实践"三位一体"。合作的博弈，已经奠定了内生的动力机制。

这些都从不同侧面展现了"三位一体"合作经济思想深厚的社会基础和广阔的应用前景。其中涉及一系列重大、复杂、微妙的理论及政策问题，有必要深入研究；其在数字化条件下的实现形式，也值得探索；进一步总结经验得失，正本清源，继往开来，适逢其会。由此可望走出一条中国式现代化的合作经济道路。

二、他山之石：国际上的经验借鉴与研究启示

合作制、合作经济组织主要起源于近代欧洲，19世纪的社会主义先驱者曾经寄希望于以合作制克服资本主义的某些弊端，但合作制本身与财产制度和市场规则可以相容，更集中体现了平等、民主等核心价值，并以互助联合的方式促进了社会和谐。从某种意义上说，合作组织正是社会主义思想与市场经济逻辑的美妙结合。我国历史上存在各种形式的互助共济组织，具有合作制的某些因素；传统文化中"仁爱"、"均富"和"养民"的思想，也为合作制植根我国奠定了基础。

合作制并非一种落后的经济和金融组织形式，而是具有扎根基层、服务社区和支持"三农"的天然优势。在当今高度发达的西方市场经济中，合作经济与合作金融仍然居于重要地位并且不断有所发展。尽管合作制最初主要旨在为劳工阶层、弱势群体和农村社会提供服务，但从各国经验来看，合作制在其他社会阶层和群体中，在城市和工商、金融领域也有很多成功的应用。他山之石，可供借鉴。

国际合作联盟（ICA，International Co-operative Alliance）在ICA2020规划蓝图中指出：合作社是促进增长和发展的工具，是一种允许人民和社区同时满足其需要和愿望的商业模式。联合国国际劳工组织《合作社促进建

议书》指出，一个平衡的社会必然有强大的公共部门和私营部门存在，也必然有强大的合作社的、互助的和其他社会的与非政府的部门存在。2022年6月国际劳工组织第110届国际劳工大会通过《关于体面劳动与社会互助经济的决议》，"社会互助经济"主要涵盖了合作经济。

根据国际合作联盟的最新报告数据，全世界约有300万家合作社，业务涉及农业、消费、银行、信贷、保险、工业、能源、储运、渔业、住房、旅游等各个方面，成员占全球人口的12%，为全球10%的人口提供就业机会，使30亿人口直接受益。其中，农业合作社数量占世界合作社总数的1/3，在全世界合作社及合作社运动中地位显著，且实力日益增强，在世界经济中的地位日益重要。例如，法国有1.3万家农业合作社，有3800个农业合作企业，90%的农民加入了农业合作社；德国70%以上农业生产者加入农业合作社，销售本国70%的谷物和牛肉；荷兰合作社销售本国90%的牛奶；丹麦合作社销售本国90%的猪肉和牛奶；美国80%以上农户加入合作社，销售全美30%的农产品；日本、韩国几乎全部农业生产者加入合作社。

另据《2020年世界合作经济组织观察》（*World Cooperative Monitor 2020*）的数据，世界上300家最大的合作社或互助社创造了2.14万亿美元的营业额。国际合作联盟对世界前300家合作社及相关机构的调查显示，其中25家成立于19世纪，67家成立于20世纪上半叶，38家在1950—1980年间。在加拿大政府的调查中发现，3年后合作社幸存的概率是75%，而全部企业是48%；10年后，44%的合作社仍在运营，而全部企业的比例只有20%。

著名的合作经济学者A. F. 莱德劳（A. F. Laidlaw）指出，合作组织是市场经济条件下应对"大政府"（Big Government）和"大企业"（Big Business）的第三种力量。合作组织的本质在于所有者、控制者和使用者是统一的。合作组织具有经济和社会双重属性。[①] 著名管理学家亨利·明茨伯

---

① A. F. Laidlaw, *The Cooperative Sector: Outline of a Presentation at the Graduate Institute of Coope-rative Leadership*, University of Missouri, 1974.

格（Henry Mintzberg）在其著作《社会再平衡》中认为，理想的社会应该是一个三极社会，即私人财产所有为一极，这是社会效率的动力机制，公共财产所有为另一极，但是仅仅有这两极是不够的，还不能保证社会发展真正平衡，还必须有第三极，合作社就是他心目中的一个选择。① 而美国重要的未来学家杰里米·里夫金（Jeremy Rifkin）在《第三次工业革命：新经济模式如何改变世界》一书中，对新的工业革命过程中的合作社前景也有精彩论述。②

2001年诺贝尔经济学奖得主、美国哥伦比亚大学教授约瑟夫·斯蒂格利茨（Joseph Eugene Stiglitz）2006年访问中国，应邀在北京大学中国经济研究中心发表演讲，其指出：即使在美国这个传统的"资本主义"经济的商业界，合作组织也起了重要作用，在农业农村部门特别重要。③ 2018年，斯蒂格利茨出版了《美国真相：民众、政府和市场势力的失衡与再平衡》一书，再次对合作社给予高度的肯定："美国有一套远比'市场原教旨主义者'所推崇的更加高明的制度。……美国还拥有合作经营的企业。在2008年的金融危机中，信用合作社是为数不多的没有被金融领域的道德腐化所侵蚀的部门。信用合作社在美国的许多地区及许多部门都发挥了重要作用。在危机期间，信用合作社及更多工人参与决策、拥有更多所有权的企业比其他企业表现得更好。"④

美国500强公司中有十几家是农场主合作社。另有数据表明，在美国，由保单持有人所有的保险公司出售的保单占整个市场已售出的寿险保单总量的一半，财产和责任险保单总量的1/4；供电合作社则承担着1/10的人口和生产用电，拥有的输电网络占全美的45%；⑤ 一些家喻户晓

---

① 〔加〕亨利·明茨伯格：《社会再平衡》，陆维东、鲁强译，东方出版社2015年版。
② 〔美〕杰里米·里夫金：《第三次工业革命：新经济模式如何改变世界》，张体伟、孙豫宁译，中信出版社2012年版。
③ 〔美〕约瑟夫·斯蒂格利茨：《"十一五"规划是实用与战略出色结合》，载《证券市场周刊》2006年3月22日。
④ 〔美〕约瑟夫·斯蒂格利茨：《美国真相：民众、政府和市场势力的失衡与再平衡》，刘斌、刘一鸣、刘嘉牧等译，机械工业出版社2020年版，第242页。
⑤ 〔美〕亨利·汉斯曼：《企业所有权论》，于静译，中国政法大学出版社2001年版，第246页。

的重要机构如 Visa 卡组织①、美联社②等,究其经济本质也是合作制的会员组织。

英国合作社集团是直接在19世纪的罗虚代尔公平先锋社基础上发展演变而来的,拥有700多万个人成员,雇员超10万人,是全英最大的合作社,也是世界上最大的合作社之一。合作社集团的经营业务主要有三类:一是食品供应,网点遍布英国;二是银行、保险、投资等服务;三是医药、殡葬、法律、生活计划、机动车销售、不动产经营、工程建筑、网络购物等服务。合作社银行和合作社保险是合作社的重要业务板块,创办时间早,经营质量高。在农业领域,苏格兰农协(SAOS)每年预算费用财政拨款一般要占到20%,农民组建合作社的资本来自社员股金、政府补助和银行贷款的部分各占1/3,因而那里66%的农户都加入各种形式的农业合作社中。另有数据显示,2008年国际金融危机爆发,英国经济下降了1.7%,而同期全英合作社经济则大幅度地增长了19.6%。

在德国,合作社分为信贷合作社(大众银行和赖夫艾森银行)、农业合作社和商业与服务合作社三大类,相互之间建立固定的合作关系,在生产、加工、收购、销售、信贷等各个环节建立了自成一体和联合经营的业务网络,从而产生良好的规模经营效益。德国合作社银行是德国金融业的三大支柱之一,其市场份额约占25%,在农村地区的市场占有率为40%至80%。德国合作社银行集团下属的施豪住房储蓄银行(Bausparkasse Schwäbisch Hall)目前是欧洲最大的住房储蓄信贷机构。德国农民一半以上的业务经销

---

① Visa 卡组织(Visa International)是全球最大的信用卡国际组织,最早是狄伊·哈克(Dee Hock)等人于20世纪60年代后期创建的,是由成员公司共同拥有的会员制组织。2006年10月,Visa 宣布进行重组,创建一个新的全球上市公司——Visa Inc。但在新模式下,Visa 欧洲区将保留其会员所有制协会的组织结构,继续由4500家欧洲的会员银行所拥有。参见:http://www.visa-asia.com。

② 美联社(The Associated Press),世界上最主要的通讯社之一,是一个合作社形式的非营利性公司企业,全美1500家新闻日报拥有美联社的股份,他们选举管理层直接管理。其最早的前身是1848年成立的美国"港口新闻联合社",当时为了更快地获得来自欧洲的新闻,纽约各报都派小船到纽约港接收由来自欧洲的商船带来的报纸和由各报在欧洲聘用的通讯员采集的新闻及信息。为了节省开支,《纽约太阳报》等6家报纸经过协商,决定成立一个联合体,统一派出"新闻艇",各报共同支付费用,此即"港口新闻联合社"。1850年,这6家报纸又成立了"电讯与一般新闻联合社",共同分担使用电报发送稿的高昂费用。1857年上述两个机构合并,组成"纽约新闻联合社"。1900年,其进一步与其他地区出现的新闻联合社合并,组成全国性的"美国新闻联合社"。参见:http://www.ap.org。

是通过合作社完成的。在商业零售领域，德国最大的两家超市集团 Edeka Group 及 REWE 都是按合作社原则成立和经营的。2016年，德国合作社的相关理念与实践被联合国教科文组织列入人类非物质文化遗产代表作名录。

法国社会学家亨利·孟德拉斯（Henri Mendras）将法国农业成功地实现现代化归结为合作组织的"创举"，"政府尽最大努力指导和帮助了这些使外国人羡慕、并使我们的欧洲竞争者不安的创举"①。孟德拉斯曾经怀着复杂的心情关注着"农民的终结"，但是发现，"如果人们改变了一个地区的经济结构，只需要几年的时间，那儿的精神状态就会随之发生变化。人们会吃惊地看到，一些在传统的经济社会体系中成长起来的农民可以自如地在现代体系中驰骋"②。法国从20世纪60年代开始，在农业人口减少2/3的同时，实现了农业产量的惊人提高以及农村的复兴。传统意义上的自给自足的农民已经不存在了，目前在农村从事家庭经营的是以营利和参与市场交换为生产目的的农业劳动者，这种家庭经营体从本质上说已属于一种"企业"，但较工业企业又有其自身的特点。

另据拉南·魏茨（Raaanan Weitz）的研究，以色列农业的成功，同样可以归结为合作经济组织的成功。而政府在合作组织的建立、技术指导、金融扶持、市场开发和保护方面的作用是其成功的重要保障。③

日本农协，全称是日本农业协同组合（JA, Japan Agricultural Cooperative），"协同组合"在日文中就是合作社、合作组织的意思。日本农协是日本规模和影响最大，群众基础最广泛的合作经济组织。农协为农户提供了农业的产前、产中、产后的全程多方位服务。包括：产前的代购生产资料、提供信贷服务、兴修水利、进行农田基本建设以及为农户制定生产计划等；产中的投资兴建各种大型生产设施及购置大型机械为农户提供低偿服务、提供技术指导、培训农户等；产后的帮助农户组织农产品销售、加工、储藏、运输等。与此同时，农协还为农户提供各种生活服务，既有各

---

① 〔美〕H. 孟德拉斯：《农民的终结》，李培林译，社会科学文献出版社2005年版，第271页。
② 〔美〕H. 孟德拉斯：《农民的终结》，李培林译，社会科学文献出版社2005年版，第271页。
③ 〔以色列〕拉南·魏茨：《从贫苦农民到现代化农民——一套革命的农村发展战略及以色列的乡村综合发展》，杨林军、何大明等译，中国展望出版社1990年版。

种协调服务,还有保险服务,并为农户提供体育、娱乐、医疗、邮电通信、旅游等各种各样的服务,几乎从生到死,无所不包。① 日本 3/4 的农业生产资料通过农协购买,农协帮助农民销售农产品的量一般都占到 90% 以上。在东亚,韩国和中国台湾地区也实行与日本类似的农协(农会)制度,同样取得巨大成效。②

当代合作经济组织的政治社会意义也日益被重视。一个民主国家的政体是建立在一人一票的基础上,市场经济中的企业则是建立在一元一票(ONE DOLLAR, ONE VOTE)的基础上;而合作组织提供了另外一种选择。1999 年国际合作联盟第 32 届代表大会上,时任国际合作联盟主席罗德瑞格(R. Rodrigues)在开幕式上指出,在当今全球化的背景下,合作组织的存在又增添了新的价值——保卫民主。因为集中是全球化的基本组成要素,在所有的经济部门,企业正在将他们转变为没有界限或边界的经济巨人,从银行到超市、从保险公司到咨询公司、从医院到学校,所有的信息都是一样的:集中、集中、集中。如果集中是当今经济模式的一面,那么,另一面就是排他性(Exclusive)。更多的集中导致了另一面的排他性,其最坏的结果是使大量的人失业,并有可能走向社会的深渊,因为失业大军已经或正在加入犯罪、暴力集团。因此,排他性是民主的大敌,对民主政体构成威胁。虽然合作组织别无选择,也要走相同的路,但是合作组织内的集中却不导致排他性;相反地,合作组织为被排除在其他经济部门的人们提供了一个解决问题的方式:建立或加入合作组织。因此,合作组织是政府保卫民主的理想同盟。这可能是合作组织超越了经济与社会的新作用——捍卫民主,最终改善子孙后代的生存环境。③

---

① 习近平主编:《现代农业理论与实践》,福建教育出版社 1999 年版,第 11 页。
② 在中国台湾地区,承担农村合作经济功能的主要是农会。农会是农会法规定的农民"所有、所治、所享"的农民职业团体。"农会经收三分之一的生产稻谷,分配五分之四农民使用的肥料。农会办理农业推广计划。"而台湾当局的农业改进计划通过农会传达给农民,当局的责任减轻至仅限于政策制定和辅导监督,而将实际执行之责任交付农会。见郭敏学:《台湾农会发展轨迹》,台湾商务印书馆 1984 年版,第 242—253 页。
③ R. Rodrigues, *Adding Value to Membership: The Cooperative Challenge for the New Millenium*, ICA Congress and General Assembly, 1999. R. Rodrigues, "ICA President Review of 1997 – 1998", *ICA Review*, Vol. 91, No. 2, July 1998.

三、高层回响：政策上实践上的重大关键命题

发展生产、供销、信用"三位一体"综合合作，是习近平总书记在浙江工作期间亲自部署和推动的重大改革举措。① 习近平总书记很早就研究指出："西方发达国家通过建立各种农业合作社、农协组织，引导农民组织起来，靠互相协作的集体力量，顺利进入并逐步占领了城市和国际农产品大市场，将农业市场化提升到高度发达的程度。我国在建立和发展社会主义市场经济的过程中，也同样面临着个体农民如何能安全进入和把握市场的这一难题，但至今为止，不少地方尚未去做组织和引导安全、顺利进入市场的工作，而是将农民推向市场，任其自生自灭，国内有的专家因此而称'中国是世界上罕见的没有农民组织的国家之一'。在新的世纪中，中国如果不将广大农民组织起来，引导他们安全、顺利进入国内和国际市场，要加快推进农村市场化建设和加快实现农业现代化，都将是不可能的。"② 习近平总书记很早就主张，"探索像日本农协、台湾农会的机制"③。

习近平总书记提出了政策上、实践上的重大关键命题。

原中央农村政策研究室主任杜润生晚年指出："我们的农村改革只完成了三分之一，包产到户、包干到户，农民有了自主权，多种经营大发展，乡镇企业异军突起，民营企业遍地开花，这只是三分之一啊，非常可惜。还有三分之一我们应该学习日本、韩国、中国台湾的综合农协，综合农协涵盖金融、保险、房地产、教育、医疗、养老。最后三分之一最重要，农民在共产党领导下，重塑农村共同体，并有全国统一的组织自主参加城市化、并自主保留比例合理的农村。"④

中华人民共和国国史学会会长、原陈云同志办公室负责人朱佳木，在担任中国社会科学院副院长兼当代中国研究所所长时，就支持本所《当代

---

① 王侠：《把小农生产引入现代农业发展轨道》，载《经济日报》2017年9月15日。
② 习近平：《中国农村市场化建设研究》，人民出版社2001年版，第139—140页。
③ 习近平主编：《现代农业理论与实践》，福建教育出版社1999年版，第11页。
④ 张木生：《不左不右杜润生》，载《参阅文稿》，2023年第19期，香港大风出版社2023年版。

中国史研究》杂志社与有关单位在2008年4月举办了"中国农业合作经济发展论坛"。他在论坛开幕式上提出，应从中国自己的国情出发，从面对的经济社会发展的阶段性特征和任务出发来研究中国的"三农"问题，因时因地选择农业和农村的经营方式。① 他指出，合作组织是小农户应对大市场的新型农业合作经济形式。它有利于农民增强竞争力、降低生产经营的风险和成本、建立增收的长效机制，有利于传统农业向现代农业、商品农业的转变，有利于社会主义新农村的建设，是解决"三农"问题的有效途径。② 2021年朱佳木曾率专家团赴山东烟台调研农村党支部领办合作社情况，当地提出下一步要在横向上、纵向上，打造生产、供销、信用"三位一体"的综合合作社，提高合作的层次、扩大合作的规模。③ 朱佳木认为，要适应这些新形势，唯有走新型农村合作化的道路。这是邓小平同志曾经说过的我国农村废除人民公社、实行家庭承包责任制后要经历的"第二次飞跃"。④ 他一再强调，要牢牢把控合作社发展的政治方向，避免合作社落入少数唯利是图的大户和工商资本的手中。⑤

中国生物多样性保护与绿色发展基金会理事长，原中央统战部副部长、全国工商联党组书记胡德平认为，把自己国家"三农"的合作经济办好，仍大有可为。为"三农"服务的合作经济组织的积极作用还远未发挥出来。市场经济不能完全取代农村的合作经济组织，农村建立起来的合作经济才能以自己的实力，积极主动地进入市场经济。⑥ "中国化的社会主义能

---

① 许月明、李强：《中国农业合作经济发展论坛综述》，载《当代中国史研究》，2008年第4期。
② 朱佳木：《研究"三农"问题的出发点》，载《理论前沿》，2008年第19期。
③ 于涛：《烟台市"党支部领办合作社"的历程和经验》，见孟捷、龚刚：《政治经济学报》第21卷，格致出版社、上海人民出版社2021年版，第134—146页；于涛：《通过构建以实现"三位一体"的农业综合合作体系来实现"内循环"为主是中国农村的未来》，载《政治经济学研究》，2023年第1期。
④ 李志怡：《党支部领办合作社能给农村带来哪些变化——专访中华人民共和国国史学会会长朱佳木》，载《小康》，2021年第30期。
⑤ 李志怡：《党支部领办合作社能给农村带来哪些变化——专访中华人民共和国国史学会会长朱佳木》，载《小康》，2021年第30期。
⑥ 胡德平：《把自己国家的事情办好（中）——农村的合作经济组织》，载《中国民商》，2019年第8期。

否成功,合作经济的成败将起关键作用。"① 胡德平指出:"习近平同志在 2006 年浙江省农村工作会议上第一次提出了……'三位一体'的农村新型合作体系……。我认为'三位一体'的概括抓住了农村振兴的根本问题。……在社会主义初级阶段农业合作经济的实践中,我们刚刚走完统分结合,家庭承包制的第一步,在此基础上理应迈出合作经济的新步伐。农业在不同地域的土地规模化经营,或园艺化经营,当然都离不开党和政府的全力扶持和帮助,但其内部对金融和流通的造血体制也应同步生长起来。……只有这样,农村'三位一体'的合作经济才算构建成型。这是农村改革的初衷,也是艰苦努力才可以实现的目标。"②

全国人大农委主任、原中央农办主任陈锡文早年曾经在《关于中国农业合作制的若干问题》一文中厘清了新中国成立后,农村合作制在发展过程中的三个偏差,指出农村改革的实践使中国农村具备了重建合作制的条件。③ 2007 年 2 月,陈锡文在一个座谈会上说:"改革开放时,我们就考虑,日本农协为什么搞得好,我们合作社为什么搞不好?重要的是我们把三类合作肢解了,农民都没拿到利润和好处,只留下统一种地,集体出工。"陈锡文指出:"瑞安在合作制方面有很多创新,把生产合作、供销合作、信用合作'三位一体',其实这种模式是中国几代搞合作制的人的追求。"④ 2020 年 9 月,陈锡文在中国建设银行的讲座上指出,浙江率先搞出来"三位一体"的概念,习近平总书记在那里当省委书记的时候明确支持。这个方向是对的,因为这三个东西是互补的。发展这样的草根金融,在相当程度上大银行应当负有指导责任,这也是一种社会责任,甚至可以批发资金给合作社去做承贷主体,通过监管,帮助其慢慢做大。

陈锡文主编的《走中国特色社会主义乡村振兴道路》一书于 2019

---

① 胡德平:《再答友人供销社之问》,载《中国民商》,2022 年第 12 期。
② 胡德平:《把自己国家的事情办好(下)——农村信用社商业化的取向应慎重》,载《中国民商》,2019 年第 9 期。
③ 陈锡文:《关于中国农业合作制的若干问题》,载《农村合作经济经营管理》,1999 年第 2 期。
④ 陈锡文:《全国供销总社兼职监事工作会议发言摘要》,载《中华合作时报》2007 年 3 月 6 日。

年出版，以较大篇幅对"三位一体"合作经济的实践做了介绍，湖北省社会科学院原院长宋亚平团队对此有长期的跟踪研究。①

2018年10月，时任中央农办副主任，农业农村部党组副书记、副部长韩俊（现为农业农村部党组书记、部长）在全国农民专业合作社质量提升整县推进试点工作现场会上提出：支持规模较大、运行规范的合作社和联合社依法开展互助保险，探索帮助小农户多渠道化解风险的新型方式。选择产业基础牢、带动能力强、信用记录好的合作社，积极稳妥开展内部信用合作，坚持限于成员内部、服务产业发展、吸股不吸储、分红不分息、风险可掌控，探索满足小农户发展产业融资需求的有效途径。推广以合作社为组织载体发展生产、供销、信用"三位一体"的综合业务合作模式，提供农民群众单个办不了、发展最需要的服务。

多年前韩俊等人的调研即指出，我国合作经济组织发展面临的首要问题是覆盖面窄与合作不紧密，而且大部分合作社规模小，起到的作用有限，合作社内部治理不健全，规范性不足，部分合作社是大户控制、公司控制或者外部力量控制，等等。② 韩俊等人也认为，必须鼓励合作经济组织之间开展合作，要鼓励跨区域发展，扩大组织的规模和覆盖面，提高合作经济组织的开放性；要逐步形成包括中央支持机构、全国总社，省合作联社，市县合作联社和基层合作社等层级，包括金融、销售、加工等多种职能，覆盖大多数农民的庞大网络体系。③

韩俊还在《人民日报》撰文《把农民合作社办得更加红火》，提出："不断拓展合作要素，在专业合作的基础上，开展合作社信用合作、互助保险、土地股份等合作，由单一要素联合向资金、技术、土地等多要素合作转变。"④

---

① 陈锡文主编：《走中国特色社会主义乡村振兴道路》，中国社会科学出版社2019年版，第58—59、78、128—129页。
② 韩俊、秦中春、张云华、罗丹：《我国农民合作经济组织发展的现状与面临的问题》，载《广东合作经济》，2006年第4期。
③ 韩俊、秦中春、张云华、罗丹：《促进中国农民合作经济组织发展的政策框架》，载《红旗文稿》，2007年第4期。
④ 韩俊：《把农民合作社办得更加红火》，载《人民日报》2020年8月11日。

中国人民银行原行长、国务院原农村金融体制改革部际协调小组组长戴相龙一贯主张坚持合作金融性质，"促进各种合作经济之间的经济联合，增加社员和合作经济组织在商品生产中的竞争能力"，"促进信用合作与其他合作经济的改革相互配套，组成完整的农村合作体系"①。2019—2020年，戴相龙带领中国国际经济交流中心"三位一体"农村合作经济研究课题组到江苏、山东、浙江、安徽、河南、河北、吉林等省基层深入调研，也发现"农村合作经济发展没有统一的法规，对农村各种合作经济组织的改革和发展没有统一部署，生产合作、供销合作和信用合作分属三个部门领导管理，这也导致各类农村合作经济组织的改革自觉不自觉地背离了原定合作制的发展方向"②。2020年11月，戴相龙在中国普惠金融国际论坛上的主旨演讲中指出，合作金融是普惠金融的基础，要立足于发展"三位一体"新型农村合作经济，发展乡村普惠金融，推动农民增收，乡村振兴。2023年10月，戴相龙在东北全面振兴高端论坛上，继续大力呼吁发展"三位一体"合作经济。

中国人民银行原副行长、中国证监会首任主席刘鸿儒认为："金融机构在为农户提供金融服务时，面临着一系列难题……国外解决这个问题比较好的，有德国、法国、美国和日本等，它们成功的经验都是自下而上建立农业经营和信用合作体系……日本农业的基本条件和我们国家特别相似，人多地少……信用合作组织则通过农业合作体系为农户提供金融服务，既解决了规模不经济的问题，又降低了风险。""农村经济要发展，就必须改变小农户经济的状况，组建农业生产经营的合作体系，实现农户之间的联合，与之相配合，发展信用合作组织，两者相互促进，相互支撑，共同发展。"③

2014年1月，时任山东省长郭树清（曾任中国证监会主席，后来担任过中国银保监会主席、中国人民银行党委书记）在当年山东省政府工作报告中提出：积极指导农民合作社内部的资金互助和信用合作，使之为"三

---

① 戴相龙：《坚持把信用社办成合作金融组织》，载《农村金融研究》，1987年第12期。
② 戴相龙：《新型合作金融是两亿小农户的选择》，载《中国金融》，2020年第19—20期。
③ 刘鸿儒等：《变革：中国金融体制发展六十年》，中国金融出版社2009年版，第202—203页。

农"提供最直接、最基础的金融服务。① 2014 年底，国务院原则上同意山东省开展新型农村合作金融试点，原中国银监会予以批复。山东省合作社信用互助业务试点工作顾问、全国人大财经委副主任委员、中国人民银行原副行长吴晓灵，2015 年 3 月在博鳌论坛的演讲中指出，把以家庭承包制为基础的小农组织起来，真正走上"三位一体"的合作道路，是未来的发展方向。②

2020 年 9 月，时任全国供销总社主任喻红秋（现为中纪委副书记）在中华全国供销合作社第七次代表大会上所作的工作报告中，"三位一体"出现 11 次之多。报告认为，"三位一体"综合合作是完善农村基本经营制度的重大创新，是当前和今后一个时期深化供销合作社综合改革的重中之重。报告要求：鼓励探索多种形式的"三位一体"综合合作；深入总结各地经验，制定出台推进"三位一体"工作指导意见；开展"三位一体"综合合作百县推进行动。报告提出，到 2025 年，生产、供销、信用"三位一体"综合合作广泛开展，综合性、规模化、可持续的为农服务体系基本形成；基层社服务功能更加完备，与农民建立紧密利益联结，实现农民得实惠、基层社得发展的双赢；联合社机关管理严格，治理效能显著提升，双线运行机制健全完善，全系统整体优势充分发挥；社有企业改革扎实推进，综合经济实力和服务能力明显增强，切实建立适应社会主义市场经济要求的现代企业制度。

中国科学院科技政策与管理科学研究所原所长徐伟宣教授长期鼓励和支持"三位一体"合作经济改革。在改革试点之初，尚未得到高层明确表态之时，他就热情致信瑞安试点负责人，指出"三位一体"农协的筹建确实是一个大胆的创造，如果试验成功并能在全国推广，将对中国解决"三农"问题作出巨大贡献。"当然，可以想象在前进的过程中会遇到许多的困难和障碍，尤其是传统的体制与思维。"

---

① 郭树清：《政府工作报告——2014 年 1 月 17 日在山东省第十二届人民代表大会第三次会议上》，载《大众日报》2014 年 1 月 23 日。
② 《吴晓灵：合力发展农村金融》，载《农村金融时报》2015 年 4 月 7 日；《吴晓灵：构建三位一体农村金融体系》，载《中国农村信用合作报》2015 年 3 月 31 日。

中国人民大学农业与农村发展学院原院长温铁军教授及其指导的研究生在文章中指出,"'三位一体'的综合农协,使农村经济基础尽可能不与上层建筑发生剧烈矛盾,在此前提下可适时推进农口大部制改革,这种由下至上的合作经济建设与由上至下的涉农部门改革的配套,将构筑起社会主义新农村和谐的基石。像浙江就开始了专业合作、供销合作、信用合作'三位一体'综合合作组织的探索,该省瑞安市建立的瑞安农协是我国首家县级以上的综合农协。瑞安农协的实践在浙江省乃至全国都产生了积极影响,具有推广意义"①。温铁军一再强调,"把农民组织起来方能获取更多收益"。"在多个国家会议、文件中都高度肯定了发展生产、供销、信用合作的'三位一体'综合性合作社。但是具体的操作还有很长的路要走。此外,想要提高以农民为交易主体的谈判地位,不仅需要各级政府部门的帮助,更需要动员全社会力量,共同构建多方协作的局面。"②

中共中央党校(国家行政学院)高端智库深化农村改革项目首席专家、原"三农"问题研究中心副主任徐祥临教授长期倡导和支持"三位一体"合作经济,指出"三位一体"实现统分结合。③ 他说,"三位一体"农村综合合作体系作为一个农村改革发展概念,在中央一号文件中首次出现是在2017年,但是,作为农村改革与发展的举措,它却已经有十多年的历史了。最早开展生产合作、供销合作、信用合作"三位一体"农村改革实验的地方是浙江省瑞安市,时间是2005年。当时的浙江省委书记正是习近平同志,他在调研中发现瑞安这一创新性改革举措深受农民欢迎之后,立即给予了充分肯定和大力支持并专门主持召开座谈会,在浙江省媒体上进行了宣传报道,国内其他媒体也进行了跟踪报道。可惜的是,由于改革涉及方方面面,利益错综复杂,尤其是习近平同志很快调到上海工作,"三位一体"改革实验搁浅了。但是由于媒体传播,"三位一体"农村综合合作社体系已经在全国产生了影响。④

---

① 李东、温铁军:《综合农协:"三农"、"三治"脱困之路》,载《绿叶》,2010年第1、2期。
② 温铁军:《把农民组织起来方能获取更多收益》,载《南方农村报》2021年7月27日。
③ 徐祥临:《"三位一体"实现统分结合》,载《中华合作时报》2013年11月5日。
④ 徐祥临:《构建"三位一体"农村综合合作社体系》,载《领导科学论坛》,2017年第3期。

四、智见略同：各级两会上的呼声与建言

2006年3月，根据《中共中央 国务院关于推进社会主义新农村建设的若干意见》的精神，以及浙江全省农村工作会议精神，瑞安市第十三届人大第四次全体会议通过的《政府工作报告》作出部署：建立健全农村金融、流通和科技推广体系，引导成立"三位一体"的农村合作协会，积极探索社会主义市场经济条件下的新型合作化道路。2006年12月，浙江省委省政府专门召开全省发展新型合作经济现场会，总结和推广瑞安"三位一体"经验。

此后十多年来，在浙江和全国各级两会上，呼声不断。来自不同领域的很多代表、委员深入开展调查研究，积极建言献策，大力倡导"三位一体"合作经济向更深层次推进、向更多地区推广，各方面逐步达成一些共识。各级各地人大、政协会议上呼声不约而至，这表明"三位一体"构想有着深厚的社会基础，深得人心。正所谓智者所见略同，以下择其要者。

2007年3月，九三学社温州市委会在温州市政协九届一次会议上提案：《构建农村新型合作体系，推动社会主义新农村建设》。[①] 提案认为，构建农村新型合作体系，符合"三农"工作的实际，是全面推进社会主义新农村建设和构建农村和谐社会的重要举措和抓手，有利于现代农业的发展，有利于农民专业合作社的快速规范发展，有利于推进农村金融、流通以及信用社、供销社的改革与发展，也有利于农村综合改革的推进。

九三学社温州市委会的提案认为：瑞安农村合作协会提出了"三位一体服务三农，条块交融统筹城乡"的目标。"三位一体"就是通过一定的利益机制、组织机制，把农民专业合作、供销合作、信用合作三类组织有机地融合在一起，建立一个具备流通、金融、科技三重功能，贯通县、乡、村三级的组织体系，然后依托这一组织体系促进各种生产要素回流农村，促进现代农业的发展，促进农村经济的繁荣，促进农民的普遍富裕，推进

---

① 《构建农村新型合作体系，推动社会主义新农村建设》，2007年3月，见道客巴巴网：https://www.doc88.com/p-142571447977.html。

社会主义新农村建设。"条块交融"系指农村专业性合作与社区性合作相互交融,在此基础上,服务"三农"事业,统筹城乡发展,为构建社会主义和谐社会作出贡献。农村合作协会既是这一组织体系的"龙头",又是为推进农村合作"三位一体"工作打造综合服务平台。

2008年1月,九三学社浙江省委会在浙江省政协十届一次会议上提案:《继续探索实践,扎实推进农村新型合作经济体系建议》。[1] 提案总结了"三位一体"农村新型合作经济体系建设的工作进展,也指出了遇到的主要问题:1.对农村新型合作经济体系的不正确理解阻碍了工作的进一步深化。一类是简单地将"三位一体"农村合作经济体系理解为:由农民专业合作社解决农业生产发展问题,由供销社解决农资供应和农产品销售问题,由信用社解决资金问题。一类是简单地成立一个行业性农民专业合作社联合会,代替为农民专业合作社提供综合服务的合作制联合体,没有充分发挥整合三类合作组织、强化三重服务功能、构建三级合作体系的作用。2.三类合作组织的利益联结关系还没有真正建立。3.供销社的开放重组还没有成功的先例,可能会遇到各方面的阻力。供销社事实上已经成为内部人控制的商业企业,在开放重组过程中资产处理、人员身份变化、各级供销社之间的关系等问题还需要进一步探索。4.部门利益和政府改革的滞后阻碍了农村新型合作经济体系的探索。

九三学社浙江省委会提出了若干建议,其中包括:开放农村金融市场,创新农村合作金融,整合农村金融资源。依托农村合作协会,促进和深化供销社、信用社改革。必须采取强有力的措施推进供销社、信用社的深层改革,支持和督促供销社、信用社回归"三农"、回归合作制。建立农村新型合作体系建设试验区。鉴于瑞安市在构建农村新型合作体系探索实践中的先行经验,为进一步更加顺利地推动该项工作取得更大进展,建议授予温州市或瑞安市相应的政策自主权,把它作为农村新型合作体系建设试验区。在适当时机出台促进农村新型合作经济体系建设的综合性政策。

---

[1] 《"两会"关于组建三位一体新农协的探索汇编(五)》,2017年3月2日,见搜狐网:https://www.sohu.com/a/127638501_465692。

"三位一体"服务"三农"
新型合作经济与普惠金融

2008年4月,嘉兴市六届政协召开第七次常委会议,专题协商讨论"推进城乡一体化部署,建设社会主义新农村"问题①,特别是新型农村"三位一体"合作组织建设。委员们调研中发现,农村新型合作经济组织被简单地理解为一个行业性农民专业合作社联合会,三重服务功能、三级合作体系的作用没有完全发挥出来。从更深的层次来看,委员们提出合作经济自身也不能只是局限于单纯的农业生产层面的购销合作,而要将合作的领域扩大到生产、生活各方面,扩大到金融信贷、商业流通和社区服务等领域,要把这个新型合作组织建成为现代农业产业化经营与农村现代物流服务、现代农村金融信贷服务融为一体的多功能产业体系,要让这种新型农村经济模式真正成为农业增效、农民增收的助推器。

2009年2月,在温州市政协九届三次会议上,民革温州市委会提案:《关于持续探索"三位一体"模式,开创"三农"工作新局面的建议》。②政协委员、民革温州市委会专职副主委余德松在大会发言中主张:创新涉农工作格局。改革改到深处是体制。"三位一体"模式要真正取得突破性成果,现有涉农体制是必须直面的问题,温州在这项实验中应发扬"敢为天下先"的温州精神,按国务院大部制改革的意图,针对当前涉农工作存在的条块分割、各自为政、资源渠道分散、事倍功半等问题,大胆探索创新温州涉农工作格局,将农办、农业局、供销社、科技局、经贸委、林业局、合作银行等众多涉农部门、涉农事务以类似联席办公会的形式进行串联整合,将原先的对农渠道纳入总管,形成政府层面的对农工作综合平台,与农协这个平台进行互动交流以最大限度地发挥现有涉农政策资源的集中效益。余德松委员认为,温州在"三位一体"模式已成功创立的有利条件下应敢于突破并有所建树,目的是通过变革创新为我市乃至全国的涉农体制改革提供一种思路和样本。

---

① 《市六届政协召开第七次常委专题协商新农村建设》,2008年9月16日,嘉兴市委直属机关工委,见中国人民政治协商会议嘉兴市委员会网站:http://zx.jiaxing.gov.cn/art/2008/9/16/art_1458259_27951957.html。

② 《温州热土孕育"三位一体"》,见温州市政协文史资料委员会编:《温州文史资料》,中国文史出版社2018年版。

2009年3月,在全国政协十一届二次会议上,致公党中央提出《关于推广"三位一体"农村新型合作经济组织试点经验的提案》。① 提案指出:"三位一体"率先在浙江温州瑞安出现,自2007年起,浙江省委省政府统一部署,在全省18个县(市、区)开展了试点工作。建议在全国有条件的地方,推广"三位一体"建设经验。提案认为:既不能简单地将"三位一体"农村新型合作经济组织理解为由农民专业合作社解决农业生产发展问题,由供销合作社解决农资供应和农产品销售问题,由信用合作社解决农业生产和农资供应、农产品销售资金问题;也不能简单地理解为就是成立一个行业性农民专业合作社联合会,代替农民专业合作社提供综合服务的合作制联合体,而是要充分发挥整合三类合作组织、强化三重服务功能、构建三级合作体系的作用。因此,建议从全局的高度和改革的视野,进一步深化对"三位一体"试点工作的认识,深入研究,加强指导,循序渐进,促进新农村建设。

2014年3月,在全国政协十二届二次会议上,全国政协委员、清华大学教授王名提出《关于构造和大力发展"三位一体"农村合作协会的建议案》。② 提案在总结浙江瑞安多年来探索农民专业合作、供销合作、信用合作"三位一体"的实践经验基础上,响应中央农村工作会议的号召提出:大力推进农村合作与联合,积极构造"三位一体"的枢纽型社会组织——"农村合作协会",从而调动亿万农民的积极性、真正发挥农民在新农村建设中的主体作用,促进城乡统筹发展。提案认为:"三位一体"的构想是借鉴和超越欧美模式与东亚模式,结合中国实际经验,植根中国本土的新型合作化道路。为此提出如下五个方面的建议:第一,明确特殊社团地位,实行统一登记。第二,建立双重会籍制度,进行分级管理。第三,建构三社联动机制,推行普惠服务。第四,开展县级试点推广,尝试区域联合。第五,突破条块分割体制,做实"三位一体"。

---

① 致公党中央:《关于推广"三位一体"农村新型合作经济组织试点经验的提案》,2009年3月4日,见网易财经:http://money.163.com/09/0304/16/53IT8HLO0025382L.html。
② 王名:《关于构造和大力发展"三位一体"农村合作协会的建议案》,见王名:《建言者说(二):2013—2015政协提案小集》,社会科学文献出版社2017年版,第154—159页。

"三位一体"服务"三农"
新型合作经济与普惠金融

2017年3月，在全国政协十二届五次会议上，全国政协委员、清华大学教授王名提案：《总结经验，推进农村"三变""三位一体"综合合作改革》。① 提案指出：浙江瑞安 2006 年开展的"三位一体"综合合作改革，贵州六盘水 2014 年以来大力推行农村资源变资产、资金变股金、农民变股东的"三变"改革，取得良好成效，已经写入 2017 年中央一号文件。"三变"与"三位一体"是内在联系的。进一步全面深化农村改革，涉及不同社会群体的利益和行为方式，以及中央多个部门的职能和主管范围，其所涉及重大理论问题、法律体系和制度的完善，很多已经超出了地方党委政府的常规权能和理论能力。为此提出如下政策建议：第一，旗帜鲜明，坚持合作制的主导方向。第二，打破部门分割，探索"大农政"体制，发挥政府主导作用。第三，颁布合作社基本法，组建农村合作协会，发挥农民主体作用。第四，统筹推进供销社、信用社改革。大力推广"类金融"业务，审慎开展资金互助，统筹推进农村金融发展。

2020年3月，全国人大代表、浙江长兴煤山镇新川村党总支书记张天任提交《关于深化农合联"三位一体"改革 打通产业扶贫富农"最后一公里"的建议》。他认为，产业扶贫是构建脱贫长效机制的治本之策，而"三位一体"改革是产业扶贫的有效途径，"三位一体"改革不仅为健全农业社会化服务体系找到了突破口，也让社、农利益联结"紧"起来、涉农资源"统"起来、合作运转"实"起来，为打通产业扶贫"最后一公里"找到了新路径。2006 年，浙江率先在全国探索建立"三位一体"的农村新型合作体系，为打通产业扶贫"最后一公里"找到了新路径。张天任提出，要全面深化"三位一体"改革助推产业扶贫，精准把握"三位一体"改革的重点环节，不断增强人民群众的改革获得感，真正实现脱贫攻坚任务，政府要与群众合力，共同打赢这场贫困歼灭战。②

---

① 王名：《总结经验，推进农村"三变""三位一体"综合合作改革》，见王名：《建言者说（三）：2016—2017 政协提案小集》，社会科学文献出版社 2018 年版，第 175—179 页。
② 曾庆华整理：《全国人大代表张天任：深化农合联"三位一体"改革 打通产业扶贫富农"最后一公里"》，载《中国县域经济报》2020 年 5 月 25 日，见 https：//www.xyshjj.cn/detail‒1482‒1483‒27301.html。

2021年3月,民建中央向全国政协十三届四次会议提交了集体提案《关于深化"三位一体"农合联改革,专注服务乡村振兴问题的提案》。① 提案指出,生产合作、供销合作、信用合作三大服务功能体系建设的实践中仍存在一些问题:一是机构不健全、管理不完善。二是会员观念滞后,无法适应现代农业经营发展。三是涉农部门之间协调不顺畅,整合涉农资金项目有难度。四是会员融资"难、慢、贵"问题依然突出。五是涉农职能转移和功能发挥缺位。为此,建议:1. 健全组织机构。配齐配强队伍,逐步去行政化,以农资供销、农业技术服务、土地托管服务、资金互助服务为抓手,确保各项工作有序推进。2. 完善特色产业农合联服务功能,打造农业社会化服务综合平台。3. 打造区域公用品牌。提升知名度,增强特色优势农产品的市场竞争力。4. 统筹涉农资金资源项目。整合基层涉农部门公共服务职能,整合对接各种涉农服务资源、资金、项目。

2021年3月,全国政协委员、上海市地方金融监督管理局局长解冬提案指出,2021年中央一号文件倡导的农民合作社生产、供销、信用"三位一体"合作模式,与格莱珉互助合作、信用为本的运作模式有相似之处,建议可以加以研究借鉴,通过精神纽带更好促进农民合作社发展。她认为:"普惠金融不应该是冷冰冰的贷款还款。让金融服务更有温度,是我们的目标。"②

2023年3月,全国政协委员、北京国际城市发展研究院创始院长连玉明提交了《加快发展新型农村合作金融促进城乡融合发展》的提案。提案认为,乡村振兴是一个系统工程,需要政策性金融、商业性金融、开发性金融与合作性金融协调发展,目前合作性金融发展是需要补齐的短板。提案建议,以发展合作金融为重点,促进农村普惠金融高质量发展,着力解决金融服务不充分、不均衡的问题;在"三位一体"农民合作经济组织框

---

① 《民建中央关于深化"三位一体"农合联改革,专注服务乡村振兴问题的提案》,2021年2月26日,见民建中央网站:https://www.cndca.org.cn/mjzy/ztzl/cshyl/lhzt/1632251/1632259/1634033/index.html

② 《全国政协委员解冬:借鉴格莱珉普惠金融经验 发挥妇女在乡村振兴中的作用》,载《中国经营报》2021年3月7日。

架内，加强信用互助业务和新型合作金融创新；加强政策性金融、商业性金融、开发性金融与合作金融的相互支撑与协作。①

2023年3月，全国人大代表、中国工程院院士、中国科学院亚热带农业生态研究所首席研究员印遇龙，建议率先推广"三位一体"合作社养猪模式，推动我国生猪产业高质量发展。如果借助大数据平台为"三位一体"合作社养猪模式提供数据支撑，通过建立集养殖企业、养殖户、饲料厂、兽药厂、养殖环境、生猪成长过程、种猪信息等于一体的信息数据库，能够便于政府主管部门、合作社、供销社为生产经营者提供技术指导、市场调控等服务，既可避免无序竞争，也可让小农户充分分享养猪全产业链增值收益。印遇龙还建议，农业农村部牵头成立"三位一体"合作社养殖模式工作专班，研究"三位一体"合作社养猪模式推广落地实施方案。

2024年3月，印遇龙在两会期间继续大力倡导发展"三位一体"合作社，为小农户提供高质量社会化服务。在印遇龙院士和团队的学术指导下，借鉴浙江瑞安"三位一体"的经验，经过多年研究实践，湖南浏阳基层创新提出生产、供销、信用"三位一体"综合合作养猪模式。印遇龙院士认为，"三位一体"综合合作社在发展多种形式适度规模经营，以及完善农村治理结构等方面具有独特的功能价值。他建议：各级政府应当高度重视扶持合作社发展，帮助其在实施乡村振兴和共同富裕战略中发挥更加显著的作用。②

2024年3月，全国人大代表、监利市精华水稻种植专业合作社理事长毕利霞接受媒体采访时表示，带着乡亲们多种粮、种好粮，引进数字农业管理系统和"三位一体"合作模式，将传统农业转向数字农业，通过北斗导航、物联网、大数据、人工智能等技术的应用，构建可视化和数字化系

---

① 《全国政协委员、北京国际城市发展研究院创始院长连玉明：建议加快发展新型农村合作金融促进城乡融合发展》，2023年3月4日，见上海证券报·中国证券网 https://news.cnstock.com/news,bwkx-202303-5025752.html。

② 《在湘全国人大代表、住湘全国政协委员为赋能乡村全面振兴建言献策》，载《长沙晚报》2024年3月8日。

统，实现水稻生产全过程智能化。①

五、研究阐发：本书的内容、逻辑与创新突破

合作经济是市场经济条件下的重要经济形态，也与社会主义运动有着密切的渊源关系。合作经济平抑垄断、促进共同富裕，具有广泛的适用性，在农业农村领域更有独特功能。其在世界主要国家和地区有很多成功应用，在中国经济社会发展格局中尚有很大欠缺，一个重要症结在于理论上的长期困扰。合作经济是一个长期被流行经济学所忽视又常为政治意识形态所浸染的领域，在实践中又受到现实利益格局的歪曲。既需要正本清源，也需要与时俱进。

其中的关键问题包括：对于合作经济的深入理解，这在中国语境下又不能脱离其与集体经济的区别与联系；植根本土实际，对于世界上专业合作、社区合作（综合农协）等成功模式如何取舍、如何取长补短；信用合作（合作金融）如何创新机制，规避涉众风险；在当代已经高度发育（甚至某些方面有些过度膨胀）的商业环境（包括商业金融环境）下，新型合作经济如何求得生存与发展，包括与现有商业体系、金融体系适当嫁接互补，既可避免重复建设，也有利于分化阻力；数字化技术如何在新型合作化中发挥作用；"三位一体"合作经济与供销社、信用社和农技推广体制改革，与涉农行政职能转变的关系；等等。

本书首先简略回顾了"三位一体"合作经济的缘起，介绍了国际上可供借鉴的经验与范例。作为政策上实践上的重大关键命题，"三位一体"得到了社会各界的关注和响应，各级两会上的呼声与建言络绎不绝。

为探究"合作的性质"，笔者梳理了合作经济的一般理论与原则特征，针对学界和社会上的常见误区，重点进行概念辨析。合作制是交易联合，不是交易（合同）本身，合作制不是合同制。农业合作社一般享有反垄断豁免。合作制并非指生产要素的结合或组合，也不是生产过程的协作。合

---

① 《全国人大代表毕利霞：带着乡亲们多种粮、种好粮》，载《监利发布》2024年3月2日。

作与互助，合作与公益、志愿，合作与合资、合伙，也有一些区别和联系。特别是深度比较了生产合作与流通合作，流通合作大有可为，重组流通格局可望调控生产和分配。从生产合作容易联系到生产资料的合并，进而理解为生产资料的集体所有制，但是合作制本身并不属于所有制范畴，更与劳动联合没有必然联系。

回顾社会主义合作制的思想脉络与曲折实践，可以发现：马克思主义创始人高度重视合作经济，毛泽东前期的合作制思想也是与市场经济完全相容的。20世纪50年代的合作化运动中途转向了集体化。传统集体经济并非马克思主义的初衷，恰恰违背了合作经济原则。"统分结合"的"双层经营体制"尚未得到落实。本书论证指出，仅仅通过"集体成员利用集体所有的资源要素……"来定义"新型集体经济"，将遇到逻辑上不能自洽的困难，也不能适应农村经济发展变化的现实。新型集体经济，应当回归合作经济本源，重在"合作与联合"，加强社区依托。社区合作基于地缘纽带，与地权归属（土地所有制）没有必然联系，但集体产权制度下的地缘纽带仍是值得珍惜的组织资源。

我国农村改革首先恢复了农业的家庭经营。农业中的家庭经营具有普遍性、合理性和长期性。对于农地自由流转（乃至一些人主张的"土地私有化"），支持者认为将导致规模经济和农业产业化的快速发展，反对者认为将导致大规模的土地兼并、两极分化乃至社会不稳。这两种意见恐怕都过高估计了农地流转的规模化效应。从农地流转的东亚经验来看，即便在土地私有的基础上，大农经营格局也并不容易形成。我国农业和农村将长期维持小农为主的格局，但是从传统小农转型为现代小农，更多需要依托社会化服务。农业规模经营因而存在两种路径：土地规模与服务规模。到底是"为农民赚钱"还是"赚农民的钱"？社会化服务应以合作经济为本。所谓"龙头企业+农户"的农业产业化模式，已经误入歧路。农村市场化与农民组织化不可偏废，要走"组织化的农村市场化"路子，"农民变股东"的载体应以合作社为主。

"三农"问题的根本出路在于，不能片面依赖市场化，也不能完全指望城镇化。其实，即便是北美的"大农"（农场主、农业资本家），虽然在土地规模上往往是东亚小农的上百倍、上千倍，大多采取的也是家庭农场的形式，并且普遍地通过合作制进一步组织起来。合作组织在不同经济基础上的发展路径，典型表现为欧美模式和东亚模式，亦即专业合作与综合农协。

现有的农民专业合作社的乱象，有其与生俱来的体制根源。伪装的农民专业合作社大行其道，实质是"大农"吃"小农"。真正的农民专业合作社难以持久，无奈于"小农"吃"大农"。片面推动农民专业合作，更为部门利益大开方便之门。简单照搬欧美大农之间的专业合作模式，不能适应小农为主的基本国情农情，但不可能也不必要从头复制东亚的综合农协模式。

综合前期实践经验和研究成果，本书首次系统阐发了"三位一体"合作经济的一般理论框架。缺乏社区合作，农村合作就是无本之木；缺乏金融合作，农村合作就是无源之水。"三重合作功能的一体化"，促进专业合作与社区合作"条块交融"，实现合作经济的综合协同效应。针对生产服务中的农技推广困境，可以考虑引入"农技券"，以及合作经济内部的交叉补贴机制。"三类合作组织的一体化"，通过兼容性设计巩固普惠性基础，实现合作组织的贯通与联合，关键在于成员一体化，为此引入多重成员制和联邦式架构，可望形成自律监管机制。"三级合作体系的一体化"，形成立体式复合型的经营体系，实现纵横联合、条块交融、多层次、全方位。基层合作的重心可能稳定在乡镇层级，正规合作与非正规合作可以相互补充。政府可以委托联合组织承接合作事业管理职能和涉农公共服务事项。中国台湾地区农会与合作社两大系统的整合经验，美国农场信贷银行的"体系化"与"合作化"历程，可供参考。

"三位一体"中的供销合作、信用合作，与原有供销社、信用社没有必然联系。不可望文生义，抱残守缺，也不要杯弓蛇影、刻舟求剑。但"三位一体"合作经济与供销社、信用社改革创新可以统筹考虑。针对供销社"进退两难"的困境，本书提出了"有进有退、错位竞争"的建议。农村信用社也不能错过良机，犹未为晚。

试点和推广进程中的博弈表明，"三位一体"抓住了"三农"问题的要害，抓住了统筹城乡的枢纽。要贯彻政府主导与农民主体原则，打破部门分割，防止"异化"和"矮化"，特别是要跳出"谁牵头、谁主管"的怪圈。

为了形成有效的集体行动，本书创新引入了"公法社团"的概念。摆脱 NGO（非政府组织）的思维定式，不要局限于"自发自愿"，当然也不是搞强迫；农民未必是自发的，但应该是自愿的；农民可能是被动的，但不能是被迫的。实现合作经济的普惠（普遍受惠），不能不借助于国家公权力。大规模多层次的农村合作经济组织，有助于形成农民的整体合力，利用和节制资本，巩固政权的社会基础。

为了规范和巩固合作经济，考虑到农民的分化与流动的现实，本书系统提出了合作经济的成员分类和成员分级，进一步论述了相应的股金设置（包括资格股、优先股）、加权投票、交易配额等制度安排。合作经济要体现利用和节制资本的原则。农业农村合作经济的成员可以不必出资，但应以务农成员为主。优先股的特殊功能，可为资金互助奠定基础，还可保障合作社带头人、实际出资人的合理回报。进一步吸纳各种力量和资源，鼓励和扩大成员的经济参与，平衡各方面的责权利关系，同时保持合作制为本以及为农服务的主导方向。既兼顾现状，团结大多数，又赋予合作经济内生的动力。

本书的另一个创新突破，是将合作经济与普惠金融的理论与实践进一步交叉、贯通、融合。缺乏合作经济特别是"三位一体"的依托，普惠金融也是无本之木，难以有效触达客户，更难以有效降低信息不对称。现实中，普惠金融发生异化，不是更多包容，而是更多排斥；不是更多赋能，而是更多惩戒。金融支农支小陷入若干误区：大量增设网点或"服务点"得不偿失；不动产抵押法宝失灵；各种流转平台多是空中楼阁；产业链金融依赖龙头企业适得其反；担保公司的作用不宜本末倒置，政府何必越俎代庖；大数据迷信难免落空，"小数据"尚待发掘；农业保险"空转"成为政策套利。全社会融资体系存在多层次的生态位，信用体系建设不能脱离合作体系。要反思传统金融抑制和金融深化理论的局限，片面推进农村金融的市场化，并不能有效破解金融抑制。农村金融中的信息与信用机制有其特殊的性质，因此在风险与控制机制上也有特殊的要求；需要借助农民组织化特别是合作化，促进农村金融深化，并在农村金融深化中有效维护农民的利益。

普惠金融当以合作经济为本，合作经济在实践中的最大短板仍在于信用合作，商业银行难以深入农村特别是其下层，从头重建合作金融也是困难重重，本书提出了信用合作的若干创新方向。信用合作应当依托社区合作、综合合作；信用合作有赖于体系支持，也需要政府监管和行业自律；更重要的是，不妨把信用合作理解为一种"机制"而非"机构"，不设资金池，也就不涉及机构牌照问题；超越商业金融的惯性思维定式与合作金融的传统组织形式，使之相互配套。

本书完整提出了金融机构嫁接互助合作机制的解决方案，可以充分利用现有的金融基础设施和支付结算体系，避免重复建设和不必要的阻力。银行机构嫁接互助合作机制，其一是"助贷"模式：银行依托合作经济组织开展征信评级，联保、反担保增信。其二是"委贷"模式：合作经济成员开展资金互助，由银行全流程托管。其三是银行对资金互助社"转贷"或"配贷"。此外设想了合作经济多层体系下，合作集团财务公司及其银行支持模式，进一步还可以探索保险机构、信托机构嫁接互助合作机制。发展"三位一体"合作经济，为金融机构带来重大挑战和机遇。如果缺乏现有金融机构的鼎力支持，"三位一体"固然会步履维艰；但如果现有金融机构在"三位一体"合作经济的成长中无所作为，其必将在农村市场中进一步边缘化。

作为普惠金融创新的重要方面，"两山"绿色发展理念和"三位一体"合作经济思想，是内在相通、相辅相成的。特别是"两山银行"（生态银行）的资源"存取"概念与"三位一体"的信用合作，环环相扣。生态资源价值转化，要以资源整合先行，不能脱离合作经济组织。本书提出了"两山银行"更名、重塑基层载体、植根合作经济的思路，也就是"两山合作社"原理。兼容集体经济产权制度，构建合作经济组织体系，实现从资源资产整合，到资金整合；超越股权、债权，引入"非营业信托"；可以从"有名无实"的"银行"，发展到"有实无名"的"银行"。

合作化与数字化相互促进、相得益彰，可望形成基于互助合作的新型平台经济或"平台合作社",极大提升合作经济的规模优势与运行效率,也有助于平台经济反垄断。本书提出了合作经济的三大账户体系、金融科技破解资金池,以及银行创新支付结算业务,推动支付便利化、交易结算与分账返利一体化。此外还讨论了区块链在合作经济、普惠金融中的应用,并构想了合作经济权益登记托管系统或称合作社的"新三板"。

  总之,合作经济有利于保障粮食安全、巩固金融安全,也是通向共同富裕的必由之路。"三位一体"与当年的"三自一包"好有一比,共同构成"统分结合"的双层经营体制。分而后合,有分有合,这是历史与逻辑的必然。作为社会主义合作经济思想的继承与发展,"三位一体"开创了新型合作化的中国道路。

"三位一体"服务"三农"
"Trinity Cooperation System" as Solution to "Three Rural Issues"

新型合作经济与普惠金融
New-type Cooperative Economy and Inclusive Finance

第一章
合作经济的基础概念

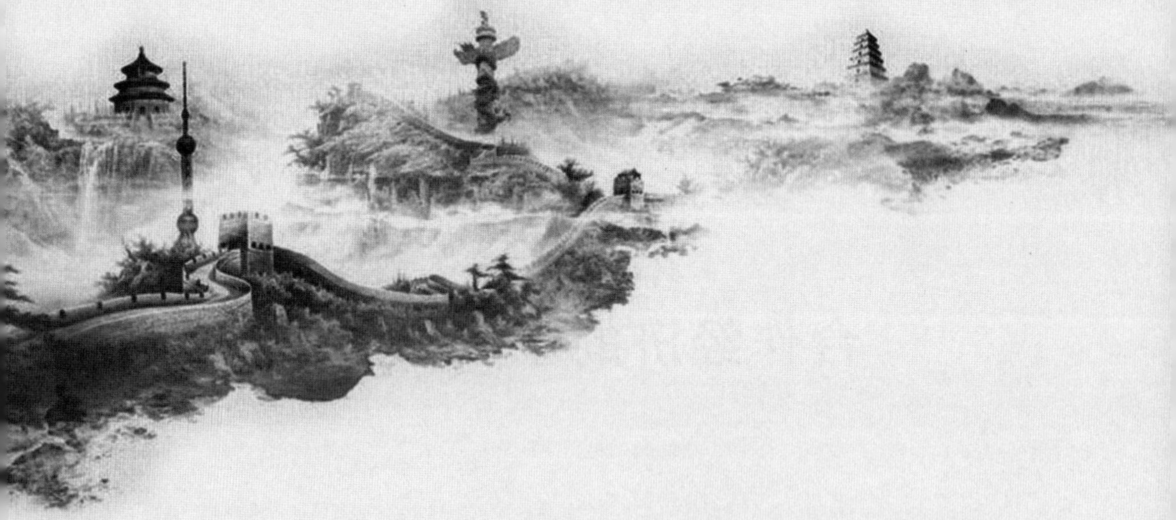

一、定义与特征

(一) 基本定义

诺贝尔经济学奖得主科斯（Ronald H. Coase）曾经撰有经典论文《企业的性质》，本书则要深究"合作的性质"。这里的"合作"有其特定含义，系指合作经济制度（合作制）意义上的合作。与之对应的英文词"cooperative"通常译为合作社、合作经济组织，也可泛指类似的合作经济机制。[①]

1995年国际合作联盟在其成立100周年代表大会上通过的《关于合作社界定的声明》中指出："合作社是人们自愿联合、通过共同所有和民主控制的企业来满足他们共同的经济、社会和文化的需求与愿望的自治组织。"[②] 合作社建立在自助、自主、民主、平等、公平和团结的价值基础上。合作社社员秉承合作社创始人的传统，坚持诚实、开明、承担社会责任、关爱他人的道德价值观。合作社的七项原则是：自愿和开放的成员资格，民主的成员控制，成员经济参与，自治与独立，提供教育、培训和信息服务，合作社之间的合作，关心社区。

国际劳工组织（ILO, International Labour Organization）2002年第90届大会通过的《合作社促进建议书》，联合国大会2001年批准的《旨在为合作社创造发展环境的准则》，也都采纳了上述定义。联合国大会还曾通过决议，将每年七月的第一个周六定为国际合作社日。2023年国际合作社日的主题是"合作实现可持续社会"，重点关注对商品和服务的长期可持续

[①] 在中国的习惯称谓是"合作社"。但是"合作社"曾经在20世纪50年代作为"集体化"的载体，导致误解。改革开放后，一直没有统一的合作社立法，2006年才通过了《中华人民共和国农民专业合作社法》。其实合作社与"集体化"、与农业和农民都没有必然联系，正如没有必要单独为某个行业制定一部《中华人民共和国公司法》。2017年出台的《中华人民共和国民法总则》和2021年《中华人民共和国民法典》提出"合作经济组织法人"，尚无具体法律规定。我们倾向于使用"合作经济组织"的概念。

[②] 英文原文：An autonomous association of persons united voluntarily to meet their common economic, social and cultural needs and aspirations through a jointly owned and democratically controlled enterprise. 参见：International Co-operative Alliance, *Statement on the Co-operative Identity*, 1995。

生产和消费。2024年国际合作社日的主题是"合作社为所有人建设更美好的未来"。联合国还宣布2025年为第二个"国际合作社年"（上一个"国际合作社年"是2012年）。

中国台湾地区"合作社法"界定合作社为"依平等原则，在互助组织之基础上，以共同经营方法谋社员经济之利益与生活之改善，而其社员人数及股金总额均可变动之团体"；并把合作社之种类及业务分为：生产合作社、运销合作社、供给合作社、利用合作社、劳动合作社、消费合作社、公用合作社、运输合作社、信用合作社、保险合作社、合作农场等。需要指出的是，台湾地区的农会本质上是一种综合性多层次的合作经济组织，涵盖了各类合作社业务，系由"农会法"进行规范。

2017年《中华人民共和国民法总则》和2021年《中华人民共和国民法典》提到了"合作经济组织法人"，但是没有给出通行定义。此前2007年《中华人民共和国农民专业合作社法》只涉及这一单独类别，将其定义为："在农村家庭承包经营基础上，同类农产品的生产经营者或者同类农业生产经营服务的提供者、利用者，自愿联合、民主管理的互助性经济组织。"这个定义过于狭窄，不能涵盖各种合作经济组织；而且有严重歧义。生产经营者或者生产经营服务的提供者、利用者彼此之间多是交易对手，难以构成互助联合关系，这在实践中已经造成很多异化扭曲的现象。严格从底层逻辑上说，应该是生产经营者之间、生产经营服务的提供者之间、利用者之间，也就是买方和买方之间或者卖方与卖方之间，先要形成互助联合关系，才能一致对外。

以上各种定义大同小异，各有短长，相互补充印证。本书按照中文语言习惯，给出一个较为简洁完整的定义：合作经济组织（合作社），是由其成员拥有和控制，主要为成员提供服务的互助性经济组织。

（二）主要特征

根据笔者的梳理，合作经济组织（合作社）的主要特征包括：

第一，合作经济组织的成员同时也是其客户（服务对象）。合作成员（客户）不是作为取利对象、交易对手的客体，而是具有主体地位。成员与合作社进行交易，既是权利也是义务。

第二，合作经济组织主要为成员服务。合作盈余实行交易返利（包括用于集体福利），限制资本回报。交易返利，一般是指盈余按照成员与合作社的交易量（额）的贡献比例进行返还，也称为"（按）交易量（额）返还"。为了简明起见，本书采用"交易返利"的表述。对于交易返利的具体方式不能绝对化，特别是在单笔交易量很小而交易频次、品种较多的情况下（例如兼业小农），严格按照每个成员、每种乃至每次交易进行返还，在操作上过于烦琐。本书主张，把交易返利的方式拓宽，可包括用于集体福利。集体福利往往是人人有份或者平等享有使用权但实际使用量不尽一致，这对于交易贡献较大的成员不是那么公平，因此这种方式更多适用于合作成员差异性不大的领域，并且应当经过内部的民主程序。

资本回报的上限，按照其他国家或地区的经验，建议不超过8%或10%，也可按照贷款市场报价利率（LPR, Loan Prime Rate）的若干倍数来确定。合作经济组织对于非成员的服务，应按一般商业行为对待和纳税。

第三，成员平等参与决策，必要时可按交易量（额）附加表决权，体现责权利相称。合作社的工作人员和管理者，可由成员中的志愿者担任，也可是受薪雇员，或者市场化聘用职业经理人。需要注意区分合作成员与合作组织雇员（工作人员）这两种身份。

第四，成员之间往往以某种共同归属关系（如地缘、业缘关系）为纽带。如同乡（特别是同一村落或社区）、同行（相同行业、职业或专业）、同事（同一单位或系统）、同学（包括校友）及其他具有共同归属关系的社会群体。成员之间的了解和信任，是合作经济有效运行的必要条件，也有利于降低组织成本。

上述"共同归属关系"（也有称为"共同关系"），非指行政或产权隶属关系，而是生产生活中形成的一种事实存在、约定俗成。有一些国家或地区对此作出明确的成文法要求。如中国台湾地区"储蓄互助法"规定"无共同关系而参加储蓄互助社者无效"，"所称共同关系，乃指工作于同一公司、工厂或职业团体、或参加同一社团或宗教团体或原住民团体、或居住于同一乡、镇者"，又规定"社员丧失共同关系者，于丧失共同关系起二年内仍为社员"。

(三) 应用领域

合作经济组织的应用领域是多种多样的,典型如生产(服务)合作、供销合作(采供合作、营销合作)、信用合作等。其他一些合作形式,如劳动合作一般含在生产合作里面,运输合作、利用合作一般属于生产服务合作,消费合作一般属于采供合作,保险合作则属于广义的信用合作。此外,也有生活服务合作(如住房、养老、托幼合作社),等等,不胜枚举,但是基本逻辑都是相通的。

根据笔者的研究,合作经济更适宜便于计量考核监督的业务,在流通领域更能发挥优势,亦即流通合作。流通包括商品流通和资金流通,资金流通也就是金融。但在短缺经济、供应不畅的条件下,往往也会涉足生产领域,这就是生产合作(如果生产主体保持相对独立地位,则更多属于生产服务合作)。

二、概念辨析

英文中"合作"(cooperate)一词源于拉丁文,大意是指与他人共同行动以达到相同的目的,由此衍生的"cooperative"一词作为名词时,专指合作社或合作经济组织。我国《辞海》解释"合"字,有融洽、协同、共同、合办等意思;《辞源》解释"合作"是两个或两个以上的人共同创造的意思。在上述意义上,合作是人类社会的一种普遍现象。合作的范围、合作的形式、合作的内容都是多种多样的。但是,从日常用语到官样文章,"合作"这个词用得太多太滥,造成很多概念混乱,甚至在一些涉及合作制的学术论文乃至法律、政策文件中,"合作"一词也缺乏严格的界定,存在严重的曲解和误用。

本书所要研究的不是一般意义上的合作,而是合作制(合作经济制度)意义上的合作。这种合作首先是指经济合作,即具有物质利益内容的合作,或者以物质利益内容为主的合作。于是,那些非经济的种种所谓"合作"不在我们讨论之列。进而,对于容易混淆的相关概念,还要一一辨析如下。

(一) 合作制是交易联合，不是交易（合同）本身

合作制意义上的合作，是交易的联合，而不是交易（合同）本身。市场经济条件下的交易，在法律上也是合同行为（不管有没有正式签订书面合同），合作制不能混淆于合同制。否则真的成了流传甚广的"段子"：车子开去加了油，是跟中石油开展了"合作"；用次支付宝，是跟马云合了作。

我们所要严格讨论的合作，不是买、卖双方之间的交易，这种交易是否称为"合作"，本来只是个定义问题或者习惯问题。日常生活中，小到两个人、两个单位谈生意、做买卖，大到不同地区、国家签署经济协定，往往自称、互称是"合作"。又如我们在报刊网站广告中经常所见的"寻求项目合作"，或者上门推销的不速之客口口声声要与您"合作"。其实这些"合作"不过是买卖关系、交易关系。

买卖交易不是简单的零和游戏，因为双方的价值判断不尽相同，否则不足以成交，而一旦成交，必然各有所得。按照微观经济学的证明，双方共享所谓的"市场剩余"（Market Surplus）。"市场剩余"由消费者剩余（Consumer Surplus）和生产者剩余（Producer Surplus）组成。竞争性市场上某种商品或服务的均衡价格，归根结底是由整个市场的供求状况决定的。而买卖双方的"保留底价"各不相同。于是消费者（即通常的买方）愿意支付的最高价格与其实际支付的均衡价格之间往往存在一个差额，这就是消费者剩余。顺便插一句，生活中善于购物、"砍价"的人，就是善于获取更多的消费者剩余。相应地，生产者剩余，即生产者（即通常的卖方）实际得到的均衡价格与他最低能够接受的价格，两者之间的差额。

主流经济学教科书中，看似美妙的"埃及沃斯方盒"（Edgeworth Box），总是显示交易双方在不违反自愿原则的前提下，会达到帕累托有效率的轨线上。但是具体停留在这段轨线的哪一点，却不是理论所能规定的，而是取决于交易双方的力量对比。越是具有垄断优势一方，就越有能力把这个契约均衡点向外推到对方"自愿"接受的底线。

市场交易关系表面上可以是"自由""平等"的，通常也的确是"互

惠""互利"的，但是仍然可能存在结构上的不对称。双方在交易中获取的利益份额，孰多孰少，在很大程度上取决于双方的力量对比和市场结构。市场结构从完全竞争到完全垄断，存在一系列中间状态。买卖双方虽然不是你死我活的斗争关系，但在市场上的地位是对立的。一方多挣了五分钱，另一方就多花了五分钱。这是不能高谈"合作"予以掩盖的真相。例如农业农村经济活动的"一进一出"，农产品销售和生产生活资料采购，农户所面对的买方或卖方普遍具有单边优势，所形成的价格往往并不公平，这种买卖合同关系有时却被美其名曰"合作"，混淆了其中的利益立场。

我们要重点讨论的，是在市场上处于同向交易地位一方之间的合作。比如买方与买方之间的合作、卖方与卖方之间的合作，也就是买方联合起来对付卖方，或者卖方联合起来对付买方，这种合作行为的稳定常态形式，就是合作经济组织了。有时候可以是小资本联合对抗大资本，或者是消费者联合对抗供应商、供应商联合起来对抗生产商、生产商联合起来对抗采购商，等等。总之是市场上相对分散的一方联合起来对抗相对集中的一方。

关于合作制与合同制，还有一个典故。早在1955年12月，毛泽东对《中国农村的社会主义高潮》书中摘录的《平湖县新仓乡订立结合合同的经验》一文作出重要批示："供销合作社和农业生产合作社订立结合合同一事，应当普遍推行。"所谓"新仓经验"就此诞生。订立合同，市场交换，总比无偿摊派、行政划拨、强制征购好些，在当时"一平二调""一大二公"开始风起云涌的情况下更有积极的指导意义，但合同制在古今中外商品经济中都是常见现象，就连《白毛女》中的黄世仁和杨白劳还签订合同（契约）呢。合同制自改革开放以来更成为经济常识和普遍现实。"新仓经验"及其衍生种种，并未探究供销社自身的深层结构体制改革，更不涉及合作经济的创新发展。2015年11月，全国供销合作总社到嘉兴平湖召开纪念毛泽东同志"新仓经验"批示60周年座谈会。必须指出，强调合同制的"新仓经验"与强调合作制特别是"三位一体"合作的"瑞安经验"各有侧重，两者是不同层面上的，绝不可同日而语，更不能以几十年前的"新仓经验"替换新时代的"瑞安经验"，有意无意把合同制混淆于合作制，进一步附会为"三位一体"合作。

（二）合作与垄断：反垄断豁免

比较熟悉经济学的读者会发现，从"交易联合"这样一个解释路径来看"合作"，其实跟卡特尔（Cartel）、辛迪加（Syndicat）颇有些相通之处，都有协商定价、划分市场的意味。如果市场上原本规模较大、市场占有率比较集中的几家经济实体进一步"合作"，协调价格、产能与销售，那就很有可能涉嫌"垄断"了。

卡特尔，是指生产同类商品的企业，为了获取高额利润，在划分市场、规定商品产量、确定商品价格等一个或几个方面达成协议而形成的垄断性联合。参加卡特尔的成员企业在生产、销售、财务和法律上均保持自身的独立。辛迪加，是指同一生产部门的企业为了获取高额利润，共同采购原料和销售商品，而形成的垄断性联合。参加辛迪加的成员企业在生产和法律上仍保持独立，但在购销领域已失去独立地位，所有购销业务均由辛迪加的总办事机构统一办理，成员企业不再与市场直接产生联系，很难脱离辛迪加的约束，因而辛迪加比卡特尔更集中，更具有稳定性。

正如德国联邦卡特尔局指出的："竞争虽是配置资源的最佳方式，但是有些市场因其特殊的条件，优化资源的配置只有在限制竞争条件下才能实现。在这种情况下，通过合作实现合理化就比自由竞争更可取。"[1] 有鉴于此，各国一般在反垄断法中规定了豁免制度，允许某些"合法垄断"的存在。[2] 反垄断法的豁免，对农业合作组织尤其普遍。[3]

或许可以说，市场上强者的交易联合是垄断，市场上弱者的交易联合是"合作"。对于弱者的交易联合，国家有必要给予积极的引导和保护；对于强者的交易联合，国家有必要予以谨慎的防范和节制。当市场上一方

---

[1] 王先林：《借鉴国外有益经验制定符合我国需要的反垄断法》，载《中国软科学》，2000年第1期。

[2] 一些国家的反垄断法，往往以"适用除外条款"的形式，或以反垄断法典的"例外法"的形式，对"合法垄断"加以确认，又称"反垄断法适用的除外制度"。严格来说，豁免和适用除外是不同的。豁免，是指对依照法律应当或可以禁止的行为，按照法律的特别规定，不认为违法，不追究行为人责任。我们这里不作严格的区分，一律统称"豁免"。

[3] 详细可参见OECD的文件"Competition Policy and the Agro-Food Sector"，OECD, Directorate for Food, Agriculture and Fisheries, 1999。

过于集中，具有垄断倾向，此时扶助弱小，分散强势一方的合作与联合，既有利于健全市场机制，提高经济效率，也有利于保障社会公平。特别是，如果不太方便削弱强者，就不妨大力扶助弱者，尤其是弱者之间的联合。

事实上，美国的农业合作社就曾一度遭遇反垄断法制裁的威胁，后来才经过国会立法得以豁免。容易理解的是，美国的农场主规模普遍较大，他们之间的联合，的确很容易在市场上形成更大的影响势力，而造成一些疑虑不安。

1922 年美国国会通过的《卡帕-沃尔斯泰德法》（Capper-Volstead Act），又被称为"合作社大宪章"，规定可以豁免适用反托拉斯法的合作社需要具备以下条件：（1）其经营活动必须为了作为农产品生产者的成员的相互利益而进行；（2）经营非成员产品的价值不得超过经营成员产品的价值；（3）无论成员拥有多少股份或资本，都只能实行一人一票，或以资本或者股份为根据支付的红利每年不得超过 8%。美国国会 1926 年《合作社销售法》（Cooperative Marketing Act）进一步规定农业生产者和他们的联合会可以合法地取得或交换过去、现在和将来的定价、生产和销售条件，并在美国农业部成立了合作销售处，后发展为农业合作管理局。

欧盟在合作组织反垄断豁免的制度上类似美国，主要是允许农业生产者以农业合作社的方式进行有效联合和运作。其豁免是 1962 年由欧共体理事会在公约①的授权下制定的条例规定的。② 这是为了保障公共农业政策（CAP, Common Agricultural Policy）以及部分成员国国内农业政策的有效运作。③

---

① Treaty Establishing the European Community (Consolidated Version), O. J. C 321/55 (29. 12. 2006), 《欧共体公约》第三十六条（前四十二条）。

② Regulation 26, Applying Certain Rules of Competition to Production of and Trade in Agricultural Products, 1959 – 1962, O. J. Spec. Ed. 129. 该条例第二条第一款规定："公约第八十一条第一款不适用这种协议、决定和行为（其与公约附录 [I] 所列产品或与此产品相关的贸易相联系的），当其是构成国家市场组织的有机部分或者是实现公约第三十三条目标所必需的。特别是，它将不适用单一成员国农场主、农场主协会或协会组成的协会的协议、决定和行为——它们属于单一成员国并涉及生产，或农业产品的销售，或用于存储处理加工农业产品的公用设施的使用，并且在此条文规定下，也没有责任起诉统一价格，除非委员会发现已经排除了竞争或者危及公约第三十三条的目标。"

③ 参见《欧共体公约》第三十六条（前四十二条）和案件 C – 280/93 Germany v. EU Council [1994] ECR I – 04973. 欧洲法院根据第三十六条第一款，认定农业政策对竞争领域目标的优先性，且理事会有权决定竞争政策在多大程度上被适用于农业部门。

日本规定了比欧美更宽泛的反垄断法适用除外。1947年颁布的《反私人垄断及保障公正交易法》规定"农协等以成员互助为目的成立的合作经济组织不受反垄断法规范"。此外在《中小企业团体组织法》《农业合作社法》等中都有适用除外条款。① 为防止农协等组织的不公正交易，根据公正交易委员会制定的"关于农协组织活动的反垄断法指针"，由相关部门对农协等组织进行指导。②

相当一个时期以来，日本农协的垄断力量又被认为过于强大。1995年，日本政府颁布了新粮食法，结束了持续半个世纪的粮食统购制度，打破了农协在粮食流通领域的垄断地位。第二次安倍政府时期，在TPP谈判过程中，官方推动了农协同意开放市场。2016年日本正式实施《农业协同组合法》修订案，试图削弱农协的垄断地位。而在中国有些人以日本农协过于强大为由，反对在中国加强合作经济组织的地位，莫如说是"给营养不良患者兜售减肥药"了。

总之，在很多国家，以直接生产者为主体的农业合作社或综合农协，都是具有一定特许地位或者垄断豁免资格的。2007年《中华人民共和国反垄断法》的类似条款在其附则第五十六条："农业生产者及农村经济组织在农产品生产、加工、销售、运输、储存等经营活动中实施的联合或者协同行为，不适用本法。"但是，这里的"农村经济组织"究其为何？大约是注册地在农村甚至是在农村活动的"经济组织"，并未明确规定是以务农农民为主体，并主要为自身成员服务的合作组织。这就很容易被中间商操纵利用，对农民和消费者两方面的利益构成损害。

（三）合作制非指生产要素的结合或组合，也不是生产过程的协作

生产是把各种生产要素结合起来并转化为产品和劳务的过程。所谓生产要素，包括土地、劳动力、资本、技术、数据等。在传统的马克思主义政治经济学中，生产要素结合方式是一个重要理论范畴，侧重于劳动力和生产资料的关系。生产要素组合则是西方主流经济学生产理论的重要主题。

---

① 〔日〕村上政博：《日本禁止垄断法》，王长河、周永胜、刘风景译，法律出版社1999年版。
② 钟致东：《日本的新农政战略》，载《全球科技经济瞭望》，2007年第10期。

生产要素的最佳组合是指既定产量条件下的成本最小化或既定成本条件下的产量最大化的要素投入组合。

由于文字相近、意思相关，合作制意义上的合作，经常被混淆为生产要素的结合或组合，或者附会为生产过程的协作。协作与分工密不可分，常称为"分工协作"，主要作用是提高生产效率。这在亚当·斯密的《国富论》中早已得到充分的论证，他同时指出，分工的规模受到市场范围的限制。至于市场本身的结构性不对称问题，以及由此造成的不完全、不公平竞争，似乎还在他的视野之外。

马克思在《资本论》中有专章研究"协作"："许多人在同一生产过程中，或在不同的但互相联系的生产过程中，有计划地一起协同劳动，这种劳动形式叫做协作。"[1] 同时指出："劳动本身由于协作、分工以及劳动和自然科学的结合而组织成为社会的劳动。"[2]

在广义上，企业内部不同生产工序之间，以及企业外部、产业链的上下游企业之间，往往都存在较为密切的专业化分工与协作。跨企业的分工协作，彼此之间就是市场交易关系；企业内部的分工协作，则属于科层制结构。

甚至在家庭这个最古老、最常见的微观经济单位内部，比如男耕女织，"你耕田来我织布，你挑水来我浇园"，也是某种"分工协作"。随着社会经济发展，家庭的生产功能日益淡去，但是作为一个消费、采购单位仍然是活跃的，其实有些类似一个小型的供销合作社或消费合作社，这恰恰是家庭得以长期存在的重要经济基础之所在。

（四）合作与互助：从双边到多边

合作与互助，在泛泛而谈的意义上，很多时候是通用的、互换的。2022年6月，国际劳工组织第110届国际劳工大会通过《关于体面劳动与社会互助经济的决议》，"社会互助经济"主要涵盖的是合作经济。但合作经济的相关理论、法律、案例更为丰富。

---

[1]《资本论》第一卷，人民出版社2004年版，第378页。
[2]《资本论》第一卷，人民出版社2004年版，第296页。

严格意义上的"互助",是基于交换的互助。基于奉献精神,助人为乐,不图对方回报或者没有直接回报,客观上也是增加了自己获得帮助的可能性。

直接发生在个体之间的双边互助,有时候会进一步拓宽范围。例如社区邻里之间常有的相互照看老人、孩子。互助有时具有一些分工协作的内容,例如A家庭的家长负责接送孩子,B家庭的家长负责辅导作业,C家庭的家长负责假期活动等。

经常性的互助,往往以某种共同归属关系为背景,并不一定都要建立正式组织。但正式组织有利于提供稳定长效的多边互助机制,突破一对一的双边关系限制,例如从AB相互之间的帮助,扩展到A帮助B、B帮助C和D、D帮助A,互助行为得到回馈激励、循环往复。在美国首都华盛顿有一个"国会山保姆合作社",由互相帮忙照看婴儿的家长组成,成员大多是美国国会的工作人员,为了便于记账内部还发行了一种"保姆券"。在国内一些地方,已经有一些"志愿服务银行""养老(托幼)合作社"的积极探索,这值得进一步引导和规范。

合作经济意义上的互助,是特定范围、特定人群之内的相互帮助,满足产供销、人财物等方面的服务需求。在标准的合作经济模型中,成员与合作组织交易,通常是通过合作经济组织进行对外交易。合作成员的交易方向一般是相同的,要么都是销售某种产品,要么都是采购某种服务,等等。合作成员通过集中对外交易,增加收益或降低成本,彼此都有好处,这往往也被称为"互助"。

(五)合作与公益、志愿

合作经济组织及其事业,需要一些公益精神,需要一些志愿参与。

但是严格来说,合作组织并不是为社会公共利益(不特定的多数人利益)服务的,而是为内部组织成员服务的,因此不是公益组织,可以称为"互益"组织,也就是互助性经济组织。

但组织的成员是一个群体,如果都是患得患失、斤斤计较、遇事不出头,那就是一盘散沙,什么都干不成。总会有些热心人士出现,这就是志愿者。各国成功的合作组织，最初多由志愿者推动，逐步转入正轨。合作运动领导者要有超越物质利益的精神理念，但是具体的合作社运行不能脱离物质利益原则，对于合作社成员更不能有不切实际的要求。合作组织的工作人员可以是专职或兼职的志愿者，也可招聘受薪雇员，在有条件的情况下不排除高薪引进职业经理人。

（六）合作与合资、合伙

合资，在国内有时专指"中外合资"[①]，其实也泛指构成股份制公司的共同出资行为，本书取其广义，即其属于资本联合。合资、合伙都是共同出资、共担风险、共负盈亏。不同之处在于，公司依法取得独立法人资格，合伙企业不具备独立法人资格。合资股东之间，主要属于"资合"性质，其中股份有限公司（特别如上市公司）是典型的"资合"；有限责任公司兼具"人合"性质（不对外公开招股，股东数量有限制，如规定50人以下，股东之间较需了解和信任，股权对外转让有限制，如规定其他股东的优先购买权）。合伙人（有时也俗称股东）之间，普通合伙企业属于典型的"人合"，合伙人对合伙企业债务承担无限连带责任，彼此之间需要很深的了解和信任，往往具有共同参与经营以及合伙执行事务的特征；有限合伙企业则兼具一部分"资合"性质。

合伙企业可以用货币、实物、知识产权、土地使用权或者其他财产权利出资，也允许普通合伙人以劳务出资。理论上可以假想一个全部由劳务出资的合伙企业，其与合作社分类中的"劳动合作社（劳务合作社）"其实是相通的，仅法律依据和注册程序有所不同。

合作经济组织，通常伴随有成员出资行为，但更侧重于交易联合。严格来说，出资并非作为合作经济成员的必需条件。

（七）社区团购与合作经济

中国农产品流通体系的长期症结还没有解决，主要在效率、公平与安全

[①] 按照中国法律，有"中外合资企业"，也有"中外合作企业"。所谓"中外合作企业"，其实是一种契约式的合资企业，区别于标准的股权式的"中外合资企业"。"中外合作企业"之"合作"，与本书讨论的"合作经济"不是一回事。

三个维度。无论是流通的效率改进与农民公平获益问题，还是安全问题，包括质量安全可追溯问题，都突出存在。新冠疫情更集中暴露了农产品流通体系的短板，特别是农产品供应链安全问题。过去人们多认为农产品生产端的组织化程度太低，其实这次疫情也暴露了消费端的组织化程度之低。电商、连锁超市都不容易解决"最后一公里"的入户问题，还是要结合社区自治、社区合作。

现代化大生产、大市场，以及相应的人口高度集中和频繁流动，是一个"陌生人"的社会系统，在显著提升效率的同时，也容易集聚风险。过去几年的疫情防控，关键环节就是切断传染路径，特别是社区防控。一旦实行封闭管理，生活物资的购买都成了问题。虽然有不少基层干部、社区工作者承担了"代购"职能，但毕竟不那么专业，缺乏经验人力以及系统支持，难免陷入手忙脚乱。这暴露出我国社区合作、包括社区消费合作的发展短板。

如由社区合作社承担集中采购职能，将更有效、更便捷。社区合作社不仅在应急状态下可以发挥独到作用，在常态下也是可以长期存在和发挥积极作用的，例如养老、托幼、物业管理等方面。社区合作经济，可以成为社会治理创新的重要方面。

至于一些互联网巨头搞的"社区团购"，不是真正的社区消费合作。形式上有些相似，在本质方向上，是相反的。社区消费合作，是以消费者为主体，以消费者利益为本位的。那些巨头搞的"社区团购"，其实是一种商家暂时性的营销策略。一些互联网巨头滥用市场地位，仗着财大气粗，先搞低价倾销，消费者还没尝到多少甜头，先把小商小贩挤垮，接下来恐怕还要割消费者的"韭菜"。还有"流量明星"的"直播带货"，同样只是改变了流通领域的利益分配，甚至加剧了市场的两极分化，有些打着"支农惠农"的名义，其实与真正的生产者、劳动者关系不大。

可供借鉴的是：新冠疫情期间，扎根社区的英国合作社利用最短的供应链体系将食物等急需物资投送到居民特别是社区弱势人群中，合作社的便利性、社区性、服务性特点被公众更深切地认识到。合作社使生产者、销售商、消费者共赢，也使当地对食物供应有更强的可控性，许多食品消费合作社的会员、交易额在疫情防控期间甚至达到1200%的增长。英国乃至欧盟各界都开始倡导更具韧性和温度的合作经济，从重塑社会经济生活的角度来思考合作社的综合价值。①

三、合作制与股份制：区别与联系

在现代市场经济条件下，合作制与股份制一样，都是一种经济组织形式。在中国，股份制企业适用《中华人民共和国公司法》，公司几乎是股份制的同义语，但在其他一些国家，公司法涵盖面甚广，合作社或类似的协会组织也按照公司法注册，通过章程区别于其他股份制企业。②

合作制是交易的联合，股份制是资本的联合。股份制一般按照出资额比例行使决策权和享受分红，合作制一般按照交易额比例享受盈余返还。两者都可依法取得独立法人地位，以其全部法人财产对外承担债务清偿责任，合作成员（股东）以其认缴的出资额（股份）为限承担责任。③ 成员与合作社进行交易（大多是通过合作社集中对外交易），是最基本的成员义务和权利；对股份制公司特别是上市公司来说，这种"关联交易"往往有所限制。

合作制中可有股权安排。除了传统合作制下的股金（相对均等），还可以根据需要创新设立优先股，以及与交易配额权相联系的股权安排。公司可以成为合作社成员④，合作社也可以办公司。

合作社与股份制企业之间也是可以相互转化的。例如瑞士最大的两家零售企业 MIGRO 和 COOP 都是合作社。其中，MIGRO 最初是一个私人股份公司，后来转型为合作社，创始人华纳夫妇将所持股份转化为社员入股证，发放给固定客户，还参考瑞士的联邦制度设计了 MIGRO 的组织结构，使之不断发展壮大起来。⑤ 但规范意义上的合作社，一般享受税收优惠政策，如果改制为普通企业，就不应继续享受了。这种转化在原则上并无障碍，主要涉及清产核资、合理对价等技术安排。

---

① 焦若水：《互助服务、市场驱动与生活价值——后疫情时代英国合作社的革新与启示》，载《探索与争鸣》，2021 年第 4 期。

② 陈林：《合作的性质：合作制与股份制、集体制》，载《马克思主义与现实》，2009 年第 2 期。

③ 无限责任合作社或无限责任公司，合作成员（股东）负有连带清偿责任，这在国外也是有的，但比较少见，中国法律并未作出规定，因此本书不予讨论。

④ 在农业农村领域，一般强调合作社成员以农民为主，这主要是为了保证政策优惠不被截留套取，防止非农成员挤压农民利益。在一般理论上，合作社成员并不限定为个人或农民。

⑤ 符纯华：《瑞士消费合作社——MIGRO 和 COOP》，载《中国供销合作经济》，2001 年第 6 期。

笔者多年前撰文指出：公司本质上是一种结社，可将合作社特别是流通合作社理解为公司的一种特例。① 事实上，在国外很多合作社注册为公司（corporation），这些国家的公司法涵盖甚广。在典型的合作制安排下，股权相对均等，而客户与股东重合，此时出资者控制等同于利用者控制。全体合作成员兼有"股东"与"客户"的双重身份。作为股东，其所有者权益大致均等，因此合作成员"民主管理"倒也暗合资本的逻辑；作为客户，其交易惠顾额常有多寡之别，如有"盈余"按出资"返还"，本质上亦相当于退还价款。"股东"与"客户"各自追求利润或效用最大化，均衡的结果往往是，合作经济组织保持"非营利"或"保本微利"的性质即可，利益更多回馈合作成员。值得指出的是，国内关于合作社的研究，强调了合作社与股份制的异同，却忽视了合作社作为非营利组织同一般企业的区别。② 这里的"非营利"，是指对内（对内部组织成员）不以营利为目的，对外在市场经营上与营利性企业并无区别。

在新古典经济学的基本框架下，可以发展出合作组织的目标函数和均衡模型。1945年安克（S. Enke）发表了《消费合作与经济效率》一文，指出合作组织的成员作为投资者和惠顾者与组织存在双重关系，这意味着两种角色下的收益都应该最大化；③ 均衡（产出）应该在合作社的收益和惠顾者的收益总和最大化的时点上，这就是所谓的"福利最大化解决方案"（welfare maximizing solution）④。1948年安麦力诺夫（Inan V. Emelianoff）的专著《合作经济理论》出版，将传统厂商理论应用于合作社。他更倾向于把农业合作社看成是农场的延伸，即合作社是一种纵向一体化形式，本身并不是独立的营利单位，而是成员经济单位的一个集合。在此基础上，提出了合作社是以成员为委托人的代理机构的概念。按照这一概念解释，社

---

① 陈林：《农村合作社的渊源与走向：从集体企业到现代非营利组织》，载《决策咨询》（现已更名为《决策》），2001年第7期。

② 陈林：《农村合作社的渊源与走向：从集体企业到现代非营利组织》，载《决策咨询》（现已更名为《决策》），2001年第7期。

③ Enke, S., "Consumer Cooperatives and Economic Efficiency", *American Economic Review*, Vol. 35, No. 1, 1945, pp. 148–155.

④ LeVay, C., "Agricultural Co-operative Theory: A Review", *Journal of Agricultural Economics*, Vol. 34, No. 1, 1983, pp. 1–44.

员作为委托人,通过有效的成员控制行使合作社决策和支配职能;董事会作为社员代表,被当作代理人而赋予管理职能。①

经济学家认为合作经济组织存在的根据在于:一是当一群经济主体感到单独与交易伙伴交易的成本过高时,为了取得规模经济。② 通过在合作经济组织框架下运作,弱小的市场主体建立起了更好的市场平衡力量,为此促进了市场的竞争,改善了不完备市场的绩效,增进了社会经济福利。二是合作经济组织的共同价值观、组织精神使合作成员存有一些信任——相互理解、认同感,由此造成的成员之间的低交易成本也形成了合作经济组织的存在理由。③

而从制度经济学的观点来看,正如科斯指出:"市场运行是有成本的,通过形成一个组织,并允许某个权威(一个企业家)来支配资源,就能节约某些市场运行成本。"④ 但市场上的经济组织,可以不同的形式存在。通常的企业或公司,大多采取了"投资者所有权"(investor ownership)的组织形式,企业的"所有人"享有对企业的控制权和对剩余收益(residual earnings)的索取权。在所谓"资本主义"条件下,这被认为是理所当然的。但作为一种经济组织形式,"投资者所有权"其实只是一定经济条件的产物,纵然是较常见的组织形式,却不是唯一可能的形式,有时更不是最有效的形式。因此可以把合作经济组织理解为一种"客户所有权"(patron-owned)的"企业",这一制度安排在一定条件下有助于降低所有权成本。正如 Albert Hirschman 所言,一个合作经济组织的成员"既参与供给方又参与需求方,既参与组织产出的生产又参与组织产出的消费"⑤。

---

① Emelianoff, I. V., *Economic Theory of Cooperation: Economic Structure of Cooperative Organizations*, Washington D. C., reprinted by the Center for Cooperatives, University of California, 1948, 1995.

② Sexton, Richard J., "The Formation of Cooperatives: A Game-Theoretic Approach with Implications for Cooperative Finance, Decision Making, and Stability", *American Journal of Agricultural Economics*, Vol. 68, May 1986.

③ Hakelius, K., "Cooperative Values-Farmers' Cooperatives in the Minds of the Farmers", Swedish University of Agricultural Sciences, Uppsala, Dissertations 23, 1996.

④ [美]罗纳德·哈里·科斯:《企业的性质》,见《企业、市场与法律》,盛洪、陈郁等译,上海三联书店1990年版,第7页。

⑤ Albert Hirschman, *Exit, Voice, and Loyalty: Responses to Decline in Firms, Organizations and States*, Harvard U. P., 1970.

制度经济学拓展了"交易"的范畴与外延，富有启发性。在古典经济学与马克思主义政治经济学中，交易就是交换，而且是商品交换。本书认为如果把出资（股权乃至债权）行为也理解为一种"交易"，则"资本联合"也表现为"交易联合"。汉斯曼（Henry Hansmann）有类似的观点：股份制公司，或者说"由投资者所有的企业"，不过是"生产要素提供者合作社"（producer cooperatives）①的一种特殊的表现形式，更确切地说是债权人合作社（lenders' cooperatives）或者资本合作社（capital cooperatives）。②

可以设想这样一个"资本合作社"：每个内部成员（members）要向合作社投入一定数额的资金用于营运。作为回报，合作社向成员支付一定数额的利息，这个利息通常比较低，以确保合作社在支付利息以及其他开支后还有相当数额的净收益。按照每个内部成员投入资金比例，确定净收益以及表决权的分配比例。此外，作为一种补充性的融资方式，合作社还可向外部非成员借入资金，这些外部债权人只按照一定的利率获取利息，而不参与合作社的管理和净收益分配。但在股份制公司中，通常为了方便起见，把支付给内部成员投资人即"股东"的利率一概定为零，这就在一定程度上掩盖了成员投入资金的双重属性。

在此意义上，股份制公司也可认为是合作社的一种特例。当然我们所要重点讨论的是一般意义上的合作社。

四、生产合作与流通合作

（一）从消费合作或劳务合作到生产合作

生产合作社的本质是"雇员所有权企业"（employee ownership compa-

---

① 这里的"producer"是指资本、劳动力、原材料以及企业家才能等生产要素的提供者，而非通常所指的实际生产过程的承担者（例如工人、农民等）。"producer cooperatives"也被译为"生产者合作社"，与消费者合作社（consumer cooperatives）相对。消费者合作社的社员，是按其向合作社购买产品（而非提供生产要素），来确定其社员资格并享有相应权益的。

② 〔美〕亨利·汉斯曼：《企业所有权论》，于静译，中国政法大学出版社2001年版，第19页。

ny）。仅仅有部分雇员持股并不构成"雇员所有权企业"，否则任意一个上市公司只要有职工随机买几股就都变成"雇员所有权企业"了。"雇员所有权企业"应指全员持股并参与管理，股权相对均等，其在这个意义上与"生产合作社"具有等价关系。

流通合作社的本质是"客户所有权企业"（patron ownership enterprise）。一个商场（属于商业流通行业）如果实行雇员所有权制度，也是一个生产合作社（生产可以是广义的，不限于物质生产）。有市场流通才有所谓客户，没有市场流通仍然可以存在生产（这种生产要么是自给自足经济的，要么是计划经济的）。因此，生产合作社既可以和自然经济、计划经济相联系，也可以和市场经济相联系，流通合作社是天然只能与市场经济相联系的。

严格意义上的生产合作社，其实只是合作经济组织的一种特例，合作成员集劳动者和所有者身份于一体。通常是指小生产者或劳动者共同出资，通过共同生产、经营，向市场提供（或自我提供）产品或劳务的互助性经济组织。生产合作社由成员（劳动者）共同所有，与合作社"客户所有"的通行定义并不矛盾。生产合作社为成员（劳动者）提供生产条件乃至市场渠道，在这个意义上，成员（劳动者）也可理解为其"客户"，但是因其特殊性，需要单独列出讨论。

首先，并不是只有传统农业或工业才叫"生产"，生产既有物质生产，也有非物质生产。传统意义上的生产合作社区别于流通合作社，不在于从事"生产"，也不在于具体业务内容，而是强调生产者（劳动者）直接占有生产资料并参与管理，具有自我雇佣的性质。

通常，生产合作社或者是由消费合作社自办生产开始，或者是由劳务合作社自备生产资料而形成。一个最基本的消费合作社，只需要获取和集中消费者的需求，采取类似"团购"的形式即可实现，可以完全不涉及生产过程。但要进一步稳定供应，或者为了解决自身成员劳动就业，某些消费合作社进一步延伸到生产领域。消费合作社自办生产，其中的生产劳动者如果多是合作社雇员身份，而非合作社成员身份，但产品以成员消费为主，则这个合作社总体上还是消费合作社。也就是说，并不是从事生产业务的合作社就一定是生产合作社。如果生产劳动者以合作社成员为主，此合作社就向生产合作社转化了。能够存在的生产合作社，多夹杂了各种消费合作或生产服务（营销、供应、设施利用）等合作功能。

严格意义上的"生产合作"，也可以理解为劳务合作（劳动合作）的延伸形式。劳务合作，站在劳动者角度，莫如说是一种劳动力的销售合作。最初级的劳务合作，是一种临时机动的形式，可不涉及生产资料的共同占有和使用，仅以互助经营的方式共同向外承揽劳务、协调分配给内部成员去履行劳务，即时清结，不必存留共同资产，不必设立正式组织。也有正式注册的劳务合作社，其所经营的业务，大多属于劳动工具比较简单，工作时间相对较短而工作场所分散或易变的各种劳务，如搬运、装卸和建筑劳务等方面的工作。往往是辅助性、临时性的劳务合作居多，在核算和结算上也很简便，无须生产资料或由成员自备简易工具即可（例如搬运劳务的扁担、麻绳、垫布）。如果需求任务更为复杂高频，往往涉及生产资料的共同占有和使用（例如搬运使用的车辆），以便相对稳定可靠地对外提供产品或服务，那就从劳务合作进一步构成生产合作了。

市场经济条件下的生产合作社，其法人财产对成员是共有制，不等同于传统集体所有制。其所涉及的生产资料既可以是统一采购、共同所有的，此时是一种"生产资料供应合作"；也不排除是共同租用（甚至借用）的，此时是一种"生产资料利用合作"。例如以色列的基布兹，土地并非"成员集体所有"，而是国有的或租用的。可以设想一个生产合作社，所有生产资料都是租用（借用）的，并非不能运转。这也在逻辑上表明，并不需要以"生产资料集体所有制"来界定"生产合作"。不妨把生产合作总结为下列公式：

生产合作（基本型）＝劳务合作＋生产资料供应（利用）合作

如果生产合作的产品，主要或全部用于自身成员消费，则此生产合作也有了消费合作的功能，具有自给自足的性质。此时可以拓展为下列公式：

生产合作（自给型）＝劳务合作＋生产资料供应（利用）合作＋消费合作

前面的讨论基于市场经济的前提条件,当讨论单独存在的"劳务合作"时,假定有个外部劳动力市场的存在;生产资料供应(利用)合作,同样以外部市场可以买(租)到生产资料为前提。两者叠加成为基本型意义上的面向市场的"生产合作",进一步限定条件可以推导出自给型的生产合作。这是在逻辑上便于说明的由简到繁的顺序,历史与现实中的演变可能只属于其中的某一段,也可能是反向的。

在市场发育程度低、物资短缺、就业机会稀少的情况下,通俗地说就是什么也买不到、卖不出去,大家没活干、没饭吃,人也没处去,人们首先选择的很可能是自给自足的生产合作,就地利用现有劳动力和自然资源,解决生存问题。当生产稍有发展,出现剩余产品,市场逐渐活跃,外部供应渠道也畅通起来,就有条件面向市场销售产品、采购生产资料及其他消费品。当基本生存得到保障,消费需求趋于差异化,外部市场提供的选择机会更多,大家各自又有了一些钱,这时候自给自足的生产合作社往往演变为面向市场的生产合作社。

当到了必须向外采购劳动力的阶段,而新增劳动力不能同时成为合作社成员,或者原来的劳动力(内部成员)纷纷向外寻求发展机会(甚至提出个人权益份额的要求),传统意义上的生产合作社就开始动摇了。有的可能收缩、停产(或者"包产到户"),有的可能简化为一个劳务合作社。如果这个生产合作社继续存在,但不再坚持劳动者同时必须作为合作成员的身份,而是更多利用雇工生产,那就变成自办生产的消费合作社;如其产品主要面向外部市场,那就无异于普通的合伙、合股企业了(原合作成员事实上变成了纯粹的股东身份)。

上述过程又是可逆的。当经济困顿、市场萎缩,甚至是生存危机出现之时,又来一次循环往复,每种制度安排有其适用范围。例如美国的"五月花号"先民。1620年"五月花号"船登陆北美大陆,被视为美国历史的起源,著名的《五月花号公约》奠定了美国立国的精神之基。而这批移民上岸后相当长一段时间,实际形成了一个"自给自足为主的生产合作社",集体劳动,统一分配,在极其艰苦的高风险条件下维系了生存繁衍。否则这些人就算不被土著或野兽所害,也会冻饿而终。这是合乎理性的选择,也是情感的归依,不能因"五月花号生产合作社"(名字是笔者取的)30多年后解散了,就否定其之前30年的存在价值。

在一个市场经济和多元社会中,不应阻止发展生产合作社。但从全世界近200年来的合作运动实践来看,纯粹的生产合作社,并不容易壮大和持久。我们不必一概否定,更不宜一味强求"生产合作"。经常被提起的极少数成功案例,如以色列的基布兹(Kibbutz)、西班牙的蒙德拉贡(Mondragon Corpoilacion Cooperativa,MCC)等,有赖于极其特殊的政治社会条件,而且兼具生产以外的很多合作功能才能存活。例如蒙德拉贡广泛涉及商业流通和生活服务,还有自己的"劳动人民银行"(信用社)。

以色列农业发达,农业组织结构以基布兹和莫沙夫(Moshav)为主。[1] 基布兹的希伯来语原意即为"聚集""集体",是一种多功能的生产合作社,甚至与中国人记忆中的集体经济组织、人民公社颇有些相像(但其是建立在平等自愿的基础上,外部与市场经济衔接,而非受制于计划经济)。莫沙夫的希伯来语原意为定居点或村庄,已经成为以色列合作社的代名词,是对基布兹模式的调整。犹太移民于1909年底创建了第一个基布兹(其中的骨干来自俄国社会民主工党领导的犹太工人联盟成员)。1920年部分原基布兹成员根据弗兰茨·奥本海姆[2]撰写的"农业合作计划"创建了第一个莫沙夫。莫沙夫从国家获得土地,转租给内部成员;生产不是由集体劳动完成的,而是由小型家庭农场完成的;莫沙夫以联合的形式负责供销,并向成员提供农业技术和教育、医疗、文化等服务,其主要属于"流通合作"。"莫沙夫"的数量和人口都已经明显超过"基布兹",成为以色列农产品的最主要提供者。

---

[1] 《以色列国家概况》,见外交部网站:https://www.fmprc.gov.cn/web/gjhdq_676201/gj_676203/yz_676205/1206_677196/1206x0_677198/(更新时间:2024年10月)。

[2] 弗兰茨·奥本海姆(Franz Oppenheimer,1864—1943),德国犹太社会学家,政治经济学家,其自称是"自由的社会主义者"。曾任德国经济部长和总理、被公认为德国经济奇迹开创者的艾哈德,把奥本海姆奉为自己的人生导师。参见中国驻慕尼黑首任总领事刘光耀的相关文章:《艾哈德的人生导师之奥本海姆丨世上不只有亚当·斯密》,见网易研究局:https://www.163.com/money/article/EENREM2Q00258J1R.html,2019年5月9日;《奥本海姆,德意志经济崛起背后的男人!》,见网易财经:https://www.163.com/dy/article/EER6KFOS051983U7.html,2019年5月10日。

（二）从生产合作联系到"生产资料"，附会为"生产资料所有制"

合作制在中国经常被混同于集体制（集体所有制），大约是因为20世纪50年代的集体化运动也被称为"合作化运动"，并且借用了"生产合作社"的形式外壳。片面强调或曲解"生产合作"的一个后果，是容易从生产合作联系到"生产资料"，附会为生产资料的合并乃至无偿或低价"充公"，进而理解为"生产资料所有制"特别是"集体所有制"，这恰恰是把生产合作社与集体经济组织混为一谈的认识歧路。

生产合作社一旦取消了"成员退出权"（不再承认个人财产份额），所有者权益不可分割转让，就走向了传统意义上所谓的"劳动群众集体所有制经济组织"。传统农村集体经济沿用"合作社"或"公社"之名，但仅仅用合作社"退出权"之存废，尚不足以说明其本质。在其数十年实践中，传统集体经济是与计划经济、统购统销、户口制度等一系列制度安排密切联系的，农民的经济自由甚至人身自由都受到束缚，"退出"后没有出路甚至没有生路。这取决于外部体制环境的制约，或可表述为下列公式：

生产合作－成员退出权＋集体所有制（所有者权益不可分割转让）及其外部制约＝传统集体经济组织

林毅夫曾用"退出权"来解释1959—1961年的中国农业危机，他认为："在一个合作社里，社员如果拥有退社的自由，那么，这个合作社的性质是'重复博弈'的，如果退社自由被剥夺，其性质就变成'一次性博弈'。在1958年以前的合作化运动中，社员退社自由的权利还受到相当的尊重，但自1958年的公社化运动后，退社自由的权利就被剥夺了，因此，'自我实施'的协约无法维持，劳动的积极性下降，生产率大幅滑坡，由此造成了这场危机。"[①]——这种解释很符合西方经济学界的口味，影响甚

[①] 林毅夫：《制度、技术与中国农业发展》，上海三联书店1994年版，第7页；Lin, Justin Yifu, "Collectivization and China's Agricultural Crisis in 1959-1961", *Journal of Political Economy*, Vol. 98, No. 6, 1990, pp. 1228-1252。

广。问题是1959年之前的几年实质上已经没有"退社自由",1962年之后相当长时期也无所谓"退社自由",为什么并没有出现大饥荒呢?这又好比说一个人饿死了是因为缺乏营养,这个判断固然正确无比,却并没有提供任何的有效信息。

另外,"退出权"不宜作绝对化理解。任何一个组织要保持稳定运营,对于"退出权"多多少少会有一些限制。这种限制不一定来自组织的硬性规定,而是来自客观上的阻力,当然这种阻力有程度上的不同。即便在股份制下,上市公司的股份理论上可以在具有高度流动性的公开市场随时转让,仍有跌价的风险或停牌的可能;对于非上市公司来说,股份转让并不是那么容易找到买方,如果诉诸"减少注册资本"或"解散注销"的程序那就更难了。至于职工与企业之间,主动辞职与被动辞退,经济补偿往往也是不一样的。所以,"退出权"的行使是有成本的。

在合作制下,当然要保障成员的退出自由,成员也有权带走自己的财产份额或者得到相应的补偿。但其财产份额不一定随时可以变现,一般规定要提前申请,申请之后有一个办理时间周期。在具体对价上,有可能按照账面净资产、原始投资价值或者其他计算方式(如乘以一定的系数)予以支付。还可以区别不同类型,例如正常退休而退出,对价可以更高一些。这些都应取决于合作章程的自主规定,是为了维持经营稳定性和组织凝聚力,而合作成员在最初加入的时候就接受了这些条款的约束。

(三) 生产合作社的优势与局限

国外学者对生产合作社的肯定性观点,主要是认为其实行的劳动雇佣资本制度,消除了劳资对立,并由此产生了一系列的优势。相比于资本雇佣劳动的企业制度,生产合作社向劳动者提供了较强的工作激励,增加了成员努力的动力,提高了生产率;增加了管理跨度,减少了监督成本,使非生产性成本最小化;既满足了企业内部雇员对获得工作自主权、参与企业决策的要求,又满足了企业外部市场竞争条件下对企业高生产率、高产品质量和革新的要求。① 从委托—代理关系看，它是对企业所存在"道德风险"问题作出的一种反应。② 生产合作社所有者与生产经营者的统一性，避免了由于所有权与控制权相分离所产生的代理成本，及工人的机会主义行为。③

阿尔钦（A. Alchian）和德姆塞茨（H. Demsetz）发表了经典之作《生产、信息成本和经济组织》④，重点考察市场经济条件下企业制度生成与演进的原因，企业内部的组织结构及运作机理，各种生产要素之间的关系，以及不同企业组织形式对参与市场行为的影响等问题。生产合作社也进入了制度经济学分析的阶段。按其理论，在团队生产中，如果对成员实行利润分享制，能够促进成员的自我控制，提供一种避免偷懒的激励机制，但是它只适于小规模的团队生产。

笔者进一步认为，生产合作社的要素组合不易调整，使其在业务上、规模上不易扩展，也不易收缩。面对市场经济的千变万化、千差万别，就有局限性。

生产合作社内含着劳务合作，劳动者与合作成员身份重合，劳动要素投入与资本要素投入深度绑定，不利于合作社管理者灵活调整要素组合，特别是劳动力的使用（如增减员工）。表面上看是难以辞退老员工，实际的效果更是尽量减少招募新员工（也是合作社新成员）。当资本要素出现短缺或剩余时，同样难以随机调整。

市场经济条件下的生产合作社，按照一般合作社的原则，其成员当然有权自由退出，但比一般企业的员工退出或股东退出要复杂难办。无论是企业股东还是员工的退出，都是其合法权利，也不可能完全没有摩擦。一

---

① Mellor, M., *Workers Cooperatives in Theory and Practice*, London: Open University Press, 1988; Abell, P., *The Viability of Industrial Producer Co-operation*, *Organizational Democracy & Political Processes*, Edited by C. Crouch and F. Heller, John Wiley & Sons Ltd., 1983, pp. 215 – 229.

② Alchian, A. and Demsetz, H., "Production, Information Costs, and Economic Organization", *American Economic Review*, Vol. 62, No. 50, 1972, pp. 777 – 795.

③ Hansmann, H., "When Does Worker Ownership Work?", *The Yale Law Journal*, Vol. 99, No. 8, 1990, pp. 1315 – 1400.

④ Alchian, A. and Demsetz, H., "Production, Information Costs, and Economic Organization", *American Economic Review*, Vol. 62, No. 50, 1972, pp. 777 – 795.

般企业的员工,平常已按劳动合同领取应有薪酬,离职走人需要履行一个程序,涉及经济补偿的计算标准是预先给定的。对于企业股东来说,如果是上市公司的普通小股东,在公开市场上随时卖出股票,得以股市正常营业为前提,休市时间不算;对上市公司的一些特殊股东来说,股票交易是受到监管限制的。普通股份制企业的股权交易缺乏流动性,一般还要求优先在原股东内部转让;如果退股(相当于企业回购股权),达成交易对价需要耗费较多计算和协商成本。合作社成员的份额权益应受保护,也可流转或"退社"。对于普通的消费、劳务合作(乃至供销、信用合作)来说,其所占有的固定资产特别是专用性资产的比例相对较少①,在估值计算上往往更为简便,更少争议,交易对价较易达成。而生产合作社越是深入具体的生产过程,资产专用性越强,退出成本越高;不仅生产合作社退出相应生产业务的代价较高,也可合理推断,成员退出生产合作社的代价或难度也相对高一些。如果合作社成员的份额权益难以"套现",或者"套现"所得不符心理预期,该成员不会轻易退出;如其不退出,生产合作社仍有义务为这样的成员"安排工作"。而生产合作社如果吸纳新成员,不仅带来劳动力,加入对生产资料的共同占有和利用,更涉及对合作社原有财富积累的共享,这个估值对价和计算协商更困难,要比企业招聘员工麻烦多了,于是尽量不吸纳新成员。生产合作社的成员结构越来越固化。

另外,实现同样的交易量,生产合作社通常要比纯粹的流通合作社占用的固定投资更多。生产合作社要扩大经营规模,要么增加成员(也是"股东")的数量;要么保持成员数量稳定,但是要求成员"增资"或减少盈余分配。在前种情况下协商成本和管理难度进一步加大,在后种情况下成员的实际投资及相应风险也越大。

笔者给出的这个理论逻辑,可以很好地解释在世界各地纯粹的生产合作社并不常见,如有存在,往往规模都不大。合作的有效性范围,很难超过熟人社会的半径。西方国家仅存的少量的生产合作社,大多集中在手

---

① 资产专用性(asset specificity)和资产通用性(asset homogeneity)相对,属于制度经济学概念。资产专用性是指资产用于特定用途后被锁定很难再作他用,若改作他用则价值会降低,甚至可能变成毫无价值的资产。

"三位一体"服务"三农"
新型合作经济与普惠金融

工业、运输和建筑劳务等劳动密集型行业,合作成员(劳动者、小生产者)具有某些特殊技能和共同纽带,而生产规模、资本投入普遍较小。从手工业生产看,如制革、酿酒、维修等行业,都有很强的手工技艺性,很严格的原料选择要求,不可能都由社会化大生产完全替代,甚至恰恰需要维持较小的生产规模,以保证技艺的完整、产品的特色。这些"生产合作社"内部大多也采取了类似"统分结合"的形式,其中纯粹的生产合作成分也不是很多,而是兼顾原材料采购和产品销售等方面的需要(这都属于流通领域)。或许有人会说,能否通过合作社再联合的方式突破这种规模瓶颈,其实,如果组建联合社,更多只能是生产服务、流通合作性质的。在市场经济中,这都是人们的自由选择。规模不大,亦可有其生存定位。

还有一个很多人没有注意的问题是,生产合作社通常不会轻易使劳动者(成员)离开。对成员(劳动者)来说,这既有劳动保障的作用,也伴随着经济上的资源配置风险。纵使一个生产合作社的管理和分配是公平合理的,这也意味着劳动者(成员)不仅仅把自己的劳动力,还把其他财富积累绑定在这个经济实体,造成了双重风险(就业风险和投资风险)叠加,变成了"所有鸡蛋放在一个篮子中"。如果这个生产合作社垮掉,劳动者(成员)不但失去了工作机会,多年留存其中的财富积累也迅速贬值了。

类似企业职工持股,在一个较有流动性、竞争性的市场经济中,普通劳动者持股本企业,对其未必更有利。如果企业垮掉,劳动力可以流动,另找工作,但是所持股份迅速贬值了;即便企业没垮,职工另有打算找工作,原来持有的股份不容易退出,就是一个包袱。现实中某些企业搞的职工持股计划,常常是为了减少即期的薪酬成本和现金流压力,把应付工资转为职工股份,甚至是变相摊派集资;如果允许职工自由选择,这些职工恐怕多倾向于拿到流动性最强的现钱,有了钱可以自行选择多样化的投资组合(Portfolio),未必投向本企业。那些股票上市一夜暴富的传说多是神话,更与普通劳动者无关。对此要有清醒认识,不能以"职工主人翁"之类的说辞过度美化或意识形态化。

（四）流通合作大有可为

笔者多年前撰文指出，生产合作不如流通合作盛行和持久，在世界范围内是一个容易观察到的现象。① 在市场经济环境下的一个完整案例可以参见中国台湾地区的"合作农场"。1946 年台湾当局实行"公有耕地放租"，放租的 10 万余公顷公有耕地（约占当时台湾总耕地的 10%）一律租给合作农场使用，并规定"合作农场以发展农业合作实行集体生产为宗旨"，实行"合耕合营制"，农民按工分取酬。实际上基本没有推行开来，经过数年的演化，台湾的合耕合营制农场全部改为农民分耕制，所谓的合作农场已徒有虚名，变为事实上的农业供销合作社或农业生产设备设施的利用合作社，本质上已经属于流通领域的合作社。

经济学上可以提供的解释是：生产合作在日常管理和监督上面临较大的困难和成本，在农业领域更是如此。好比说，你锄地我也锄地，锄得多点少点、深点浅点，乃至每一锄头、每人每日的边际产出，相互之间是难以准确计量和监督的，其他农业生产劳动也类似。这就容易助长"搭便车"行为而使生产合作难以为继。

由于农业生产劳动在管理、计量、考核、监督上的特殊性，很多只能采取家庭经营而非雇工经营的形式，无论私企还是国企雇工经营都不好使，合作社雇工经营也是如此（哪怕是雇员拥有所有权）。所以在国外市场经济环境下，纯粹的生产合作社不多，在农业领域更少。

而流通环节经过市场过程，信息的透明度和对称性较有保证，合作经济组织在此仍然可以保持效率。② 例如一个销售合作社，你交售 1 吨小麦，我交售 2 吨小麦，彼此都是容易计量的（有时可能需要采取一定的产品分级标准，但这种标准也是相对客观、容易操作的），相关的市场价格信息也是容易掌握的。因此，生产合作应当慎行，流通合作简便易行、大有可为。

---

① 陈林：《农村合作社的渊源与走向：从集体企业到现代非营利组织》，载《决策咨询》（现已更名为《决策》），2001 年第 7 期。
② 陈林：《农村合作社的渊源与走向：从集体企业到现代非营利组织》，载《决策咨询》（现已更名为《决策》），2001 年第 7 期。

流通合作是广义的，包括商品、信息、技术、资金等流通，资金流通也就是金融。

早期合作运动的起源，多具有若干生产合作的因素，往往是在生产力较为低下、经济短缺、市场化程度也不高的情况下，想买买不到或者没有活钱买，合作社运营的重点不得不放在生产上，往往有一些自给自足的倾向，这是可以理解的，具有历史的合理性，但是不能过度解读为普遍性的规律和原则。正如中央政策研究室原研究员谢义亚所指出的："现在大力发展合作组织主要是在流通领域把农民和市场连接起来，这样就不会回到过去五十年代低水平的状况。"①

传统经济理论和体制曾经受到一些"生产决定论"的影响，强调生产对于流通的决定作用（虽然也承认流通反作用于生产），这对于短缺经济背景下成长起来的人们，似乎是不证自明的。但从市场经济发展的实际经验来看，掌握了生产不见得有销路，企业就会经营困顿、老板赔本、工人发不出工资；掌握了需求却可以影响和控制生产（例如OEM代工生产、订单农业、大型商超连锁，乃至新兴的电商平台等商业模式）。在经济过剩、资本过剩、产能过剩的情况下更是如此。随着经济货币化、货币信用化程度的不断加深，在不触动生产的条件下调整分配和流通（包括信贷流通等），引导和整合需求，反过来影响以至控制生产，日益成为常态。举一个简单的例子，如能组织足够数量的面包消费人群，就完全可以通过联合采购（消费合作）的方式，向厂商争取更大优惠，操作上较为简便有效，不见得要自行组建面包工厂或"面包生产合作社"，避免面临较多的管理和监督成本。

需要指出的是，"生产合作"，在中国历史上有其特定含义。20世纪50年代合作化（集体化）运动早期，从互助组到初级社阶段，大致还具有"生产合作"的性质，后来进入"一大二公"，到"高级农业生产合作社"以至"人民公社"（其实是指集体经济组织），已经完全丧失合作性质了，但是人们仍习惯称为生产合作。农村改革伊始，之所以搞"包产到户"，

---

① 中共中央党校经济学部、21世纪经济报道联合主办论坛：《大道有形：新农村方程式求解——新农村建设需要农村合作组织》，载《21世纪经济报道》2006年3月6日。

就是缘于此前"生产合作"（其实是传统集体经济）的失败。如果不恰当地滥用"生产合作"的概念，容易造成理论上的混乱，也可能引起政治上的不必要的误会和顾虑。

但在中国现实语境中，"生产合作"一词仍然被很多学者、媒体和官方文件不加辨析地使用。有些是把生产要素的结合或者生产过程的分工协作，甚至上下游产业链之间的合同关系，通通理解为"生产合作"，这是没有区分合作制与一般的企业组织。

合作经济之"合作"，有其特定内涵。生产过程中，有人、财、物等生产要素的结合，有人与人的分工协作，这种结合或协作，在任何经济实体（包括单一农户、家庭农场或合作社、各类企业）内部，都是普遍存在的，如果牵强附会为"生产合作"，并不恰当。土地经营权等生产资料可以入股公司，也可以入股合作社，仅此也不等于生产合作。

还有一些是把农民合作社的日常业务理解为生产合作，或者一些人自称在做的"生产合作"，究其所指，其实是生产服务，涉及农技、农机、农药、农田水利、种子种苗、统防统治、仓储物流等。其中，合作社统一购置或租赁生产资料（如生产设备、器具、设施乃至土地），供成员共同利用的，属于"利用合作社"。农业农村的生产生活密不可分，从生产服务还可以延伸到生活服务。从广义上说，金融（信用合作）、流通（供销合作），也属于生产服务的范畴。合作经济的重点在于这些生产服务，可以通过合作社向外"团购"（在此情况下其实是流通合作），也可以由合作社自行提供，在此情况下合作社需要增加一些设施、人力的投入或附设企业，也会增加一些管理上的复杂性。

如果一定要继续使用"生产合作"的提法，更多应从生产服务的合作这个角度重新诠释，类似国外所说的"生产者合作社"（producers' cooperative）。其实，列宁《论合作制》中就使用过"小商品生产者合作社"一词，并特别注明"这里所说的不是工人合作社，而是在小农国家中占优势的典型的小商品生产者合作社"[1]（从马克思到列宁所说的"工人合作社"

---

[1] 《列宁选集》第四卷，人民出版社2012年版，第507页。

更相当于传统的"生产合作社")。

生产、供销、信用"三位一体"合作，递进和循环，就有为生产服务的供销、信用一体化的意味，而不是生产合作、供销合作、信用合作的简单相加，更不是回到20世纪50年代的"生产合作"。可以理解为建立在合作制基础上的生产服务、供销服务、信用服务的"三位一体"，这样在文字表述和理论逻辑上更为严谨自洽。

五、合作制不属于所有制范畴，也不等同于劳动联合

（一）合作制与所有制

合作制是一种经济组织形式，并不属于所有制范畴。合作经济的思想萌芽虽然不无早期社会主义运动的影响，为弱势群体团结互助提供了切实可行的路径，但其长期的实践完全兼容于市场经济的环境。无论早期合作社，还是现代合作社，凡是能在市场经济条件下有效运行的，都承认和保护财产权利和交易自由，其实与特定的所有制和意识形态并没有必然联系。纵使推行合作运动的早期社会主义者，很多对于财产制度和商品货币关系抱有怀疑甚至憎恶态度（其实基督教、儒家都有类似的一些思想元素，不足为奇），但以他们当时的在野之身，也只能在市场经济的大环境下开展自己的合作事业，客观上不能不与之兼容。

（二）合作制与劳动联合没有必然联系

市场经济纷繁复杂的现象，大多可以归纳为各种交易关系。其中，有一种交易关系更为特殊，按照马克思的说法是劳动力成为商品，也就是劳动力的买卖，形成雇佣劳动关系，其中涉及对于人的支配，往往不是那么令人愉快。市场交易关系，以及雇佣劳动关系，虽然在形式上可以是平等、自愿、合法的，但是由于市场结构或者力量格局的影响，经常可能是对于小微经济主体如小生产者、消费者、劳动者有所不利的。

合作制有时候可以是小资本（小生产者）联合对抗大资本，或者消费

者联合对抗供应商，供应商联合起来对抗生产商，生产商联合起来对抗采购商，等等。总之是市场上相对分散的一方联合起来对抗相对集中的一方。

欧美国家的农业合作社其实是农场主（农业资本家）之间的合作社。此外，农场主及其合作社都可能存在一些雇工，雇工则可以组成农业工会维护自身权益。合作成员与合作社雇员的身份是两码事，虽然一部分合作成员可能同时是合作社的雇员，或者一些合作社的管理、服务人员是由部分合作成员充当的志愿者，但合作社及其雇员之间完全是普通的劳资关系。

纵使在东亚小农社会，只要稍具市场化的环境，小农本身也有部分资本的性质，只不过是比较弱小的资本，小农既投入资本，也投入劳动，相当于自雇劳动的小业主。与其说东亚小农合作社是"劳动者的联合"，倒不如说是自雇经营者或"小业主"的联合。

合作制与劳动联合没有必然联系，更不等同于劳动联合。早期的合作运动受到早期社会主义思潮的影响，甚至跟当时的劳资对抗事件密切相关，合作成员之间也曾存在一些共同劳动的因素。一些人经常把合作制与所有制（特别是集体制）混淆起来，而在传统政治经济学的话语体系里，所有制又是与劳资支配关系相联系的。至今仍然有很多学者（包括一些合作制的热情倡导者），喜欢谈论"股份制是资本联合"（这大致没错）、"合作制是劳动联合"（这就是以偏概全了，只有劳务合作社、生产合作社或可这么说），进而有人以为"合作制是劳动联合起来对抗资本"，甚至是"劳动支配资本"，其中存在严重的误解。

（三）劳动联合的更典型形式是工会

正如恩格斯指出："资本和劳动的关系，是我们现代全部社会体系所依以旋转的轴心。"[①] 在市场经济的背景下，从表面上看，劳资关系是一种纯粹的私人行为，无论雇主还是雇员都可以自由地接受这种关系，当一方不满对方时，可以拒绝，即"用脚投票"。但雇主和雇员双方，并非势均力敌。在相当长的时期内，在大多数国家和地区，特别是在中国当下，劳

[①] 《马克思恩格斯全集》第十六卷，人民出版社1964年版，第263页。

资关系失衡，劳动力一方更多处于弱势地位，这就需要进一步联合起来。

由于劳务合作社、生产合作社并不盛行，劳动联合的更典型形式不是合作社，而是工会（Labor Union），更为简便有效。工人通过工会的"集体谈判"，在就业市场上争取更好的薪酬待遇。假如工会自办工厂，全体成员在工厂劳动，那就成了生产合作社，理论上、法律上都不排除这种情况，事实上则很少见。但依托工会成员发展消费合作、信用合作等流通合作，则是较有前途的。

在经济学意义上，莫如说工会是一种劳动力供应的卡特尔，或者说是劳动力营销的合作社。① 正如美国法学家波斯纳指出："许多经济学家长期认为，工会的目的在于限制劳动力供给而使雇主无法以劳动者之间的竞争来控制劳动力价格。"②在一些西方国家19世纪末20世纪初反垄断讨论中的一个重要问题就是，应否将工会看作限制贸易发展的非法组织而加以取缔。美国《谢尔曼反托拉斯法》（Sherman Anti-trust Act）通过之后的一个时期，就曾屡屡被雇主诉请法院用来对付工人运动。

在工人运动和社会主义者的长期斗争下，美国国会1914年通过的《克莱顿法》（Clayton Act）开创了对工会组织进行反垄断豁免的先河。工会享有美国联邦支持的通过集体谈判影响非工会会员的权力。法律强许它们基于信托义务代表全体雇员。与此同时，公共政策排除"搭便车"者，要求所有雇员支持委派的谈判小组；工人不能参加对立的工会，不能直接和雇主交涉或者随意退出工会。因此，工会与资本主义企业、完全自愿的社团和国家组织都有所不同。工会既是非营利组织，又是强制性的经济组织；既是工人阶级的社团，又是强大的特殊利益团体；既是权利的体现，又与某些个人自由不相容。例如，工会可以不经某些雇员的同意而向其收费（或代表其协商合同），但是工会又不能强迫任何人成为其会员。工会可以

---

① 根据《简明经济学百科全书》（The Concise Encyclopedia of Economics，2007）的"工会"条目：研究工会的经济学家——包括其中公开支持工会的经济学家——都通过分析得出一个结论，那就是这些工会组织只不过是一种卡特尔。

② ［美］理查德·A. 波斯纳（Richard A. Posner）：《法律的经济分析》，利特尔·布朗公司1972—1973年版，第133页。

免受《谢尔曼反托拉斯法》的约束并可限制竞争，当然这种限制只能以某种方式进行。工会不同于一般的民间组织，而是具有公法所赋予的特殊地位，或者说是所谓的公法社团，从对抗体制的力量，转而成为体制的一部分。

正如波普尔指出："因为资本家不可避免与工人联合的权力相竞争，他们声言工会定会危及劳动力市场的竞争自由。放纵主义于是面临一个问题（这是自由的悖论的一部分），国家应该保护哪种自由？劳动力市场的自由，还是穷人联合起来的自由？不论采取何种决定，都要导致国家干预，导致在经济领域使用有组织的政治权力，无论是国家的还是工会的政治权力。"①

劳动力相对于资本的长期过剩，使单个劳动力与资本相比是弱势，无法与资本相抗衡，但是一旦劳动力广泛和巩固地联合起来，工会组织强大到一定程度，在民粹主义政治下，也有可能反过来控制劳动力市场，出现过度的劳动力垄断，从而抑制经济的发展。国家的干预需要调节劳资双方力量的平衡，从而维护市场的公正，保护有关各方的合理利益。

（四）劳动力垄断 vs. 生产资料垄断

马克思在《资本论》中指出："资本并没有发明剩余劳动。凡是社会上一部分人享有生产资料垄断权的地方，劳动者，无论是自由的或不自由的，都必须在维持自身生活所必需的劳动时间以外，追加超额的劳动时间来为生产资料的所有者生产生活资料，不论这些所有者是雅典的贵族，伊特鲁里亚的神权政治首领，罗马的市民，诺曼的男爵，美国的奴隶主，瓦拉几亚的领主，现代的地主，还是资本家。"②

从上面这段话来看，马克思认为"生产资料垄断"存在于很多不同的时代和社会形态，不限于资本主义社会，因而"剩余劳动"的占用或者说"剥削"也普遍存在于这些社会形态。我们知道马克思用了很多篇幅以雇佣劳动创造的剩余价值来说明剥削的来源，但在更为一般的意义上，马克

---

① 〔英〕卡尔·波普尔：《开放社会及其敌人》，郑一明等译，中国社会科学出版社1998年版，第20章：资本主义及其命数。

② 《马克思恩格斯选集》第二卷，人民出版社2012年版，第191页。

思是从生产资料垄断引申出剥削的。"垄断"特别是"生产资料垄断"在马克思的论述中，是至关重要的关键词，这在过去却常为人所忽略。也许，生产资料的"垄断权"较之于生产资料的"所有制"，更能准确深刻地揭示剥削的根源。

笔者认为，在微观上，"生产资料垄断"首先存在于企业内部，在具体的劳资关系之间。通常来说"资方"更具有单一性和组织化优势。资方的这种单一性，就业主制企业而言很容易理解，其实对于股份制企业来说，由于股东会、董事会以及经理层等一系列组织架构，较能形成和执行资本的整体意志。显然，相对于单一的"资方"，"劳方"天然是众多、分散和流动的。在宏观上，从全社会来看，基于劳动与资本的相对稀缺性，以及各自的组织化程度，要素市场上也有一个力量对比问题，这可以说是市场结构垄断的一种特例情形。虽然微观上的劳动力个体似乎拥有某种"选择自由"，但是这种"自由"仍然受制于宏观上的力量对比。

垄断并不是资本所专属的概念或特有的追求。正如恩格斯在《政治经济学批判大纲》中指出："每一个竞争者，不管他是工人，是资本家，或是地主，都必然希望取得垄断地位。每一小群竞争者都必然希望取得垄断地位来对付所有其他的人。竞争建立在利害关系上，而利害关系又引起垄断；简而言之，即竞争转为垄断。"恩格斯这段话表明，工人，如同资本家一样，也必然希望取得垄断地位。既然资本家可以有生产资料的垄断，工人为什么不可以尝试劳动力的垄断呢？相对于生产资料的垄断，劳动力的垄断在理论和实践上也都是可以成立的。工会就是追求劳动力垄断的最常见组织形式。并非巧合，经济学上作为垄断组织形式之一的"辛迪加"是法语 Syndicat 的音译，原意就是"工会"。

马克思、恩格斯很早就注意到工会的力量与意义。马克思把苏格兰农业工人创立工联（1865 年），视为"一次历史性的事件"[①]。恩格斯在《英国工人阶级状况》中明确指出：这些工会和因它们而起的罢工之所以具有

---

① 《资本论》第一卷，见《马克思恩格斯全集》第二十三卷，人民出版社1972年版，第282页。

现实意义，……正因为工会所针对的是现在社会秩序的神经中枢。①

在单个企业的层面上，要抗衡生产资料垄断，需要加强工会组织，以实现工人的"劳动力垄断"。而在全社会的层面上，要根本消除"生产资料垄断"，按照马克思在《资本论》《1863—1865年经济学手稿》《法兰西内战·初稿》《剩余价值学说史》等著作中的论述，取代资本主义私有制的社会主义生产方式，应当是"在协作和共同占有……生产资料的基础上，重新建立个人所有制"，也就是"联合起来的社会个人的所有制"。

在所有制形态上搞"一大二公"，在理论上并不一定符合马克思的原意，在实践中困难重重，而且恰恰极大加剧了生产资料的垄断，劳动力失去自由议价的地位，如我们过去的教训所表明的，既不利于经济效率，也无助于社会公平。

本书并不试图永恒解决雇佣劳动与"剥削"这样的意识形态争议，而是旨在说明，改善劳动力的境遇，有更重要、更迫切的事情要做。无论以剩余价值说明剥削，还是以边际产出说明没有剥削（或只存在垄断剥削），都是个定义问题。现实中劳资双方的利益分配取决于力量对比，而劳资关系的力量对比取决于要素相对稀缺性以及各自的组织化程度。借助公共政策的倾斜支持，以"劳动力的垄断"应对"生产资料的垄断"，促进劳资关系的平衡，这是一个现实可行的路径。

很多人喜欢谈论"市场化"，但是有意无意忽略了工人、农民的组织化、合作化，这样的市场格局严重失衡，片面的市场化容易变成寡头化。即便是在私有经济为主的西方发达国家，乃至其他一些发展中国家，都有强大的工会与合作社力量，在相当程度上抗衡了资本的力量，而这个局面的形成，也是19世纪以来社会主义运动长期奋斗的结果。

---

① 《英国工人阶级状况》，见《马克思恩格斯全集》第二卷，人民出版社1957年版，第506—507页。

"三位一体"服务"三农"
"Trinity Cooperation System" as Solution to "Three Rural Issues"

新型合作经济与普惠金融
New-type Cooperative Economy and Inclusive Finance

第二章
合作经济与集体经济

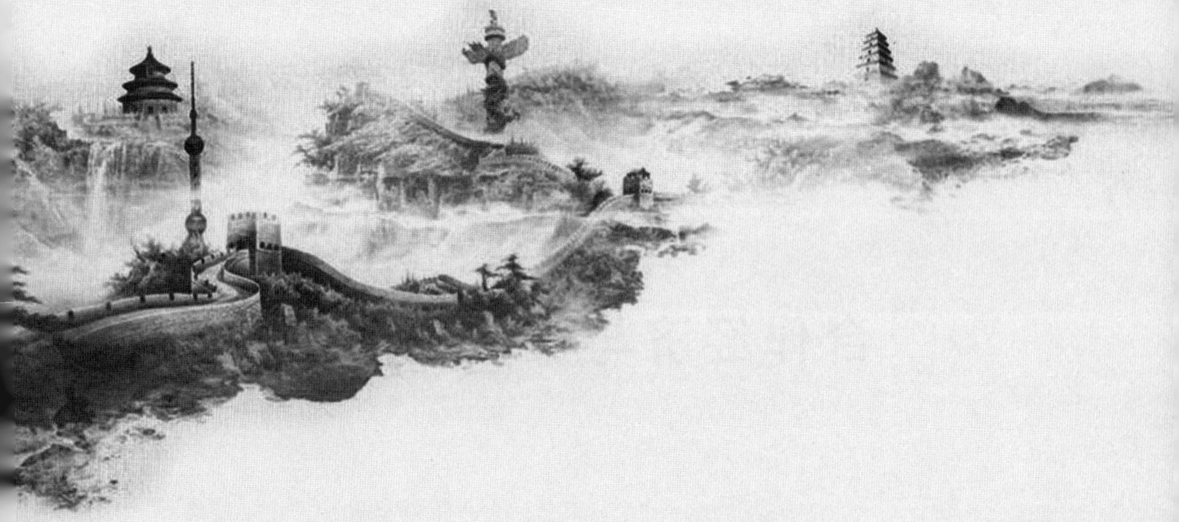

一、回顾社会主义合作制的思想脉络与曲折实践

(一) 早期萌芽

近代西方合作思想和运动的起源，与早期社会主义思想和运动难解难分，特别是在欧洲。这并非偶然，因为两者都是针对当时资本主义已经暴露的弊端或其伴生的负面效应，具有工人运动或社会改良的背景与动机。被马克思称为空想社会主义者的，如法国的圣西门（Henri de Saint-Simon）提出"实业制度"，极力主张国家应把资本借给合作社；法国的傅立叶（Charles Fourier）设想过共同生产、共同消费的"法郎吉"；英国的欧文（Robert Owen）规划了"合作公社"，主张联合劳动、联合消费、联合保有财产和权利均等，欧文更是一个实践家，为此奔波一生，几度陷入破产的境地。

马克思说过："在英国，合作制的种子是由罗伯特·欧文播下的。"[①] 19世纪另一位被称为"合作社之父"的英国人威廉·金（William King），力图先建立消费合作社，再创办生产合作社，积累更多资本，最后用于组建欧文式公社。

世界公认的、最早的一个较为规范和成功的合作社——罗虚代尔公平先锋社（Rochdale Equitable Pioneer's Society），成立于1844年，受到欧文和威廉·金的思想影响，更得到了欧文的学生胡瓦斯和柯柏尔的直接协助，本身就是工人运动的产物。1867年罗虚代尔公平先锋社的成员格里宁组建了第一个农业与果树联合会，从事肥料和饲料的销售，这被认为是英国最早的农业合作社。正是吸取了欧文式公社失败的教训，罗虚代尔公平先锋社是从消费合作、流通领域取得成功的合作社典范，与早期空想社会主义者强调

---

① 马克思：《国际工人协会成立宣言》，见《马克思恩格斯选集》第三卷，人民出版社2012年版，第9页。

的"生产合作"和"所有制改造"不同,它通过适应市场经济要求的办社方针和经营原则,即"罗虚代尔原则"(Rochdale Principles),构建了可持续的合作社模式。这些原则后来被国际合作社联盟采用和完善,对世界各国合作社发展产生深远影响。

与英国工党具有长期密切联系的费边社(Fabian Society),自称社会主义团体,主张用渐进和平的手段改良社会,认为由资本主义演进到社会主义,在政治上是实行普选制和议会制度,在经济上就是实现市政社会主义和组织合作社。

在法国,1848年社会主义者路易·布朗(Louis Blanc)成为法兰西第三共和国的一名部长级官员,开始推行他的合作社计划,由政府提供货币资金和保证订货等方面的援助。他认为劳动者只有组织生产合作社,且自身成为合作社企业家才有助于劳动者解放。

从实践到理论,早期合作运动,以及马克思主义创始人最初的合作制思想,还是比较庞杂的,他们往往更重视生产合作,更多从劳资关系的角度来理解和倡导合作制,把合作社作为"劳动联合"对抗"资本"的工具,往往涉及社会改造的宏大叙事。

另外,在一些后起的资本主义国家如美国,合作社同样有了迅猛发展,但是较少赋予政治意义,莫如说就是一种商业模式。在日本,明治维新后,合作运动则与国家强权体制紧密结合。在德国,以赖夫艾森(旧译"雷发巽",F. W. Raiffeisen)、舒尔茨-德立兹(H. Schulze-Delitzsch)和哈斯(William Hass)等人为代表,多强调合作社是社员自有、自治、自享的一种企业,其目的是为社员谋利益,为社员服务。合作社帮助社会的弱势群体免于大资本的盘剥,是经济改进的方法,因此他们不主张消灭私有制,也不反对市场竞争。赖夫艾森在德国农村首先建立起储蓄贷款合作社,随后舒尔茨-德立兹创办了城市手工业储蓄信贷合作社,按照他们的最初设想,其次是成立供销合作社,最后是生产合作社,它们应当和私人资本与股份制公司一样发挥作用。但是从德国的实践看,广泛流行的是信用合作社,并且它们几乎没有转型为生产合作社。

（二）马克思和恩格斯合作制思想的发展

在马克思的时代，第一国际的蒲鲁东主义者鼓吹合作社是解放无产阶级的唯一途径，主张由国际协助组织交换银行，建立合作社，甚至把国际变成一个世界合作协会，把国际的任务改变成如何和平地经过合作制度，即以经济改良方法来代替资本主义制度。马克思则主张合作制要成为向共产主义的过渡形式，无产阶级夺取政权是个先决条件。但随着革命形势的变化，马克思的合作制思想也有所发展，较少强调"夺取政权"这个前提。

德国社会主义者、全德工人联合会（今天的德国社会民主党的最早前身）创始人费迪南德·拉萨尔（Ferdinand Lassalle），经常自称为马克思的学生，但又经常被马克思痛批（《哥达纲领批判》就是针对拉萨尔主义）。拉萨尔主义者认为，争得"普遍的、直接的选举权"和依靠"国家帮助建立合作社"，就可使资本主义过渡到社会主义，其在德国工人运动中影响很大。

马克思1864年在《国际工人协会成立宣言》中指出："劳动的政治经济学对财产的政治经济学还取得一个更大的胜利。我们说的是合作运动……"①马克思1866年为第一国际日内瓦会议撰写的《临时中央委员会就若干问题给代表的指示》提出："合作运动是改造以阶级对抗为基础的现代社会的各种力量之一。这个运动的重大功绩在于：它用事实证明了那种专制的、产生赤贫现象的、使劳动附属于资本的现代制度将被共和的、带来繁荣的、自由平等的生产者联合的制度所代替的可能性。"②马克思还说："我们建议工人们与其从事合作贸易，不如从事合作生产。前者只触及现代经济制度的表面，而后者却动摇它的基础。"③

马克思1871年在《法兰西内战》中指出："统治阶级中那些有足够见识而领悟到现存制度已不可能继续存在下去的人们（这种人并不少），已在拼命地为实行合作生产而大声疾呼。如果合作生产不是一个幌子或一个

---

① 《马克思恩格斯选集》第三卷，人民出版社2012年版，第8页。
② 《马克思恩格斯全集》第十六卷，人民出版社2007年版，第219页。
③ 《马克思恩格斯全集》第十六卷，人民出版社2007年版，第219页。

骗局，如果它要去取代资本主义制度，如果联合起来的合作社按照共同的计划调节全国生产，从而控制全国生产，结束无时不在的无政府状态和周期性的动荡这样一些资本主义生产难以逃脱的劫难，那么……这不是共产主义，'可能的'共产主义，又是什么呢？"①

马克思在《资本论》中写道："工人自己的合作工厂，是在旧形式内对旧形式打开的第一个缺口……资本和劳动之间的对立在这种工厂内已经被扬弃……即工人作为联合体是他们自己的资本家……"②

马克思的理论一开始考虑两大阶级（资产阶级和无产阶级）的分化，主张通过无产阶级专政"剥夺剥夺者"，后来发现很多小私有者特别是小农的现实存在，不能简单去剥夺他们（这也不利于政治上争取同盟），所以很容易想到当时已经出现的合作社，试图将其作为团结进而改造小私有者的工具。

恩格斯1894年在《法德农民问题》一文中系统地论述了在无产阶级夺取政权以后改造小农的基本立场和基本原则。恩格斯说，"当我们掌握了国家政权的时候，我们决不会考虑用暴力去剥夺小农（不论有无赔偿，都是一样），像我们将不得不如此对待大土地占有者那样。我们对于小农的任务，首先是把他们的私人生产和私人占有变为合作社的生产和占有，不是采用暴力，而是通过示范和为此提供社会帮助"③。"这里我们也只能建议把各个农户联合为合作社，以便在这种合作社内越来越多地消除对雇佣劳动的剥削，并把这些合作社逐渐变成一个全国大生产合作社的拥有同等权利和义务的组成部分。"④

马克思、恩格斯广泛吸收了当时人类文明的优秀成果，很早关注并重视工人合作社、农民合作社在社会变革中的积极作用和广阔前景，特别指明了以合作制团结和改造小农的道路。马克思主义创始人合作制思想的基本精神，洋溢着对于工人、农民命运的深切关怀，特别是不能剥夺农民和

---

① 《马克思恩格斯选集》第三卷，人民出版社2012年版，第103页。
② 《资本论》第三卷，人民出版社2004年版，第499页。
③ 《马克思恩格斯选集》第四卷，人民出版社2012年版，第370页。
④ 《马克思恩格斯选集》第四卷，人民出版社2012年版，第374页。

采取示范的原则至今仍具有现实指导意义。但是由于历史条件的制约,他们又未能直接参加领导合作制的实践,所以认识上也有一定的局限。马克思、恩格斯关于小生产必然灭亡的预言,至少在农业领域并未应验,恰恰是因为小生产得到了合作社体系的支持。马克思、恩格斯尤为重视生产合作,也是那个时代的特征,早期社会主义者多有此执念。

(三) 从列宁的流通合作到斯大林集体化的政策转向

俄国1917年十月革命后,一度实行"战时共产主义政策"。除了全面国有化和"普遍义务劳动",还包括"余粮收集制",实际上是无偿征收;"消费公社",实际上是配给制;"共耕制",不仅土地公有,而且农具公有,牲畜公有;这些都建立在消灭商品经济的基础之上,在实践中很快出现了生产萎缩、粮食奇缺、农民暴动的后果。列宁也承认,实行"共耕制"是"做了许多蠢事"。为了缓解粮食和政治危机,1921年俄国进入"新经济政策时期",除了用粮食税代替余粮收集制、恢复了商品经济和自由贸易、允许私营企业和外资之外,还非常重视合作社特别是流通合作社的作用。

1921年春,列宁在《论粮食税》一文中,把合作制看成是国家与农民联系的中间环节,合作社是组织、引导广大小农向社会主义过渡的重要措施。[①] 继而,在1923年的《论合作制》一文中,明确主张在不触动农民的生产资料所有制和生产经营方式的前提下,从流通领域将农民组织起来,并逐步向生产领域渗透,使农民最终走上社会主义道路。列宁因而认为,"现在我们发现了私人利益即私人买卖的利益与国家对这种利益的检查监督相结合的合适程度,发现了私人利益服从共同利益的合适程度,而这是过去许许多多社会主义者碰到的绊脚石"[②]。

列宁指出:"合作社这一商业形式比私营商业有利,有好处,不仅是由于上述一些原因,而且是由于合作社便于把千百万居民以至全体居民联合

---

① 《列宁选集》第四卷,人民出版社2012年版,第488—525页。
② 《列宁选集》第四卷,人民出版社2012年版,第768页。

起来，组织起来，而这种情况，从国家资本主义进一步过渡到社会主义的观点来看，又是一大优点。"① 列宁甚至说，"合作社的发展也就等于……社会主义的发展""文明的合作社工作者的制度就是社会主义的制度"②。

列宁去世后，斯大林掌权之初，苏联的个体农业和集体农业同时存在，个体农业占比大大高于集体农业。由于当时政权规定的粮价比市价过低，为了能从私人农场主那里收到粮食，流血冲突事件时有发生。斯大林将其一概归咎于富农囤积粮食和小农的生产力低下，掀起了"农业集体化"运动，放弃了列宁主张的流通合作社。

斯大林指责说："人们有时候把集体农庄运动同合作社运动对立起来，大概他们认为集体农庄是一回事，而合作社是另一回事，这当然是不对的。"他声称："集体农庄是合作社的一种形式，是最明显的生产合作社形式。……实现列宁的合作社计划，就是把农民从销售合作社和供应合作社提高到生产合作社，提高到所谓集体农庄的合作社。"斯大林认为："出路就在于把分散的小农户转变为以公共耕种制为基础的联合起来的大农庄，就在于转变到以高度的新技术为基础的集体农庄。"③ 根据1936年的苏联宪法，全部土地归国家所有，农村土地交由集体农庄（还有国营农场）无限期经营。

斯大林强制推行的农业集体化，全面控制生产资料、生产过程和劳动者，其实是为了控制劳动产品（粮食），为此不惜制造阶级矛盾和人道灾难，对于农业生产也是极大破坏。其行为在相当程度上背离了列宁的初衷，对于后起的社会主义国家造成危险的先例。

（四）毛泽东的合作制思想及早期实践

毛泽东的合作制思想具有多重性。早年毛泽东受到一些民国初年已经引入的合作思想的影响。1924年第一次国共合作时期，毛泽东先后主持的广州、武汉农民运动讲习所，均开设了"农村合作"课程。另外，孙中山

---

① 《列宁选集》第四卷，人民出版社2012年版，第507页。
② 《列宁选集》第四卷，人民出版社2012年版，第773、771页。
③ 《斯大林选集》下卷，人民出版社1979年版，第48页。

很早就在《建国方略》《地方自治法》中倡导"农业合作""工业合作""交易合作""银行合作""保险合作"等五种合作组织。按照孙中山的说法,民生主义就是社会主义,他把合作社作为贯彻民生主义和"财富社会化"的经济组织,也是推行地方自治的七项任务之一。1945年4月,毛泽东在延安召开的中共七大政治报告中还指出:"按照孙先生的原则和中国革命的经验,在现阶段上,中国的经济,必须是由国家经营、私人经营和合作社经营三者组成的。"① 1949年3月,毛泽东在中共七届二中全会上的报告中继续强调:"中国人民的文化落后和没有合作社传统,可能使得我们遇到困难;但是可以组织,必须组织,必须推广和发展。"②

1922年7月,在毛泽东参与领导的安源工人运动中,产生了安源路矿工人消费合作社,这被认为是中国共产党领导下的第一个合作社。1927年3月,毛泽东在《湖南农民运动考察报告》中分析认为:"合作社,特别是消费、贩卖、信用三种合作社,确是农民所需要的。他们买进货物要受商人的剥削,卖出农产要受商人的勒抑,钱米借贷要受重利盘剥者的剥削,他们很迫切地要解决这三个问题。"③ 消费、贩卖和信用合作,是市场经济下的常态,都属于流通领域。毛泽东的这些观点放到现在也丝毫没有过时。

抗战时期,中国共产党停止土地革命战争时期没收地主土地的政策,当时根据地是保护私人财产和市场交易活动的,也鼓励合作社发展。毛泽东1943年11月在中共中央招待陕甘宁边区劳动英雄大会上题为《组织起来》的讲话中说:"目前我们在经济上组织群众的最重要形式,就是合作社。……在农民群众方面,几千年来都是个体经济,一家一户就是一个生产单位,这种分散的个体生产,就是封建统治的经济基础,而使农民自己陷于永远的穷苦。克服这种状况的唯一办法,就是逐渐地集体化;而达到集体化的唯一道路,依据列宁所说,就是经过合作社。"

笔者认为,毛泽东此时使用的"集体化",还不是后来"集体所有制"

---

① 《毛泽东选集》第三卷,人民出版社1991年版,第1060页。
② 《毛泽东选集》第四卷,人民出版社1991年版,第1432页。
③ 毛泽东:《湖南农民运动考察报告》,见《毛泽东选集》第一卷,人民出版社1991年版,第40页。

的含义。

1944年6月，陕甘宁边区召开合作社联席会议，进一步明确"民办公助"的基本方针，并在会议决议中强调："合作社……是在私有财产的基础上各阶层人民大众联合经营的经济的文化的卫生的公益事业组织。"1945年4月，毛泽东在七大政治报告《论联合政府》中指出："这种农业生产合作社，现时还只能是建立在个体农民经济基础上的（农民私有财产基础上的）集体的互助的劳动组织，例如变工队、互助组、换工班之类，但是劳动生产率的提高和生产量的增加，已属惊人。这种制度，已在中国解放区大大发展起来，今后应当尽量推广。"① 1949年3月，毛泽东在七届二中全会上的报告中要求："必须组织生产的、消费的和信用的合作社，和中央、省、市、县、区的合作社的领导机关。这种合作社是以私有制为基础的在无产阶级领导的国家政权管理之下的劳动人民群众的集体经济组织。"②

以上文件讲话都表明，当时无论是毛泽东还是党内的一般看法，基本认为合作社与私有财产制度不矛盾，当时理解的"集体""集体经济组织"就是"私有"基础上的。之所以强调"集体"，大约就是许多人、互助、分工、协作、社会化大生产的意思，寄托了传统中国人士对于工业文明、现代文明的遐想。类似的例子，列宁在苏联新经济政策时期的《论合作制》一文中说合作社是"集体企业"，这个"集体"肯定也不是后来集体所有制或集体农庄的意思。

从延安时期开始，毛泽东或多或少受到一些苏联文献和斯大林模式的影响。他在1943年11月《组织起来》的讲话中，又说"在边区，我们现在已经组织了许多的农民合作社，不过这些在目前还是一种初级形式的合作社，还要经过若干发展阶段，才会在将来发展为苏联式的被称为集体农庄的那种合作社"③。恐怕毛泽东当时对于苏联集体农庄的真实情况，并不十分了解。

毛泽东也敏锐注意到"合作社"的"几种样式"。"一种是'变工队'

---

① 《毛泽东选集》第三卷，人民出版社1991年版，第1078页。
② 《毛泽东选集》第四卷，人民出版社1991年版，第1432页。
③ 《毛泽东选集》第三卷，人民出版社1991年版，第931页。

'扎工队'这一类的农业劳动互助组织，……只要是群众自愿参加（决不能强迫）的集体互助组织，就是好的……除了这种集体互助的农业生产合作社以外，还有三种形式的合作社，这就是延安南区合作社式的包括生产合作、消费合作、运输合作（运盐）、信用合作的综合性合作社，运输合作社（运盐队）以及手工业合作社。……这是人民群众得到解放的必由之路，由穷苦变富裕的必由之路，也是抗战胜利的必由之路。"毛泽东观察到的富有活力的合作社，很多是属于流通领域的，其说的"生产合作社"主要是劳务合作社（与20世纪50年代具有特定所有制含义的"农业生产合作社"特别是"高级社"相去甚远）。

由于抗战时期的陕甘宁边区以及其他革命根据地，在社会上保留了私有财产制度和商品经济环境，在此条件下推动的合作经济事业，在现实的运作上只能是与财产权利和市场规则相适应的。因此，毛泽东20世纪40年代形成的合作制思想也较多表现出务实、理性的因素。

（五）20世纪50年代的合作化（集体化）运动

1949年9月具有临时宪法性质的《中国人民政治协商会议共同纲领》规定：保护农民土地所有权，实现耕者有其田。1950年6月通过的《中华人民共和国土地改革法》规定，"废除地主阶级封建剥削的土地所有制，实行农民的土地所有制"；"土地改革完成后，由人民政府发给土地所有证，并承认一切土地所有者自由经营、买卖及出租其土地的权利。"到1952年底，广大新解放区的土地改革基本完成。

在刘少奇的推动下，1950年7月中华全国合作社工作者第一次代表会议通过《中华人民共和国合作社法（草案）》，当时提出主要兴办三种合作社，一种是工人和城市其他劳动人民的消费合作社，一种是农村的供销合作社及农业生产信用合作社（这里"农业生产信用合作社"，从草案第三条的解释来看就是信用合作社，而非后来一度盛行的"农业生产合作社"），还有一种是城乡独立生产的手工业者及家庭手工业者的手工业生产合作社。——上述几种合作社都属于流通领域。刘少奇在报告中专门说明："关于手工业生产社问题，应以组织独立手工业者和家庭手工业者为主。

这种合作社主要是供给原料，推销成品，尽量不采取开设工厂的方式。"

在中国共产党早期领导人中，刘少奇对于合作制有较系统深入的研究，并对流通合作格外重视。这可能与他20世纪20年代领导安源工人运动的经验有关，他当时组织了工人消费合作社（毛泽东的弟弟毛泽民任合作社主任），还迫使资方放弃了已实行多年的封建性工头包工制，改为由工人自己组合进行生产的合作制，废除了工头的中间盘剥，这些合作制形式受到工人拥护。从刘少奇后来的著述特别是新中国成立之初的实践来看，他把合作社作为一种普遍的社会经济制度。刘少奇依据马克思《资本论》第三卷关于商人资本的历史考察一章，对当时党内一些同志认为生产合作社创造价值而供销合作社不创造价值的思想进行了分析，指出："尽管商业是建立在生产的基础上，但反过来它又可以支配生产"；"我们不是更重视生产就更轻视商业，而是更重视生产也更重视商业。要看到商品是经过市场来分配的。……商业如果组织得好，就有刺激生产的作用。"刘少奇提出以流通领域的合作为先导，从而"把多数以至全体农民吸收到合作社的组织中来"的设想。[①]

但是随着后来合作化运动重点转向了农业生产合作，又进一步转向了集体化，1950年《中华人民共和国合作社法（草案）》的一些宝贵思想未及实施，就被搁置起来。

1951年9月，中共中央召开了全国第一次农业互助合作会议，研究制定了《中共中央关于农业生产互助合作的决议（草案）》，1951年12月印发各级党委试行实施，并在通知中指出：这是在一切已经完成了土地改革的地区都要解释和实行的，全党要把农业生产互助合作"当作一件大事去做"。1953年2月，中共中央把这个草案作了个别修改，通过为正式决议。要求根据生产发展的需要和可能，大量发展劳动互助组，在条件比较成熟的地区，有重点地发展初级农业生产合作社。

农业生产互助组，是劳动农民在个体经济的基础上，为了解决劳力、耕畜、农具缺乏的困难，按照自愿互利原则组织起来的劳动互助组织，分

[①] 《刘少奇论合作社经济》，中国财政经济出版社1987年版。

为季节性的临时互助组和常年互助组两种。土地、耕畜、农具等生产资料和收获的农产品，仍归私人所有，但由于换工互助，在一定程度上提高了劳动生产率。

初级农业生产合作社的特点是土地入股，耕畜、农具作价入社，由社实行统一经营；社员参加集体劳动，劳动产品在扣除农业税、生产费、公积金、公益金和管理费用之后，按照社员的劳动数量和质量及入社的土地等生产资料的多少进行分配。互助组、初级社还是尊重财产权利和交易规则的，大体保持了合作经济的因素。

1953年10月，由于形势变化，中央决定对粮食实行统购统销，接着又实行油料、棉花的统购和食油、棉布的统销，使粮、棉、油等主要农产品脱离自由市场，纳入国家计划管理的轨道。同年12月，《中共中央关于发展农业生产合作社的决议》，要求各地更多兴办初级农业生产合作社，并认为以土地入股为特征的初级农业生产合作社已经显示出优越性，可以成为引导农民过渡到土地公有的完全社会主义的高级社的适当形式。

1954年夏秋我国农业受灾严重，供应工业的农产品原料不足，又导致1955年工业增长速度下降。自1955年夏季起，党中央、毛泽东要求加快农业合作化的步伐。1955年7月，中共中央召开省、自治区、直辖市党委书记会议，毛泽东在会上作《关于农业合作化问题》的报告，还着重批评了对发展速度有不同意见的邓子恢及其领导的中央农村工作部。同年10月，中共七届六中全会通过《关于农业合作化问题的决议》，进一步形成合作化高潮。1956年1月，基本上实现了初级社化。同年6月，以全国人大名义通过的《高级农业生产合作社示范章程》规定："农业生产合作社按照社会主义的原则，把社员私有的主要生产资料转为合作社集体所有，组织集体劳动。"到1956年底，基本上实现了高级社化。

所谓高级农业生产合作社，实行土地、主要生产资料集体所有，取消土地分红，耕畜、农具折价入社，产品按劳分配。合作社制订生产计划，推行季节和长年包工制度，社、队之间实行"三包一奖罚"（包工、包产、包成本，超欠产奖罚）的管理办法；对农户实行劳动定额，按投工量计酬。

到1958年，原本规模过大、公有化程度过高、管理困难的高级社，纷纷"小社并大社"，被人民公社所取代，土地转归人民公社所有。同年12月，中共八届六中全会通过的《关于人民公社若干问题的决议》认为，人民公社"成为我国农村由集体所有制过渡到全民所有制的最好的形式"。

总的来看，20世纪50年代中国农村的"社会主义改造"，最初阶段还有些合作制因素，互助组是土地等生产资料等归农户，分散经营，农户之间调节劳力或畜力、农具等余缺；初级社是土地等生产资料归农户，入股分红，有少量公共积累。后来很快转向"集体化"，特别是在建立高级社和人民公社过程中，不仅自愿原则没有得到遵循，多数是通过政治或行政手段强制农民入社，而且限制以致剥夺个人产权，实行财产"归大堆"。1958年推行人民公社化，更造成了极其严重的后果。

另外，正如朱佳木指出：分析当年的合作化运动、人民公社化运动、学大寨运动、粮油统购统销政策等决策和事件的动因，评价它们的得失，固然可以有这样的看法或那样的看法，但有一点应当肯定，那就是一定要把它们的动因放在当时为突击奠定工业化基础、大幅度增加农业单位面积产量而大兴水利和大搞农田基本建设的历史条件下来分析，把它们的得失同我国用较短时间就初步建立起独立的比较完整的工业体系和国民经济体系、大大改善了水利和农田状况这一基本的事实放在一起来评价。[1]

有资料显示，仅人民公社化期间，我国农村为工业化建设提供了约5400亿元的资金，年均高达210多亿元。[2] 而高度组织化后农民的义务劳动，节约了国家的费用，同样为工业化积累了可观的资金。例如，农民仅在"二五"时期义务进行水利工程建设、开荒、改造耕地、造林等，用工资计算，劳动折价就在500亿元左右，这是一笔很大的投资。[3]

---

[1] 朱佳木：《研究"三农"问题的出发点》，载《理论前沿》，2008年第19期。
[2] 国家统计局：《中国统计年鉴（1984）》，中国统计出版社1984年版，第109页。
[3] 中共中央文献研究室编，朱佳木主编：《陈云年谱（1905—1995）》中卷，中央文献出版社2000年版，第418页。

(六) 人民公社的三种体制、双重角色：从集体化到"政社分开"的实践困境

关于集体化、人民公社的评价存在两个极端，要么是"好得很"，要么是"糟得很"。一些人哀叹农村凋敝、人心不齐、世风日下，将其归咎于人民公社的废除，对于过去时代充满田园诗的想象；另一些人则把匮乏、饥饿和禁锢的历史记忆与人民公社相联系，闻之色变，不愿意做深入的辨析。

通常人们讲到人民公社，没有严加区分 1958 年和 1962 年两种体制，两者除了名称和地域上有继承性，在管理体制上有很大不同。1958 年"大跃进"高潮时的人民公社，追求所谓"一大二公""一平二调"，以"政社合一"的大型公社作为农村基本核算单位，在平均主义下对产品、劳动力、生产资料等无偿调拨，取消自留地和家庭副业，大办食堂"吃饭不要钱"，"五风"（即共产风、浮夸风、命令风、对生产瞎指挥风和干部特殊风）盛行，严重违背经济规律和基本人性。由于低效浪费、生产下降和超额征购等原因，造成了大饥荒。

之后的政策调整，集中体现于 1962 年 9 月中共八届十中全会通过的《农村人民公社工作条例（修正草案）》（又称《人民公社六十条》）及其确立的"三级所有、队为基础"的体制。当时明确规定生产队是基本核算单位，实行独立核算，自负盈亏，至少 30 年不变。即使在"文化大革命"最高潮大反所谓"资产阶级法权"之时，仍然没有动摇"队为基础"。人民公社的 1962 年体制一直延续到 20 世纪 80 年代初期，农业生产和农村经济得到恢复和稳定，也有所发展。

1962 年《人民公社六十条》明确规定："生产队对于社员的劳动，应该按照劳动的数量和质量，付给合理的报酬，避免社员和社员之间在计算劳动报酬上的平均主义。"还详细规定了"责任制"："生产队为了便于组织生产，可以划分固定的或者临时的作业小组，划分地段，实行小段的、季节的或者常年的包工，建立严格的生产责任制。畜牧业、林业、渔业和其他副业生产，牲畜、农具、水利和其他公共财物的管理，也都要实行责任制。有的责任到组，有的责任到人。" 1978 年 12 月，中共十一届三中全

会通过《农村人民公社工作条例（试行草案）》，重申"人民公社要坚决实行三级所有、队为基础的制度，稳定不变"，以及"建立严格的生产责任制"，还包括"联系产量计算劳动报酬"，"联系产量"简称"联产"，这实际上为不久后推行的"家庭联产承包责任制"（就是"包产到户""包干到户"的官方表述）提供了政策空间（一直到现在，很多农村老人仍然习惯使用"责任制""责任田"的称谓）。

所谓"三级所有、队为基础"，其实是在人民公社框架下，责任到"队"或者包产到"队"了。至于"责任到组、责任到人"，与后来的包产到"组"、包产到"户"，乃至"大包干"，是一脉相承的，可以说只是程度上的差别，都有助于加强劳动管理和监督，克服平均主义，提高生产积极性。生产队一般只有几十户，"组"往往是几户，都是左邻右舍、三亲六故的关系。在"户"的层面，改革之初的家庭规模普遍比今天大。划小基本核算单位，也不是越小越好，否则为什么是包产到"户"而不包产到"人"呢？如果非得"单干"才行，干脆人人都是个体户，为什么会有工厂企业的社会化大生产呢？无论公有还是私有的工厂企业，内部都要建立"责任制"。家庭承包经营是可以从"责任制"得到解释的，但是后来的一些经济学家只喜欢从所有制、产权制度的角度去发挥自己的理解。

所以笔者提出一个论断：人民公社体制，与包产到户（乃至包干到户）、家庭经营，并不是绝对矛盾的。20世纪60年代初，安徽等一些地方就在人民公社体制下搞过"包产到户"。70年代末到80年代初，包产到户、家庭经营得以在全国迅速推广，最初几年，人民公社仍然是存在的，至少没构成严重阻碍。全面废除人民公社是1984年前后的事情，而到1984年家庭承包经营体制已经全面确立，农业生产达到一个高峰（此后多年徘徊不前）。

因此，还可以定义出第三种人民公社。即普遍推行家庭承包之后的人民公社，存在于1980—1984年间，时间较短，经常为人所忽略。不妨称之为"1980式人民公社"。这个时期的人民公社退出了直接生产管理和劳动监督，除了政治职能之外，实际上主要是个社区生产生活服务组织。

在相当长的历史时期，人民公社客观上承担了双重角色：作为贯彻计划经济、统购统销的载体，便于国家从农业农村提取原始积累，重点倾斜支持快速工业化特别是重工化；组织生产、保障生活，提供广泛的生产生活服务，具有互助合作因素，实际上是中国村社传统的一个翻版，是数千年小农理想的部分实现，否则是不可能单靠国家强制能够立足的。过去生产队及其之上的生产大队、人民公社，承担了很多一家一户办不了的职能，例如水利、道路、运输、农机、农技、种子、化肥、农药和病虫害防治，副业和小型工业，乃至养老、医疗、办学等。这些职能是后来的乡镇政府难以承担的，也不能全推给市场。

20世纪80年代后期，当时的发展研究所综合课题组也认识到，农村的组织创新问题必须首先区分农村社区的两种功能，第一类功能是基本层次的需求：如社会治安、社会福利、土地管理、水利管理、公共建筑等，这一类功能是农村基层政权应有的基本功能，属于"农政"问题。第二类功能则是家庭经营成为农村的支配性的经济制度后，面对市场和商品经济发展产生出来的新需求，如信息、资金、技术、运输等产前和产后服务，这一类功能主要属于经营和合作经济问题。[1]

农村长期积贫积弱的根源，直接在于统购统销的工农产品"剪刀差"，以及城乡分割的户籍制等，不能简单归咎于人民公社这个微观组织，更与未曾落实的合作制无关。人民公社对于当时的工业和城市优先战略起到了辅助作用，但是，其对于农业和农民的组织、服务和保障功能，也不应抹杀。农民需要组织，哪怕是"被组织"，有时也要强于无组织。至于这个组织，好比管道具有双向性，既可能是从农村"抽血"的工具，也可能是向农村"输血"的工具，"抽血""输血"都需要组织工具，"造血"就更需要了。这样的组织资源弥足珍贵，不能轻易丢弃。日本、韩国、中国台湾地区在"二战"以后的政治体制、利益格局发生了很大的变革，但其推动的农协（农会）建设，都在很大程度上充分利用了原有的组织资源。

---

[1] 发展研究所综合课题组：《改革面临制度创新："后包产到户"阶段的深层改革》，上海三联书店1988年版，第156页。

1982年宪法恢复了1954年宪法中原有的乡镇建制,但是宪法第八条仍有"人民公社"字样(直到1993年宪法修正案才予以删去)。1983年1月,中央一号文件《当前农村经济政策的若干问题》明确提出"政社合一的体制要有准备、有步骤地改为政社分设","人民公社原来的基本核算单位即生产队或大队,在实行联产承包以后……为社员提供各种服务。为了经营好土地,这种地区性的合作经济组织是必要的。其名称、规模和管理机构的设置由群众民主决定。原来的公社一级和非基本核算单位的大队,是取消还是作为经济联合组织保留下来,应根据具体情况,与群众商定"。1983年10月,中共中央、国务院发出《关于实行政社分开,建立乡政府的通知》,规定乡的规模一般以原有公社的管辖范围为基础。到1985年,全国农村人民公社政社分开、建立乡政府的工作全部结束。

1984年中共中央发出的一号文件《关于一九八四年农村工作的通知》曾提出:为了完善统一经营和分散经营相结合的体制,一般应设置以土地公有为基础的"地区性合作经济组织","把工作重点转移到组织为农户服务的工作上来"。其职责按照文件描述,跟原来的人民公社的服务职能很相似。而设想中的"地区性合作经济组织"在政策层面被提出,只有部分省份如浙江、广东后来出台了地方性的规定,仅仅停留在村级层面,起到一些资产管护作用,但是缺乏合作经济的实质内容。[①] 1984年一号文件同时提出,"农民还可不受地区限制,自愿参加或组成不同形式、不同规模的各种专业合作经济组织。"由于缺乏社区性(地区性)合作组织的依托,所谓的"专业合作经济组织"(包括后来的农民专业合作社)也没有真正发展起来。

(七) 农村复苏和繁荣的多元动因

1978年以后推行的农村改革特别是"家庭联产承包责任制"(后来表

---

① 浙江省人大常委会1992年7月通过了《浙江省村经济合作社组织条例》,2007年9月又作了修订。2015年12月浙江省人大常委通过了《浙江省农村集体资产管理条例》;广东省政府1990年5月发布了《广东省农村社区合作经济组织暂行规定》,2006年8月为《广东省农村集体经济组织管理规定》所取代。

述为"家庭承包经营"),有其历史原型,即60年代初,刘少奇、邓小平、陈云等支持的"三自一包"("三自"指自留地、自由市场、自负盈亏)特别是包产到户。包产到户,最初是作为一种责任制形式提出来的,时隐时现,几起几落。早在1956年温州永嘉就开展过包产到户的有组织试验。包产到户虽然受到批判,但是1962年《人民公社六十条》对于各种责任制作了详细规定,包括劳动定额制、工分制以及"包工""责任到组""责任到人"等提法,在基层也一直实行着程度不同的责任制。

1982年1月,中共中央下发了《全国农村工作会议纪要》(即首个一号文件),正式确认了包产到户、包干到户作为一种"责任制"的合法性:"目前实行的各种责任制,包括小段包工定额计酬,专业承包联产计酬,联产到劳,包产到户、到组,包干到户、到组,等等,都是社会主义集体经济的生产责任制。"1983年中央一号文件采用了"联产承包制"的提法:"我国农村发生了许多重大变化。其中,影响最深远的是,普遍实行了多种形式的农业生产责任制,而联产承包制又越来越成为主要形式。""这一制度的进一步完善和发展,必将使农业社会主义合作化的具体道路更加符合我国的实际。"同时提出"适应商品生产的需要,发展多种多样的合作经济"。

在全国推广家庭承包的最初几年,我国农业和农村经济取得了明显的快速发展。资料显示,1978—1984年,我国农业生产总值年均增长7.6%(按1978年价计算),粮食生产增长率年均4.9%,粮食产量突破8000亿斤;农村居民人均纯收入由160.2元增长到355.3元,增加了1倍多,年均递增17.3%,即使扣除物价上涨影响因素仍高达15.9%。农民收入增长速度远远高于农业总产值增长速度,城乡居民收入差距在短短的几年里也从2.7∶1大幅度地缩小到了1.8∶1。[①]

20世纪80年代农村的复苏和繁荣,仿佛是突如其来,但是不能简单地完全归功于家庭承包。普遍推行"承包制",确实调动了广大农民的生

---

① 数据来源于国家统计局:《关于一九八四年国民经济和社会发展的统计公报》(1985年3月9日发布)。

产积极性，但是，生产没有流通的刺激和引导是不行的，生产缺乏投入和技术支持、缺乏水利等基础设施也是不行的。新时期城乡市场流通的开放搞活，价格体系和征购政策的调整，农业投入的成倍增加与农业技术的大面积推广（特别是化肥、农药和良种的大量采用），以及"打工经济"的兴起，起到的作用绝不亚于包产到户。人民公社时期形成的农田水利设施、农技推广体系，也持续发挥了重要作用。产权变革与市场变革，制度变革与技术变革，是相辅相成、相得益彰的，否则包产到"户"与包产（责任）到"队"、到"组"，未必会有太大的差异。

家庭承包不仅意味着农民对承包土地在生产范围内的自主支配，更包括农民对自身劳动力的自主支配。这在某种意义上的最大作用，与其说解放了农业生产力，倒不如说是解放了劳动力，劳动力要素的流动性远甚于土地要素的流动性。随后的"打工经济"和"民工潮"，不仅反哺了积贫积弱的农村，更为全国范围的工业化城镇化，特别是沿海地区的出口加工业迅猛发展创造了条件。中国加入WTO后的经济腾飞，其来有自。

事实上，全世界的农业问题或者说食品问题是从20世纪60年代开始"绿色革命"才极大缓解，到了70年代以后我国大规模引进了相关技术和设备，国内自主的农业科研和应用也有较大进步。按照林毅夫的计量分析，1978—1984年的农业增长，大约有45.79%来源于投入的增加，其中化肥使用的增加是最重要的，就此一项对农业产出增长的贡献达到32.2%。[①]

在人民公社时期，"各级地方政府利用国家的强制力量，广泛动员和组织农民群众开展大规模的农田水利设施的改造与兴建……20世纪末的中国农村运作的水利设施基本上都是这一时期修建的"[②]。哈佛大学东亚研究中心创始人费正清（J. K. Fairbank）指出："它单靠人力就使中国的面貌大为改观，全国建起了上万座水库、几千座小型水电站、几百英里的铁路线，在大江大河上建起了一座座桥梁，开拓隧道，修筑马路，开发了更多的矿

[①] 林毅夫：《制度、技术与中国农业发展》，上海三联书店1994年版，第3章。
[②] 温锐、游海华：《劳动力的流动与农村社会经济的变迁》，中国社会科学出版社2001年版，第170页。

藏，灌溉了更多的土地。"①

1952年，中国耕地的灌溉面积为1995.5万公顷，不足农地总面积的20%，经过人民公社体制20余年的建设，到1978年耕地的灌溉面积达到4996.5万公顷，超过农地总面积的40%。② 没有足够的农业用水，水稻就不能种植，农地就只能种旱作物，而旱作物的亩产量一般只及水稻产量的一半。即便是旱作物小麦，水浇地的小麦产量一般是非水浇地产量的2倍以上。其他农产品对于水利的依赖也很强。

（八）值得记取的经验教训

从历史过程来看，在20世纪的社会主义实践中，合作制被强行转向集体化，是在苏联模式下受其影响的国家才发生的，并非合作经济发展的内在要求和必然趋势。这是战时体制或者准战争状态下，特别是原始积累过程中的一种高强度资源汲取安排。在优先发展和保障城市和工业，特别是重工业和军工业的赶超战略和全能体制的严格管控下，农村统购统销政策和工农业"剪刀差"，导致了农业和农民的弱势地位。

从认识根源来看，从合作制转向集体化，涉及对于生产合作社的偏好，进而包括对于生产资料所有制的执念，或可归因于片面理解的"生产决定论"。另外则是把合作社作为改造小农的阶段性、策略性工具，缺乏长远考虑。

笔者认为，主要应从经济组织形式、从市场结构或市场力量对比的角度来界定合作制，更多应从流通合作而非生产合作的角度来运用合作制。这是合作制长期发展的实践总结和理论升华。19世纪以来各种社会主义流派的实践者在合作运动中作出的努力与奉献仍是值得尊重的，更当铭记马克思主义经典作家对于工人、农民命运的深切同情与关怀，这是马克思主义合作制思想的人文精髓，而帮助弱势群体的具体方式和途径则要结合实际进行探索。特别是在农村全面推行家庭承包之后，社会主义合作制的发展既需要正本清源，也需要与时俱进。

---

① 〔美〕费正清：《中国：传统与变迁》，张沛译，世界知识出版社2002年版，第616页。
② 数据来源于《中国统计年鉴（1983）》，中国统计出版社1983年版。

二、传统集体经济并非马克思主义初衷，违背了合作经济原则

（一）集体所有制并非马克思主义初衷或本来设想

集体所有制是传统社会主义意识形态和经济体制下特有的所有制范畴，与之相对的概念是"私有制""国有制（即全民所有制，与集体所有制并为'公有制'）"。集体所有制被作为公有制的初级形式。很多人习惯以为，集体经济、集体所有制是社会主义的标准配置，是马克思主义的本来设想。其实不然。马克思、恩格斯曾经论及的"集体所有"，并非属于某一部分社会成员的"集体"，而是等同于全社会所有，大约相当于后来的"全民所有"。相关的文献考证和概念辨析，在学界已有共识。①

马克思在《资本论》中指出："私有制作为社会的、集体的所有制的对立物，只是在劳动资料和劳动的外部条件属于私人的地方才存在。"② 马克思1875年在《哥达纲领批判》中提出，共产主义社会的第一阶段是"在一个集体的、以生产资料公有为基础的社会中"③，1880年在《法国工人党纲领导言（草案）》中又写到，生产资料属于生产者只有两种形式，即"个体形式"和"集体形式"，并且经济方面的最终目的是"使全部生产资料归集体所有"④。——上述"集体所有"，都是"全社会所有"的同义语，并非后来社会主义实践中出现的"部分社会成员占有生产资料"的"集体所有制"。

马克思对于农业领域的集体所有制也有涉及。对于农业，最重要的生产资料莫过于土地了。因此马克思多在土地所有制的意义上使用"集体经

---

① 《经典作家所有制和分配理论基本观点研究》课题组（张燕喜、石霞、李继文、曹立、李鹏）：《国内外关于经典作家所有制理论的争论》，载《中共中央党校学报》，2008年第1期；宋书声、王锡君、王学东：《马克思恩格斯著作中表述未来社会所有制的几个概念辨析》，载《求是》，1995年第18期。
② 《马克思恩格斯选集》第二卷，人民出版社2012年版，第297、299—300页。
③ 《马克思恩格斯选集》第三卷，人民出版社2012年版，第363页。
④ 《马克思恩格斯选集》第三卷，人民出版社2012年版，第818页。

济""集体所有制"的提法。如1881年马克思在《给维·伊·查苏利奇的复信》中指出:"俄国农民习惯于劳动组合,这特别便于他们从小土地劳动过渡到合作劳动。"① 1874年在《巴枯宁〈国家制度和无政府状态〉一书摘要》中写道:"凡是农民作为私有者大批存在的地方,……将以政府的身份采取措施,直接改善农民的状况,从而把他们吸引到革命中来;这些措施,一开始就应当促进土地的私有制向集体所有制过渡,让农民自己通过经济的道路来实现这种过渡;但是不能采取得罪农民的措施,例如宣布废除继承权或废除农民所有权。"② 马克思还指出:"在集体所有制下,所谓的人民意志消失了,而让位给合作社的真正意志。"③

这里的"集体所有制"与前面提到的全社会所有实质上是一致的。消灭资产阶级私有制,建立生产资料全社会所有制,这是马克思、恩格斯一以贯之的基本思想。假如说马克思提出的"集体所有制"不是全社会所有,那么,在实现了集体所有制之后,应该还有向"全社会所有"的过渡。但是,马克思和恩格斯从来都没有提及这个过渡。

恩格斯在经典著作《法德农民问题》中提出:"我们对于小农的任务,首先是把他们的私人生产和私人占有变为**合作社的生产和占有**,不是采用暴力,而是通过示范和为此提供社会帮助。"④ 上述"合作社的生产和占有"应该作何理解?这里恩格斯没有提到合作社的生产资料所有制问题,但是,恩格斯列举了丹麦的例子:"一个村庄或教区的农民……应当把自己的土地结合为一个大田庄,共同出力耕种,并按**入股土地**、预付资金和所出劳力的比例分配收入。"⑤ 既然是"入股土地",那就是保留了农民的所有权,并不构成集体所有制。

另一个例证是:恩格斯1886年在致奥古斯特·倍倍尔的一封信中还说:"至于在向完全的共产主义经济过渡时,我们必须大规模地采用合作

---

① 〔德〕马克思:《给维·伊·查苏利奇的复信(三稿)》,见《马克思恩格斯全集》第二十五卷,人民出版社2001年版,第479页。
② 《马克思恩格斯选集》第三卷,人民出版社2012年版,第338页。
③ 《马克思恩格斯选集》第三卷,人民出版社2012年版,第340—341页。
④ 《马克思恩格斯选集》第四卷,人民出版社2012年版,第370页。
⑤ 《马克思恩格斯选集》第四卷,人民出版社2012年版,第370页。

生产作为中间环节，这一点马克思和我从来没有怀疑过。但事情必须这样来处理，**使社会（即首先是国家）保持对生产资料的所有权**，这样合作社的特殊利益就不可能压过全社会的整个利益。"①

另据中共中央编译局翻译专家指出，恩格斯将共同的、国家所有制（gemeinsames, nationales eigentum）与集体所有制（kollektiv eigentum）交互使用，并将它们与公有制或社会所有制（gesellschaftliches eigentum）并列使用。这意味着，至少对于恩格斯而言，这些概念是同义的。② 他们同时指出，公有制和社会所有制的德语使用在马克思、恩格斯那里也是完全一致的。传统集体经济或集体所有制，并非马克思主义的初衷或本来设计。纵观马克思主义创立和社会主义实践的历史，合作经济（合作社、合作制）则是更早使用、广为接受、备受期待的。

（二）传统集体经济违背了合作经济原则

探讨新型集体经济，首先有必要了解传统集体经济是什么。新中国成立前中国共产党在革命根据地时期倡导和推广的合作社，大多属于合作经济范畴。20世纪50年代，合作社曾经被作为集体化的组织载体，传统集体经济借用了一部分合作经济的思想资源和形式外壳。全国性合作化（集体化）运动之初（互助组、初级农业生产合作社阶段），大致秉承合作经济的本来意涵，后来迅速转向"集体化"，从所谓高级农业生产合作社到人民公社，对内限制以致消灭财产权利，对外限制以致消灭市场交易，不断追求"一大二公"，完全丧失了合作经济的精神实质。

正如习近平总书记指出："我国的农村集体经济组织是在解放初期完成土地改革后广泛建立起来的，在当时起到了避免小农经济有可能出现的两极分化、有效地保护处于恢复时期的农村生产力、为国家工业化提供积累的历史作用。由于随后实行了高度集中统一的'人民公社'式的集体经济，违背了合作经济发展的自愿入退、农民主体、民主管理、利润返还等

---

① 《马克思恩格斯选集》第四卷，人民出版社2012年版，第581页。
② 宋书声、王锡君、王学东：《马克思恩格斯著作中表述未来社会所有制的几个概念辨析》，载《求是》，1995年第18期。

原则，形成了产权不明、平均主义、吃'大锅饭'等体制弊病。"①

合作制、合作经济属于经济组织形式的范畴。与之相对的概念有"公司制""合伙制""业主制"等，跟所有制没有必然联系。合作成员拥有主体地位，集体成员往往是人身依附性的。韩俊也认为："合作经济的本质是交易的联合，它承认私人产权；而传统集体经济的本质特征是财产的合并，它否认私人产权。"② 还有学者进一步指出，集体所有制是和计划经济体制相伴而生的，将合作经济等同于集体所有制经济，实际结果是以集体所有制经济排斥或替代了合作经济。③

张晓山认为："以往农村集体经济主要的问题是代理人掌握资产控制权，使集体成员的所有权虚置。即由集体之外的主体（例如地方政府）来支配成员集体拥有的资产，或集体成员的代理人（村干部）'反仆为主'，来支配成员集体拥有的土地及其他资源或资产，集体经济蜕变为'干部经济'。"④

张晓山指出的现象是普遍存在的，虽然代理人问题很重要，却并非集体经济所特有的，而是诸种经济形态所共有的问题。传统集体经济更深层的症结，正如前文引用的习近平总书记的观点，恰恰在于"违背了合作经济的原则"。

合作经济是一种经济组织形式，本质是交易的联合，建立在财产权利和市场规则的基础之上。传统集体经济首先是个所有制范畴，来自财产的充公或合并。两者显然不是一回事，但是的确有一些历史和理论交叉。

当年的农村集体经济组织，曾冠以"高级农业生产合作社"之名（后来又合并成为人民公社）。至今尚存的"供销合作社""信用合作社"，几经沿革，其现况不仅不符合合作经济原则，距离集体经济也是渐行渐远。这都越发造成了人们理解上的歧义和实践上的误区。由于种种历史原因，

---

① 习近平：《中国农村市场化建设研究》，人民出版社2001年版，第376页。
② 韩俊：《关于农村集体经济与合作经济若干理论与政策问题》，载《中国特色社会主义研究》，1998年第6期。
③ 唐宗焜：《合作社真谛》，知识产权出版社2012年版。
④ 张晓山：《发展新型农村集体经济》，载《农业经济与管理》，2023年第1期。

长期以来合作制与集体制、合作经济与集体经济，在政策上、法律上和实践中发生了一些混淆。无论是在理论研究领域，还是在实际工作中，对合作经济和集体经济不加区分地混淆使用的情况仍然存在。

把合作经济等同于集体经济或集体所有制经济，而集体所有制又与全民所有制同属生产资料的社会主义公有制，又上升到基本的社会主义经济制度层面，这种概念虽存在理论偏差，但其积极意义在于，为各种合作经济探索提供了某种意识形态上的合法性。以至于改革开放初期，一度盛行的、非驴非马的所谓"股份合作制"（本质上更多属于股份制或者合伙制），也曾被视为合作经济和集体经济，当年很多事实上的私营企业也"挂靠"为集体经济（所谓"红帽子"企业），从而造成乱象丛生。随着经济改革深化以及《中华人民共和国公司法》《中华人民共和国合伙企业法》等立法的健全，股份制、合伙制的基本逻辑得到尊重，在操作运行上日益规范。

（三）理论上、法律上、实践上的长期困扰

1949年具有临时宪法性质的《中国人民政治协商会议共同纲领》，提到"有步骤地将封建半封建的土地所有制改变为农民的土地所有制"，另有多个条文涉及合作社：将"合作社经济"列为"人民经济"的五种经济成分之一，在排列顺序上紧随"国营经济"之后居于第二位，还不厌其详地写道："关于合作社：鼓励和扶助广大劳动人民根据自愿原则，发展合作事业。在城镇中和乡村中组织供销合作社、消费合作社、信用合作社、生产合作社和运输合作社，在工厂、机关和学校中应尽先组织消费合作社。"

1954年《中华人民共和国宪法》提到集体所有制，采取的表述是"合作社所有制，即劳动群众集体所有制"（与国家所有制、个体劳动者所有制、资本家所有制并列）。在其第八条第一款、第二款明文写道："国家依照法律保护农民的土地所有权和其他生产资料所有权。国家指导和帮助个体农民增加生产，并且鼓励他们根据自愿的原则组织生产合作、供销合作和信用合作。"同时又提出："国家保护合作社的财产，鼓励、指导和帮助合作社经济的发展，并且以发展生产合作为改造个体农业和个体手工业的主要道路。"1954年《中华人民共和国宪法》在基本概念上将合作社所有制

等同于劳动群众集体所有制，其概念上的影响所及，一直到现行的 1982 年《中华人民共和国宪法》。

1982 年《中华人民共和国宪法》第八条原规定："农村人民公社、农业生产合作社和其他生产、供销、信用、消费等各种形式的合作经济，是社会主义劳动群众集体所有制经济。""城镇中的手工业、工业、建筑业、运输业、商业、服务业等行业的各种形式的合作经济，都是社会主义劳动群众集体所有制经济。"1993 年《中华人民共和国宪法修正案》将该条款修改为："农村中的家庭联产承包为主的责任制和生产、供销、信用、消费等各种形式的合作经济，是社会主义劳动群众集体所有制经济。"1999 年《中华人民共和国宪法修正案》又将其修改为："农村集体经济组织实行家庭承包经营为基础、统分结合的双层经营体制。农村中的生产、供销、信用、消费等各种形式的合作经济，是社会主义劳动群众集体所有制经济。"

《中华人民共和国宪法》第八条的几次修改主要是为了解决家庭承包的法律地位，甚至一度表述为"……家庭联产承包为主的责任制……是……集体所有制经济"，这反映了历史的局限。因为这个表述把重心落到了"责任制"，而责任制是任何经济形态下都普遍存在的。后来改为"农村集体经济组织实行家庭承包经营为基础、统分结合……"，其中"统"的层面长期没有落实，而"分"的层面即家庭承包层面则留给学者做不同的理解。承包制与责任制一样，都是诸种经济形态中的常有形式，不能认为是集体经济所特有的，更难以承包制来定义集体经济。继续探讨集体经济，还是应当主要关注"统"的层面，否则就混同于家庭经济或者一般私人企业了。市场经济条件下的"统"，只能是"合作与联合"，也就是合作经济及其进一步联合。

《中华人民共和国宪法》第八条关于合作经济与集体经济的基本表述一直没有变化，即"各种形式的合作经济"是"集体所有制经济"。这反映了传统政治经济学的习惯认知，如以杨坚白为代表的观点长期认为，合作经济与集体经济不过是同一事物的两个名称：从组织形式、经营方式上说，叫作合作经济，从所有制上说，叫作集体经济，这在中国"已经约定俗成，成为常识了"。"从欧文到马克思、恩格斯、列宁以及苏联的实践，再到中国的宪法规定，都说得很清楚，合作经济是劳动群众的集体所有制经济。"①

问题是，世界上诸多国家和地区都有公认的发达的合作经济，难道它们也是"集体所有制"？仅用合作经济来定义集体所有制经济是说不通的，反过来用集体所有制经济来定义合作经济也是难以理解的。

在《中华人民共和国宪法》第八条之外，数十年来，在各种单行法规上，以及政策文件和实际操作上，又经常是把合作经济、集体经济区别对待的。1986年《中华人民共和国民法通则》只有集体经济的条款，没有涉及合作经济，此后1988年依据《中华人民共和国民法通则》制定的《中华人民共和国企业法人登记管理条例》，也并未提供合作社或者合作经济组织的注册登记程序。1993年《中华人民共和国农业法》把"农民专业合作经济组织"与农村集体经济组织、农业企业并列，统称农业生产经营组织。2006年《中华人民共和国农民专业合作社法》把合作社定义为"互助性经济组织"。2007年党的十七大报告要求"发展多种形式的集体经济、合作经济"，据认为这是中央正式文件中第一次把集体经济与合作经济区别开来。2008年党的十七届三中全会通过的《中共中央关于推进农村改革发展若干重大问题的决定》再次并列提出"发展集体经济、增强集体组织服务功能"和"培育农民新型合作组织"。2013年党的十八届三中全会通过的《中共中央关于全面深化改革若干重大问题的决定》的表述是："推进家庭经营、集体经营、合作经营、企业经营等共同发展的农业经营方式创新"，"发展壮大集体经济"，"鼓励农村发展合作经济"。2021年施行的《中华人民共和国民法典》将合作经济组织法人、集体经济组织法人并列。数十年间，在思想认识上还存在着很大困扰。

（四）传统集体经济的想象与现实日益脱节

人们的思维定式往往是"望文生义""不求甚解""先入为主"。很多人相信"集体利益"高于"个体利益"，甚至"高于一切"，于是不管什么名堂自称"集体经济"就似乎自我"美化""神圣化"了。也有不少崇尚

---

① 杨坚白：《合作经济学概论》，中国社会科学出版社1989年版。

"个体""自由"的人们,特别是对假以"集体"之名进行经济强制记忆犹新的人们,形成了另外一种"条件反射"式的"杯弓蛇影"心态。

对于不同经济形态或组织形式的认识,固然有价值观念、意识形态上的偏好,甚至是个人经历情感上的"投射"。但在基本事实与逻辑的层面上,应当得到澄清。诸种经济形态或组织形式,无论是集体经济组织、全民所有制经济组织(传统国企),还是公司法框架下的国有独资公司、各种有限责任公司和股份有限公司(包括国有参股、控股的),或者个体经济组织(如个体户、个人独资企业,也应包括一般农户),都有其本来定义和特征。

传统上集体经济或集体所有制经济是"社会主义劳动群众集体所有制经济"的简称。[①] 不仅是"集体"的所有者权益不可分割,更主要涉及特殊的劳动和分配关系。例如1956年6月,全国人大通过的《高级农业生产合作社示范章程》第二条规定,"把社员私有的主要生产资料转为合作社集体所有,组织集体劳动,实行'各尽所能,按劳取酬'"。1991年9月,国务院发布的《中华人民共和国城镇集体所有制企业条例》第四条第一款规定,"城镇集体所有制企业……是财产属于劳动群众集体所有、实行共同劳动、在分配方式上以按劳分配为主体的社会主义经济组织"。

自20世纪50年代以来,集体所有制经济组织的现实情景几经转变,与某些理论想象之间的差距日益加大。传统定义上的"劳动群众集体所有""共同劳动""按劳分配",这三大理论特征都需要重新研判。

首先,"劳动群众集体所有制经济"之"劳动群众",究其所指,范围为何?还有不参加劳动特别是不在本组织参加劳动的群众,被如何看待?

过去的人民公社及其生产大队、生产队,被称为集体经济组织,曾经具有对内统一组织劳动和分配的功能。但在普遍推行家庭承包之后,农村集体经济组织主要只是充当了集体所有制土地的名义所有权主体(仅有少数集体经济组织可以从参与出资的企业获得一些收益)。不仅因为承包经营权的物权化加深,而集体所有权更趋于虚置,集体成员与实际劳动者的身份也越来越不再重合。相当多的农民把承包地流转出去,至少不再是这

[①] 许涤新:《政治经济学辞典》(下),人民出版社1981年版,第83页。

片土地之上的劳动者。集体经济组织参股控股企业中的员工，也就是同样面对资方的普通雇佣劳动者，很多并不同时具备集体成员身份。

如果所有者与劳动者身份并不重合，则原来所谓的"劳动群众集体所有"就不那么说得通了，但仍然存在"部分社会成员"范围内的"集体所有"，特别是在有历史传承关系的情况下。也就是说，集体经济中涉及产权制度的内核继续存留，但主要体现在财产关系特别是土地关系上，不再涉及劳动用工层面。

1982年《中华人民共和国宪法》使用的是"劳动群众集体所有制"的提法，1987年施行的《中华人民共和国民法通则》表述为"劳动群众集体组织的财产属于劳动群众集体所有"。2007年《中华人民共和国物权法》和2021年施行的《中华人民共和国民法典》，不再提"劳动群众"集体所有，而是采用了"本集体成员集体所有"的提法。

其次，传统集体所有制经济的另一理论特征"共同劳动"，如何理解，又如何对应于现实？

所谓"共同劳动"（有时称为"集体劳动"），不可望文生义地理解为多人一起劳动或者分工协作，否则一个小作坊或者任何工商企业稍具规模的经济活动都涉及多人，如果也被视为"共同劳动"，就不成其为特征了。农业集体化时期，强调"共同劳动"，主要是相对"单干"而言的；但是，不"单干"，也可能是受雇于人。因此，传统集体经济意义上的"共同劳动"有其特殊含义：全体劳动者同时又是生产资料所有者，理论上并非受雇关系——一方面，有劳动能力的集体成员都要参加劳动；另一方面，又必须向所有集体成员承担劳动就业的保障。人民公社时期实行"共同劳动"的实际作用则是，不仅控制了劳动过程，也控制了劳动成果，从而确保"统购统销"有效落地；其实还控制了劳动者（离开本"集体"，很难得到就业机会），配合了城乡分离的二元户籍制度。

"共同劳动"，人人有活干、有饭吃，这是一种久远的朴素理想，但如果一定要在局部范围内强求实现，就难以持续有效运行。劳动者成为一个固化的整体，劳动力缺乏退出或加入集体的流动性，其作为一种经济要素的动态调整和优化配置受到严重限制，更不用说土地和资本要素了。人们常说的"大锅饭""铁饭碗"只是这个问题的一个结果。这样一种劳动用工方式,在市场经济中缺乏灵活性,必然影响效率,很多时候也不公平,事实上已经被淘汰,为全员劳动合同制所取代。无论传统的集体所有制企业(纵使有极少数存活至今的),还是农村集体经济组织的自营实体或者参股控股的企业,都必须面向劳动力大市场,至少在劳动用工上脱离了原来所谓的"共同劳动"模式;而那些受雇佣的劳动力与集体成员的身份没有关系,他们应受劳动法的保护并享有社会保障。"共同劳动"设想中的合理因素,应从全社会范围的充分就业和劳资平等角度去理解和实现,而不是把责任推卸给单个企业。这是市场化、法治化、社会化的正确方向,更有利于维护劳动人民的自由与权利。

最后,关于"按劳分配"。

各类经济组织内部,大多会推行绩效考核或"责任制",外部则受到劳动力市场的制约,劳动力报酬是由其边际贡献决定的。同等劳动能力和劳动强度的要素报酬,在市场上趋于一个均衡价格,不应跟特定的所有制身份挂钩。试想一个股份制私有企业,在没有利润的情况下,股东分红(按"资"分配)长期为零,工资尚能正常发放(按劳分配),并不会因此等同于公有制企业。如果一定要说集体经济更能实现按劳分配,难道其中同样条件的劳动者比之在其他企业拿的更多吗?借着似是而非的"红帽子"获取政策上各种好处,更有损社会主义的原则与市场经济的理念。某些集体经济"明星村",主要依靠村办企业,而村办企业主要依靠外来雇佣劳动力,集体经济组织作为股东从村办企业分红,集体成员从这些分红中获得利益,在此层面肯定不属于按劳分配。更何况,各地推行的"集体经济改革",热衷于经营性资产折股量化、按股分红,提出"增加财产性收入"等,这也不属于按劳分配。至少可以说,按劳分配并不是集体经济组织独有的特征或优势。

综上所述,现实存续的集体经济组织,充其量只能满足生产资料(主要是土地)"集体所有"(不可分割)这个条件,这还未必是内部的"劳动群众"(或实际在这块土地上耕作的劳动群众)集体所有。如要同时满足"劳动群众集体所有""共同劳动""按劳分配"这三条,往往自给自足、安土重迁的状态比较多。人民公社时期管理规范的社队大致符合，承包到户以后就基本没有了，仅在个别地方还有一些存续（其内部为了保持效率，也不能不实行责任制）。① 上述意义上的传统集体经济组织，有其正面价值。在生产力水平和市场化程度较低，生存压力较大的时候，尤具适用性。但在商品供应不那么短缺、就业机会不那么稀少，而集体成员的个体差异和需求日趋多样化的条件下，就不容易保持，也不必强行去保持。

过去的集体企业总有个"主管部门"或"挂靠单位"，缺乏自主经营地位，政企不分、政社不分早已积重难返。现实中不复有集体生产组织或集体劳动组织，更不见新建的集体经济组织。现存"集体"层面的实际生产经营内涵非常有限，或者说几乎没有。极少数"集体经济"实力如何之强的"明星村"，往往具有浓厚的传统宗法社会的特征，真正实行的与其说是"集体制"，倒不如说是"家长制"（这里未必是贬义，"家长制"是中国人最熟悉的形式，既有搞得好的，也有搞得坏的）。纵使那些搞得好的"家长制"，与其说是缘于"社会主义优越性"，倒不如说是"封建主义优越性"（封建主义搞了几千年，也不是全无优点）。这些"明星村"的"带头人"很善于利用各种资源特别是政治意识形态的资源，对上是一种政治话语，对外是市场经济，对内往往是传统宗法社会的成分较多。有的"明星村"表面上为村民提供住房和各种消费福利，实际上人为压低货币工资转为企业积累；还有的表面上干群收入差别不大，实际上主要负责干部及其家族势力通过各种隐性关联交易不断在"转移""掏空"（这还不算那些明显违法的贪污受贿和挪用行为）。

中国城乡差距固然大，农村内部差距也很大。一些"集体"占有的资源彼此悬殊，每个集体又只是小部分社会成员，发展"集体经济"与促进全社会共同富裕没有必然联系。某些"集体"得到特殊支持"发展"起来了，其与社会大众的差距反而越来越大了。一味强调其特殊的"所有制属性"，拘泥于某种意识形态教条，以想象代替现实，这就是本末倒置的。从经济效率、社会公平的一般标准出发，制度选项应该是开

---

① 丁玲、戚莉霞、严海蓉：《藏北高原上的牧业集体社区——那曲嘎措乡的乡村振兴之路》，载《经济导刊》，2018年第10期。

放的。

1993年党的十四届三中全会通过的《中共中央关于建立社会主义市场经济体制若干问题的决定》要求:"现有城镇集体企业,也要理顺产权关系,区别不同情况可改组为股份合作制企业或合伙企业。有条件的也可以组建为有限责任公司。少数规模大、效益好的,也可以组建为股份有限公司或者企业集团。"

1997年党的十五大报告曾提出"劳动者的劳动联合和劳动者的资本联合为主的集体经济,尤其要提倡和鼓励"。"两个联合"一度被视为集体经济的特征。"劳动者的劳动联合"是个传统提法,当时认为有新意的是"资本联合"。劳动者在本企业范围以外进行投资,就是个普通股民,对应的上市公司不可能变成"集体经济"。因此,这里"劳动者的资本联合"应指在本企业投资,但是,总不至于把职工全员持股企业都看作集体经济吧。用"两个联合"来定义集体经济,后来很少提了。

改革开放前夕的1978年,在全国工业企业中,集体工业企业占比为企业总数的3/4,职工人数的1/3,总产值的1/5。[①] 到了2018年,统计显示,在全国规模以上企业中,集体企业总资产、销售收入和利润占比仅有1.80%、1.84%和1.54%,承载就业人口仅有30万人,占比0.38%。2019年以后,国家规模以上工业企业统计中,集体企业因为数量和规模的偏少,取消了这一类型统计。

集体企业的减少,大多是因为破产倒闭或者改制成为其他类型的企业,也不排除一些挂靠集体的"红帽子"企业恢复原来面目。这已充分说明集体制企业制度在工商业、在城镇的萎缩,没有理由认为其能够在农业农村发挥意想不到的作用。这个问题应辩证、全面地来看待,不要意识形态化,因为同时期国有企业有进有退,仍然有相当大的发展。

在农村,直到2016年12月《中共中央 国务院关于稳步推进农村集体产权制度改革的意见》出台前,全国村一级存在农村集体经济组织的只占45%左右,乡镇一级几乎不存在。地区间、村庄间差距较大,东部地区

---

① 庄启东、申纪言、吴岩:《城镇集体所有制经济必须大力发展》,载《经济研究》,1980年第4期。

集体资产占全国集体资产的65%，14%的村占有全国75%的集体资产。2019年全国农村集体成员人均分红只相当于当年人均可支配收入的0.6%[①]，基本上可以忽略不计。从各地实践看，所谓"集体经济发展较好"的主要是城郊村资源出租、物业经济和资产使用权入股，而在工商业等行业竞争力明显不足。沿海发达地区和一些城市郊区，据说"集体经济实力"较强，其实主要是集体历史遗产（特别是不动产）在发达地区和城郊接合部发生溢价升值。这个溢价主要是外部市场环境造成的。打个比方，某拆迁户，得到的几套房升值很多，并不能称为"家庭经济"如何"发展壮大"了。

三、集体产权制度有其合理性，仍将长期存在

（一）集体经济的三种含义

关于集体制、集体经济，到底是"好得很"还是"糟得很"，鼓励其发展还是加速其消亡，历来有很多无休止甚至情绪化的争论，很大程度上是因为概念混乱，造成不知所云。笔者认为，要区分集体经济的三种含义。

其一是指传统的"劳动群众集体所有制经济组织"，可以称为集体企业制度。这里的企业采取广义，既包括曾经大量存在的城乡集体所有制企业，也指实际从事生产经营活动的农村集体经济组织（推行家庭承包之前的人民公社及其生产大队、生产队，以及当年的"社队企业"）。至于后来一些集体经济组织参股的法人实体，虽然在统计上经常被纳入集体经济，但是分别按照《公司法》《合伙企业法》《农民专业合作社法》运行的，并不属于集体企业制度。

作为一种特殊企业制度意义上的集体制、集体经济基本已经消亡，也不必强留。习惯认识是把"生产资料的集体所有制"特别是土地集体所有

---

① 孙中华：《社区合作经济是新型农村集体经济的发展方向》，载《农村工作通讯》，2021年第16期。

制,作为农村集体经济组织的前提基础,其实这个前提并不是必然的。集体企业制度的要害更在于特殊的劳动和分配关系,很容易造成比国有企业还要严重的"大锅饭"。

其二是集体产权制度(包括与之相联系的集体保障制度)。现实中仍然存留的集体经济,在推行承包制后,基本没有实际生产经营活动,更多只涉及具有身份属性的集体产权制度(主要是土地特别是用益权制度)。作为生产资料所有制的功能已经淡化,也不涉及劳动用工安排,更少作为完整的企业制度出现了。集体产权制度与集体企业制度,没有必然的伴随关系或因果链条。如集体企业制度不成功,并不能因此否定集体产权制度。

其三是新型集体经济,必然日益超出原来集体成员和集体所有资源要素的固有界限,也就是本书着重讨论的新型合作经济。

上述几个方面的范畴互有区别,现实中常常纠缠在一起,有时泛称为集体制。集体制不仅仅是或已主要不再是一种经济形态或经营实体,而是一种长期存在的社会生活形态以及相应的产权制度(包括不成文的习惯法)。集体不是松散个体的简单叠加,也不是自由契约的任意组合。集体制与其说是一种生产方式,倒不如说是一种生存方式或生活保障方式。在生产力水平低、生活资源匮乏、经济积累较少的条件下,特别是在危机应急情况下更有一些优越性,有利于种群的基本生存繁衍。

(二)集体产权制度:从"农民集体所有"到"成员集体所有"

集体产权制度,系指传统集体所有制经济的演变中特别是在农村承包制改革后形成的不同层次的产权关系安排,现实中主要涉及物权特别是地权制度。产权通常包括所有权、占有权、使用权、收益权等一系列权利形态。集体较之一般产权主体(无论是私人还是国企),有着特殊构造。

只有集体经济组织成员才享有集体土地承包权、宅基地使用权、集体收益分配权等权益,且土地承包权、宅基地使用权只能在本集体经济组织内部流转,集体经济组织成员以外的任何个人和组织都无权获得土地承包权、宅基地使用权、集体收益分配权等。集体资产只能由集体成员共同占有，可以明确集体成员的股份或份额，但不可将集体资产分割到个人。①

集体产权制度，是一种对外明晰、对内不明晰或者不必明晰；对内不可分割，不量化或者不必量化到个体；即使形式上量化到个体，也不能或者不便转让其份额的产权制度。对于集体资产、资源，内部成员享有占有、使用、收益的权利；即使名义上赋予了集体成员以某种收益权"份额"（例如所谓"经营性资产折股量化"），这些份额所起的作用有限，且在集体内部限制转让，更不能对外自由转让。

这里使用集体产权，远不限于"集体所有权"的概念，更包括了承包权、经营权、建设用地使用权、宅基地使用权、住房财产权、经营性资产份额、林权、集体资源和设施利用权等单独存在又受到集体制约的各种产权具体形态（至于完全独立的私人财产，不属于集体产权范畴）。最重要的也最有代表性的，是农村土地的集体所有权、承包权、经营权。

集体有着特殊的历史渊源和地缘基础。20 世纪 50 年代集体化运动形成的人民公社、生产大队、生产队三级组织体系，在进入 80 年代后，虽已基本解体，但其原所涵盖的农民集体仍然延续存在，并在产权制度安排中居于重要地位。

改革之初农村普遍推行家庭承包，所有权归集体，承包经营权归农户，称之为"两权分离"。前些年又将土地承包经营权分为承包权和经营权，形成土地集体所有权、农户承包权、土地经营权"三权"分置并行。

在相当长的一个时期，土地承包经营权被视为合同关系下承包人所享有的权利，属于债权范畴，并以此为基础加以法律保护，但被认为还不够稳定有力。2007 年施行的《中华人民共和国物权法》宣示了土地承包经营权的物权化，作为法定用益物权的一种，明确规定"土地承包经营权人依法对其承包的耕地、林地、草地等享有占有、使用和收益的权利"。2021 年施行的《中华人民共和国民法典》沿用了这些规定。

从《中华人民共和国物权法》到《中华人民共和国民法典》都规定"农民集体所有的不动产和动产，属于本集体**成员集体所有**"。这句话，

---

① 陈锡文：《从农村改革四十年看乡村振兴战略的提出》，载《行政管理改革》，2018 年第 4 期。

"集体所有的……属于……集体所有",并非无聊的同义反复,而是把重心推进到了"成员集体所有"。此前1987年施行的《中华人民共和国民法通则》规定"集体所有的土地依照法律属于村农民集体所有",同年施行的《中华人民共和国土地管理法》也采用"农民集体所有"的提法。从**"农民集体所有"到"成员集体所有"**,引入"成员权"概念有助于丰富和充实集体产权制度,成员之于集体之于承包土地有着"直接穿透"的产权关系,这也是对于农村改革既成事实和现行政策的法律确认。

集体成员权可以理解为一种"专属权益",由其特有的身份属性所决定,身份属性重于财产属性。身份权具有不可交易的特征,相应的财产权益也受此制约,不能简单套用股份制的股东权益或所有者权益去处理。[1]

集体成员的加入和退出受到严格限制,难进亦难退。一方面,理论上、法律上并不排除新成员加入集体的可能性,但这意味着复杂的利益关系调整,事实上很困难、很少见。民间惯例上大多只接受婚姻、生育带来的新成员,现行政策也不鼓励"非转农"。另一方面,集体成员不能通过类似公司股东转让股权的方式自由退出变现(往往只能通过放弃权利的方式消极淡出)。在很长时期,只能通过正规的招工、招干、招兵、招生等渠道"农转非",放弃农业户口,同时脱离集体身份。农村集体身份曾经意味着微薄的权益和沉重的负担(如公粮、农业税、义务工等),过去农村人口对于"农转非"趋之若鹜。这些年随着相关负担缩减,而权益相对上升(如承包地、宅基地的升值预期,征地补偿,以及部分村集体的分红),越来越多人不愿意脱离这样的身份(如一些来自农村的大学新生报到不肯转户口,不少务工经商的农民已经在外定居,仍然保持原来的集体成员身份)。一些地方试图探索"户社分离"(户口与集体经济成员身份脱钩),解决人口登记和社会管理上的困扰,但还没有涉及集体成员"有偿退出"的正式制度安排。

土地的集体产权制度,与其说是一种生产资料所有制形式,倒不如说

---

[1] 夫妻关系是一种身份,不可转让,进入或退出这种身份(结婚、离婚)不是那么随便的。家庭财产平常是共同使用不加区分的,但是在离婚析产的情况下,财产是要分割的。

是一种"用益权"制度。在我国，土地承包经营权、建设用地使用权、宅基地使用权等都已被确认为用益物权。其实，即便是"集体土地所有权"本身，由于不可交易并受到严格的用途和规划限制，也很难超出"用益"的范畴，往往只在征地补偿程序中浮现其存在。①

集体产权安排可以富有灵活性，往往有一部分通过承包、租赁或直接分配等方式，把占有权、收益权落实到特定主体了（即使人民公社时期，也有自留地），另外往往还有一部分保留为公用（如池塘、水渠），这则相当于西方经济学上的"俱乐部产权"，其实是一种"局部公共品"。

从法理上说，某个集体（及其成员）的用益物权，可以建立在其他主体拥有所有权的土地之上。即便实行了土地国有化，在国家所有的特定土地上仍可建立某个集体的用益物权。这就是说，集体产权制度的规范和建设，亦可脱离原来的"集体所有权"土地，这就打开了更大的政策空间和创新潜力。

（三）成员集体所有不是"共有"，也不同于集体经济组织法人所有

集体所有，不是一般民法上的"共有"，否则就没有必要单列出"集体所有权"。共有是所有权的联合，不是一种独立的所有权类型。共有，是指两个以上个人或组织共同享有所有权，包括按份共有和共同共有。按份共有，是指按各自确定的份额享有所有权的共有形态。按份共有人对共有物享有分割请求权、优先购买权，可在其份额上设定担保物权。共同共有，是指对同一物平等和不分份额地共同享有所有权的共有形态。共同共有以共同关系的存在为前提，如家庭关系、夫妻关系。在共同共有关系存续期间，共同共有人原则上无分割请求权，也无优先购买权；共同共有关系终止时，对共有物的分割与按份共有相同。集体所有与共有特别是共同共有存在一些相似之处，最重要的区别仍在于不可分割、禁止或严格限制对外

---

① 《中华人民共和国民法典》第三百二十三条，【用益物权的定义】用益物权人对他人所有的不动产或者动产，依法享有占有、使用和收益的权利。第三百二十四条，【国有和集体所有自然资源的用益物权】国家所有或者国家所有由集体使用以及法律规定属于集体所有的自然资源，组织、个人依法可以占有、使用和收益。

交易。

物权法和民法上的成员集体所有也不能简单理解为集体经济组织的法人财产权或所有权。这不仅仅是因为很多集体经济组织（特别是承继原生产队地位的村民小组）尚不具有正式注册的法人资格（这只是个技术性、程序性问题），更重要的是因为集体制土地产权包括了成员的直接占有、使用乃至收益，在承包权物权化趋势下更是如此。

无论欧洲日耳曼法传统上的总有，还是日本民法上的入会权，抑或是中国民法上的成员集体所有，均不以集体（团体）法人制度存在为前提。没有正式成立集体经济组织，或者集体经济组织没有取得法人地位，但是因为集体就在那里，对于集体产权制度特别是地权制度的实际运行并无大的影响。

国有企业、私有企业和各种股份制企业法人、合作经济组织法人，以及国家机关法人和事业单位法人，其名下的法人财产权（包括土地权），恰恰排除了任何人包括法人成员（股东、员工乃至一般公民）的直接占有使用权。企业股东不能挪用企业资产，政府也不能直接平调国企财产，公民更不能私占国有财产。

物权法和民法上都没有"集体经济组织法人所有"之类的表述，而是成员集体所有，其中有突出成员权的意味。2017年《中华人民共和国民法总则》和2021年《中华人民共和国民法典》先后都明确了"集体经济组织法人"的地位。2024年《中华人民共和国农村集体经济组织法》第二条称"农村集体经济组织，是指以土地集体所有为基础，依法代表成员集体行使所有权，实行家庭承包经营为基础、统分结合双层经营体制的区域性经济组织"。这里说的是"依法代表成员集体"，那就说明，农村集体经济组织不等于成员集体本身。

关于成员集体所有的深层构造究其为何，原有法律的规定比较简单，2024年《中华人民共和国农村集体经济组织法》也没有更具体深入的表述，因此只能更多适用政策性规定和民间惯例。在学理上、法理上的提炼和阐发，也可揭示其一般性的规律法则。

（四）集体保障制度可以是有益的补充

集体制的一个特征或优势，恰恰在于有时不那么"按劳分配"，当然更不是"按资分配"，而是实行平均分配或在保底基础上适当差别分配，以此为所有集体成员提供安全保障，有利于种群的生存繁衍，有利于巩固集体本身。安全以牺牲了一部分自由为代价，自由是有代价的，安全也是。

从历史到现实，集体制最具长期存续价值的，正在于保障功能。集体保障制度，是相对于家庭保障、社会保障而言的，其实也是一种分配和消费制度，也可理解为集体产权制度的延伸体现。

在人民公社时期，集体直接控制生产过程和生产成果，有条件提供一定水平的保障，首先是所有成员及其子女劳动就业权利的保障；对一些没有劳动能力且无依无靠的老人、残疾人和孤儿，实行"五保"，即保吃、保穿、保医、保住、保葬（儿童保教）。一些集体兴办的水利、交通、教育、卫生等基础设施和公共事业，也有相当基础，这是一些人尚有怀旧情结的部分原因所在。

在人民公社解体后，集体组织功能弱化，能够称得上"集体保障"的，主要只能依靠集体所有的承包地、宅基地了。国家的一些支农补贴和征收补偿，也是与土地相联系的。这成为坚持土地集体产权制度的一个理由。但从长期来看，无视越来越多的农民离土离乡的实际，一味坚持把农地作为保障并束缚其流动性，实际效果上对于真正的务农农民构成压力，并已有不断加大农业用地成本的趋势。

即使传统意义上的集体所有制经济组织衰微了，集体制作为一种保障制度，仍在事实上长期存在，也有其客观合理性。但是集体保障制度的经济基础依赖于土地，并不是必然的，未来也可能脱离集体产权制度（土地）、集体企业制度而单独存在，譬如采取基金化、信托化的方式规范运行。进一步的例子，可以参考一些单位为员工建立的年金，一些团体对于内部成员有救助机制。在集体或熟人社会范围内的互助机制，不需要烦琐的手续和程序，往往更为及时有效。

在很长一个历史时期，农村只有集体保障，保障水平比城市居民低得多。随着经济市场化,人口和就业流动加剧,加快建立覆盖城乡的统一的社会保障体系,是大有必要的,而且也可与集体保障并行不悖。事实上一些"明星村",由于各种资产收益,所能提供的集体保障或集体福利水平已经高于城里人。顺便需指出的是,很多人所关心的集体经济,其实是指村级财政资源的筹措,希望有更多用于集体保障,这与集体制的产权制度或企业制度没有必然联系。

集体保障一般而言侧重于"保底"安排,往上延伸,也可视为广义上的集体福利的一部分,或者在实务上作为同义语使用。进一步说,集体保障和集体福利,不是集体经济组织所特有的,在城市的单位制中更有集中的体现。单位制本是描述计划经济时期中国社会体制的专有名词,这种组织形式是特定历史条件下的产物,具有"功能合一""非契约关系""资源不可流动"的内在性质,以及"人际关系为重""平均主义""服从权威"等行为准则。[①] 曾经普遍存在的单位制,随着经济社会改革已经受到很大削弱和分化,但这些年也有部分回归的迹象。当然只有那些体制内的所谓"好单位"谈得上,单位内部的保障和福利不可分割量化到人,更不可相互转让和对外转让,一旦退出单位就不再享有。

(五)集体基础在人不在地:也论折股量化

集体制的真正基础,在人不在地,也不在物或者"股"。

现有理论和立法不假思索沿袭的说法多是,集体经济(组织)是"以土地集体所有为基础",更被理解为"以土地为基础",把土地作为必然的甚至唯一的前提。笔者则认为,最重要的不是集体之于土地或其他财产的关系,这是第二位的;而是成员之于集体的关系,这是第一位的。从理论上说,即使自身没有土地,在共同劳动和生活消费的基础上也可形成集体,一个依赖于狩猎和采集的原始部落,正是如此。在近现代社会中,在一些特定环境条件下也可出现。类似的例子是以色列的集体村社"基布兹",

---

① 路风:《单位:一种特殊的社会组织形式》,载《中国社会科学》,1989年第1期;路风:《中国单位体制的形成和起源》,载《中国社会科学季刊》,1993年第4期。

就是在承租国有土地的基础上建立起来的。只有把理论逻辑推到极致，才能冲破似是而非的迷雾。

随着我国城镇化率较大幅度上升，部分城中村（镇中村）、城郊村集体土地（包括原宅基地）全部被征收，导致这些村（社区）已经不存在集体土地。但上述村（社区）仍然存在其他集体资产，更重要的是集体成员还在，集体经济仍有存在基础。

一味强调"地"，就本末倒置了。在非集体所有的土地上，或者完全没有土地，也可形成类似集体制的产权制度。至于集体制的保障制度，完全可以脱离集体制的产权制度和企业制度而单独存在。

集体基础不在地，其实也不在于"股"，否则就是股份制了。相当长一个时期以来，存量集体经济的改革，固然强调"坚持集体所有制不动摇"，但在实际操作上，较多受到了股份制思维的影响，由于生搬硬套，没有做到优势互补、融会贯通。

把存量集体经济改革的重点优先放在"经营性资产"的折股量化，这是本末倒置。对于任何一个经济实体（包括集体经济组织）来说，定期或不定期的清产核资、摸清家底是必要的。但这不必是新型集体经济组织（或新型合作经济组织）正式成立的先决条件。

在经济意义上，资产是指由过去的交易或事项形成的、特定主体能够拥有或者控制的、预期会带来经济利益的资源。资产一般按照取得时的历史成本或原始价值计价。按此计量资产，是以实际发生的业务为依据，容易查证，具有客观性，简易可操作。但在农村普遍缺乏这样的历史成本资料。此外，只有在市场成交活跃的情况下，才有公允市价可以参考，这对于农村同样是奢谈。农村资产大多难以进行市场估值。因此很难计价，强行计价也只能是胡编乱造一气，没有什么意义。至于净资产的"真实价值"更加难以测算，也可以说每时每刻都在变化之中，不必纠结于此。

经营性资产折股量化，从计算公式上来说，分子是净资产，分母是成员数或成员份额的数量。化繁就简的思路是，并不追求净资产的确切数字，只需要厘清成员资格和份额的数量就可以了。好比法定继承情况下，配偶、子女、父母是第一顺序继承人，原则上是平等的。继承人的身份资格逐个得到确认、总人数 n 搞清楚了，每人享有的份额就是 1/n。继承财产需要清理分割，但并不都是需要通过折价或变价的方式来分配。又如，很多单位的工会福利分配，一般是按照人头平均（有时适当考虑资历因素或实际困难），简便易行。只要每次用于分配的福利（物品、有价证券）是清楚的即可，并不需要以工会整体上的清产核资为前提。再如股份公司给股东分红，按照持股数量的比例进行分配即可，与所持股份的市价、原值无关。更不需要搞清楚每个股东持有股份所对应的"经营性净资产"及其"真实价值"，账面上的每股净资产只是某个时点上的数字，并且只有账面意义。

其实，最重要的不是折股量化，这造成了很多无谓的工作量，而是首先核定成员身份及其份额。一般可默认每个成员的份额都等同，也可综合考虑各种因素，在份额上有所区别，如有些地方实行的"劳龄股""村龄股"等（为了避免误解为股份制意义上的"股"，仍建议称为"份额"）。集体经济成员的身份确认要有严格标准和规范程序，对特殊群体如外嫁女、入赘男、新生儿、服兵役人员、在校大学生、回乡退养人员、农转非人员等的成员身份确认都要有所安排，做到不漏一户不掉一人。根据资料，截至 2021 年底，全国确认村级农村集体经济组织成员 9.2 亿人，为解决成员集体权益"两头占""两头空"问题奠定了基础。①

一方面强调集体所有制不可分割，另一方面推行经营性资产折股量化，所谓"股份"又有转让、退出的障碍，而最重要的土地资产并没有折股，这里面有着种种难以调和的矛盾。由此导致成员身份有所淡化、股份概念有所强化；貌似不是因为成员身份而有权获得股份分红，而是因为持有股份才具有了成员身份；但又不可能真正实行股份制。在此基础之上的集体经济组织在结构上是封闭的，不仅成员难以增减调整，不利于吸纳新的资金投入（在入股和退股的对价上无法操作），对于业务交易上的贡献也缺

---

① 徐向梅、何安华、吕之望、仝志辉、崔红志：《发展壮大新型农村集体经济》，载《经济日报》2023 年 3 月 9 日。

乏合理的回报机制，凡此在底层逻辑上都决定了集体经济组织很难成为经营性组织，不具可扩展性，最多只能发挥保障性组织的功能。传统集体经济改革，不能在原有思维框架里面打转。

集体经济组织的组建，原有集体资产尚未折股量化到人的，不必先行量化到人，可以直接纳入合作社。其实搞不搞"量化到人"，人就在那里，集体就在那里，可以直接登记发证，详细资料后续可以逐步完善。原来的集体经济组织成员资格，个别或少量有争议的，不必过于纠缠。只要1/2或者2/3以上成员资格是清楚的、没有大的争议，成员大会及其决议就有了合法性基础。

（六）产权不见得越"明晰"越好

通常一讲到产权制度，人们往往把"产权明晰"奉为当然的标准。这是流行思维，不尽全面。有些事物不见得越"明晰"越好。

打一个未必恰当的比方，家庭制度，有法律规定，更有约定俗成；是普遍存在的，也是方便有效的。但并不是锅碗瓢勺样样都分得那么"明晰"。家里的牙刷是分开用的，牙膏往往是"公有"的；稍有条件的人家，牙膏多买几支，各有偏好；困难时期，能有一支牙刷就不错了。过去全家老少睡在一个炕上并不鲜见，现在生活条件好了，夫妻、子女可以有各自相对独立的空间，这些界限往往是不成文的，内部自发调整的。父母对子女有养育的义务，子女如有自己单独的卧室或床位，这种"使用权"并不能自行对外"出租"或"出售"。

小到一个家庭，大到一个国家，都有这样"不可分割"的"集体"特征。例如国家主权、领土和国有资源、财富并不量化到公民个人，没有可转让的"份额"制度，移民出国更是带不走。绝大多数公民身份是与生俱来的，并非通过自由契约加入，纳税更是强制性的。还有一些中间层次的类似集体。国外实行终身教职、教授治校的私立大学，作为产权独立的非营利机构，校董会承担治理功能，教授群体分享一系列学术权力和待遇，校友群体（往往也是主要捐助人）也承担重要的角色，这也不是用"产权明晰"那套话语体系所能解释的。

西方经济学按照排他性的不同,将产权分类为私有产权、公共产权和俱乐部产权(社团产权)。私有产权是一种完全排他性的产权形式,没有经过产权主体的许可或没有给予应有的补偿,任何人都不能合法地使用该产权对应的产品或资源。私有产权主体可以是自然人,也可以是企业和其他组织。公共产权(不是通常所说的公有制),是一种非排他性的产权形式,任何人都可享有和使用。

介于私有产权与公共产权之间的是俱乐部产权或社团产权,具有一定范围的公共属性,对内部成员无排他性,成员需要具备一定条件或身份。当某个人对一种资源行使某权利时,并不排斥他人对该资源行使同样的权利,或者说,这种产权是共同享有的。相对于私有产权,社团产权在个人之间是完全重合的。每个人都可以使用这个资源为自己服务,但每个人都无权声明其只属于他个人。根据排他性程度的区分,俱乐部产权是有限排他性产权,较之私有产权更适于某些共同使用的产品或资源,较之公共产权又更加直接、更有效率。如城市景观和市政公用设施便属于社团产权。集体产权(特别是未承包到人、到户的部分),更接近上述俱乐部产权。

总之,集体产权制度可以是一种具有普遍性、长期性的制度安排,有其合理性也有局限性,有时居于补充地位,但有其特点和优势。集体产权"对内不明晰",不尽然是缺陷,有时候反而是优势。我们不赞成把集体经济神圣化,但是也不要污名化。不能用刻舟求剑的思维去恢复集体经济,也不能用杯弓蛇影的心态去对待集体经济遗产,而可以使之成为合作经济创新发展的组织资源和物质资源。

好比家庭是社会的细胞,是社会稳定和文化传承的基石。但是,用家庭思维搞企业,开个烧饼油条店、家庭农场或许还行,如果规模稍大、稍复杂一些,在股东之间,或在股东、员工、客户之间,都是很难处理好的。有些搞得好的家族企业,股权由家族成员持有,家族成员也可能在企业任职掌权,但是企业本身的财产占有和生产经营肯定不能家庭化,否则就乱套了。不能因为企业家庭化不好搞,就否定家庭制本身;也不能因为推崇家庭的价值,就把家庭关系无限泛化和推广。

（七）集体产权不可分割不宜绝对化

集体产权对内不可分割，是其基本特征，但也不要绝对化。好比家庭财产，常态下是不可分割的，但是在离婚、继承等情形下也涉及析产，这是家庭的分立重组。重视家庭的价值，尽量维持家庭的稳定，并不是把每一个具体家庭绝对化、神圣化，对于集体亦当如是。没有哪种组织形态是固若金汤的，有的集体不可避免地面临解体，或者正在解体。

《中华人民共和国民法典》关于法人的设立与终止有着一般性的规定，合作经济组织法人、集体经济组织法人作为特别法人，也必然有终止问题。《中华人民共和国农民专业合作社法》规定了合作社的合并、分立、解散和清算。《浙江省农村集体资产管理条例》规定：已撤村建居且符合一定条件的，村集体经济组织可以依照《浙江省村经济合作社组织条例》规定的程序予以终止。2024年《中华人民共和国农村集体经济组织法》，涉及农村集体经济组织的设立、合并、分立等事项，却回避了终止问题。

例如，在城镇化进程中，一些农村集体经济组织农民集体所有的土地全部被征收，成员全部或者大部分转为城镇居民，也就是"村改居"之后，有的集体经济组织可能继续存在，但是也有一些面临清算，需处理剩余财产，而剩余财产的分配换个角度也就是集体产权的分割。

（八）集体产权制度的历史文化基因：村社制、总有制、宗族公地

远古时代的经济组织，曾被道格拉斯·诺思称为"氏族集体所有制"①。恩格斯在《反杜林论》中指出，"一切文明民族都是从这种公社或带着它的非常显著的残余进入历史的"②，也就是从"实行土地公有制的氏族公社或农村公社"进入历史的。恩格斯发现："俄国农民不是像在印度

---

① 〔美〕道格拉斯·诺思：《经济史中的结构与变迁》，陈郁、罗华平等译，上海三联书店1991年版，第117页。

② 〔德〕恩格斯：《反杜林论》第二编《政治经济学》，载《马克思恩格斯全集》第二十卷，人民出版社1971年版，第161页。

某些省份里现在还有的情形那样，共同耕种公有地，仅仅把产品拿来分配。相反，在俄国，土地不时在各个家长之间进行分配，并且每家各自耕种自己的一份土地。"①

马克思曾经关注和研究过印度、俄国的村社（公社），在其晚年进一步认识到这个问题的普遍性："公社所有制并不是某个地区独有的，而是占统治地位类型的土地关系。"② 马克思在《给维·伊·查苏利奇的复信（三稿）》中，对俄国村社的主要特征、内在二重性以及演进趋势进行了深入的阐述。通过与原始公社的比较，马克思认为俄国村社制具有如下特征：1. 社员之间并非血缘关系；2. 房屋以及附属的园地由农民私有；3. 耕地公有，定期重分；4. 社员以家庭为单位进行劳动并且劳动成果为农民私人占有。

其实，这些村社制特征与后世中国农村改革后的"集体所有权、承包权"倒是有较多的相似性：1. 集体成员是地缘关系，不一定具有血缘关系；2. 自留地、宅基地和住房保持较大的私有成分；3. 耕地集体所有，20世纪80年代以来在基层有多轮重分，现在虽然强调"保持土地承包关系稳定并长久不变"，但在农区特别是人口流出地，要求重分的压力是一直存在的；4. 家庭经营，劳动成果私有。

这些制度安排不是哪一个人发明的，也不是法律能够强行规定的。能够长期存在，有其合理性，不能轻易去摧毁，乃至骤然去改变。俄国村社制自中世纪至19世纪在农村长期占据主体地位，村社兼具成员自治组织和国家基层组织的双重属性；1861年的"农奴制改革"实际上对于农民的利益有所损害，也削弱了村社的共同体属性；1906年的斯托雷平改革强制农民迁出村社、实行土地私有化，加速村社制度的瓦解，造成农民严重分化和社会动乱，直至革命爆发。此后在俄国出现了大规模的复兴村社运动。1917年十月革命之后，以列宁为首的布尔什维克党为了能获得农民的支持，采用了社会革命党的土地纲领，在农村重新让村社出现，一度恢复了

---

① 〔德〕恩格斯：《流亡者文献》，载《马克思恩格斯选集》第三卷，人民出版社2012年版，第331页。
② 〔德〕马克思：《马·柯瓦列夫斯基〈公社土地占有制〉一书摘要》，载《马克思恩格斯全集》第四十五卷，人民出版社1985年版，第296页。

传统的"公有私耕"（斯大林时期建立的集体农庄则是"公有共耕"）。

类似的例证，还有欧洲日耳曼法传统的总有制。日耳曼村落共同体的所有形态为"总有"的典型形态，依内部规约，其物之管理处分等支配的权能属于共同体，而使用、收益等利用的权能分属于不同成员；"总有财产"不得分割，成员一经脱离共同体即自然失去对于总有财产的使用和收益权，也不能带走任何总有财产。① 日本法律多源自德国，日本民法上的总有论主要是以山林的入会权为中心构建起来的。② 入会权是日文汉字直译，其意接近于集体所有权、使用权，系指村落居民对于一定区域的山林河川共同拥有伐木割草捕鱼等权利。③

在中国，更有长期的村社传统，主要表现为传统宗族及其祠堂、公田以及相关的分配消费活动，不管有没有正式的组织形式，亦具有类似"总有"或集体产权的特征。对外产权明晰，不同宗族之间有界限；对内不明晰，不分割量化到人。宗族成员由于婚嫁生死是动态变化的，而宗族长期持续存在。宗族产权的收益，有的按照男丁、房支进行分配，有的用于祭祀、助学、济困等，都是有民间习惯法和族规可循的。

一个有意思的现象是，客家人的生产生活方式，由于移民传统和艰险环境（包括土客矛盾），尤具集体精神，也较容易接受社会主义思想；中国共产党革命早期，在南方就得到了客家人的大力支持。

毛泽东1930年《寻乌调查》的估计是公田占总数的40%。《寻乌调查》将公田分成三种：一是祖宗田，公田中的主要部分。毛泽东解释道："差不多凡属死人，只要是有'后'的，而他的后又是有钱的，他的所谓后者必定从他们的家产中各家抽出一份替他立个公。……公田一经成立，就年年收租……积得若干年成一笔大款，便购买田地。如此下去，这一公的田地就渐渐地增多起来。但这积蓄增多的在全部款子中只占去一部分，

---

① 笔者倾向于使用"共同体"这种具有社会学、人类学意味的词，以求避免等同于近代以后自由契约意义上的团体。但很多学者是不加以区分的。参见史尚宽：《物权法论》，中国政法大学出版社2000年版，第153页。

② 〔日〕小川竹一：《中国集体土地所有权论》，牟宪魁、高庆凯译，载《比较法研究》，2007年第5期。

③ 〔日〕近江幸治：《民法讲义Ⅱ物权法》，王茵译，北京大学出版社2006年版，第214页。

还有一部分是由他的子孙均分了去……就是当那过年过节时候从祠堂里分谷分肉。男子都有分,女子没有分(有些族上寡妇有分),每人分得几斗谷、几斤肉……总计祖宗方面的土地,占全部土地的百分之二十四,占全部公田的百分之六十。"二是神道田,包括神、坛、社、庙、寺、观六种。三是教育、社会公益性质的公田。

但各地的情况有所区别。在20世纪初,宗族公田占广州府属各县全部地产的比重达50%—80%,非族田类的公田(学田、庙田、会田)又占1%—5%。广州府以外的广东各县公田也占总耕地的30%—40%。浙江各县的宗族公产也很发达,如浦江县全县1/3地产为祠庙公产,义乌县一些地区宗族公产竟占耕地的80%。这与中国的其余绝大多数地区形成了鲜明的对比。如长江流域的湖南长沙府、湖北汉阳府、黄州府各县,公田面积都只占全部耕地面积的15%左右,而且在公田中族田(包括义庄田与祭田)只占45%(湖南)和43%(湖北),学田、寺田等非族田类公田比族田多。这与广东的公田中90%以上为族田形成对比。至于北方各地的公产,更是几近于无。①

总之,集体产权制度的类似安排并非社会主义实践所独有,也不是中国当代才有,而是存在历史原型;对中国来说,不完全是外来模式,也有本土基因。这也是中国共产党当年能够夺取和巩固政权后来又能进行社会主义改造的文化密码。集体产权制度,特别是成员集体所有,源自现实经验,也有国际和历史的参照,呼应了村社传统,在法理上颇类似于总有制。总有制有利于保障集体成员的共同生存,但是不利于要素最大化利用和流转。因此,在传统集体经济的框框里面打转是没有前途的,出路在于新型集体经济或新型合作经济。

四、新型集体经济回归合作经济本源

(一)新型集体经济究其为何

2016年12月,《中共中央 国务院关于稳步推进农村集体产权制度改

---

① 秦晖:《公社之谜——农业集体化的再认识》,载《二十一世纪》,1998年第48期。

革的意见》(以下简称《意见》)提出,"农村集体经济是**集体成员**利用**集体所有**的资源要素,通过**合作与联合**实现共同发展的一种经济形态";同时,这个《意见》多年来在中央文件中首次提出"发展新型集体经济"。在同一个文件中,"农村集体经济"与"新型集体经济"两个提法并用,有理由认为上述文件中关于"农村集体经济"的表述,更多属于"传统集体经济",尚不足以被认定为"新型集体经济",但是不妨作为进一步讨论的基础。《意见》还提出:"科学确认农村集体经济组织成员身份,明晰集体所有产权关系,发展新型集体经济"——这句话在逻辑上是递进关系,确认成员身份、明晰产权关系,是发展的前提,不足以成为"新型集体经济"本身。①

2022年10月,中共二十大报告部署要求"发展新型农村集体经济"。2023年2月,在全面推进乡村振兴重点工作新闻发布会上,农业农村部有关负责人承认:"新型农村集体经济说了很多年,到底什么样、怎么发展,以前没有明确规定。"② 之所以很多年没有明确规定,实际上是因为从理论到实践、从政策到法律存在很多困扰。传统集体经济被公认存在严重弊端,事实上已经基本解体,而新型集体经济又在不知其为何物的情况下,各种牵强附会、移花接木的事情,屡见不鲜。

江宇将新型农村集体经济定义为一定范围的劳动者共同占有生产资料并联合开展生产、经营、分配的公有制经济形态。③ 老实说这个定义一点也不"新",还是传统集体经济的定义。

苑鹏等将新型农村集体经济的特征总结为所有权关系明晰化、所有者成员主体清晰化、组织治理民主化、分配制度灵活化。④ 上海市农委方志

---

① 陈林:《新型集体经济只能是新型合作经济》,载《中国浦东干部学院学报》,2023年第5期。
② 《2023年中央一号文件:首次明确"新型农村集体经济"是什么、怎么干》,2023年2月14日,见中国日报网:http://cn.chinadaily.com.cn/a/202302/14/WS63eb7104a3102ada8b22f012.html?ivk_sa=1023197a。
③ 江宇:《党组织领办合作社是发展新型农村集体经济的有效路径——"烟台实践"的启示》,载《马克思主义与现实》,2022年第1期。
④ 苑鹏、刘同山:《发展农村新型集体经济的路径和政策建议——基于我国部分村庄的调查》,载《毛泽东邓小平理论研究》,2016年第10期。

权认为，新型农村集体经济，新就新在不是传统"一大二公"的集体经济，而是产权明晰、成员清晰、权能完整的农村集体经济。① 有关主管部门负责人也表示，"新型农村集体经济"就是产权关系明晰、治理架构科学、经营方式稳健、收益分配合理；而发展新型农村集体经济则有四条途径：资源发包、物业出租、居间服务、资产参股。②

其实，"产权关系明晰、治理架构科学、经营方式稳健、收益分配合理"，或者"所有权关系明晰化、所有者成员主体清晰化、组织治理民主化、分配制度灵活化"，诸如此类，是各种经济形态的普遍要求，远不足以阐明新型集体经济的特殊性。"产权明晰"也不能作简单划一、随大溜的理解。集体对外产权明晰，对内并不总是那么"明晰"（不分割量化），这恰恰是其重要特征，具有一定的合理因素，还将长期存续，否则就不是集体所有，而是一般民法意义上的"共有"了。

至于所称新型集体经济的发展途径，主要是靠现有资源、资产、物业，无非是吃祖宗饭、吃孳息，很难说有什么"新型"之处。这可能是担心市场风险，也担心基层干部滥权，采取了比较守成的思路。原本只有极少数的村集体由于历史和地缘因素有些可观的资产收益，一些地方和部门为了强求彰显所谓的集体经济，只能采取堆砌项目资金的办法，并没有形成造血机制和生长路径。

对于某些部门和地方、基层干部来说，他们理解的集体经济其实说的是村级财政或者村"两委"可供支配的经费而已，最多有些资产管护、孳息收取和分配的事项。

严格说来，无论传统的还是新型的，集体经济不管如何定义，至少要有一块试金石，在集体层面（合作与联合）要存在实质性的经营活动，否则既没有"集体"，也没有"经济"。

---

① 方志权：《发展壮大新型农村集体经济之我见》，载《上海农村经济》，2023 年第 1 期。
② 《2023 年中央一号文件：首次明确"新型农村集体经济"是什么、怎么干》，2023 年 2 月 14 日，见中国日报网：http://cn.chinadaily.com.cn/a/202302/14/WS63eb7104a3102ada8b22f012.html?ivk_sa=1023197a。

（二）农村集体经济的固有界限日益被突破

还是回到农村集体经济的传统定义。学界长期流行的说法，如张晓山认为，"农村集体经济是农村集体成员利用集体所有的资源和资产开展各类经济活动的综合体现，是农村集体所有制在经济上的反映"[①]。2016年12月《中共中央 国务院关于稳步推进农村集体产权制度改革的意见》采用的表述为："农村集体经济是**集体成员**利用**集体所有**的资源要素，通过**合作与联合**实现共同发展的一种经济形态。"

上述定义，都只能反映过去，未能容纳未来的发展趋势，所以才需要"新型"集体经济。

"集体成员"利用"集体所有"的资源要素，不会自动成为集体经济。公有（国家所有、集体所有）的资源要素，经过一定的产权安排，当公民个人或集体成员可以利用（使用、收益）的时候（往往附有期限和条件），这种使用、收益权在法理上就是私权，与其他形式的财产权没有本质区别。"集体成员"利用"集体所有"的资源要素（例如土地经营权、建设用地使用权），可以从事家庭经营、开办个体工商户或个人独资企业，可以投资合伙企业、公司，这些经营形式和经营成果不受"集体"干预，不能牵强附会为"集体经济"。只有在上述经营形式（特别是家庭经营）的基础上进而"合作与联合"，才称得上集体经济。

进一步地，集体成员，利用并非集体所有的资源要素（例如私有财产），开展合作与联合，岂不是更加值得鼓励吗？土地的集体所有，不应成为集体经济的前提。

再进一步，非集体成员（例如外来租地农民，也是真正的农民、更值得期待的"新型农业经营主体"），参与合作与联合，岂不是更加壮大了集体或者发展了新的集体？这才是更加值得倡导的。"集体成员……利用并非集体所有的资源要素……"乃至"非集体成员……通过**合作与联合**实现

[①] 张晓山：《发展新型农村集体经济》，载《农业经济与管理》，2023年第1期。

共同发展"，以上两种情况更有资格被称为新型集体经济，这是真正发展壮大了的集体经济，其实也就是新型合作经济。

随着经济社会的发展，集体成员的分化与流动成为常态。各种资源要素（包括非集体所有的），需要在更大的市场范围进行优化配置。如果拘泥于原来"集体成员""集体所有"的范围界限，就会日益陷入封闭、僵化、萎缩的状态。切不可故步自封、画地为牢。

可能正是为了化解理论上的矛盾，孙中华提出："农村集体经济即集体所有制经济包括两种形态，一是利用集体所有的资源要素形成的经济，二是农村中各种形式的合作经济。"[①] 笔者认为，将上述"两种形态"同时并列，考虑了历史的联系，迁就了现实的混乱，但是内在逻辑无法贯通。仅仅"利用集体所有的资源要素形成的经济"，很难构成一种单独的经济形态，在农村改革后不能等同于"集体经济"，更谈不上任何"新型"之处，与合作经济没有必然联系。

方志权提出："所谓新型集体经济，是指在农村地域范围内，以农民为主体，相关利益方通过联合与合作，形成的具有明晰的产权关系、清晰的成员边界、合理的治理机制和利益分享机制，实行平等协商、民主管理、利益共享的经济形态。"[②] ——这个表述有很大的突破，完全没有提到"集体所有的资源要素"，连"集体成员"也没提，而是强调"农民为主体""联合与合作"，但是还没有旗帜鲜明地提出新型合作经济。

（三）集体的出路重在合作与联合

2016年12月，《中共中央 国务院关于稳步推进农村集体产权制度改革的意见》中表述的"农村集体经济是集体成员……通过合作与联合实现

[①] 孙中华：《社区合作经济是新型农村集体经济的发展方向》，载《农村工作通讯》，2021年第16期。

[②] 方志权：《发展壮大新型农村集体经济之我见》，载《上海农村经济》，2023年第1期。

共同发展的一种经济形态",真正的核心关键词是在于"合作与联合",尚有待落到实处。

"资源要素"的利用,主要发生在生产过程中,是微观经济主体(农户、企业)内部的事情,可以采取购买、租赁或者股份制、合伙制等方式;"合作与联合"则主要是微观经济主体之间的事情,属于合作制范畴,通常发生在流通过程中,更为灵活有效。

合作与联合的核心内容,并非集体所有抑或非集体所有的"资源要素"本身,而是众多微观经济主体(如农户)面向市场经济的共同需求,例如共同的(采)供、销(售)的需求,生产服务和信用服务的需求等。这些分散需求的整合,可以有效提升其在市场格局中的相对地位,有助于增加收益或节约成本。

在市场化程度不高、单个主体经营规模普遍偏小的条件下探索合作经济,一时难以施展联合对外的经济优势(例如集中销售,这是真正意义上的供销合作,也是合作经济的一般基础)。人们的着眼点有时偏于微观经济主体内部土地、资本、劳动等生产要素的结合(如土地经营权入股、农民受雇),资本与资本之间的联合(典型如公司股东之间),以及不同工序和劳动力之间的分工协作——这些经济关系确实是重要的,应受规范和保护,但是严格来说并不属于合作制的范畴,却经常被冠以"合作"甚至是"生产合作"之名。

千万不要把生产要素(如土地、资本、劳动)之间的结合,或者产业链供应链上下游之间的合同(就是普通买卖交易),混同于合作制意义上的合作与联合,更不能以此充作新型集体经济,否则这个世界上就没有什么不是集体经济了,也就不存在什么集体经济了。难道《白毛女》里面的杨白劳(佃农)与黄世仁(土地出租者)也是"合作"和"集体经济"吗?类似关系只是生产要素的结合(当然还存在主导权和支配地位的问题)。

如方志权认为"传统意义上的农村集体经济主要是劳动者的劳动联合,而新型集体经济不仅包括劳动者的劳动联合,还包括劳动与资本、技术、管理等要素联合"①。——这就容易把生产要素的"结合"与农民的"合作与联合"混为一谈。

传统集体经济作为组织基本解体,只有集体传承的资源、资产尚在。资源、资产本身不是经济,只有当资源、资产进入生产和流通领域,牵涉分配、消费活动,这才是经济过程。控制权、收益权的安排是区分不同经济形态的关键。如果要提新型集体经济,只能是回归合作经济的本源,并在此基础上有所创新,重点是合作与联合的机制构造,难点是集体所有权本身不可交易,"集体所有的资源要素"只能通过其派生权利与市场经济无缝衔接。

新型集体经济是在承包制改革后,在家庭经营为主的基础上重新构建的。社区合作基于地缘纽带,与地权归属(土地所有制)没有必然联系,但集体产权制度下的地缘纽带仍是值得珍惜的组织资源。在此基础上,根据合作经济原则,更多按交易贡献进行分配,积极开展多层次的合作与联合,称其为新型合作经济。可以表述为如下公式:

新型集体经济=(传统集体经济成员+非传统集体经济成员)×(集体所有+非集体所有)的生产要素×多层次合作与联合(按交易贡献分配)=新型合作经济

(四)新型集体经济只能是新型合作经济

1983年中央一号文件《当前农村经济政策的若干问题》提出"改革人民公社体制,实行生产责任制,特别是联产承包责任制,实行政社分设",同时要求"适应商品生产的需要,发展多种多样的合作经济",其中还指出:"长期以来,由于'左'倾错误的影响,流行着一些错误观念:一讲合作就只能合并全部生产资料,不允许保留一定范围的家庭经营;一讲合作就只限于按劳分配,不许有股金分红;一讲合作就只限于生产合作,而把产前产后某些环节的合作排斥在外;一讲合作就只限于按地区来组织,搞所有制的逐级过渡,不允许有跨地区的、多层次的联合。"

---

① 方志权:《发展壮大新型农村集体经济之我见》,载《上海农村经济》,2023年第1期。

"三位一体"服务"三农"
新型合作经济与普惠金融

1984年中央一号文件《关于一九八四年农村工作的通知》进一步提出:"为了完善统一经营和分散经营相结合的体制,一般应设置以土地公有为基础的地区性合作经济组织。这种组织,可以叫农业合作社、经济联合社或群众选定的其他名称;可以以村(大队或联队)为范围设置,也可以以生产队为单位设置。""地区性合作经济组织应当把工作重点转移到组织为农户服务的工作上来"。——这明显表达了高层通过合作经济改造传统集体经济、发展新型合作经济组织的政策意图,但这个历史课题尚待完成。

2016年12月,《中共中央 国务院关于稳步推进农村集体产权制度改革的意见》指出:"农村集体经济组织是集体资产管理的主体,是特殊的经济组织,可以称为经济合作社,也可以称为股份经济合作社。"——坚持"合作社"的名称,也是对于社会主义合作经济思想传统的呼应。

习近平总书记很早就发现:一些集体经济组织能力弱,自身处境艰难,处于停顿和萎缩状态,无力充当带领农民进入市场的"龙头",有的甚至流于形式,只剩下一个"空壳";集体产业单一,导致了集体经济组织、服务的单一,无法组织和引导农户加入产供销、种养加、贸工农、农科教等各种形式、各个环节的社会经济组织,导致集体经济组织"统"的功能弱化。[①]

传统集体经济改革是个老大难问题。集体所有制属于公有制范畴,有着特殊的政治历史渊源和意识形态内涵。集体所有制产权对内不可分割,集体成员身份不可自由转换和交易,集体成员范围不能自由调整,这些特征的存在,有其历史合理性,对于维护农村稳定也有现实意义,却难以适应复杂多样的利益关系、人员变动和经营扩展需要。

由于农村人口、职业的分化与流动,大部分地方的相当多数原住人口(集体经济成员)已经或正在离开当地,其承包地流转出去了,有的土地流转到集体成员范围之外。同时,一些地方基层,出现了大量外来人口长期定居。原有集体经济成员的身份,与当地社区实际居民的身份越来越不重合,与实际的农业从业人员的身份也越来越不重合。但是无论社区公共服务,还是农业农村生产生活服务,一家一户干不了,也不能依赖外来资

---

① 习近平:《中国农村市场化建设研究》,人民出版社2001年版,第380页。

本的商业化服务（这种商业化服务的成本和价格相对较高，更是以利润为导向的，如能实现利润必然造成利润外流，如无利润前景更不会来"服务"）。

社区公共服务的对象是全体社区居民，与原来这块土地上的集体经济成员身份、土地本身的权属都没有必然联系。社区公共服务的功能，除了基层政府应该承担的，主要应由村民委员会、居民委员会等基层自治组织来承担，一部分也可由社区成员构成的新型合作组织来承担。农业农村生产生活服务的功能，包括供销合作、信用合作等，都是合作经济的内容，但是生产生活主体，与原来的集体经济成员的身份越来越不重合了，沿用传统集体经济的方式也会造成责权利失衡。

当前形势是，亿万离土又离乡的农民，很多尚不能完全融入城镇化进程。承包地碎片化，不利于农业规模经营。大量农房、宅基地闲置浪费，也阻碍了乡村振兴。"两头顾"的民工潮，造成了家庭生活和社会管理上的困难。在欠发达地区农民大量外流的情况下，在集体的外壳下一味维持僵化体制，不能合理保护外流农民的传统权益，也不见得是在乡农民得到好处，获利者往往是实际控制这些集体财产的基层势力。在人口流入地农村，原有集体经济组织越来越不能涵盖新的社区人群和服务需求。新型农民的出现，使这些新质生产力因素更呼唤生产关系的相应调整。

在市场经济条件下，发展新型集体经济，必然日益超出原来集体成员和集体所有资源要素的固有界限，唯有回归合作经济的本源。这既是19世纪以来社会主义运动的初心所在，也符合现代市场经济的要求，并有世界上大范围的成功范例可循。对于原有集体成员和集体产权，可以作出一些兼容性的安排。实践和研究表明，把集体经济改革与合作组织建设割裂开来、分头去搞，都不容易成功。新型集体经济与新型合作经济内在相通，殊途同归。在这个意义上，新型集体经济就是也只能是新型合作经济特别是"三位一体"，这正在逐步成为改革一线的共识。例如山东烟台市委原组织部长于涛撰文主张："发展新型集体经济，打造'三位一体'综合合作体系。"[1]

---

[1] 于涛：《党带领农民走新型合作化道路》，载《经济导刊》，2022年第11期。

"三位一体"服务"三农"
新型合作经济与普惠金融

习近平总书记很早就主张,"要从健全集体经济组织入手,建立起以乡村集体经济组织、国家经济技术服务部门和各种专业协会互相配套的服务体系。特别是要建立各种技术协会和行业协会,探索像日本农协、台湾农会的机制"①。由此可见,习近平对于集体经济发展方向的超前判断。2013年11月,在中共十八届三中全会上,习近平总书记作关于《中共中央关于全面深化改革若干重大问题的决定》的说明,指出:"鼓励农村发展合作经济……保障农民集体经济组织成员权利。"这启发我们,可以考虑把集体成员权,放在合作经济框架内加以体现。

习近平总书记主政浙江期间,2005年施行《浙江省农民专业合作社条例》,2007年修订《浙江省村经济合作社组织条例》,两个条例都是全国同类地方性法规的第一部。他在全省农村工作会议上正式提出"三位一体"合作经济构想,亲自听取瑞安农村合作协会(信合联盟)"三位一体"试点工作汇报,并亲自部署、专程出席全省发展农村新型合作经济工作现场会,进行经验总结和推广。实践证明,这种新型的农村合作经济组织的合作与联合,是农民在保持产权相对独立的前提下自愿组成的一种新型集体经济,是在完善农村家庭联产承包责任制中的又一个制度创新。②——让我们深入体会其中的核心逻辑与关键词:新型合作经济……合作与联合……是……新型集体经济。

---

① 习近平:《中国农村市场化建设研究》,人民出版社2001年版,第11页。
② 陈林:《新型集体经济只能是新型合作经济》,载《中国浦东干部学院学报》,2023年第5期。

"三位一体"服务"三农"
"Trinity Cooperation System" as Solution to "Three Rural Issues"

新型合作经济与普惠金融
New-type Cooperative Economy and Inclusive Finance

第三章
合作经济与"三农"发展

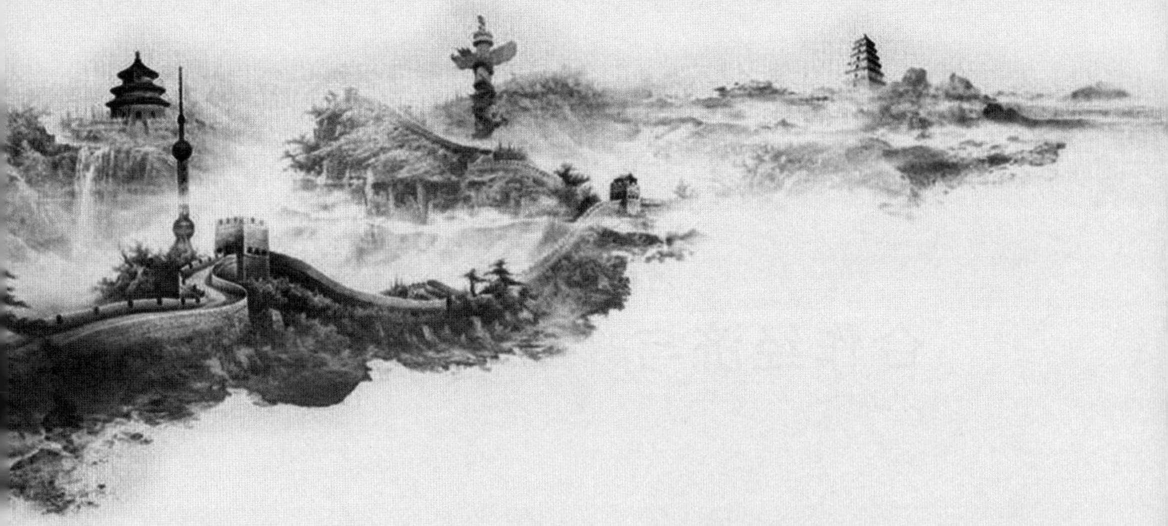

一、农业家庭经营：普遍性、合理性和长期性

家庭经营主要是相对于雇工经营而言的，即主要依靠家庭成员的劳动，当然不排除少量雇工（特别是农忙时节的临时用工）以及某些生产服务的外包。在中国，家庭经营，也是相对于改革前的人民公社"集体劳动"或"共同劳动"而言的。"集体劳动"和雇工经营各自联系的经济制度和意识形态都不一样，但是在管理和监督上存在一些共性。

这与所有制和意识形态无关。公有制基础上搞大规模农业集体劳动，存在效率问题，如果没有政治高压的环境，很容易解体。私有制基础上要搞大规模雇佣农场也是困难重重的。假如在相当于过去一个人民公社的范围内搞成大型农业企业，由私人老板按照雇佣劳动的方式去管理，也很难管好。美国南北战争前的南方种植园，实行的是农奴制而非雇佣制。中国旧社会的大地主主要是把土地租给佃农，而不是雇用大量劳动力（如"长工"）去种地，也是例证。旧社会的地主并不倾向于把佃农变成雇员、每天打卡考勤、用《高玉宝》中"半夜鸡叫"的方式进行"管理"，而是建立租佃关系，佃农在生产和收获上多少有些"自主性"，有些类似"承包制"。近些年，国内一些所谓农业龙头企业到农村"圈地"，流转集中大量土地，但是雇工种地极少有成功的，大多是以各种形式对"员工"或周边农户重新搞了一轮"承包"。这时候的"员工"已经不是劳动法意义上的雇员。即便是国内农业规模化经营的标杆北大荒农垦集团，实际也早对内部职工实行了承包，职工承包（及转包）的农地，大多也是家庭经营的。

迄今为止，全国真正意义的雇工经营的成规模农业，一直都没有超过务农人员中的3.3%，在2006年和2016年的两次农业普查中，基本没有进展、没有扩大。[①] 而且有理由认为，上述统计口径中还包括了很多农业服

[①] 黄宗智：《"家庭农场"是中国农业的发展出路吗？》，载《开放时代》，2014年第2期；黄宗智：《资本主义农业还是现代小农经济：中国克服"三农"问题的发展道路》，载《开放时代》，2021年第3期。

务企业，并非纯粹的农业生产企业。

农业以家庭为基本经营单位（自雇劳动为主），是一个世界性的普遍现象，有其内在的合理性。家庭经营的普遍性与合理性，是由农业生产过程的特点决定的。其在管理和监督上有其特殊性，不像工商业较易建立有效的标准、定额、计量、考核体系。农业生产，相比于工业生产具有更强的自然属性，受到时间上、空间上的特殊限制。农业时间上的限制，也就是"不违农时"，不能随意调整生产周期。农业空间上的限制，是多处于户外、野外，土地和太阳能的分布也不方便"折叠"。农业生产周期较长，自然因素复杂多变，与人工作用的最终影响难以精确区分，人与人之间的劳动投入产出差异更难以从外表区分。农业生产计量和监督的特殊困难，大大超过一般工商业。就算是在今天的技术条件下，纵使田间地头到处加装摄像头，每个细分的作业环节、作业区块通通抽样检测、层层加派监工，也很难通过详尽的雇佣契约进行激励和约束，更不用说相应的成本问题了。农业生产的这些特性，在可以预见的将来，难有根本改变，因此家庭经营又具有长期性。

农户家庭既是生产单位，又是生活和消费单位。农户家庭结构稳定性较大，凝聚力强，家庭成员朝夕相处，相互了解，较易克服信息不对称的道德风险，也简化了管理和分配。农民对于土地和农作物的感情，更不是雇佣劳动者所能比拟的。此外，农业生产劳作，对经验、体力和智能的要求呈现多层次、多样化特点，而农户家庭成员之间便于进行分工协作。

很长一个时期，在不少人的观念里，家庭经营似乎不那么"现代化"，"小农"更几乎是落后的代名词。其实并不尽然。世界各国的农业发展史表明，农业家庭经营不仅能与自然经济的小生产相适应，而且不排斥技术进步和社会化大生产，可以同农业商品化、社会化、现代化的推进协调一致。发达国家在农业生产力很高的条件下，农业的大部分仍以家庭经营为主。无论是人多地少的日本，还是人地比例中等、经济发达的西欧，甚至在人少地多、农场面积大的美国、加拿大、澳大利亚，家庭农场也占绝大多数，能够通过一系列的制度性革新积极采用现代生产技术、参与国内外市场、适应现代社会化大生产。

恰亚诺夫（A. V. Chayanov）曾经提出家庭农场比雇佣型大农场更有生命力，但其给出的解释，主要不是由于家庭农场的效率高于雇佣农场，而是在人多地少的情况下，家庭农场由于人口压力，在劳动的边际产出低于工资的情况下继续投入劳动，从而获得比雇佣农场更高的单位土地产出，因而他们愿意付出比资本主义更高的地租，从而排挤资本主义式的经营。尤其是在经济危机时期利润低下的情况下，雇佣农场由于在扣除成本（包括工人工资）后缺少利润而退出农业经营。恰亚诺夫说，"家庭农场内在基本经济均衡条件使得它能够接受很低的单位劳动报酬，这使它可以在资本主义农场无疑会陷入毁灭的恶劣条件中维持生存"[1]。这个解释主要是针对人多地少，同时又缺乏足够的农业之外就业机会的地区，对于土地资源丰富、劳动力相对稀缺的国家和地区，则未必适用。

根据当代西方农业经济学家的研究，家庭农场不仅具有恰亚诺夫所说的优势，而且在很多方面可以有比雇佣农场更高的效率，一个土地经营面积处于最优状态下的家庭农场，比雇佣农场具有更高的劳动生产率，而不仅仅是更高的土地产出率。在他们眼里，这才是家庭农场在当代西方成为占主导地位的农业生产组织方式的根本原因，这是由农业生产的特殊性所决定的。[2]

诺贝尔经济学奖得主西奥多·舒尔茨（Theodore W. Schultz）在其名著《改造传统农业》中明确主张：不要建立大规模的农场，要通过所有权与经营权合一的，能适应市场变化的家庭农场来改造传统农业。舒尔茨认为充分利用信息是提高要素效率的必要途径。一般来说，"不在所有制形式"（土地的所有者并不住在自己的土地上）条件下，由于不在的一方（土地所有者）不能获得充分信息，不能有效处理问题和有效利用经济刺激，所以要素效率是比较低的。虽然市场经济中的竞争及地租等因素会使"不在所有制形式"的效率有所提高，但仍然是不够的。因此，舒尔茨主张改变

---

[1] 〔俄〕A. 恰亚诺夫：《农民经济组织》，萧正洪译、于东林校，中央编译出版社1996年版，第61页。

[2] 〔日〕速水佑次郎、〔美〕弗农·拉坦：《农业发展的国际分析》，郭熙保、张进铭等译，中国社会科学出版社2000年版，第389—393页。

农业中低效率的"不在所有制形式",而实行"居住所有制形式"(土地所有者住在自己的土地上亲自进行经营)。①

相当于舒尔茨所说的"不在所有制形式",在中国旧社会就有"不在地主",长期不在本乡居住(更不在本乡劳动,而有些"在乡地主"本身是参加农业劳动的),在乡村拥有并出租土地,委托他人收取地租。② 但"不在地主"的弊端,可不仅仅是舒尔茨说的信息效率问题。舒尔茨是基于美国社会的经验,而在中国传统上有一个农村经济社会共同体。"不在地主"从农村获得源源不断的租金收入,却很少在农村消费、投资和承担乡绅的义务,也少受到农村人情伦理的约束。过去很多的政治叙事和文艺作品,热衷于描绘"在乡地主"与农民的矛盾冲突,其实,"不在地主"对于乡村经济金融生态的瓦解作用要大得多,这才是中国近代农村凋敝、动乱和革命的一个重要根源。

日本"二战"以后的土地改革,对于"不在地主"的土地全部征购,消除了这个阶层;确立了自耕农制度,对于"在乡地主"(实际已经是"在乡农民")规定了土地限额(后来逐步放宽)。韩国和中国台湾地区当年的土地改革,也是类似情况。

中国 1949 年革命解决了"耕者有其田",又经过了 20 世纪 50 年代的集体化之后,1978 年以后的农村改革在集体所有权的名义下强化了农户承包权。后来随着城乡经济发展和社会流动,农民不断分化,工商资本也有下乡。仅仅作为承包权主体的农民,莫如说是"小地主"(土地出租者);真正作为经营权主体的务农农民,才是农业生产意义上的农民。政策上都说是"维护农民利益",具体操作上莫衷一是。当重视农业发展时,就强调经营权主体;当担心农村稳定时,又强调承包权主体。更值得关注的是,出现了一个可称为"二地主"的现象,在"土地流转"的名义下,一些基层有势力者从承包权主体那里低价控制了大量土地,转而租给经营权主体,赚取了不菲的租金差价,客观上加重了农业负担。如果农地被炒作,生产

---

① 〔美〕西奥多·W. 舒尔茨:《改造传统农业》,梁小民译,商务印书馆 1987 年版。
② 于光远主编:《经济大辞典》,上海辞书出版社 1992 年版,第 202 页。

者、劳动者的利益被中间商侵夺，对于真正的农民和农产品消费者来说，都不是好消息。这是中国农村土地的真问题，而在日本和中国台湾地区，是由基于农协（农会）的流转服务平台来解决的。

总之，家庭经营属于经营方式的范畴，与土地所有制没有必然联系。其所经营的土地，可以是自己私有的（在土地私有制下），也可以是集体所有制下的承包地，或者流转、租赁的土地。至于公司化雇工经营也应是合法的、允许的，由当事人自主选择，在市场上适者生存，但是不应该给予特殊的优惠政策。

荷兰农业问题专家 L. 道欧断言："进入21世纪，家庭农场仍然是描述农业部门主导形式的一个恰当词汇。这样说不仅是因为家庭劳动力在农业中占了很大比例，而且在于所有权和管理权的结合，家庭和经济目标的重叠，以及家庭农场还要以遗产形式传承给下一代。"①

二、从传统小农到现代小农

农业家庭经营与小农这两个概念应有所区别。在现代科学技术特别是在现代的社会化服务体系下，家庭经营完全可以是"大农"。但对东亚地区和欧洲一些地方来说，家庭经营，大多是小农的情形。

大国小农是中国的基本国情农情。根据第三次农业普查数据，我国农业的经营格局是2.3亿农户，户均经营规模7.8亩；经营耕地10亩以下的小农户有2.1亿户，经营耕地面积占总耕地面积的70%。另据中国经济趋势研究院和中国人民大学发布的《新型农业经营主体土地流转调查报告》，所谓新型农业经营主体中，截至2017年调查时，家庭农场平均经营耕地面积为177.30亩，专业大户平均经营耕地面积为102.13亩。——这里100多亩的经营耕地面积，在国际上也远算不上"大农"，仍可归为广义上的"小农"。

---

① 〔荷兰〕L. 道欧、〔荷兰〕J. 鲍雅朴主编：《荷兰农业的勃兴——农业发展的背景和前景》，厉为民、檀学文、王永春、李刚译，中国农业科学技术出版社2003年版，第109页。

"三位一体"服务"三农"
新型合作经济与普惠金融

"小农消亡论"一度是主流观点。"无论是在斯密的自由经济论中,还是在李嘉图的国民分配论中,都是没有自耕小农和小农制的历史地位的,他们所描述的未来图景是农民小生产者必将被资本主义大生产所吞没。"① 马克思也说:"小块土地所有制按其性质来说排斥社会劳动生产力的发展,劳动的社会形式、资本的社会积聚、大规模的畜牧和科学的累进的应用。……生产条件越来越恶化和生产资料越来越昂贵是小块土地所有制的必然规律。对这种生产方式来说,好年成也是一种不幸。"② ——这大约是中国古人说的"乐岁终身苦,凶年不免于死亡"。

马克思认为:"这种生产方式是以土地和其他生产资料的分散为前提的。它既排斥生产资料的积聚,也排斥协作,排斥同一生产过程内部的分工,排斥对自然的社会统治和社会调节,排斥社会生产力的自由发展。……它发展到一定的程度,就产生出消灭它自身的物质手段。"③ 恩格斯在《法德农民问题》一文也说,"小农,是指小块土地的所有者或租佃者——尤其是所有者"。"一句话,我们的小农,同过了时的生产方式的任何残余一样,在不可挽回地走向灭亡。他们是未来的无产者。"④

如果严格考证马克思、恩格斯所讲的"小农",关键又不完全在于规模大小(事实上,并没有这样一个可操作的、统一的定量化标准),实际上说的是"小块土地的所有者",小到自己的力量能够耕种。其实是从自雇劳动的角度来说的,土地产权主体与劳动经营主体合一,区别于资本主义雇佣劳动。通常其在规模上"大"不到哪里去,故称"小农"。

但是马克思也指出:"小生产又是发展社会生产和劳动者本人的自由个性的必要条件。"只有在"农民是自己耕种的土地的自由私有者……的地方……它才得到充分发展,才显示出它的全部力量"⑤。

---

① 董正华:《现代小农制的历史地位——对19世纪马克思主义有关讨论的回顾》,见俞可平、李慎明、王伟光主编,何增科、周战超执行主编:《农业农民问题与新农村建设》,中央编译出版社2006年版,第46页。
② 《资本论》第三卷,人民出版社2004年版,第912页。
③ 《马克思恩格斯选集》第二卷,人民出版社2012年版,第298页。
④ 《马克思恩格斯选集》第四卷,人民出版社2012年版,第358、359页。
⑤ 《马克思恩格斯选集》第二卷,人民出版社2012年版,第298页。

历史的发展表明，近 200 年来，农民始终都没有被消灭。特别是在世界现代化的新浪潮中，小农制再现出强大的生命力。"小农制在日本与丹麦，以及 1905 年后的俄国，均促进了农业的迅速增长。在俄国，它为这一时期的工业革命提供了巨大刺激；而在农民国家的丹麦，也创造出了当时世界上最有效率的农业。特别是'二战'以后的东亚地区——日本、韩国以及中国台湾地区，都是依靠小农制迅速走向工业化的。时至今日，无论是西欧还是北美，占统治地位的仍然是家庭农场。总之，家庭农场制度符合农业生产的特性，它能够通过一系列的制度性革新积极采用现代生产技术、参与国内外市场、适应现代社会化大生产"[1]。著名发展经济学家罗斯托（W. W. Rostow）指出，人们以往过分地估计了资本主义大农业的效率，同时也低估了现代小农制的效率。

马克思曾形象地把农民比作"一袋马铃薯"："小农人数众多，他们的生活条件相同，但是彼此间并没有发生多种多样的关系。他们的生产方式不是使他们互相交往，而是使他们互相隔离……便是由一些同名数简单相加而形成的，就像一袋马铃薯是由袋中的一个个马铃薯汇集而成的那样。"[2] 而现代小农，相对于传统小农的一个重要区别，就是改变了"马铃薯"状态，在农民组织化上有了根本突破。现代小农特别是东亚小农为如何继承和改造传统提供了成功范例。

必须正视小农的长期存在，而且这种存在有其合理性，在国际上不乏成功范例。以家庭经营为特点的小农生产在我国历史上长盛不衰，现在也未必过时，未来更有其发展空间。小农生产是传统农耕文明的重要载体，为中华传统文化的孕育发展提供了深厚土壤，承载着中华民族的乡土情结，凝聚着独特的文化基因和民族特色。在经济现实中，小农生产还具有重要的社会保障功能，发挥着"稳定器"的独特作用。

---

[1] 文礼朋：《农业生产的特殊性与家庭自耕农场的生命力》，见俞可平、李慎明、王伟光主编，何增科、周战超执行主编：《农业农民问题与新农村建设》，中央编译出版社 2006 年版，第 234—249 页。

[2] 〔德〕马克思：《路易·波拿巴的雾月十八日》，载《马克思恩格斯选集》第一卷，人民出版社 2012 年版，第 762 页。

2017年10月，党的十九大报告部署了"乡村振兴战略"，特别提出"健全农业社会化服务体系，实现小农户和现代农业发展有机衔接"。而在很多人的习惯思维中，小农长期作为落后的象征，甚至被归咎为落后的根源，一直还是要被"改造"和"消灭"的对象。这是几十年来，"小农"首次在中央文件中被赋予正面期待。其实这个表述的原型，可以追溯到2006年5月15日《浙江日报》署名"哲平"的重要文章《建立强大的农业组织体系》，此文以当时正在瑞安先行试点的"三位一体"农村合作协会及其金融、流通、科技推广等社会化服务体系综合建设为例证，提出"把小农生产与现代市场经济有机地结合起来，使广大农民成为农业产业化的主体力量"[1]。而从习近平总书记的一系列著述来看，社会化服务体系就应该是以合作经济组织为本的。

正如中央党校徐祥临教授研究指出，这种能够为小农户提供生产、供销、信用等全方位综合性服务的合作社体系，是我国农民合作社发展的正确方向[2]，是"统分结合"双层经营体制中"统"的归宿[3]。

三、重新理解规模经营：土地规模与服务规模

多年来学术界和社会上的一些讨论，把农业的希望寄托于规模经营，又把规模经营的希望寄托在土地规模上；进而把农村改革简化为所有制、产权改革，又把产权改革简化为土地改革，把土地改革简化为土地的自由流转甚至"私有化"，以此追求所谓的"规模经营"。这种简单化的思路是不足取的。不能轻易为了"贪大求洋"，片面鼓吹大农场以及公司化的雇佣农业。中国人多地少的基本国情，以及土地资源的地形分布特征，也在客观上限制了大农场的发展。大量研究表明，土地产出率和土地规模没有必然联系，只和劳动生产率有关。也就是说小块土地上的单产不见得比

---

[1] 哲平：《建立强大的农业组织体系》，载《浙江日报》2006年5月15日。
[2] 徐祥临：《三农问题论剑》，海南出版社2001年版，第320、355页。
[3] 徐祥临：《借鉴日本农协基本理论与经验 完善我国三位一体农民合作经济组织》，载《马克思主义与现实》，2015年第1期。

大规模农场的单产低，甚至更高一些，这在全球得到了实证数据的充分支持。例如日本"二战"后经过"农地改革"，巩固了小农经营方式，水稻单产有了极为显著的增加。① 对于中国来说，由于人多地少、人地关系高度紧张，在相当长的时期内需要重视土地产出率，以确保国家粮食安全。

习近平总书记对于土地经营规模长期抱有科学的客观态度。1999年他亲自主编了《现代农业理论与实践》一书，在序言中写道："现代农业建设和土地经营规模有着一定的依存关系，但生产规模的大小，不仅看土地面积，……不论是日本劳均经营一二公顷土地，还是美国的劳均数百上千公顷土地，都适应了各自的实际情况和经济发展水平，并实现了农业现代化。"②

对于农地自由流转（乃至"土地私有化"），支持者认为将自动促进规模经营和农业产业化的快速发展，反对者认为将导致大规模的土地兼并、两极分化乃至社会不稳，两种截然对立的观点恐怕都有误判。土地普遍的大规模集中并不那么容易促成，日本以及中国台湾地区最近几十年鼓励农地流转、收效甚微的经验也证明了这一点，他们至今还是小农为主，更没有出现类似美国一个农场动辄占地成千上万亩的情景。而在我国，土地流转趋缓的"拐点"也已经出现。③ 这说明，单纯依靠土地流转追求规模经营，其潜力是有限的。在可以预见的将来，纵使中国农户平均规模上升5倍、10倍，绝大多数仍属于小农的范畴。

继土地流转之后，相关部门推出的又一个热门词是"土地托管"或"生产托管"。除一次草、打个农药就被称为"托管"。对于土地流转（出租）而言，至少租金是稳当的（当然，除非预收租金，也有承租人拖欠、跑路的风险），经营风险全部或主要在承租人身上。但所谓托管，种种服务

---

① 〔日〕川田信一郎：《日本作物栽培论》，养贤堂株式会社1976年版，第二章；〔日〕川野重任监修：《昭和农业史——饥饿加かう饱食への60年，1960年》，家の光协会1984年版。
② 习近平主编：《现代农业理论与实践》，福建教育出版社1999年版，第4页。
③ 孔祥智：《健全农业社会化服务体系，实现小农户和现代农业发展有机衔接》，载《农业经济与管理》，2017年第5期。

环节"托管",最容易赚钱的环节多被"托管"。每一次、每一笔"托管",农民都面对更强势的交易对手方,在最终收获之前要一再支付真金白银的"服务费",各种服务商落袋为安,规避了自己的风险,经营风险大多在农民身上,入不敷出的可能性也是有的。所谓"托管",其实是在某些部门鼓吹的"土地流转"后继乏力转而寻求的托词。

恰亚诺夫区分了农业的"横向一体化"(即大农场),以及"纵向一体化"(整合生产、加工和销售)。农业的横向一体化,无论是资本主义的依靠社会分化而形成的横向一体化,还是集体化方式而形成的横向一体化,与农业的纵向一体化相比,"只是一种相当次要的变化","其原因显然是纵向一体化所产生的利润要大于横向的生产集中"。A. 恰亚诺夫主张,"农民农场一体化的最主要形式只能是纵向一体化,并且只能采用合作制形式"。"只有以这种形式,它才能同农业生产有机地结合起来,才能达到适当的深度和广度。"①

至于农业纵向一体化的可能路径,正如 A. 恰亚诺夫写道:"合作社通常是从小生产者在采购农业生产资料方面的联合开始的,然后迅速地发展为农产品的合作销售组织,包含有成千上万个小生产者的大联社便出现了……合作资本的原始积累这时会随之发生。在市场的影响下,处于这一阶段的农业合作社将合乎历史必然性地向建立与产品销售一体化的农业原料初步加工业的方向发展,它将某些相关的生产内容从农民农场中分离出来,在农村地区推行工业化,并因此而取得农村经济的支配地位。"②

恰亚诺夫对于合作制的纵向一体化的研究,显示了超凡的预见力。他把劳动与消费的均衡作为分析农民经济理性的基础,被认为是该领域的一场革命,恰亚诺夫对农民未来命运的设想被认为是"农民的马克思"。③

---

① 〔俄〕A. 恰亚诺夫:《农民经济组织》,萧正洪译、于东林校,中央编译出版社 1996 年版。
② 〔俄〕A. 恰亚诺夫:《农民经济组织》,萧正洪译、于东林校,中央编译出版社 1996 年版,第 269 页。
③ 秦晖:《当代农民学研究中的"恰亚诺夫主义"》,见〔俄〕A. 恰亚诺夫:《农民经济组织》,萧正洪译、于东林校,中央编译出版社 1996 年版,第 5 页。

正如日本学者山田定市所说,"具有合理性的家庭农业经营,在这样的现代社会中仅仅依靠自身的单个的努力来实现延续和发展,则是十分困难的。它的存续和发展,需要农业经营者之间的合作……,这是不可或缺的条件"①。

早在1990年3月,邓小平在一次谈话中提出农业的"两个飞跃":"中国社会主义农业的改革和发展,从长远的观点看,要有两个飞跃。第一个飞跃,是废除人民公社,实行家庭联产承包为主的责任制。这是一个很大的前进,要长期坚持不变。第二个飞跃,是适应科学种田和生产社会化的需要,发展适度规模经营,发展集体经济。这是又一个很大的前进,当然这是很长的过程。"②

应当指出的是,邓小平原话中的"规模经营",可以有多种实现途径,例如各种社会化服务所体现的"规模"效益,未必需要以土地规模化特别是土地的大规模兼并为必然前提。至于发展"集体经济",肯定不是重新回到"一大二公""一平二调"。按照现在更加严谨、规范的称谓,应为"新型集体经济",特别是"新型合作经济"之意。何况从马克思主义的传统来看,合作制本来是更早使用、广为接受的概念。

在2017年中央一号文件第六小节"积极发展适度规模经营",强调"加快发展土地流转型、服务带动型等多种形式规模经营"。把"服务带动"与"土地流转"并列,更突破了过去单纯强调土地流转的思维定式。此外,在"规模经营"这一节,2017年中央一号文件首次提出积极发展生产、供销、信用"三位一体"综合合作,更可望以合作经济的综合服务达到规模经营的效果。例如,为了实现农业机械化,单一农场只有达到足够大的土地规模,才能买得起用得起;但是,同一个合作社,可以为众多农户、家庭农场提供农机服务,也可以达到规模效益;各种服务的综合协同,更可以进一步摊薄成本、提升效率。

小农要达到规模经济,更多要依靠合作组织特别是综合农协,这是另

---

① 〔日〕山田定市:《现代合作社论》,李中华译,辽宁人民出版社2005年版,第3页。
② 《邓小平文选》第三卷,人民出版社1993年版,第355页。

外一种意义上的农业规模经营，即通过纵向一体化的合作制来获取和分享更多利益。从这个意义上来看，我国20世纪80年代就已提出的"家庭经营、统分结合"，确实是高瞻远瞩，具有极大的现实意义。其实，即便是欧美的"大农"（农场主、农业资本家），虽然土地规模往往是东亚小农的几十倍、上百倍，但大多采取家庭农场的形式，并且普遍地通过合作制进一步组织起来。

农业（或农村、农民）合作有其必然性。相对于一般合作组织，农业（或农村、农民）合作也有一些特殊性，并且受到大多数国家的特殊保护。需要指出的是，在我国当前条件下，农民合作并不是代替或排斥农业的家庭经营，相反，农业的家庭经营是农民合作的前提。换言之，没有农业的家庭经营，就没有农业合作的必然性与普遍性。农业的家庭经营制度与合作制度的结合，是迄今为止最为有效的农业制度安排。这种制度安排既可以发挥家庭制度在劳动控制、剩余分配、激励与约束方面的独特优势，又有利于发挥合作组织在农业产销协同、外部性内化、风险弱化、利益均衡等方面的功能。我国农村改革首先恢复了农业的家庭经营，但合作制度与合作组织的发展却严重滞后，这已严重制约农业和农村经济的进一步发展，特别是影响农民收入的提高。

四、"为农民赚钱"还是"赚农民的钱"：社会化服务当以合作为本

若干年来，各种"为农服务"的名目、花样、套路不断翻新。有的是各种资本、企业以"为农服务"为由争取财政补助、税收优惠以及其他政策倾斜；有的是各个部门、单位以"为农服务"为由争取预算、编制、级别、职权乃至势力范围、寻租空间。权力与资本的结合更是屡见不鲜。不仅众多"农业龙头企业"热衷于"跑部钱进"，在建设现代流通网络的名义下，一些中央部门和地方政府还出钱有选择性地支持某些资本下乡开设所谓"连锁超市"，至于"家电下乡""汽车下乡"等更是层出不穷……

凡此种种，令人眼花缭乱。可是如果农村有市场和购买力，有钱可赚，各路资本不请自来，又何劳政府费钱费力呢？这样做恰恰扭曲了市场机制，又造成新的社会不公。其实只要没有假冒伪劣、坑蒙拐骗，赚钱，包括赚农民的钱，都是市场行为，不仅无可非议，而且其合法权益应予以平等保护，这才是政府所该做的。如果尚不存在相应的市场，则人为推动资本下乡更是一个危险的倾向。

所谓为农服务，到底是"为农民赚钱"，还是"赚农民的钱"？这是一个问题，其实也对应着合作制和股份制的关系。工商资本的股份制是"赚农民的钱"，农民的合作制是"为农民赚钱"。但是"赚农民的钱"肯定不需要特别的鼓励。

把"为农民赚钱"和"赚农民的钱"混为一谈的一个重要原因是对于农户与工商资本的关系抱有不切实际的幻想，或者有意无意地加以粉饰。农户与工商资本（龙头企业、金融机构）在市场上属于交易（买卖、借贷等）关系。这种交易关系虽然不应该当成"资本主义尾巴"去批判、革除，而且在法律上对于双方当事人应当予以平等保护；但是，决不能把这种交易关系想象成"田园诗"那般美好。

现在固然还有少数人抱着"极左"僵化教条（或"新左"的时髦理论）不放，对于商品货币关系、资本的活动、市场的运行抱有抵触，梦想回到一个从来不曾存在的理想体制；他们对资本充满怀疑，却对权力充满幻想，甚至甘心去拥抱不受节制的权力（焉知不受节制的权力往往比不受节制的资本更危险，而且不受节制的权力对于资本的种种"管理"更多地为两者的勾结创造条件），这种"左"假以普罗大众的名义，最后往往走到自己的反面，"形左实右"，被既得利益集团和保守势力所利用。

同时，也需要警惕这在现实生活中是屡见不鲜的。更多一些人们，由于利益上的关系或仅仅认识上的偏差，在"招商引资""扶优扶强"或者"农业产业化""公司+农户"等名义下，把资本当成了天使，把市场当成了天堂，这些搞法不但没有多少马克思主义的气味，就连一般社会主义的境界都没有达到，也不符合资本主义（资本主义国家更没听说政府公然要

"扶优扶强"的）。虽然不能再搞"你死我活"的"阶级斗争"，但要防止不自觉地被另外一种趋炎附势的意识形态所俘虏。某些自由派学者把过多注意力放在土地流转、确权甚至"私有化"这些议题上，忽视了农民组织化问题，自由化很容易变成寡头化，这就丧失了政治上道德上的正当性。

为了准确理解社会化服务，首先有必要区分市场服务、公共服务。市场服务是在自愿、有偿的市场原则的基础上，与客户（如农民）进行交易（买卖、借贷等），从中赚钱，美其名曰"服务"。各种工商企业喜欢用"服务"这个词，其实就是在市场上赚钱。但是，不能因为卖了一些东西给农民或者从农民那里买了一些东西，这些逐利的资本就被打扮得高尚起来，甚至以此为由套取更多的政府补助。

严格意义上的公共服务，应该是指提供公共品的服务。通常提供公共品的责任在于政府，于是很多人不假思索地认为现实中政府提供的服务就是公共服务了，其实并不尽然。现实中政府（具体而言是很多政府背景的部门、机构）所提供的"服务"，有些并不具备公共品的性质，不具有公共品所应有的"非竞争性""非排他性"，这种所谓的"公共服务"是可以市场化的。纵使那些必须政府提供的公共品，也未必要政府自行生产，而是可以采取政府购买的形式；此时最终受益者得到了公共服务，但是从政府与受托方来看仍然是市场关系，有助于通过竞争提高效率。

现实中某些具有政府背景的涉农部门、机构，经常打着社会化服务甚至公共服务的名义，一方面，争取各种政府资源甚至是垄断地位；另一方面，当其面对农户（所谓服务对象），本质上却是市场行为，尽可能收费最大化。这种所谓的"公共服务"既缺乏公共性、普惠性，又排斥市场竞争，其实就是"两头通吃"，即所谓"一头吃财政，一头吃农民"。

上述关于公共服务、市场服务的区分，以及服务的"提供"与"生产"的区分，也有助于厘清"社会化服务"。"社会化"的内涵，只能是相对于单个农户或企业而言的，也有相对于政府而言的意味。那么，但凡并非农户自己干的事情，就统统归属于"社会化服务"吗？如果这就是"社会化",则任何行业、企业,甚至任何个人都存在类似的情况和需求,为什么没有提出服装业、汽车业或者航空业等的"社会化服务体系"呢?出门理个发、吃个饭,或者到政府办个事,也是"社会化服务"吗?"社会化服务"一词被滥用到了无所不包的地步。如果一个概念的外延被无限扩大,其真实内涵就岌岌可危了。如果把各种公共服务、市场服务都笼统装在"社会化服务"这个框里,就模糊了社会化服务的核心特征和本质要求,更为各种利益输送大开方便之门。可见"社会化服务"应有其特定含义。

习近平总书记对此早有研究。2001年12月,他向清华大学提交的博士学位论文中为"农民成为企业的股权持有者""较为合理的市场利益分配机制",所列举的成功范例都是"欧美国家的农业合作社""日本和韩国的农民协会"。①2002年4月28日,他发表在《人民日报》的一篇文章进一步说:"关键的问题是能否建立起将分散经营的农民与大市场紧密连接起来的'桥梁'。在发达国家,这样的'桥梁'是各种类型的专业协会和合作社等社会化服务组织,这值得我们学习借鉴。应把筹建农业社会化服务组织作为推进农村市场化建设的一项重要工作,在大力提高农民自身素质和市场竞争能力的基础上,立足各地实际,按照农民自愿的原则,引导农民建立专业协会及各种合作组织,并积极引导小规模的农民流通中介组织,通过合作和联合,发展成为上规模、上档次的流通服务组织。"②

由上可见,明白无误的是,党的十九大报告中的"农业社会化服务体系",可以追溯到习近平早期著述中的"农业社会化服务组织"。从习近平同志行文的一贯逻辑以及给出的例证来看,"社会化服务组织"或"社会化服务体系",就应该是合作经济组织及其服务体系。只有从这个角度理解社会化服务,才能称得上言之有物、有的放矢。

回避了合作经济组织这个根本,就没有纲举目张的效果,更模糊了利

---

① 习近平:《中国农村市场化研究》,清华大学博士学位论文,2001年12月,第118—119页。
② 习近平:《农村市场化:加快农村经济发展的关键环节》,载《人民日报》2002年4月28日。

益的依归；无论是多年来人们习惯于泛泛而谈的"新型农业经营主体"，还是近年来某部门所谓"农业产业化联合体"，或者"生产托管"，都撇开了农民这个真正的主体力量。还有的主管部门领导一方面抵制各种行之有效的"国外推进小农现代化的经验和模式"，另一方面设想"以信息化推进小农现代化"，正所谓"皮之不存，毛将焉附"，没有充分的合作化作为组织依托，信息化只能继续助长农民的"原子化"，进一步加深农民不利的市场处境。

总之，农业社会化服务与农民组织化，本质上是个内容与载体互为表里的关系。合作经济组织不仅是互助合作的载体，还是受托提供公共服务的优先选择，还可望成为农村社会治理的枢纽组织。越是小农生产，越是需要社会化服务，越是需要在服务上的规模经营。党的十九大报告首提小农，正有深意，"三位一体"是小农通向大合作的不二法门。

五、"龙头企业+农户"：农业产业化路向何方

在一个相当长的时期，农业产业化概念被炒得很热，更得到了一些部门和地方的大力倾斜支持，成了一个流行提法甚至强势话语。但究竟什么是农业产业化呢？如果农业是一个产业，又何必"化"之，如何"化"之呢？据说，农业产业化是以市场为导向，以农户为基础，以龙头企业为依托，以经济效益为中心，以系列化服务为手段，通过实行种养加、供产销、农工商一体化经营，将农业再生产过程的产前、产中、产后诸环节联结为一个完整的产业系统，是引导分散的农户小生产转变为社会化大生产的组织形式。究其实质，这些部门和地方热衷推行的是所谓"龙头企业+农户"模式（又称"公司+农户"）及其形形色色的变种。

从双方利益来看，不相一致。所谓龙头企业的根本目的是追求利益最大化，其与农户之间在本质上就是个买卖关系，并从这种买卖关系中获利，有利则合，无利则散。两者是交易对手和市场博弈关系。经济学常识告诉我们，作为市场上的买卖双方，虽然交易可以是互利的，但各自的利益在本质上是对立的。

从各自地位来看，不相对称。买方和卖方互为交易对手，一方相对集中，一方高度分散，这样的力量对比和市场结构，对于农户一方注定是不利的。相对于龙头企业，农户的谈判地位和议价能力是弱小的，处于被动接受的地位。广大农民只是在产业链最低端的种植养殖环节上获取了一些微薄的利益，真正赚钱的还是"上吃政府、下吃农户"的"龙头"企业。农户往往受到龙头公司强势资本的控制和剥削。龙头企业的力量越强，形成垄断优势哪怕是局部的垄断优势，农户的利益就越容易受损。

从风险分担来看，过于失衡。市场收益的主要获得者是龙头企业，而自然风险、技术风险、市场风险损失的承担者多是农民。无数事例反复证明，如果缺乏紧密型的利益联结体制与约束机制，在产业化经营过程中即使农业生产显著增效也不等于农民就能够实现大幅增收。倘若市场出现波动，龙头企业往往转嫁风险，大多会抛弃农民不管而选择自保。而从龙头企业的角度来说，也是颇多抱怨，存在一些农户大面积违约而企业无可奈何的情况，但是内在的原因仍然是农户与龙头企业之间缺乏利益上的一致基础。

"龙头企业 + 农户"下分散的农民，其实要比劳资关系中缺乏工会保障的工人，在处境上更加不利。工人的工资是预先确定的，相对固定的，因而不太直接受到企业经营波动的影响，纵使在企业破产情况下，应付工资也是优先债权。何况企业平常要为工人缴纳社会保险费，在裁员时又要支付经济补偿费，也就是说，工人虽然不能分享企业利润，但也规避了投资风险。而农民不仅缺乏谈判议价能力，又直接承受市场经营风险，农民往往不得不承担一些资本性投入，这更加重了农民的风险；在市场形势有利的情况下，更多的利益又被龙头企业拿走。因此，在这种片面的农业产业化模式下，农业一开始可能有所发展，但是农业越是发展，发展的成果就越难惠及更多农民，他们充其量只能充当廉价的劳动力，还要承担额外的市场风险和投资风险。奢谈什么龙头企业与农户之间的"合作"（其实是交易，充其量有个合同或订单的形式），无原则地为强势利益群体评功摆好，甚至以行政权力动用财政资金补贴龙头企业一方，这如果不是失之天真，就是别有所图了。

"龙头企业+农户"作为一种市场现实，本身无可厚非，但是如果政府介入、大加"扶持"，各种优惠、补助等好处只会落到公司头上。按照这样的逻辑，美国每年从中国进口巨额商品，带动产业增长，我们也要把中国财政的资金补贴给美国，奖励美利坚合众国这个"龙头企业"了？又或者因为房价畸高，为了缓解"房奴"的困境，就该把财政资金补贴给开发商，指望他们善心大发、降低房价？这岂非咄咄怪事。

正如习近平总书记曾经指出："农业产业化本来是推进农村经济发展的重要举措，也是促进农村市场化建设的重要举措，但在一些地方由于没有建立合理的市场主体利益分配机制，'龙头'公司与农户之间是一种买断关系，市场利益主要让'龙头'公司拿去，处于'龙身'的广大农户获得不多，致使'龙头'和'龙身'之间不能有机地结合起来，制约了农业产业化水平的提高，也影响了农村市场化建设。"① 他因此强调："推进农业产业化，必须像西方发达国家发展农业一体化经营那样，坚持将市场摆在'龙头'位置，而不是像我国的一些地方的农村那样，将农产品的加工企业当作'龙头'。"②

尤其值得注意的是，习近平总书记早在2001年12月提交清华大学的博士学位论文中特意加写了一段话（这段话在他2001年7月人民出版社公开出版的专著中尚未出现，显然是进一步深思熟虑的结果）："虽然在市场经济条件下，市场交换决定了农民与企业的关系在本质上属于买卖关系，除非农民成为企业的股权持有者，否则很难成为企业的合作者，从而也很难从企业生产经营中获得相应的利润。但作者认为，寻找到一种较为合理的市场利益分配机制也是可能的。"他还列举了欧美国家的农业合作社、日本和韩国的农民协会作为成功的例子。③

---

① 习近平：《中国农村市场化建设研究》，人民出版社2001年版，第89—90页。
② 习近平：《中国农村市场化建设研究》，人民出版社2001年版，第138页。
③ 习近平：《中国农村市场化研究》，清华大学博士学位论文，2001年12月，第118—119页。

六、农村市场化与农民组织化不可偏废:"组织化的农村市场化"

从人民公社到家庭经营,核心是解决农民有没有剩余权利的问题,林毅夫、周其仁以及其他很多学者对此都进行过详细分析。① 但进一步的问题在于,剩余权利的价值实现受制于市场上的力量对比,而市场上的力量对比取决于农民的组织化程度特别是合作化程度。这却是流行的经济学长期忽视的问题。

在学术界一些人常把农村市场化和农民组织化对立起来。鼓吹市场化的,往往认为商品和资本的自由竞争可以自动解决问题,甚至是"私有化"包治百病"一化了之"。鼓吹组织化的,看到了农民利益受损的实际,却往往把问题归咎于市场化本身,甚至要回到僵化封闭的老路上去,在意识形态上更是因循守旧,在实际操作中束手无策。

20世纪80年代以来农村经济的复苏和繁荣并非"一包就灵",同样有市场化的激励与引导之功。改革之初,农业高速增长的基础其实是农民家庭(在上缴之余)为了满足自己的需要。当时,市场经济的范围和规模、幅度都还比较有限,农村市场的有效半径也比较小,是一种"小市场":比如乡镇、县城的集市贸易,足以吞吐大量的本地散户的农产品。农民起个早走上几里、十几里地就可以赶个集,坐上一两个小时的汽车就可以到县城。一开始,小生产与"小市场"尚能匹配。这些小市场支持了农民的家庭生产。

中国农村"小市场"的独特贡献,可以从俄罗斯农业改革的举步维艰得到反证。相比于中国改革初期的成功,周其仁②的研究发现,俄罗斯不但平均的农场规模大,而且由于地广人稀,农场与农场之间距离很远,农村地区没有密布的居民点、集镇和城市,因此俄罗斯机械化程度较高的农业生产,无法依托"一放就活"的农村小集市来作为其投入和产出服务的

---

① 林毅夫:《制度、技术与中国农业发展》,上海三联书店1994年版,第2、3章;周其仁:《产权与制度变迁》,社会科学文献出版社2002年版,第1—46页。
② 周其仁:《产权改革与新商业组织——中国与俄罗斯农业改革的一个比较》,载《国际经济评论》,1997年第7期。

"支持系统"（supporting system），而必须依靠"大量分配"（mass distribution）。俄罗斯农业投入和产出服务的系统，在原来体制下由国家垄断。这一点与中国是相同的。但是区别在于，中国早期的农业改革可以通过快速放活的农村集市小自由贸易，也就是"小市场"来支持农民家庭小生产，而俄罗斯没有这个条件。

农村改革，特别是农村市场化进程功不可没，并且，农村市场化的潜力仍然值得期待。相对于农产品市场，农业要素市场也不容忽视。正如习近平多年前分析指出：农业要素市场发育缓慢。相对于农产品市场建设来说，农业要素市场的建设严重滞后，发育迟缓，门类不全，土地市场、劳动力市场、金融市场、技术市场、信息市场远未形成。① 习近平强调：坚持深化市场取向的改革，提供有利于"三农"又快又好发展的体制机制保障。着眼于突破城乡二元结构，消除影响和束缚"三农"发展的制度障碍，形成让农村资源要素优化配置、农村经济增长方式加快转变、农村财富源泉充分涌流的发展体制和机制，这是科学发展强"三农"的动力源泉。②

但是随着城乡市场经济的不断发展，"社会化大市场"日益成为现实。最近二三十年来，小生产面对大市场的矛盾日益突出，更已有各种新旧利益集团盘踞其间。

必须重视农村市场形势发生的逆转。20世纪80年代农村改革初期，面临的经济形势是严重的短缺经济，农产品在数量和品种上更是普遍短缺，用经济学术语的表达就是"卖方市场"：由于供不应求，卖方在市场交易中处于有利地位。通俗来说，只要农民多出力、多打粮食，不愁卖不出去，预期收益与劳动投入和产量保持正向比例关系。进入90年代以后，农产品的供给已从短缺转为总量阶段性过剩，农产品的供求关系已由供给导向转向以市场需求为导向，由卖方市场转向买方市场，农民生产出来的各类农产品越来越难以实现其价值，农民增收的形势严峻。不仅农产品由卖方市场转向买方市场，而农业生产资料和农村金融市场则是进一步加剧了供方垄断。

---

① 习近平：《中国农村市场化建设研究》，人民出版社2001年版，第81页。
② 习近平：《以科学发展观统领"三农"工作 全面推进社会主义新农村建设——在全省农村工作会议上的讲话》，2006年1月8日。

笔者多年前撰文指出：农业固然是国民经济的基础，但从社会再生产过程来看，也只是其中的一环，有其上游和下游。农户参与市场经济，必然是有进有出，同样是"两头在外"。择其要者，一头是购进化肥等农业生产资料，另一头是卖出粮食等农产品。问题是众多分散的农户处于双重的市场垄断之下。①

周其仁指出，有效的土地产权变革对农民生产行为全面的、持续的激励，离不开一场必要的商业革命。这是因为，离开了市场交易，界定产权本身并不具有独立的经济意义。尽管周其仁正确地发现"一场在工商业部门里进行的根本改革对于农业重组是非常必要的"，但他由此得出了一个仓促结论："特别在一个大半径的市场里，除了被叫作'自由企业制度'的体系，即在竞争中追求利润的商业组织，没有任何其他有效的方式可以把农场和大城市农产品市场连接起来。"②

在笔者看来，这样的体系，应该是合作体系，而非周其仁所想象的"在竞争中追求利润的商业组织"。合作组织与投资者所有的企业之间的根本差别在于，合作组织的所有者即是服务的使用者，二者的身份和利益是同一的。作为投资者企业的公司或龙头企业，它们与农民的根本利益是不一致的。即便在周其仁等经济学家所经常援引的西方经验中，也是主要依靠合作组织发挥与市场的对接作用。

由于农民在市场上的交易对手往往具有相对优势甚至是垄断优势，而农民群体高度分散，这样如果仅仅片面推进农村市场化，所形成的市场结构就会严重偏离公平竞争，既损害农民的利益，也不能充分发挥市场机制的作用。大力扶持农民组织化，对于农村市场化是一种互补。正如诺贝尔经济学奖得主阿马蒂亚·森（Amartya Sen）主张的："对运用市场交易准备不足，毫无约束的信息藏匿和缺乏法规管制，使得强势者能够利用非对称的优势来牟利。对这些情况的处理，不是压制市场，而是让市场更好地

---

① 陈林：《乡村治理的新思路：村民自治与合作社改革可以并轨》，载《决策咨询》（现已更名为《决策》），2001年第9期。

② 周其仁：《产权改革与新商业组织——中国与俄罗斯农业改革的一个比较》，载《国际经济评论》，1997年第7期。

运作，具有更高的公平性，而且得到适当的补充。"①

习近平总书记很早就旗帜鲜明地提出，"要走组织化的农村市场化发展路子"②。"必须使分散的农民联合成为一个有机的整体，以形成强大的市场竞争力。"③ 农村市场化与农民组织化，两者是不可偏废的。习近平则对于两方面的经验与理论，融会贯通，给出了统一概括。他指出，"西方发达国家发展农村市场化实践也充分证明，只有将农民组织起来，才能使农民尽快安全、顺利地进入国内外市场，并能够有效地降低进入市场的成本，提高农产品的市场竞争力、市场占有率"④。

改革之初，就已经提出了以家庭承包经营为基础、统分结合的双层经营管理体制构想。但是40多年来，一直存在"分有余而统不足"的短板。当前要充实"统分结合"的双层经营管理体制，特别是强化"统"的一面，只能依靠农民组织化特别是合作化的方式，构造统一的农村合作体系。

笔者多年前撰文指出：不仅要提供政府与农民的中介，也要解决农民与市场的中介，这是村治的两种应有职能。实际上在新的市场经济形势下，农民的日常生活和利益，更多地与后者相联系。众多分散的农户面对大市场特别是垄断厂商，往往显得势单力薄，那么，适当组织起来，有助于改善市场地位，降低交易费用，规避经营风险，减少利益流失。国际经验表明，合作社或农协就是这样一种可行的方式。⑤

七、大农与小农：合作组织发展的不同路径

（一）欧美模式与东亚模式

世界主要国家和地区的农业、农村和农民（农场主），大多是通过合

---

① 〔印度〕阿马蒂亚·森：《以自由看待发展》，任赜、于真译，刘民权、刘柳校，中国人民大学出版社2002年版，第135页。
② 习近平：《中国农村市场化建设研究》，人民出版社2001年版，第204页。
③ 习近平：《中国农村市场化建设研究》，人民出版社2001年版，第375页。
④ 习近平：《中国农村市场化建设研究》，人民出版社2001年版，第204页。
⑤ 陈林：《乡村治理的新思路：村民自治与合作社改革可以并轨》，载《决策咨询》（现已更名为《决策》），2001年第9期。

作制组织起来的。由于各自的社会经济条件不同，合作制的模式差别也很大，但主要可以概括为两大类：专业性合作组织与社区性（综合性）合作组织，也可分别称为欧美模式和东亚模式。这种现象并非偶然，而有其内在的规定性。

人少地多的欧美国家以专业性合作组织为主，西欧、北美许多国家80%以上的农场主参加了不同类型的专业合作社。在西欧农产品市场上，合作社经销的产品占60%的份额，美国由合作社加工的农产品占80%的份额。

欧美普遍是大农（农场主、农业资本家），大农的规模化、市场化和专业化的程度都很高，大农彼此之间"专业"联系较强。从经济主体的行为理性分析，合作收益来自通过合作增加的收入或者降低的费用。合作交易量越大，合作收益越大。只有当合作收益能够补偿合作成本有余，合作才得以发生并持续，这就是合作的经济规模。在规模化、市场化程度较高的条件下，仅仅单种业务的生产量、交易量就足以达到经济规模，所以大农合作往往是专业合作。同样由于规模化、市场化程度较高，单个大农的经济社会实力就很强，单个大农的预期合作收益也足够大，容易出现合作"带头人"，也容易得到呼应，从而能够自发产生合作。大农的合作，其实类似"农业资本家"的合作，近乎农业商会的合作组织，是可以"自发自愿"搞起来的，而且往往以"专业"合作为特征和优势。这是欧美专业合作模式发生和发展的核心逻辑之所在。

东亚（以日本、韩国和中国台湾地区为典型）普遍是小农。小农的规模化程度较低，往往市场化程度也较低。由于传统小农与市场发生交易总是"吃亏"较多，所以小农在经济上本能的也合乎理性的倾向是尽量减少交易发生的频率，在生产上趋于多样化以更多地、更方便地满足自给性消费，因而小农的专业化程度往往较低，譬如既种粮又种菜、既养猪又养鸡，甚至自己腌制腊肉、打磨豆腐，等等。

当然，不排除在一个有利于农民的合作组织框架下，小农也可以是专业化的，甚至追求"精细化"，并且市场化程度也有所提高。这就是说，合作化可以促进小农的专业化、市场化，而专业化、市场化也有助于降低和分摊合作成本。这就存在一个合作化与专业化（以及市场化）孰先孰后的问题。如果把专业要求置于合作之前，那就只有少数大户才能达到足够的专业化程度，从而产生和维系专业合作。一部分人"先富起来"，是否必然带动更多人致富已经很成疑问；而一部分人"先合作起来"，则从市场经济的一般规律可以确定：这种局部合作的力量仍不足以抗衡工商资本；纵使在大户之间果真是合作（其实很多实际上是合资、合伙），首先得到加强的将是农村市场上大户对于小农的垄断力量，变成了"大户吃小农"。如果这种所谓的农民专业合作得到政策倾斜，则是人为排斥更多小农于合作之外，加剧农村的两极分化和社会不公。因此，首当建立一个广泛覆盖的普惠合作体系，至于专业化与否，以何种业务为主，则是合作成员的自主选择。

小农彼此之间的社区联系较强，因此小农合作要更多倚重社区合作。特别是在生产规模化、市场化、专业化程度较低的条件下，就必须更加综合、更大联合、更多层次。也就是在业务品种上更加综合，在人数范围上更大联合，又由于基层合作的有效半径很难超过熟人社会，大合作又要借助多层次合作来实现，以此达到合作的规模经济。横向上看趋于综合化，纵向上要求形成多级体系。这种多层次的合作，通过纵向支持体系使基层合作组织获得来自国家和体系内部的有效支持。要沟通这种横向、纵向的合作，往往还需要一个内嵌的金融合作平台。

即便小农的市场化、专业化程度有所提高，小农合作的经济规模仍然不易达到。由于单个小农的预期合作收益实为有限，而达到经济规模所要求的合作成员数又较多，故而小农的大规模合作难以自发产生。

日本、韩国以及中国台湾地区的小农合作都是政府（当局）大力主导，有特别法保障，如"农协法"，具有公法地位和某些特许权。日本农协全称"农业协同组合"，"协同组合"在日文里就是合作社的意思，本就是明治维新后学习西方特别是学习欧洲方兴未艾的合作社运动的产物。韩国和中国台湾地区的农协（农会）则是移植日本经验的产物。一般统称东亚综合农协模式。

日本农协与欧美专业合作社有明显不同。欧美是按不同农作物或不同功能加以组织的专业合作社为主，农户根据需要可加入多个专业合作社。

日本农协分为综合农协和专业农协，能代表日本农协的是综合农协。①日本"建立起了从中央到地方的一整套严密的农协组织系统，从农业的生产、购销、信贷、保险到农民的医疗卫生保健文体活动等，凡是与农村经济和农民生活有关的一切方面，都离不开各级农协组织的参与。日本农协在农产品流通中起着十分重要的作用，其中蔬菜、水果、肉类等占全国流通量的一半以上"②。

综合农协不仅在业务上更加综合，更重要的是在成员上普遍覆盖，这不仅是为了达到规模经济，也是为了社会公平，政府（当局）对于合作组织的支持从而能够惠及全体农民。这样一个合作体系，同时也具有政府支农体系的功能，既降低了农民与市场的交易成本，也降低了政府与农民的交易成本。综合农协还从事某些特许业务尤其是一些农村金融、流通业务，具有法定的或者事实上的垄断地位，但是由于农协是农民直接或间接拥有和控制的，这种垄断对外加强了农民的市场力量，恰恰有助于保护农民的利益。这个农协体系的形成与运作，都是自上而下和自下而上相结合，既有政府导向，也有农民参与，因此取得巨大的成功。这是日本、韩国乃至中国台湾地区推行各自意义上"新农村建设"或"乡村振兴"的重要经验。日本、韩国和中国台湾地区的社会政治转型过程也证明，有组织的农民在政治上趋于保守，是执政当局的稳定支持力量，其在经济上抗衡工商资本，更需要政府的保护。正如米格代尔（Joel S. Migdal）的分析，分散的农民可能是"革命者"的社会基础，而有组织的农民可能是改良者甚至是保守主义者的社会基础。③

综合农协本质上也是合作社，但是不一定实行"股金"制度（或者只是象征性收些会费），也不像标准的合作社那样严格注重交易返利（一般实行代销手续费或提成的方式）。但是，考虑到众多分散的兼业小农这样的经济社会条件，业务品种较多，而单种业务量较小，实行交易返利在技

---

① 〔日〕坂下明彦：《日本农协的组织、机能及其运营》，载《农业经济问题》，2000年第9期。
② 哲平：《建立强大的农业组织体系》，载《浙江日报》2006年5月15日。
③ 〔美〕J. 米格代尔：《农民、政治与革命——第三世界政治与社会变革的压力》，李玉琪、袁宁译，姜开君校，中央编译出版社1996年版。

术上困难较大，计算的复杂性太高。而股金额太大农民难以承受，股金额太小又没有多少实际意义，也许就不如不设股金。综合农协在流通领域的作用相当于一个代理商，只不过这个代理商是受农民控制的，代理费用的标准是农民通过农协制订的，这样就不必要实行通常那种烦琐的交易返利制度。实行手续费或提成制度，可以简化核算。如1952年中国台湾农会改组时曾规定农会盈余中拿出10%依会员对农会交易额进行分配，1974年农会法修订予以删除，但农会盈余主要用于农业推广等集体福利事业，即便没有直接返利，农会盈余仍然通过种种渠道反馈给农民和农村。

（二）农民专业合作社乱象透视

2006年中国《农民专业合作社法》，其实是片面模仿欧美专业模式的产物，难免遭遇水土不服。小农经济难以自发产生农民专业合作，更难以有效支撑农民专业合作；难以达到规模优势，更难以体现社会公平。

正如贺雪峰的观察，在市场经济条件下，农民组织经济（生产、购销等）合作社，来应对市场和自然风险，其收益往往较小，而合作成本却可能很高。农民合作起来应对市场，只能在高度竞争的市场末端获得不多的利润空间，收益不多；同时，在"自发自愿"的前提下组织小农，会因为农民事实上的高度原子化和利益计算短期化，而使合作成本很高。这就使农民自发的经济合作很难持续下去。[①]更要值得注意的是农民本身的分化，一小部分农民开始带有工商资本的属性，常以种养大户的身份兼具供销、加工等功能，在乡的农民群体分化为大户和小农。前些年数量上迅速增加的农民专业合作社，以及衍生出的"公司+合作社+农户"模式，这里头的合作社几乎由个别大户拉上若干挂名的小农而组成。

2018年11月29日，新华社《半月谈》杂志发表《80%以上的合作社沦为空壳？乡村振兴莫让形式主义带歪》。文中写道：合作社在农村到处可见，很多村还不止一家。东部某镇拥有20多个行政村，但是大大小小的合

---

① 贺雪峰：《经济合作组织：高合作成本低合作收益如何解决》，载《人民论坛》，2006年第17期。

作社有近130家,平均每个村有四五家合作社。记者发现的是"考核、政绩、套利:空壳合作社背后的形式主义",合作社成为"一人社",贫困户没有话语权。仅有少数几家比较成功,80%以上都属于空壳合作社。① ——其实,记者认为的"少数几家比较成功",恐怕也仅仅是有实际业务运转,并非空壳罢了。

全国现有200多万家农民专业合作社,绝大多数是"空壳社",此外尚能继续维持的,往往具有浓厚的社区因素和综合化特征,所起到的大多是中间商的作用。现实中的"农民专业合作社",如果大户不止一个,大户彼此之间更像是合股、合伙制而非合作制。由于合作社在事实上为个别大户所把持,"合作社"和周边小农(包括挂名社员)之间其实就是个普通买卖关系,同样存在商业剥削。这就是"大户吃小农"。

又由于强调所谓农民自发,事实上只有大户才有可能"自发",其所投入的资金、劳务等如果折成股份往往超过合作社的比例限制。大户很多未必就是交易额意义上的大户,首先是具有较强的经营能力和社会网络。如果主要按照"交易额返还"来分配盈余,往往对于大户的原始投入、经营劳务缺乏合理回报。于是大户不愿意合作社的"规范化",小农则普遍有"搭便车"倾向。如果强行去"规范",这又变成了"小农吃大户",大户或合作社带头人不免感到委屈。

如果政府赋予农民专业合作社一些优惠和补助,则有相当一些专业合作社的成立本来就是为了套取这点资源。有些农民专业合作社的"典型",压根就是政府人为扶植的结果,但这种扶植却是以更多小农被疏远为代价的。一些统计数字似乎支持了"专业合作社助农增收"的论断,但是,值得注意的现实是,只有农业大户、收入较高或较具增长潜力的农户才有兴趣加入专业合作社或成为其积极社员。

著名报告文学作家王宏甲所作的调研也指出:专业性合作社一般是"强强联合"的产物,能人、大户是强的,强的选强的,经过这样的选择,

---

① 李雄鹰、陆华东:《80%以上的合作社沦为空壳?乡村振兴莫让形式主义带歪》,载《半月谈》,2018年第22期。

可以使富的更富，穷的就更穷了。"假如深问一句：这究竟是扶贫，还是帮富？"①

正视"农民专业合作社"的发展乱象，不能由此否定合作经济的必要性和必然性，而是以沉痛的教训一再告诉人们：欧美式的专业合作社并不符合中国国情农情。这又引出了合作组织发展模式的路径选择问题，引出了建设惠及大多数农民的新型合作体系的必要。

我们今天所处的社会经济阶段和当年的日本、韩国和中国台湾地区，有一些相似性，但也有较大的不同。必须面对的现实是，我们已经形成了一个条块分割的农口体制。由于路径依赖的原因，我们只能在这个基础上进行改革和改进。这就需要精巧的结构设计和操作策略。而从未来目标模式来看，并不需要像日本、韩国和中国台湾地区的综合农协那样地过于"大而全"，过于垄断和强势（事实上也很难做到）。因此在中国农村新型合作组织的结构设计上，应该有足够的弹性或者说包容性。

八、作为公法社团的合作组织

（一）集体行动的困境与出路：强制与普惠（普遍受惠）

在东亚小农社会条件下，正因为农民数量庞大，更因为单个农民经济体量普遍较小，难以形成有效的集体行动，自发合作特别是大规模合作难以产生和巩固。集体行动的最大困境在于能否克服"搭便车"（free-riding）的机会主义倾向，不能全靠道德规劝或者先进示范。其实少数几个人如能达成和履行相互约定，未必需要有形组织。成百上千、成千上万的个体要形成有效的稳定的集体行动，就不能离开组织保障。而组织的产生及其权威的维系并不全是自由的。

著名经济学家曼瑟尔·奥尔森（Mancur Olson）曾经著有《集体行动的逻辑》，其实是想探讨为什么对每一个人都有利的集体行动常常难以实

---

① 王宏甲：《塘约道路》，人民出版社2017年版，后记。

现?他认为,"组织成本是集团中个人数量的一个单调递增函数"①。"除非一个集团中人数很少或者除非存在强制或其他某种特殊手段使个人按照他们的共同利益行事,有理性的、寻求自我利益的个人不会采取行动去实现他们共同的和集团的利益。"奥尔森在分析工会组织的出现时,认为强制成员制和纠察线是工会主义的精华。

正如奥尔森在其最后著作《权力与繁荣》一书中的核心观点:权力理论是必不可少的,交易成本理论无法独立理解现实秩序。他说:"权力的逻辑仅仅通过自愿的交易是不能得到充分解释的。权力——不仅仅只限于政府的权力——是能够产生强制性服从的能力,因此它和强制性的权威以及施行压制的能力相关。""我们必须既要理解从自愿交换中得到的收益,还必须理解强制与力量的逻辑(logic of force)。"②

一说到"强制",似乎令人感到不适。其实,每个人都不是"自愿"来到这个世界上的,对父母没有自由选择,除了极少数跨国移民,每个公民生来取得的国籍(以及相应的权利和义务),并不能自由选择。又好比法律上规定的义务教育,本义是"强制教育"(Compulsory Education),"义务"就是"强制"的意思,不仅是"强制"家长送孩子上学,也是"强制"政府为所有孩子提供平等的受教育机会。很多国家为此建立了一个庞大的公办学校系统。有的家长自己花钱,送孩子上高收费的私立学校,固然是其"自由"选择,但是也意味着自己有一部分税白交了,仍不免于"强制"。但更多普通收入的家长仍然可以为孩子选择公办学校。

社会保险也必须带有"强制性"。否则,身体好的、年纪轻的暂时不想参保,年老体衰的要参保、要报销,纯粹基于市场"自愿"的商业保险面对这些"逆向选择",必然增加了很多成本并转嫁为收费,更高的保费又把一部分年轻体健的客户排除出去。社会保险通过国家法律强制实施,统一按比例扣除费用,减少了商业保险的获客、识别成本,又有更广泛的资金平衡基础,对于低收入群体的意义更大。与之平行的商业保险市场,

---

① 〔美〕曼瑟尔·奥尔森:《集体行动的逻辑》,陈郁、郭宇峰、李崇新译,上海三联书店、上海人民出版社1995年版,第21页。
② 〔美〕曼瑟·奥尔森:《权力与繁荣》,苏长和、嵇飞译,上海人民出版社2005年版,第53页。

当然仍有必要存在，以满足差异化需求。

国家是最典型的强制性组织，通过强制征税等方式，在经济上最大的功能是克服"搭便车"问题，向社会普遍提供公共产品。但是一些局部范围内的公共产品，不能都依赖国家，还可以通过社会组织、合作社等方式，更加灵活有效。其中有一些社会组织、合作社，为了更可靠履行公共服务职能，特别是为了克服"搭便车"，需要通过法律等方式赋予其一定的"强制性"。这里的"强制"，不是强制剥夺人身自由或财产，而是要均衡一定范围内的权利义务关系。否则不足以做到普惠（普遍受惠），对于弱势群体尤其不利。

笔者多年前研究提出，作为"三位一体"合作经济的主干，大规模多层次的农村合作组织，应当取得公法地位，作为公法社团。①

（二）公法社团：摆脱 NGO 思维定式

很长时期以来，很多学者一讲到农民组织化、合作组织，就有意无意参照非政府组织（Non-Governmental Organization，NGO）的舶来标准，从而落入概念陷阱。如同一讲到市场经济，就只谈企业特别是私有企业，走向一个极端，忽视基金会、社会团体等社会组织（非营利组织或非政府组织）的作用。一讲到社会组织或社团，又走向另外一个极端，一味假想纯粹自发的 NGO，不知社会组织在法理及实践上可以立足在不同的基础上。究其认识根源，是矫枉过正，受到一些生吞活剥的西方"自由主义"话语体系的影响，崇尚所谓"自发演进秩序"，实则袖手旁观、消极无为，回避了应该承担的公共责任，很容易沦落为"犬儒主义"。

一般的 NGO 是按照民法（私法）上的社会团体法人登记设立的，属于当事人意思自治。好比一个钓鱼协会、桥牌协会就是这样。对于这样的民间 NGO，民法（私法）上的确认和保护已经足够。但是，对于某些社团

---

① 陈林：《农民、市场与国家：作为公法社团的综合农协》，2008 年农村法制建设论坛暨中国农业经济法制研究会上海年会优秀论文，并收入《纪念农村改革发展 30 周年论文集》，上海财经大学出版社 2009 年版，第 224—237 页；陈林：《论公法农协："三位一体"农村合作协会的法理基础》，载《太平洋学报》，2009 年第 12 期。

组织，特别是弱势、分散群体的组织来说，私法地位的规范和保障还是远远不够的。

比如企业必须设立工会，工会按照一定程序产生并具有法定地位和经费保障。如果比照纯粹的 NGO，工会可设可不设，甚至一个企业里面可以设立多个"自发自愿"的工会，那样子企业老板最高兴，工人自己先分化了，就无从通过统一的集体谈判取得面对资方的有利地位。又如村民委员会，既无人事编制又无行政级别，为何一个村不可以多成立几个村委会呢？这是为了避免力量被分化，为了克服"搭便车"，也是为了某种"规模经济"。一个给定区域只能有一个村委会，在法定范围内有其独立的职权。村民即使不去投票，或者没有投票给当选的村委会，但是仍然要受到村委会合法职权的约束，不能另立"村委会"。

从农民权益的表达与维护出发，一些学者大力鼓吹"农民协会"，他们自己连个稍微像样点儿的"自发自愿"的"学会"还没有搞出来，又怎能期望农民能搞出符合他们"学术标准"的农民协会呢？他们所设想的农民协会，如果没有经济合作内容，没有政府大力扶持，不仅难以产生，更不足以独立持久。如果消极放任所谓的"结社自由"，甚至变成什么人有钱请大家吃饭、开会，就可以拉一个"协会"组织，真的会被土豪劣绅所利用。

相比于欧美"大农"，东亚小农要形成有力量的集体行动，更非易事。好比有钱有势的企业家特别是大老板，颇有积极性发起和参与商会活动，为此承担的精力和费用相对于他们的经济社会实力是微不足道的，而预期的收益分摊后仍然足够大。而从相对弱势的农民阶层、劳工阶层的角度来看，如果缺乏法律上的强制规定包括经费支持和职业保障，农协（合作社）或工会带头人必将承担太多的风险和付出，因而纯粹民间的农协、工会难以自发产生和巩固，或者所能自发产生的民间组织及其带头人容易滑向极端，以至于通过非理性的方式才能彰显自己的存在，有可能加剧社会的对抗。而要避免出现这种危险局面，国家主动介入以提高工人（和农民）的组织化程度，促进社会力量的均衡，这是大有必要的。为了克服"搭便车"行为，就不能是纯粹的 NGO（当然也不能变成政府的附属物）。

为此有必要分为公法上的社团法人与私法上的社团法人。两者的重要区别在于成员的强制性（至少是事实上的普遍覆盖）。公法是相对于私法而言的。涉及国家权力或者公权力、公共利益保护的是公法，如宪法、行政法。私法强调自发、自由、自愿以及契约自治，最典型的是民法、商法。

在我国对"强制加入"和"自由加入"两种社团在理论、法律和监管实践上未加以明确区分。现实中，有些社团承担公共事务职能，理应取得公法社团的地位，却没有相应的保障。有些社团（特别是具有权力部门背景的）名义上是自由加入，经常被批评为"强制加入"和强行摊派，实际上是利用"自由"进行政策套利，逃避监管。

问题不在于"强制加入"，而是"强制加入"和"自由加入"两类社团应当各行其道、名实相符、分类监管。对于私法社团，立法上尊重当事人意思自治，行政上尽量不干预。对于公法社团，应以特别法赋予其地位与职能，行政上应在法律许可的范围内，名正言顺地对其行使职权。

其实，真正的公法社团之"强制加入"是法定的，并不需要社团自己去生拉硬拽。强制加入的本质，不仅是强制有关成员必须加入相应社团（或视为自动加入），更是强制有关社团必须接纳符合法定条件的成员。公法社团具有一定的强制性、垄断性，并不排除内部的民主自治；恰恰因为是带有强制性的公法社团，法律上对其内部治理有更为严格明确的规定；确保自身的民主自治，正是其取得和保持公法地位的应有之义。

在法国、德国等大陆法系国家，按照相关法律设立的商业或职业团体属于公法社团，实行一个地域（行业）一会；强制入会，体现其代表性；承担某些公共职能，可以得到政府财政上的支持；法律对其组织结构、选举制度、代表名额及工作制度等往往都有明确约束。也就是说，公法社团拥有特殊的地位和保障，同时受到更多的监管和问责。在日本、韩国和中国台湾地区，也大致参照了法德模式。英美法系国家，也有类似组织。比如执业律师、会计师要求是律师协会、会计师协会的会员，一旦被协会除名，意味着在这个行业再也无法工作。

（三）公共合作社或公法农协

在日本，美浓部达吉提出了"公共合作社"的概念，指出：就日本的现行制度看来，公共合作社中之公法色彩最为显著者，有水利合作社、北海道土功合作社和耕地整理合作社。水利合作社几乎被赋有与地方团体相当的权力，尤其是水害预防合作社，除了对于社员，对于其区域内的一切居住者，亦有征召夫役，及水患时使之从事防御的权力。此外在遭遇非常灾害而有必要时，亦有暂时使用他人的土地，及使用或征收他人的土石竹木及其他物品的权力。又如管理公共用水，对该水征收水费而许可使用，凡此都是属于公法的。至于耕地整理合作社，有行使换地处分的权能，也就是强制地将土地所有权加以交换分合的行为，土地区划整理合作社也类似。①

日本、韩国的《农协法》，以及中国台湾地区的"农会法"，都具有强烈的公法特征。综合农协的本质不在于综合（那只是业务的表象），而在于公法农协，更重要的是在成员上普遍覆盖。这不仅是为了达到规模经济，也是为了社会公平。政府当局对于合作组织的支持能够惠及全体农民，这样一个合作体系，同时也具有支农体系的功能，既降低了农民与市场的交易成本，也降低了政府当局与农民的交易成本。

综合农协在一定区域内具有特许的或事实的垄断地位，由于农协是农民直接或间接拥有和控制的，这种垄断对外加强了农民应对市场的力量，恰恰有助于保护农民的利益。其强制性更体现在强制其接纳所有农民，只要符合法律规定的基本条件，就不能厚此薄彼，而是具有普遍服务（universe service）②义务，对于非竞争性、非排他性的公共产品更是责无旁贷。

---

① 〔日〕美浓部达吉：《公法与私法》，黄冯明译，周旋勘校，中国政法大学出版社2003年版。

② 普遍服务（universe service）的本义，是为维护全体公民的基本权利、缩小贫富差距，国家通过制定与实施相关法规，促使垄断行业的经营者向所有存在现实或潜在需要的消费者，以可承受的、无歧视的价格提供的基本服务。有研究指"普遍服务"这一术语最早由美国AT&T总裁威尔在1907年年度报告中提出，其原话为"一种政策，一种体制，普遍服务"。1934年，美国首先将这一政策纳入法律条文，在《电信法》中明确规定："电信经营者要以充足的设施和合理的资费，尽可能地为合众国的所有国民提供迅速而高效的有线和无线通信业务。"笔者这里借用"普遍服务义务"的概念，来说明综合农协或类似组织的法律义务或隐含义务。

如果农民游离于农协之外，就享受不到相应的好处。农民对于农协的管理不满意，可以通过内部民主程序来参与和改变；也就是说鼓励和引导农民的积极参与，而不是消极自由，这样才有助于形成农民的整体合力。

中国台湾地区的"农会法"规定一个行政区域内只允许设立一个农会，在更早的"农会暂行办法"中还曾规定"已成立农会的乡镇不得再成立乡镇合作社"，使得农会具有垄断性。2022年中国台湾地区"行政院农委会"推动"农会法"的"修法"，增列当局主管机关指派专业理事，名额不得超过理事总额1/3，其所提供的理由包括："为因应国际贸易自由化趋势及中国台湾岛内农业产业结构调整，强化中国台湾农会协助推动农业政策及督导基层农会执行业务，且涉及诸多公共事务与权益"。——此事从中国台湾岛内政治的角度，固然有不同的解读。但也说明了农会并非一般民间社团，具有公法地位。

此外，在中国台湾地区长期存在的"农田水利会"，曾有专门"司法解释"指出："农田水利会为公法人，凡在农田水利会事业区域内公有、私有耕地之承租人、永佃权人，私有耕地之所有权人、典权人或公有耕地之管理机关或使用机关之代表人或其他受益人，依农田水利会组织通则第十四条规定，均为当然之会员，其法律上之性质，与地方自治团体相当，在法律授权范围内，享有自治之权限"；"会员在各该农田水利会内，有享有水利设施及其他依法令或该会章程规定之权利，并负担缴纳会费及其他依法令或该会章程应尽之义务"；"惟农田水利会所属水利小组成员间之掌水费及小给水路、小排水路之养护岁修费，其分担、管理与使用，基于台湾农田水利事业长久以来之惯行，系由各该小组成员，以互助之方式为之，并自行管理使用及决定费用之分担，适用关于私权关系之原理，如有争执自应循民事诉讼程序解决。"①

中国台湾地区"合作社法"并不限制合作社的数量，但对联合社有限制："同一区域或同一区域内同一业务之合作事业，不得同时有二个联合

---

① 中国台湾地区"司法院"：《宪法法庭释字第518号解释》，见 https://cons.judicial.gov.tw/docdata.aspx? fid = 100&id = 310699；并可参见中华文库：https://www.zhonghuashu.com/wiki/wiki/司法院释字第518号解释。

社。"中国台湾地区"储蓄互助社法",明确了储蓄互助协会的特殊地位,要求"凡已成立之储蓄互助社均应参加协会为会员",授权给储蓄互助协会来代管储蓄互助社。[①] 类似地,在合作社的行业组织方面,德国《合作社法》规定,合作社成立前需经当地审计师协会审计通过,成立后必须加入所在地区的合作社审计师协会,并接受定期审计。这个规定具有强制性和鲜明的公法属性。

在英美法系下,有着更为浓厚的自由主义传统,政府对社会组织历来较少干预,亦不强调使用公法、私法的概念。但在必要时,也通过法律干预农业合作组织的形成与运作,特别是在涉及公共利益的情况下。例如美国农场信贷银行、合作社银行体系均为国会立法组建。加拿大小麦局（Canadian Wheat Board, CWB）、澳大利亚小麦局（Australian Wheat Burea, AWB）最初都是根据法律由政府创办的半官方组织,从事谷物收购、储存、销售和出口的管理和服务,在其董事会中有政府和农场主代表,很长时期拥有特许专营权,近些年有所改革,但仍具有较强的事实垄断地位。

需要特别说明的是,笔者并不反对在推行公法社团的同时,允许存在和鼓励发展私法意义上的社团组织,以满足各种差异化需求。甚至可以考虑,原本经由私法程序产生的组织,在符合一定的标准和条件后,可以根据需要改组为公法组织（反之亦然）。例如在德国,农业协会既有公法协会又有私法协会,既有区域性协会又有专业性协会,既有县乡基层协会又有联邦层次国家协会。特别是公法协会与私法协会,各自发挥不同的作用,而又相互补充。

（四）日本《农协法》的最新修订

日本农业协同组合经过上百年的运营,形成了过于强势的垄断地位,以致可能损害国内消费者的利益,更引起一些国际贸易上的争端,因此面临改革。1995年日本颁布新粮食法,打破了农协在粮食流通领域的垄断。

[①] 黄泉兴:《台湾储蓄互助社发展与法制化之研究——合法化与单独立法》,中国台湾基层金融研究训练中心编印,1996年。

美国和日本"跨太平洋伙伴关系协定"（TPP）谈判过程中，要求日本在农业领域进一步开放市场，也削弱了农协的地位。2016年日本正式实施《农协法》修订案，废除全国农业协同组合中央会（JA全中）对旗下团体的强制约束力，转换为"自愿性团体"，促进地区农协和农户在农作物的价格、服务及流通路径方面自由竞争。具有商社服务功能的全国农业协同组合联合会（JA全农）改制为股份公司，当前维持地区农协出资的状态，今后将接受农协以外的出资。废除基层农协的地域准入限制，强化其作为市场竞争主体的独立地位，提升骨干农户在农协中的决策话语权。

另外，为了应对TPP生效后越来越多海外低价农产品涌入日本的形势，日本农林水产省又在积极推动建立具有强制性的农户集资制度，这是一种类似于美国现有的Check-off（互助金，由生产者负担用于扩大消费）的制度。根据美国法律，牛猪肉、乳制品、大豆等各种农产品都设有相应组织，以类似征税的方式向农户和进口商募集资金，用于扩大消费、促进出口和从事研发。在日本虽然也有农协等生产者团体将一部分从成员处募集的资金用于扩大国产农产品消费，但这些促销活动往往也使非成员的商品随之受益，而建立所有生产者都参与的集资制度的好处之一便是负担均摊。强制集资是为了防止不劳而获地享受恩惠，确保制度的公平性。

总的来看，日本农协虽然在法律上转换为"自愿性团体"，但是《农协法》继续存在仍然体现了农协的特殊地位。如果从一开始就将其定位为"自愿性团体"，如果没有过去长时期法律所赋予的特殊强势地位，在大量小农基础上的日本农协根本搞不起来，更不可能得到巩固和发展，也轮不着人家来"反垄断"了。时至今日，在其历史形成的雄厚基础上，日本农协作为"自愿性团体"足以继续发挥必要的指导、协调作用。如果缺乏这样的历史基础，片面推崇"自愿性团体"，那就不只是"何不食肉糜"的矫情了，更有给营养不良患者减肥的"效果"。

而美国、日本都在推动的强制性农户集资"Check-off"制度，又彰显了克服"搭便车"的努力。而这恰恰曾是日本农协长期在某些方面具有强制约束力的重要理据。

（五）自愿但未必自发；被动但不能被迫

前些年涉及农村合作经济的一些政策与实践，实质上是照搬欧美模式的表现，除了片面强调专业合作之外，就是片面强调自发自愿。对于具有浓厚自由主义传统和公民社会基础的欧美国家，自发自愿是可能的。即便这些国家，一般都在法律（包括税法）上赋予合作组织保障和优惠，政府还帮助建立了一些半官方组织来支持农业合作。

对于东亚小农社会而言，纯粹的自发自愿，纯属一厢情愿甚至是自欺欺人。日韩农协体系的形成与运作，都是自上而下和自下而上相结合，既有政府大力引导，也有农民广泛参与，因此取得了巨大的成功。这是日本、韩国乃至中国台湾地区现代化转型的一个重要经验。时至今日，世界范围内公认称得上"现代化"的，除了欧美那些原发的现代化国家，也就是东亚的几个国家和地区。

新型合作经济特别是大规模、多层次合作组织的建设，不要局限于流行理解的"自发自愿"。笔者一直主张，需要掌握的底线是：农民未必是自发的，但应该是自愿的；农民可能是被动的，但不能是被迫的。简言之，"自愿但未必自发"：农民参与合作经济应当遵循自愿的原则，但不能指望这些合作组织都是农民自发创建的，或者只有农民自发创建的才视为合作组织。"被动但不能被迫"：大多数农民不会那么主动，而是被引导、被推动的，当然也不能搞强迫命令。

有时单靠合作经济本身的收益还不够，特别是在初创时期。政府支农惠农的政策以合作组织为载体，可以增强公平性和扩大覆盖面，政府还可委托合作组织承担一些公共事务职能，从而减少行政成本，也有助于巩固合作组织。农民不参与这些合作组织，就会自动失去一些"甜头"，这样变相起到一些"强制"的作用。

（六）正确理解民办、民管、民受益：关于"权能区分"

多年来，"民办、民管、民受益"被作为发展农村合作组织的"原则"。"民办""民管"都有极大困难，"民受益"也成了一句空话。偶有

"民办""民管"尚能成功的,也是"富人游戏""大户游戏",其所谓"民受益"只限于让一小部分人先富起来而已,大多数农民则被进一步边缘化。其实,在这个问题上不必拘泥于教条。

对于"民办""民管"不能作狭隘理解,而"民受益"则是需要始终坚持的。如在美国,农场信贷银行(联邦土地银行),本来是国会立法创办的,一开始类似"国企",后来逐步向农场主释出股权,实现"合作化",交给"民办";日本、韩国和中国台湾地区的大规模综合农协(农会)更不是农民自己创办起来的,但是可以做到让农场主(农民)普遍受惠。恰恰因为要让农民普遍受惠,非得借助公权力不可。

不要局限于"民管",是说不能一味讲求农民"成分",而要引入专业化、职业化的管理机制。日本《农协法》规定,农协的组合长、常务理事、监事和至少4/5的理事必须从组合员中选举产生,但相当于总经理的参事可以外聘。中国台湾"农会法"更是明确规定了实行"权"与"能"区分,实行专业化管理。

"权能区分"最早源于孙中山的民主宪政思想,这被认为是"五权宪法赖以建立的基础"[①]。在1924年的三民主义演讲中,孙中山阐释了"权能分别"的主张:"中国今日要实行民权,改革政治,便不能完全仿效欧美,便要重新想出一个方法",这办法"就是'权'与'能'要分别的道理"[②]。按照"权能区分"的设计,中国台湾各级农会的权力机构为会员大会或会员代表大会,由其选举产生理事会、监事会,理监事都是由农民选举产生的,以农民为主。农会的日常经营则由总干事负责。总干事由理事会在"政府主管机关"遴选的合格人员中聘任,向理事会负责。[③]这有些类似股份公司的职业经理人制度。但一般依据私法设立的企业或社团,类似的总经理(总干事)职位是否设立及其职权大小,完全取决于章程自主规

---

① 王祖志:《试论孙中山先生"五权宪法"思想体系的构成要素》,载《政法》,2000年第5期,第147页。

② 孙中山:《三民主义·民权主义》,见《孙中山全集》第九卷,中华书局1986年版,第320—323页。

③ 郭敏学:《台湾农会发展轨迹》,台湾商务印书馆1984年版,第294、297—305页。

定或理事会（董事会）的授权，不受公权力的干预。而农会总干事的设立及其职权，是由法律直接规定的，并非可设可不设，且总干事一经聘任，就享有"农会法"所规定的职权，相对独立于理事会（理事长只是会议召集人，并无实权），实行专业化、职业化管理。"主管机关"更可通过总干事资格核准等方式发挥作用。

"三位一体"服务"三农"
"Trinity Cooperation System" as Solution to "Three Rural Issues"

新型合作经济与普惠金融
New-type Cooperative Economy and Inclusive Finance

第四章
"三位一体"合作经济的理论框架

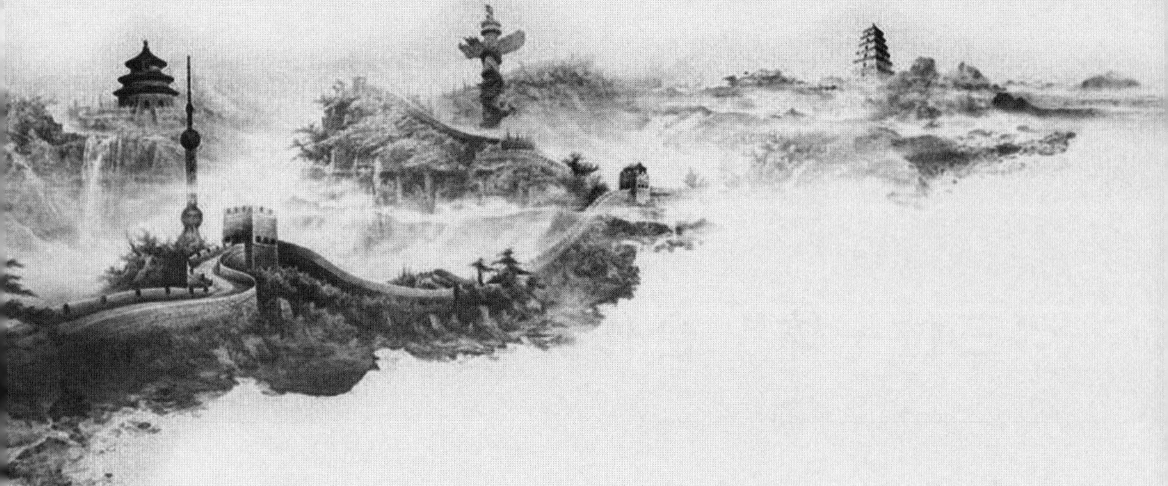

一、三重合作功能的一体化：专业合作与社区合作条块交融

（一）合作经济的综合协同效应

综合协同效应，是一种相互作用机制，所能产生"一加一大于二"、整体大于各部分之和的效应。在生产过程和生产服务内部，各种具体产品服务之间，总有时间空间、人力物力财力上可以相互调剂的。农业农村的特殊性更在于，不同农产品的生产周期可以适当错开，劳动投入和生产资料利用可以统筹互通，某些产品业务更是相互衔接的。例如种粮又种菜、养猪又养鸡，或者将不便运输销售的农产品剩余物用于饲养家畜，再将家畜生产的有机肥用于农作物的生产。特别是作为合作成员的兼业小农，生产服务需求是多样化的，与之相应的综合服务更能摊薄成本。好比城市、繁华地带才有专卖店，农村、偏远地带常是杂货店，甚至在一个村里维持两个杂货店都困难。

生产、供销、信用"三位一体"合作经济，其中的"生产"主要应指生产服务。生产服务合作不改变农业生产主体的自主经营、独立核算地位，更不涉及生产资料所有制，并非20世纪50年代的"集体化"。更重要的是，真正需要鼓励的不是农业服务商之间的"合作"（很容易形成垄断进而损害农民利益），也不要空谈服务商与农户之间的"合作"（两者其实是交易对手），而要重点支持农户、家庭农场之间通过合作聚量、加强市场博弈地位，最简单的方式譬如以类似"团购"方式向服务商争取更多的优惠和便利。一方面，只要能够把分散需求整合起来，在市场上不难吸引得到服务供应；另一方面，服务商也可借此降低渠道和获客成本。当然如有条件，应优先支持合作组织自建服务能力、自营服务项目；但这种方式涉及内部管理监督成本，在外部市场竞争趋于饱和的情况下也有较大挑战，因此要审慎进行。

"三位一体"服务"三农"
新型合作经济与普惠金融

"三位一体"中的供销合作是一种合作功能属性，指在采供、营销环节开展的互助合作，各类合作组织都可为成员开展供销合作服务。供销合作与原有农村供销社没有必然联系。合作组织为成员提供供销代理服务，视情可以免费，也可以收取合理费用，如代理手续费、提成费或其他服务费用。在东亚小农条件下，如果一定要按照欧美的合作制方式来搞"交易额返还"，流程过于烦琐，难以推广。代理制简捷，可以多多尝试。合作组织（及其联合组织、联盟）以全体成员的交易潜力为筹码，可与有关企业单位经过协商谈判，签署框架服务协议，为成员争取优惠（如折扣、商业便利或其他利益）。上述企业单位可称为"定点商户"。这是考虑到流通领域多已被各种力量盘踞，暂时无法绕开，只能集中力量争取一些优惠条件，多少有些好处。

进一步说，生产服务包括农技推广，经常伴随着农业生产资料的采供，采供和农产品销售必然涉及资金结算和周转，资金的时间差（如赊购、预售、借出贷入）又属于信用范畴。金融不仅为生产、供销提供支持，也从中得到信息数据用于授信和风控。

从各种专业合作的功能来看，大多可以归类为生产服务（包括科技推广）、信用服务（金融）、供销服务（流通）三重类别。当然并不排除其他方面的需求与服务，只是从经验和现实来看，上述三重合作功能是最为常见和需要的，彼此也容易产生综合协同效应。因此，我们主张生产服务、供销服务、信用服务"三重合作功能的一体化"。其他各种合作功能，根据需要当然也可添附。

农村金融深化、流通开拓与农技推广，互有内在联系，各自都需要借助农民合作的渠道，如其能在同一个平台上共享资源与网络，涉及客户对象的高度重合，业务链条的起承转合，容易发挥综合协同效应和规模体量优势，有利于控制服务的成本和风险，提高服务的效率和促进公平，起到相辅相成、相得益彰的作用。

从历史经验来看，毛泽东很早指出："合作社，特别是消费、贩卖、信用三种合作社，确是农民所需要的。他们买进货物要受商人的剥削，卖出农产要受商人的勒抑，钱米借贷要受重利盘剥者的剥削，他们很迫切地要解决这三个问题。"①在延安根据地的实践，更发现了"综合性"或"一揽子"合作社的重要性和优越性。1943年11月，毛泽东在《组织起来》的讲话中，大力倡导"延安南区合作社式的包括生产合作、消费合作、运输合作（运盐）、信用合作的综合性合作社"②。1944年6月，陕甘宁边区政府召开了合作社联席会议，总结了前一段推广南区合作社的经验，朱德在讲话中强调发展"一揽子"合作社的重要性："合作社单独办一项事业不容易发展，但如果生产、运输、信用、卫生、消费样样俱全，就适应了群众的要求。"③

无独有偶的是，早在20世纪二三十年代，梁漱溟在山东邹平、晏阳初在河北定县的乡村建设实验，都不约而同地走上了社区综合合作之路。例如，"邹平合作人士认为要效法日本的产业组合，由单营入手，渐进于兼营，并最后达于兼营化"④。晏阳初也在实践中发现，农户的生产经营活动不仅分散，而且复杂，加之农民剩余很少，又缺乏管理人才，所以难以形成发展专业合作的前提条件，而提供服务为目的的综合合作社却适应了农村和农民的需要。定县实验区确立了"一村一社"原则，每村只能设一个同样性质的合作社，较小的村庄可以联合附近其他小村共设一社，而过大的村镇虽在不得已时可分设，但仍以设立一社为原则。"一村一社"显然更注重合作社的社区性而非专业性。

在日本，农协的生产服务、农技推广称为"营农指导"。营农指导包括了产前、产中和产后的全程服务。其中，制定营农计划书是产前服务的一项重要工作，也是日本农协很具特色的一项服务内容。虽然日本实行土地私有制，但农业生产却具有较强的计划性，这主要通过农协来实现。根据市场需求，农协指导农户每年制定营农生产计划，主要包括选择作物品种、种植数量以及肥料、农药等农资需要量，形成农资采购清单，由农协统一采购或由农协的配肥厂配制。营农指导使农产品生产和农资供求都有

---

① 《毛泽东选集》第一卷，人民出版社1991年版，第40—41页。
② 《毛泽东选集》第三卷，人民出版社1991年版，第932页。
③ 《当代中国》丛书编委会：《当代中国的集体工业》，中国社会科学出版社1991年版。
④ 杨菲蓉：《梁漱溟合作理论与邹平合作运动》，重庆出版社2001年版，第171页。

了计划性，对稳定市场具有重要意义，大大降低了因盲目生产可能带来的市场供求失衡和农民的经济损失。此外，农协还在产中提供育苗设施、气象信息、测土施肥等服务，提供拖拉机、运输车辆、收割机等大型农机租赁服务，组织防灾防害；在产后，农协组织农产品经简单加工后统一销售给食品加工厂、批发市场、超级市场，或通过农协自己开办的加工厂进行深加工，以提高附加值。价格不合理、季节性销售的农产品不能及时销售，则储存在农协的仓库里，待机销售。各农户的产品，常常是统一管理，分别储存、销售和结算。农户在农协开有各自独立的账户，农协金融部门通过该账户为农户提供结算、信贷、保险等服务，因其能够贴近了解农户的经营状况，亦有助于控制金融风险，相比于商业银行和商业保险，农协金融有其独特优势。

再以日本农协为例，严格来讲，农协是受农户的委托，在收取一定比例手续费的基础上，代替农户进行农产品销售。如果简单地从交易关系看，农户可以选择将农产品销售给其他收购商。但农协作为综合性经营组织，除销售事业外，还涉及金融、保险、采供、仓储物流和加工等多个领域，足以使农户特别是小农户对农协产生强大的依赖性。这种综合性的全方位服务无疑是农协吸引当地农户进行共同销售、利用农协服务的主要原因，农户的广泛参与增强了农协各部门的经营基础和收益，进一步反馈给农户。这是综合协同效应的一个生动体现。

前几年，中央农办调研组曾就农业供给侧结构性改革特别是农村一产、二产、三产融合及农村新产业新业态培育等问题，调研提出产业链、价值链、供应链的"三链重构"，就是产业链相加，"接二连三"，向后延伸；价值链相乘，提质增效增收，供应链相通，产销直接对接，减少流通环节。①

中国建设银行研修中心"三位一体"课题组则进一步提出了产业链、供应链、信用链的系统集成，分别对应生产、供销、信用，仍然可以适用

---

① 中央农办调研组：《破解农民增收难题的"金钥匙"——山东农村新产业新业态发展的调研与思考》，载《农民日报》2016年8月30日。

"三链重构"的提法,相互渗透、相互竞争也是必然的。一些产业、流通企业都在借助产业链、供应链上的优势地位,拓展金融业务。而大银行如果出面整合产业链、供应链,恰恰是在那些貌似"低小散"的行业和区域如农业农村,尚未形成大巨头控制,更能发挥金融部门的作用,也更有社会公益价值。大银行过去在农业农村市场介入不多,包袱也不多,这恰恰是个超脱优势。课题组的基本思路是,充分利用现有的金融基础设施和支付结算体系,主动嫁接基层互助合作资源,强化信用发现与增进机制,构造新型信用体系,赋能和促进"三位一体"合作经济发展。

(二)从专业合作到综合合作:基于地缘的社区合作

专业合作是相对于综合合作而言的,也是相对于社区合作而言的。"三重合作功能的一体化",首先是专业合作的综合,综合合作就是多个专业的合作与协同;而综合合作往往需要依托社区,有时并称为社区综合合作。东亚小农社会条件下的成功范例,更为注重社区综合合作。

中国大陆属于典型的东亚小农社会。农村人多地少,人口相对集中居住,人口密度高过欧美多数国家好几个数量级。我国民间的互助传统源远流长,如历史上曾经出现或现在仍然存在的互助形式有常平仓、义仓、社仓、变工、扎工、参忙、轮会、摇会和标会等,这些互助形式范围比较小,参加的成员也大多局限于左邻右舍、亲戚朋友和家族成员之中,更重要的是这些互助形式植根于传统的村社文化中。这种村社,在某种意义上也就是社区。在乡村社区内部,农户之间地缘、亲缘、业缘关系密切,长久以来更是在此基础上形成了深厚的乡土文化,反过来又强化了农户之间的相互联系,从而决定了社区合作在我国的地位和作用,不是专业合作能够比拟的。

专业合作与社区合作可以相互交叉、相互渗透、相辅相成。如果说"专业合作"是"条","社区合作"是"块",这就是"条块交融"。没有各种专业合作的内容,社区合作就是空中楼阁;没有社区合作的依托,各种专业合作也只能是无本之木。[①]在中国现实条件下,发展合作经济,要充

[①] 陈林:《关于合作社发展的理论反思和立法建议》,载《太平洋学报》,2006年第10期。

分利用社区这一组织资源，但也不必局限于此，农村市场经济的发展日益超越社区的界限，要求我们在更广范围内发展多种形式的联合与合作，形成纵横交错的合作体系。

在中国，人们经常把社区合作与公有土地或土地集体所有制在概念上联系在一起。农业离不开土地，在中国所有土地都是公有的（在农村是集体所有）。在此泛泛的意义上，整个农业农村经济活动（当然也包括合作组织），都可以说是"以土地公有为基础""围绕公有土地形成的"。一些人习惯认为土地"公有"是社区合作的前提条件或本质特征。其实更在于，土地不可移动，天然具有稳定的相邻关系，也就是"地缘"。

社区合作基于地缘关系，地缘关系是客观人文地理条件，与地权归属没有必然联系，更与所有制无关。好比同一个小区的左邻右舍，互帮互助更有需要，也更为便利，作为租户也可参与。在市场经济条件下，农村合作经济的主要内容是农产品销售、农业生产资料和消费品供应以及相关生产服务、信用服务等，只要这些产品与服务的产权明晰且可流转，就能够有效运行。至于合作经济成员（农民）究竟是自有土地、租用土地或是承包集体地，都不是先决条件。一些国家和地区，在土地私有的基础上发展合作经济特别是社区合作，取得成功。我国传统的土地集体所有制，基于地缘纽带，对于发展新型合作经济，也可以是个有利因素。"集体"这个组织资源，是弥足珍贵的，至少具有"壳资源"的价值。

至于供销合作、信用合作都是合作的功能形式，跟原来的供销社、信用合作没有必然关系。信用合作属于普惠金融范畴，如何坚持和发展、创新信用合作，激活合作组织内在的互助增信能力和信用约束机制，将在本书后面有关部分进行深入研究。

（三）生产服务以及其中的农技推广：更多依托合作组织

生产服务合作主要是面向农业生产主体的服务合作，如农业技术推广和共性关键技术研发，农业机械和水利、仓储、物流设施的共同利用等，以及部分生产作业环节外包（托管）合作，这些大多涉及农业农村的科技支撑。

在生产服务中，农技推广是重点和难点。农业长期发展要靠科技，但科技成果转化为直接生产力，必须进村入户，成为亿万农民的知识和技能，这就是农技推广（也包括培训）。这样大规模的农技推广，不能不依托一定的组织体系，涉及巨额成本，更有信息和激励的问题需要解决。

农技推广从经济属性上看，具有公共品（或局部公共品）特征和较强的外部性，难以确定具体的受益者付费机制，不容易进行市场定价，也就不能从市场中获得足够的补偿和激励，从而造成供应短缺。

农业技术特别是种植业技术的应用环境大多是开放式的，受自然、社会条件影响大。由于土地的限制，往往在成片化、规模化应用的情况下，才有利于发挥应有的效果。这类技术的应用是一家一户不容易搞起来的，或者一家一户搞起来效果不明显、不经济。农业技术的应用，本来就很难像在工业中那样，在封闭的车间内进行。小生产条件下，千家万户、邻里相闻的生产方式，更使得科技成果的保密难度加大。加之农业技术市场没有充分发育、农业知识产权保护体系不健全，诸多农业领域研发投入难以达到应有水平。即使在知识产权制度较为健全的西方国家，企业对农业科技的投入也是有选择性的。这也是很多农业技术难以通过市场化机制自发产生的一个原因。相应的农技推广服务，具有很强的专业性、连续性和整体性，更难以分割"零售"。

面对市场失灵，行政包办代替也是困难重重。除了纯粹的公共品，也就是纯公益性、涉及面很广、普惠性很强的服务职能，仍然要由国家承担，例如重大关键技术的开发引进、试验示范，动植物检疫和疫情防控，病虫害防治，农情监测和公共信息发布等；其他很多农技推广职能，国家管不了或者管不好，特别是局部公共品，应更多依托国家支持的合作组织来实现。一个有效的农技推广体系的建立，有赖于农民组织化程度的提高，可以降低推广成本，提高推广效率。

合作组织在农技推广中的特殊优势正在于：其一，合作组织的成员大多从事相同或相近专业，或者生活在相同或相近社区，便于整合需求。其二，合作成员互比互学，便于发挥人际传播的示范带动作用。其三，合作组织以农民为主体，在其成员增收中获得更多流量，也更有动力和实力为成员提供农技推广服务。其四,合作经济内部可有"交叉补贴",解决农技推广的经费来源问题。

正如罗吉斯和伯德格指出,如果只是想把新发明告知受众,那么大众传播就是最快和最有效的途径;如果所持的目的是在说服受众,使他们对新发明产生积极态度,那么人际传播就更为有效。[①] 同质的人际关系能够加快对异质文化的认同、接受、消化和吸收的过程。在这个过程中,意见领袖的作用非常重要。往往由农民自己来传播农业技术,较能产生良好效果。

欧美一些发达国家的高等院校,较早建立了农业推广(Extension)学科,但20世纪90年代以后开始把这个学科名称改为"沟通与创新"(Communication and Innovation Studies)。学科名称上的改变反映了对于"推广"一词理解上的变化。农民对于技术的获取其实可以是一个主动过程,是农民根据自己的生产、生活需要主动寻找技术并采用技术的过程。在这种情况下,对于技术的选择和决策是通过广大农民的充分参与而共同作出的。在农业科技推广体系中,农民的主体地位和主动参与也是不可忽视的因素,而且是推广能否成功的关键。

速水和拉坦的诱致性技术—制度创新理论认为,农业的技术进步必然带来社会收益的增长,并引起经济关系不均衡(如技术变革产生的新收入流和相对要素禀赋的变化)。这种经济关系的不均衡,是产生制度变迁需求的重要原因。但是,农业的创新技术成果(特别是生物技术成果)存在的非独占性和使用上的非排他性等外部性特点,使其具有公共产品的性质,同时,技术创新生产函数的随机性质,又使创新研究具有一定的风险和不确定性。这些问题的存在,使得创新行为很难通过市场机制来有效激励,也使得创新技术很难借助专利制度来实施产权,由此,创新技术供给也就难以在市场机制的框架内达到社会最优水平,出现市场失败。因此,速水和拉坦认为,有必要设计提供公共产品的非市场制度,来实现制度变迁供

---

① 〔美〕埃弗里特·M.罗吉斯、拉伯尔·J.伯德格:《乡村社会变迁》,王晓毅、王地宁译,浙江人民出版社1988年版。

给，使资源得到有效配置。他们在研究美国和日本的农业发展历程时发现，建立公共的、社会化的农业技术创新体系，是推动农业技术创新持续、协调发展的有效制度安排。①

农业技术研究的社会化，并不意味着农业的创新技术都必须由政府提供。如果技术创新收益主要表现为农业生产者剩余，那么技术创新就可以成为农业合作社的行动。鉴于美国和日本的实践，速水和拉坦认为，农民结成有效的组织，可以使公共资金作有利于创新研究的分配。只有在农民的组织化程度有所提高，并且具备了足够的影响力时，技术使用者、技术创新者和机构管理者之间的相互作用才是最有效率的。② 合作组织的制度创新，一个主要目的就是使经济上弱小的农民也有能力参与分割技术创新所带来的新收入流。③

在东亚，日本、韩国和中国台湾地区的农技推广都有一些共同特点：其一是科研与推广的组织系统比较完整，倚重农协（农会）发挥作用。其二是主要致力于引进、开发和推广"规模中立性"（scale-neutral）的即不受土地面积大小限制的现代生产技术，以适应小农的需要。例如中国台湾，各级农业"主管"部门负责督导农业技术推广，实际执行者则是各级农会。台湾农会认为，达到农会宗旨中所规定的"保障农民权益，提高农民知识，促进农业现代化，增加生产收益、改善农民生活及发展农村经济"，最基本的途径是加强农业推广教育以及其他生计及生活的推广教育，使会员增强经营农业及其他职业与生活的知识与技能。农会充分发挥农民自治组织的作用，将科技"推广"的职能更多地还给农民自身，结合农民组织的构建，形成科技推广的体系。省、县、乡三级农会分别设置了推广部门。科技在中国台湾农业中的广泛应用和推广，很大程度上得益于以农会、产销班为主体的农业科技推广网络。由于有这个科技传播网络，使台湾一项

---

① 〔日〕速水佑次郎、神门善久：《发展经济学——从贫困到富裕》，李周译，蔡昉、张车伟校，社会科学文献出版社2003年版。

② 〔日〕速水佑次郎、〔美〕弗农·拉坦：《农业发展的国际分析》，郭熙保、张进铭等译，中国社会科学出版社2000年版。

③ 〔美〕拉坦：《诱致性制度变迁理论》，见《财产权利与制度变迁——产权学派与新制度学派译文集》，上海三联书店1991年版。

农业技术开发出来以后，在很短的时间内即能推广普及。

在美国，1914 年实施的《史密斯-利弗法》(Smith-Lever Act) 旨在推广农业（和家政）知识和技术。许多州政府为此决定，各县均须成立农场主协会以表明其有兴趣得到更多有关现代农业技术的资料，否则就得不到政府为此支付的资金。这些县的组织经常被译为"农场局"(Farm Bureau，其实是农场主协会或农业协会)。奥尔森认为全美农场局获得成功的一个重要原因在于，"它长期以来一直是农场主从政府获得技术援助和教育的自然途径"①。——这说明即便在美国，政府的推动特别是农技推广资源的注入也是合作组织得到巩固的关键因素，另外合作组织有助于贯彻落实政府的政策，包括农技推广的政策。

（四）农技推广体制改革："农技券"设想

我国在计划经济体制下就已形成的农技推广体系，是以国有事业单位为主体，占用国家编制，统由财政拨款，实行无偿服务。20 世纪 90 年代以后，各地纷纷"断奶、断粮"，各级农技推广单位开始实行有偿服务，同时也在经营农资（农药、化肥、种子等），以减少财政负担。基层农技站（也包括农机站、种子站、畜牧站、兽医站、水管所等），往往是有钱养人、无钱干事，甚至连人也养不起，纷纷忙于经营创收，重经营轻推广，甚至只经营、不推广。很多农技人员，大部分的时间和精力被用到乡镇其他方面的工作上。而农村税费改革、乡镇机构改革裁减的冗员，也大量进入农技员队伍。又面临农资市场开放，推广主体多元化，经营服务竞争激烈等一系列困难。前些年通过机构整合，基层农技站和相关单位合并称为"农业服务中心"，情况一度有所缓解，主要是因为财政投入一度增加，这并非长久之计。农技推广体系进行了多次改革与调整，但是"线断、网破、人散"的局面并未得到根本扭转，一味依靠加强投入（包括增加编制和经费），不能解决运行机制的症结。

---

① 〔美〕曼瑟尔·奥尔森：《集体行动的逻辑》，陈郁、郭宇峰、李崇新译，上海三联书店、上海人民出版社 1995 年版。

现实情况是，国家"买单"养了一个庞大的农技推广体系，按照行政逻辑必然是层层对上负责、向上争取资源的。"用餐"的农民不出钱也出不起钱，又由于需求过于分散，缺乏一个集中整合的"点菜"机制，影响服务效率和公平性。实际"点菜"（决定农技服务品种和内容）的是地方政府或者农技推广部门自说自话，其并不掌握足够的需求信息，也缺乏问责机制。"点菜"的不"用餐"，"炒菜"的是基层农技单位和人员，不对"用餐"的农民负责，干多干少一个样、干好干坏一个样，缺乏激励和约束。

前些年不少地方推行"以钱养事"也就是"花钱买服务、养事不养人"机制，通过"单位转变性质、人员转变身份、分流富余人员"，乡镇农业部门（原农技站、畜牧兽医特产站、农机站等）由事业单位转制成为民办非企业，单位转为自主经营、自负盈亏的中介服务组织或经济实体，实行"政府买单、委托服务"。政府的经费直接付给这些中介组织或经济实体，钱没少花，服务的效果很有疑问，因为服务的对象（农民）没有话事权。基层农技推广单位裁并转制，不再保留事业编制和干部身份，极大冲击了传统观念，引发不少矛盾，后来又要求按照农技推广法明确人员身份，恢复编制，保障待遇。

其实，"以钱养事"大方向是正确的，真正欠缺的环节是"点菜"机制。政府负责"买单"，不能越俎代庖（不能直接去"炒菜"），但是也不能越位"点菜"。只有"用餐"的人知道自己的偏好口味，有资格也有动力公允评价"炒菜"的手艺和分量。只有让农民（通过合作组织）"点菜"、政府按此"买单"才能解决这个困境。因此，可以考虑把政府的农技推广经费（至少是增量部分）拨付合作组织，专款专用，由农民（通过合作组织）拿这笔钱自行选聘农技服务。

具体操作上，可以参考诺贝尔经济学奖得主米尔顿·弗里德曼（Milton Friedman）推崇的"学券"（Education Voucher）制度（政府减少对于学校的直接拨款，改向家长发放学券，由其自行选择学校，然后政府根据学校获取的学券数量予以兑现）。这样既可以激活市场机制，促进资源优化配置，提高服务效率和品质，又能兼容现有格局。为此，我们可以设想一种"农技券"或"生产服务券"，按人按户或按土地面积等简易标准发放，鼓励农户通过合作组织集中使用；政府与农民、合作组织之间，合作组织与农技推广单位之间无须发生实际的资金往来，只要建立一个记账结算机制就可以了；农技推广单位提供服务，获得"农技券"向政府兑现，以此作为自己的收入和经费。为防止改革冲击过大，开始阶段可以限定"农技券"只在现有推广单位范围内选择使用，以后逐步扩大使用范围。在电子支付技术日益普及的今天，上述操作流程的运行可以很方便。

（五）农村专业技术协会（农技协）、科技特派员也可依托合作经济

20世纪80年代以后，我国农村出现一些自发的专业技术服务组织（协会）。主要开展技术交流方面的服务，包括引进、推广实用技术，开展技术培训，进行试验、示范，交流信息等。1987年初，国务院办公厅印发中国科协《一种具有中国特色的技术经济合作组织正在农村兴起》的报告。此后，在中国科协系统以及相关部门的扶持下，农村专业技术协会（农技协）曾经有较大的发展。1991年国务院发出《关于加强农业社会化服务体系建设的通知》，将农村专业技术协会、专业合作社等列为农业社会化服务的形式之一。1998年10月中共十五届三中全会《关于农业和农村工作若干重大问题的决定》提出："加强县乡村农业技术推广体系建设，扶持农村专业技术协会等民办专业服务组织。"

但是，原来的农村专业技术协会，大多是按照社团注册，有的甚至还没有注册，比较松散，缺乏经济实力。特别是在2006年农民专业合作社立法通过以后，农口部门主导了合作经济组织领域的话语权，更几乎垄断了支农资源，对于科协系统一直扶持的农村专业技术协会造成了很大的冲击。但农口部门本身没有太多科技资源，而科技口则缺乏农口的基层组织优势，存在一个如何整合组织资源（或者被整合）的问题。

科技特派员制度最早起源于福建南平，试图在科技与农民之间建立起一个直接联系的机制与平台，真正把"科农携手"落到实处，打开农业科技工作和农村经济发展的新局面。[①] 2002年8月，时任福建省省长的

---

① 张雨、高峰、黄娟：《科技特派员制度的内涵与发展现状》，载《中国科技成果》，2007年第3期。

习近平在专题调研后，在《求是》刊文《努力创新农村工作机制——福建省南平市向农村选派干部的调查与思考》，进一步提炼总结了农村工作思路。2002年10月，科技部在总结福建南平科技扶贫工作经验的基础上，联合人事部和各级地方政府率先在西部地区推行科技特派员试点工作。[①] 2016年5月，国务院办公厅出台了《关于深入推行科技特派员制度的若干意见》，首次在国家层面对科技特派员制度进行了工作部署。2019年10月，在科技特派员制度实施20周年之际，习近平总书记作出重要指示，要求广大科技特派员在科技助力脱贫攻坚和乡村振兴中不断作出新的更大的贡献。

但是，科技部主推的农村科技特派员制度，长期缺乏有效的组织载体。很多是下派到乡政府或者农技站，面临"最后一公里"，仍是天壤之别。一些地方则鼓励科技特派员通过资金入股、技术参股等形式，与农民、专业大户、龙头企业等结成所谓的"经济利益共同体"。但从根本上、长远上来看，科技特派员及其带来的技术项目和资金，是公共资源；只为一家一户服务，或者只使少数农户受益，这并非政策的初衷。源自福建南平的农村科技特派员制度，可以和浙江瑞安发端的"三位一体"合作组织，相互嫁接，发挥彼此优势，更好地为更多的农民服务。

事实上，浙江"三位一体"合作经济先行试点之初，就得到了科技部门（科协和科技局）的大力支持。"三位一体"农协主动明确自己兼具"农村专业技术协会（农技协）"的身份，主动加入上级科协组织，同时积极依托基层合作组织体系进驻科技特派员，并由科技局提供项目资助。这就继承了"农技协"的传统资源，又有利于巩固农村科技特派员制度的长效、普惠机制。科技支农经费向合作经济组织倾斜，科技人员挂钩合作经济组织。探索采取政府购买服务的办法，引入竞争机制，鼓励科技机构、科技人员依托基层合作组织，不断扩大和改进服务，使得科技服务惠及更多农民。

---

① 科萱：《科技特派员制度破解"三农"问题的成功探索》，载《中国科技产业》，2006年第8期。

(六) 合作经济内部的交叉补贴

交叉补贴（Cross Subsidization）的本义，是企业以优惠甚至亏本的价格提供一种产品或服务（优惠服务），使得其他盈利更多的产品或服务（盈利服务）扩大市场，两种产品或服务通常是有关联性的。这本来是一种商业策略，对于在前一种产品或服务市场上占据支配地位的大企业来说，往往有垄断获利的嫌疑；但是如果前一种市场本来乏人问津，就不存在这个问题。

对于合作组织，倒过来说，可以通过"盈利服务"补贴"优惠服务"。综合合作组织更可从金融、流通等领域的收益中补偿农技推广的成本，从而通过低价格甚至零价格，吸引农民接受农技推广服务，又可以促进金融流通的增值收益。相比于舍近求远的财政拨款，交叉补贴更有精准性。

打个比方，家务劳动特别是照顾子女，很难都市场化，国家包办更不可能，但是总有家庭成员为此承担更多，却不可能算价钱，也损失了自己的职业发展机会，因此家庭内部也有一个"交叉补贴"机制，有人负责挣钱养家，有人负责照顾家。这是合理的，也是有效的。

例如，中国台湾地区"农业推广实施办法"规定，"执行系统是各级农会"。农会设推广部，负责农技推广、产销共营、专业研究外，更主要的是设了信用部，负责农民资金的存贷；又设了保险部，负责农民和畜禽保险业务；还设了供销部，负责农资、农产品的营销。这样一来，基层农会把农村的金融、农资、产品营销直至保险都管起来，成为一个坚实的经济实体，也有较好的盈利可以反馈支农。①

台湾农会的盈余分配，首先要扣除15%的法定公积金和5%的公益金；用于农业推广、训练及文化、福利事业费的部分，不得少于62%；各级农会间有关推广、互助及训练经费为8%；理监事及工作人员酬劳金

---

① 施能浦：《以"三生"农业为特征的台湾现代农业》，见习近平主编：《现代农业理论与实践》，福建教育出版社1999年版，第414页。

不得超过10%。实际上用于农技推广等公益事业的盈余比例在70%（62%+8%）以上。

而中国农业农村农民的利益，长期被转移到加工流通和金融领域。按照戴相龙文章引用的数据，"近三年，全国每年农产品加工利润和农村商业银行等金融机构的利润合计约6000多亿元"①。

二、三类合作组织的一体化：兼容性设计和普惠性基础

（一）合作组织的贯通与联合：关键在于成员一体化

大规模综合性的农村合作组织如何形成，不能闭门造车或者盲目照搬，必须面对中国的现实。具体而言，首要问题就是如何对待现有各种名目的"合作组织"。例如，农业部门主管的农民专业合作社，国家金融监管部门审批的持牌的资金互助社、保险互助社，部分地方金融监管部门审批的合作社资金互助会（浙江）、资金互助合作社（江苏）、农民专业合作社信用互助业务资格（山东），国务院原扶贫室、财政部推动的"贫困村村级发展互助资金"（在一些地方注册为合作社或协会）②，商务部与联合国开发计划署在一些地方推动的"扶贫互助社"，民政登记的农村专业技术协会等具有部分合作经济性质的社团，以及村级普遍设立的、与村"两委"密切联系的集体经济合作社（一般称为村经济合作社或股份经济合作社），还有经常被视为或自称为集体经济组织（集体企业），有时候又说成是"合作经济组织"的供销社、信用社。

以上大致可以分为三类：专业合作组织、社区合作组织、集体经济合作组织，这是从其实质上加以区分。在现象形态上，农民专业合作社貌似发展很快，除了很多"空壳社"或者"假合作社"之外，能够存活的多具社区合作性质。村级集体经济合作组织，更具有较强的社区合作性质，同

---

① 戴相龙：《新型合作金融是两亿小农户的选择》，载《中国金融》，2020年第19—20期。
② 参见国务院扶贫开发领导小组办公室、财政部：《关于开展建立"贫困村村级发展互助资金"试点工作的通知》（国开办发〔2006〕35号）。

"三位一体"服务"三农"
新型合作经济与普惠金融

时继承了特殊的集体产权制度。随着农业产业化、规模化的发展，专业合作组织（特别是跨地域的）也有很大的潜力。供销社、信用社虽然合作经济性质所剩无几，但是没有离开农村社区市场，多少也有些合作经济的历史渊源和想象空间。

专业合作、社区合作、集体经济这些元素事实上已经难解难分。在此基础上探讨"三类合作组织的一体化"并不为过。诚然，供销合作不等于现有的供销社，信用合作不等于现有的信用社；现有的农民专业合作社也很少有规范的；纵使那些规范的农民专业合作社，勉强只能代表少数核心大户的利益。集体经济合作社大多没有实际经营业务。完全抛开这些困扰，另起炉灶，建立全新的大规模综合性合作组织，未尝不是一种选项。但是这将浪费组织资源，也容易造成一些对立。现有各类合作组织毕竟有了一些产业基础和市场联系，也汇聚了农村中的一些"能人"，一些基层合作社带头人也想把事情办好。

促进专业合作、社区合作、集体经济"三类合作组织的一体化"，现实基础在于，三类合作组织的社员群体是交叉、重合的，有共同利益的基础。特别是村集体经济合作社、供销社、信用社的社员群体，在农村是全面覆盖的，有特殊的历史渊源。真正要做到"三位一体"，各类合作组织的联合，必须向下贯通到个体成员，各自的成员群体首先要结为一体，最大范围覆盖农村。整体上的共同利益诉求，通过统一的联合组织表达和实现。各自的特殊利益仍然可以通过原来的"社"来保存和体现。通过兼容性框架设计，推动各类合作组织的发展、规范与改革，加强综合、联合与整合，形成大规模全覆盖的综合性合作组织，确立其普惠性基础，其享有国家重点支持才有正当性。

很长一个时期乡村治理把过多精力放在村民自治上，简单套用欧美的基层市镇选举。实际上，同属东亚小农社会的日本、韩国和中国台湾地区，农民生产生活更多依存于官方支持的大规模、多层次、综合性的合作经济组织，其不仅具有强大的经济互助功能，也具有丰富的社会自治和行政辅助的功能。为此，我们需要稳步扩大基层农民以及合作社对于合作经济联合组织的参与，提升农民的合作精神、自治能力与主体地位，维护其合法权益，表达其正当诉求，同时协助各级政府在农村的工作。从长远上看，可望形成经济合作、社会自治与行政辅助的"三位一体"。当然，只要真正奠定了农民主体地位，其他问题也就迎刃而解了。

打个比方，假定甲、乙、丙、丁几家公司，彼此业务上有很大合作潜力，但是几家公司的股权分散，陷入内部人控制，单独某个股东或某家公司的股东都无能为力。如果贯通到底，在几家公司的股东层面，最大范围联合起来，反过来将对几家公司造成强大的影响。如果组成一个股东协会，在极端情况下，甚至可以把甲、乙、丙、丁几家公司变成这个协会的子公司。

（二）多重成员制、联邦式架构、自律监管

笔者多年前撰文指出：农协的层层组织，自下而上，不能回到"一平二调"的老路上、片面追求"一大二公"，也不能依赖行政命令，而应发展类似"联邦制"的组织形式，借助各种纽带包括企业集团式的股权或契约纽带，连为一体。这类网络化组织的产生与发展，将大大拓展中国农民生活的公共领域。[①]

从境外经验来看，无论专业合作社，还是综合农协，基层组织一般以个人为成员，纵使可以吸收单位成员，对其性质和数量也有严格限制[②]，上级组织（联合组织）以下级组织为成员，逐级向上构成各级联合组织。中国现行的《农民专业合作社法》规定"三个以上的农民专业合作社在自愿的基础上，可以出资设立农民专业合作社联合社"。

也就是说，联合组织通常采取团体成员制。但是，基于中国国情农情以及前期试点经验，我们主张县乡合作经济联合组织，特别是贴近基层的（如乡镇层级的）联合组织，在实行团体成员制的同时，保留个人成员。团体成员制，可以向下兼容原有的村集体经济合作社、农民专业合作社；

[①] 陈林：《乡村治理的新思路：村民自治与合作社改革可以并轨》，载《决策咨询》（现已更名为《决策》），2001年第9期。

[②] 如中国台湾地区"合作社法"规定：法人仅得为有限责任或保证责任合作社社员，但其法人以非营利者为限。

同时采取个人成员制,可以直接覆盖到农户和家庭农场(在法律上多以自然人主体出现),有利于灵活开展各种业务活动,也对基层合作社产生约束。

团体成员与个人成员不是简单并列的关系,而可以建立"层层嵌套"的关系。直接参加联合组织的个人成员,往往也是基层合作社的成员。当基层合作社及其成员同时进入上级联合组织,则联合组织在法理上的权威基础得到加强,我们称之为"多重成员制"。同样的道理,对于更上层级的联合组织及其团体成员也是适用的。

这有些类似于某些联邦制政体下联邦及其成员(各州)的权力都来自人民,或者说,每个公民同时是联邦和各州的选民,从而保障联邦的地位高于州,联邦可在其职权范围内对各州和州内公民行使管治权。而一般松散的协会、联合会(联合社)则类似邦联或者"独联体",协会、联合会(联合社)对于自己的成员只有服务的义务,并没有管治的权力。

各国的合作经济联合组织,对于下级组织(也是成员单位)多有指导监督之责,通常是由法律授权或政府行政委托。在尚无法律明文授权或政府行政委托的情况下,建设合作经济联合组织,采取"多重成员制",更有利于加强合作经济体系的上下贯通的纽带与整合合力。这种约束关系,既可以通过法律规定,也可以通过内部章程、相互协议来确定下列条款:(1)某个合作经济组织(特别是基层合作社)作为团体成员加入上级联合组织,其内部成员也自动加入上级联合组织。(2)某成员加入基层合作社,亦同时要求该基层合作社参加上级联合组织。(3)某成员直接加入联合组织,亦同时确认其已参加、将要参加的基层合作社均应加入联合组织,并接受联合组织的指导和监督。

"多重成员制"的深意更在于:现存的基层合作社普遍没有规范运行,以此作为团体成员向上构建联合组织,必然导致合作经济的根基严重不牢,若干个"假合作"简单相加还是假。完全撇开这些"合作社",则不利于团结各方面的力量和资源。缺乏合作经济联合组织与纵向体系的支持,坐等基层合作的发展与成熟,更是遥遥无期。现有法律地位上,合作社类同私有企业，政府缺乏监管依据和手段，并不能有效介入其内部治理，说得好听些是只能"引导"，说得不好听是只能用钱"哄着"或者放任自流。而"多重成员制"及其基础上的合作经济组织体系，有利于实行行业自律监管。

浙江瑞安"三位一体"先行试点之初，就设计了"多重成员制"以及相应的"联邦式架构"。温州农合联2011年章程和2018年章程，对此都有所继承，表述为：下级"农合联"的成员，同时也是上级"农合联"的成员；但没有明确坚持基层合作社内部社员自动成为上级联合组织个人成员的安排，而这个安排才是"多重成员制"的核心。

进一步地，瑞安先行试点还提出基层供销社、信用社原有社员统一进入瑞安农村合作协会（合作联盟），通过社员股金的集中托管，其所长期欠缺的民主管理机制由"三位一体"来实现。这样的农村合作协会（联盟）相对于供销社、信用社，至少是一个"持股会"或股金信托平台。供销社、信用社原来的机构、资产和业务可以保持稳定。这样一种"联邦式"架构的奥妙所在，是既尊重现有利益格局，平衡涉农部门的关切，又建立农协直接联系农民的通道，不断巩固和扩大农协的群众基础，大力促进农民的合作和联合，借势推进供销社、信用社的改革重组。这一进程，同时伴随着政府职能的深刻转变以及农村综合改革的不断深入。这样一种你中有我、我中有你、相互交叉、相互渗透、相互牵制、相互促进的结构，具有内生的动力，可以是动态稳定的。这正是"三类合作组织一体化"的精髓所在。

2005年6月16日，瑞安农村合作银行第一届股东代表大会第二次会议，一致通过了《关于支持筹备成立瑞安农村合作协会的决议》，决定开展合作银行小额股权的集中托管，采取"统一入会、集中持股、分散组合、互助联保"的方针，以农村信用社深化改革为契机，要为农村合作银行进一步理顺产权关系、优化治理结构和拓展营销网络创造条件，并为合作金融以及其他合作事业提供组织载体，发展全方位、多层次、综合性的农村新型合作体系。2005年6月21日，瑞安市人民政府第325次专题会议就瑞安农村合作银行股权托管及促进瑞安合作事业全面发展的有关事宜进行了深入研究。2006年3月17日，瑞安市第十三届人大第四次全体会议通过的《政府工作报告》进一步作出部署：引导成立"三位一体"的瑞安农村合作协会，积极探索社会主义市场经济条件下的新型合作化道路的部署。2006年3月25日，瑞安农村合作协会正式成立。2006年4月6日，瑞安农村合作银行第一届股东代表大会第三次会议作出了关于瑞安农村合作银行与瑞安农村合作协会之间建立联盟关系的决议。2006年8月21日，瑞安市人民政府发出《关于同意瑞安农村信用社原有社员的股东权益进行集中托管的批复》，同意将瑞安农村信用社原有社员（合作银行小额股东）11.6万户的股东权益由瑞安农村合作协会信用部集中托管，分期分批进行清查登记，进一步发展股权交易中介、代理分红派息、开展信息披露等服务。要求瑞安农村合作银行在此基础上，进一步理顺产权关系、规范治理结构和拓展营销网络，为金融支持新农村建设服务。瑞安农村合作协会在此基础上，以金融为核心，以信用为脉络，发展全方位、多层次、综合性的农村合作体系，探索社会主义市场经济条件下的新型合作化道路。

但后来一些地方，仅仅试图在农民合作社的基础上成立松散的联合组织，如"农民专业合作协会（联合会）"或者"农民（农村）合作组织协会（联合会）"，以此解决合作社的"做大做强"问题，恐怕是缘木求鱼、事与愿违。这些松散协会（联合会）都是仅仅建立在现有的合作社基础上，好比是个"独联体"或"邦联"，姑且不论组成协会（联合会）的这些"农民合作社"是否真正具有合作社性质、是否符合多数农民利益，就算作为联合组织成员的这些合作社本身是规范的甚至是高效的，他们彼此之间的"独联体"是不能发挥多大作用的。好比美国建国之初只是一个"邦联"，这样的一个美利坚合众国是软弱涣散的，无力对外和对内承担重要责任，后来不得不改成"联邦"。

（三）新型合作组织：农村合作协会（中心）、信合联盟

"三位一体"合作经济的新型联合组织，在浙江先行试点的正式命名是"农村合作协会"，这个命名郑重载入了当年人大通过的政府工作报告，

也得到了高层领导和权威媒体的认可。① 与此同时，也同步组建了"浙南农村合作中心"，与瑞安农村合作协会"两块牌子、一套班子"，主要作为研究推广单位，在必要时与瑞安农村合作协会相互切换，互为备份。又鉴于农村合作事业的金融支持短板，经金融工委批准组建了瑞安农村合作协会信用部，后发展为瑞安信合联盟，并面向全国发起中国信合联盟。中国信合联盟在长远设计上借鉴日本"农林中金"（农林中央金库）、法国安盛集团，并参考美国联邦土地银行（联邦农场信贷银行）逐步吸纳合作社参股的操作路径；在最低限度上，其至少可以作为信用合作、普惠金融的行业组织。

在"三位一体"的架构下，各级各类合作社普遍进入合作协会（联盟），农民合作社得到规范、充实和提升；合作社的内部社员和外部农户更可直接进入合作协会；又推动基层供销社开放改组融入合作协会，从根本上实现供销社的回归"三农"与回归合作制；合作银行的小额股东（原信用社社员）全部进入合作协会，并通过合作协会托管持股合作银行，形成产权纽带；合作银行（及其他商业银行）又可依托合作协会、合作社发展信用评级、互助增信贷款、互助委托贷款，不断拓展营销网络，既控制银行风险，又放大农村信用。农村合作协会（联盟）至少可以相当于一个合作社的行业协会；稳步扩大农民以及合作社对于农村合作协会的参与，对于合作社给予指导、扶持和服务；还可接受政府的委托，协助有关部门的工作，并接纳来自社会各界的志愿者共同投身于乡村振兴。农村合作协会（联盟）鼓励专业合作纵向延伸，以较低成本实现较大范围内的组织化；鼓励社区合作重心下移，汲取乡土资源，发展综合服务；为基层合作社嫁接金融、流通、科技等功能；在乡镇层级大力培育中心合作社，增强其辐射和带动作用。

新型合作经济联合组织，各地称谓不一，有的叫"农村合作协会（联

---

① 《浙江瑞安首创综合性农协》，载《金融时报》2006年3月30日；《浙江首创综合性农会——为农村金融改革创造条件》，载《大公报》2006年3月30日；《瑞安组建国内首家农村合作协会》，载《浙江日报》2006年5月12日，第1版；《瑞安农协的乡村合作实验》，载《浙江日报》2006年11月14日；《为中国式"穷人银行"鼓掌（评农村合作协会）》，载《浙江日报》2006年11月21日；《瑞安农协：组织农民建设新农村》，载《人民日报·海外版》2006年11月28日；《瑞安综合农协这两年"三位一体"整合农村资源》，载《中国经济时报》2007年1月17日。

盟)""农村合作经济协会",有的叫"农村合作经济组织协会",或者"农村(农民、农业)合作经济组织联合会"。为了简化起见,我们倾向于统一使用"农村合作协会(联盟)"或"合作协会(联盟)"。具体理由有六点:

一是"农村合作协会(联盟)"或"合作协会(联盟)"作为"合作社"的并称,名称简洁有力,既体现合作制的因素,又不局限于现有的合作社(农民专业合作社或集体经济合作社)。未来可以作为合作经济组织的主流形式之一。

二是便于直接吸收各类经济主体作为成员。而"农村(农民)合作经济组织联合会",顾名思义,成员当然只能是"合作经济组织",如果把农业企业拉进来显得名不正言不顺,逻辑上不能自洽。其实,我国有些家庭农场是按照企业注册的;一些农业生产企业,放在欧美国家,也就是一个普通农场主的体量,国外大农场主也是要参加合作社的。而我国《农民专业合作社法》对于企业参加合作社是有限制的。允许这些农业生产企业直接加入"三位一体"合作经济联合组织,是一个解决渠道。

三是便于直接吸收农户、农业农村工作者和支农志愿者成为成员。特别是保障基层农户的直接进入通道,从而获得广大农户成员(社员)的授权,为规范、整合、指导监督各类合作组织提供法理基础。如果联合组织只是建立在各个"社"的基础上,会有缘木求鱼的问题。因此必须重构直达农户的合作基础。

四是很多地方的信用联社已经改制成"农村合作银行",与之相应,"农村合作协会(联盟)"貌似兄弟单位,较易得到金融部门接受和支持。

五是相较于"农业合作协会""农民合作协会"等名称,"农村合作协会(联盟)"更能体现出着眼于农村整个系统联动的内涵。农村中的很多非农业甚至非农民的合作领域也可大力发展。

六是"农村合作协会(联盟)"这个名称尚未被各地滥用,也是一个优势。早在2006年8月河北沧州市农民合作经济组织联合会成立,2006年11月河北省农民合作经济组织联合会成立,宜昌市农村合作经济组织联合会则是1991年成立,安徽省农村合作经济组织联合会在2006年成立。全国各地类似组织很多,大多是依附于当地供销社,难免被旧有体制机制所同化，一再证明其难以在合作经济改革创新中发挥引领作用，更不容易得到其他部门的配合、支持。而浙江省农民合作经济组织联合会直到2017年才成立，其能否继承"三位一体"的改革精髓是有目共睹的。所以，"农民（农村）合作经济组织联合会"这个名称属于"名不正则言不顺"，又已经泛滥成灾，尽量不用为妙。

总之，"三位一体"合作经济联合组织，无论是"农村合作协会（联盟）"，还是有些地方叫"合作总社"，在现行管理体制下，无论其作为社会团体法人在民政部门登记，作为集体经济组织法人在农业农村主管部门登记，还是作为合作社法人或集体企业法人在市场监督管理部门登记，在基本原理上都是可以相通的。例如《社会团体登记管理条例》是允许个人会员、单位会员并存的。在现行法律法规框架下，可以按照意思自治的原则，对于合作经济成员的分级、分类，相应的权利和义务作出自主规定，在章程中加以体现。在最低限度上，"合作协会（联盟）"可以只是一个合作社协会或联合会，但是从根本上看，其不仅要建立在合作社的普遍基础上，更要建立在农民的普遍基础上，不是普通的NGO或民间社团，而需要特别法上的地位和保障。

（四）新型合作组织兼容集体经济元素

在"三位一体"合作经济先行试点之初，大规模合作经济联合组织（综合性农村合作协会或联盟）的体制设计，主要是以合作社联合社（包括供销联社、信用联社、农民专业合作社联合社或协会，以及乡镇联合社）作为核心成员，形式上"条"（专业合作）与"块"（社区合作如乡镇联合社、村经济合作社）并重，事实上"块"的方面一度较为薄弱。这在当时主要是为了迁就供销联社、合作银行既成事实的特殊地位，同时预留未来新型合作社联合社不断进入的增量空间，逐步"稀释"原来供销联社、合作银行的权重。同时也是因为当时集体经济产权制度改革尚未全面展开，不得不把重点放在农民专业合作社方面，仅吸收了部分村经济合作社参加联合组织。这个方式可能更适用于经济体量较大、农业产业化程度较高（因此专业合作更有基础）的地区；但在专业合作社及其联合社本身基础不牢、规范化程度不高的情况下,又缺乏社区合作的支持,联合组织不容易巩固。

进一步的实践和研究表明,把集体经济与合作组织分开去搞都不容易成功。在农民专业合作社或者供销社、信用社的基础上进行嫁接重组,并不容易做到全覆盖。全覆盖的意义不仅在于规模效益,更在于普惠和公平,这是共同富裕的必由之路。同时正因为全覆盖,这样的大规模多层次合作经济组织,不能是普通的民商事组织,而必然具有"半官方"特征或公法性质,更有必要加强政府的领导和推动,更有希望突破部门利益的束缚。

合作经济联合组织如何兼容村级集体经济

我国很多地方发展新型合作经济或新型集体经济,在思路上囿于"村集体"层面,不仅对于传统集体权益不便处理,也由于村级体量普遍偏小,土地、农户和产业不足,并不容易达到规模经济。因此,可由当地所有的村集体经济合作社作为核心成员共同组建合作经济联合组织(乡镇或县级),同时吸收辖区内农民专业合作社、家庭农场等作为基本成员,可以迅速做到合作经济组织的大规模、全覆盖。为了平衡各种权利义务关系,可以实行成员分级分类。

传统集体所有制因素可留在村级内部逐渐消化。现在各地大多将集体经济组织法人按照"村(股份)经济合作社"进行注册,但其结构运作有很多不明确、不统一之处。对于构造联合组织来说,姑且不管这些传统集体经济组织的历史渊源、内部构造与未来前景,其对外就是一个独立法人实体、对于联合组织就是一个成员,可以作为核心成员(发起成员、创始成员),具有一些特殊地位。可通过联合组织章程赋予核心成员否决权,如在成员代表大会上的表决事项,应经所有成员代表过半数(重大事项为2/3以上)同意,且核心成员代表过半数(重大事项为2/3以上)同意,方为通过。这是为了承认和保障原集体经济组织及其成员(覆盖绝大多数农户)的传统地位和权利。

联合组织应按照合作经济主导原则进行规范,同时吸收部分股份制因素(如设定投资回报上限的优先股。至于合作社、联合社参股的公司,则是完全意义上的股份制)。此中奥妙还在于入社、入股行为,本身就伴随着资源、资产（也可包括资金）的集中与整合。

联合组织的资格股的额度分配。可由各村平均分配，也可根据当地务农人数，农用地面积，参与联合组织的贡献，进行适当调整。总体上不要有大的差距。至于辖区内的农民专业合作社，可自愿加入联合组织。其中确有业务需要、较为规范的，可以参与出资（认购资格股），作为联合组织的基本成员。其他不适宜参与出资的，又不便打消其积极性的，可以只作为联系成员，如果没有实质性业务往来就只是"挂名"性质，权利义务都是象征性的。

这样的总体设计，兼容了集体制、股份制、合作制因素，具有高度弹性。其中传统集体制的因素得到尊重和保留，股份制的因素有所引入、加以限制，合作制的因素预留空间最大。如果合作制的因素尚无大的发展，现有框架至少相当于集体经济组织之间相对平等的一个合股实体，仍然可以发挥较大作用。如果对成员的业务往来、交易返利不断上升，合作制趋于主导地位，也不影响原有的功能。

必须指出，这种合作经济联合组织，严格来说并非《农民专业合作社法》意义上的联合社，所以并不方便在市场监督管理局获得注册，但是可以在农业农村部门取得集体经济组织法人登记，或者在民政部门取得社团登记。这实际是兼容传统集体所有制的新型合作经济组织法人，可以通过组织章程的特殊设计来加以体现。

村（社区）经济合作社如何兼容原有集体经济因素

在原有集体经济组织基础上改制组建的村（社区）经济合作社，继续履行集体所有制职能的同时开展合作经济事业，必然面临这个问题。集体经济成员与合作社成员未必重合。原集体成员参与合作经济的程度各有不同。合作经济的发展一旦超出原集体成员的范围，其新吸纳的股金以及在经营中形成的财产和收入，属于新的产权关系。在同一个法人实体内部，为了保护新老成员的正当权益，有必要为原集体经济成员单设一类如"原始成员"或称"创始成员"。原始成员的设置，是为了承继传统集体经济的职能和资源，维护传统农民的利益（有些传统意义上的农民，可能不再从事农业，甚至离开当地了，但其集体经济权益应予保护）。

原始成员的权利受到特殊的限制和保障。特殊限制主要是指作为集体经济成员的身份（及相应权益）不能自由转让，在身份认定上也有严格程序和条件。特殊保障主要是在表决权、受益权上另有安排。例如实行分类表决时，可赋予原始成员否决权。在成员（代表）大会上的表决事项，应经所有成员（代表）过半数（重大事项为2/3以上）同意，且核心成员（代表）过半数（重大事项为2/3以上）同意，方为通过。有关法规和政策明确由集体经济组织成员享有的权益，或者仅限于传统集体所有制范畴内的权益，如集体土地征收补偿权益等，专属于原始成员。村（社区）经济合作社经营使用集体土地等资源，应向原始成员提供合理对价（特别是在原始成员占比减少的情况下）。

在相当长时期内，特别是在传统农区，原始成员、基本成员的重合度较高。但是由于农民的分化与流动，在某些地方特别是较发达农村，原集体经济组织成员留在当地的、从事农业生产经营活动的比例变少，新型农民的作用上升。即使是具备集体经济组织成员（原始成员）身份的当地农民，如果流转受让了其他农民的土地经营权，其作为原始成员的权利并不会相应增加，但是作为基本成员的权益可以相应调整。外来的新型农民，则不具备集体经济组织成员（原始成员）身份，其利益和诉求，更应通过基本成员、联系成员的设置来体现。

未来集体经济产权制度还可能面临进一步改革。随着经济发展特别是新型合作经济的发展，原有集体经济的权重也会相对下降（绝对值仍可能有所发展）。在集体土地全部被征收，集体经济组织成员均已纳入社会保障体系的条件下，对于集体权益及相关事项作出适当安排之后，可不再保留原始成员的类别。原集体经济组织成员可以继续作为基本成员或联系成员，长期存在和发挥作用。

上述过程中，合作社的权利和义务的重心如向原始成员倾斜，则更接近传统的集体所有制；如向基本成员倾斜，则更接近通常的股份制；如向联系成员倾斜，则更接近标准的合作制。这个过程不要操之过急，要有历史耐心。

以上考虑，试图在同一个法人实体内部兼容新型合作经济与传统集体经济职能。另一个思路是村（社区）经济合作社主要行使集体所有制职能，避免涉及经营性业务；另外新设合作经济组织的法人实体。在大多数农村地区和相当长时期内，这"两块牌子"，往往实行"一套班子"或者交叉任职，更为简便高效。

三、三级合作体系的一体化：立体式复合型经营体系

（一）纵横联合、条块交融、大规模、多层次

浙江省委、省政府2023年6月发布的《关于坚持和深化新时代"千万工程"全面打造乡村振兴浙江样板的实施意见》提出：深化生产、供销、信用"三位一体"改革，全面构建立体式复合型现代农业经营体系。其中，"三位一体"合作经济源自浙江，"立体式复合型"的表述来自习近平总书记2013年12月在中央农村工作会议上的讲话："加快构建以农户家庭经营为基础、合作与联合为纽带、社会化服务为支撑的立体式复合型现代农业经营体系。"这一表述轮廓鲜明，思路清晰，其核心正在于"合作与联合"。农户家庭是"合作与联合"的成员，社会化服务是"合作与联合"的内容。

关于"三位一体"合作经济与立体式复合型现代农业经营体系的关系，笔者很早就此进行了阐发。① 如果说农户家庭经营的"基础"不能流于一盘散沙，合作与联合的"纽带"就不能是一团乱麻，而应该有脉络、有层次，有自己的中枢纽带，或称"枢纽"。枢纽组织，也是社会管理和创新的重要方向，一些省市都有积极的探索，不仅工会、青年团、妇联、科协等传统上作为"桥梁和纽带"的人民团体迎来转型契机，一些社会建设的薄弱领域，例如在农村，新兴的枢纽型社会组织也在人们的期待之中。

---

① 陈林（专访）：《"三位一体"开创新型合作化道路》，载《农民日报》2014年1月15日；陈林：《构建现代农业经营体系：三权分离与三位一体》，载《中国国情国力》，2014年2月总第253期；陈林：《三位一体服务三农：新型合作化的经验与理论》，载《马克思主义与现实》，2015年第1期。

所谓立体式复合型现代农业经营体系构想，更进一步指明了合作与联合的枢纽组织的发展方向。立体式意味着全方位、多层次、广覆盖。过去泛泛而谈的，多是社会化服务的"网络"或"平台"，相比之下"立体"的内在联系更紧密、更牢固（特别是纵向上的联系），蕴含必要的凝聚力和权威性，以形成有效的集体行动。

至于复合型至少意味着各种合作功能的综合、各个合作组织的联合。进一步地说，如果借用复合型在政治学和宪法学上的含义，则是与单一型相对的概念，类似一个联邦制政体，具有多元统一的性质，需要一个包容性的设计。

立体式复合型现代农业经营体系，同时也是合作经济体系。建设新型农村合作体系，力图同时解决三个方面的问题：一是解决小农的大合作问题。小农有合作需求，但由于规模化、市场化和专业化程度低，造成集体行动的瓶颈。为此需要形成一个合作收益规模足够吸引农户、满足农户需要的合作体系。二是解决自发的专业合作覆盖面有限，不足以惠及大多数农户的问题，形成一个具有普惠性的合作体系。三是国家给予农业农村特别是亿万小农的扶持政策，仅仅依靠行政体系去实施，无法解决交易成本过高的难题，需要形成一个同时便于承接国家扶助资源的合作体系。

这一合作体系的载体，应该是各类农民合作组织（生产、供销、信用服务）的大联合，是所有农户（专业农户、兼业小农、其他农村居民户）的大联合，是各种涉农部门涉农政策资源（含资金扶持、人才培训、经营特许等）的大整合。

又由于农业和农村的空间分布较为广阔和分散，有些农产品的生产分布在几个不同地域，而在同一地域内又可能分布着不同的农产品。农村合作体系的建设，既要体现服务内容和对象上的针对性，又要着眼广泛性和包容性，要有适度的覆盖面和内部层次。避免单线条、一元化和区域分割，实现纵横联合、条块交融、大规模、多层次发展格局。

既要建立健全代表全体农民共同利益的具有一定层级的纵向组织体系，又要建立健全体现区域特点的横向组织体系，并且根据区域大小使之具有一定的内部层次。通过合作体系建设，使广大农户在自愿的前提下，既可以参加不同的专业性组织,又可以参加区域综合性组织,还可以一并参加这两类组织。农户既可以从中得到专业性的服务,也可以得到一般性的服务。

(二) 三级合作体系:经验与启示

从世界范围来看,农业和农村合作组织的成功范例,大多是三级体系。法国最大银行是互助合作性质的法国农业信贷集团,由三级法人组成,包括地方合作银行、区域合作银行和中央合作银行。德国合作银行也是类似架构。德国农业合作社协会的组织结构分地方、地区、全国三个层次,地方一级是合作社,地区和全国是合作社联合会。

日本农协、韩国农协、中国台湾农会长期都是三级体系。日本学者指出:"大致每个市町村都设有农协,然后以此为基础每个都道府县都组成联合会,再由都道府县的联合会组成全国联合会。这种三级系统组织与中央—都道府县—市町村这种行政组织相对应,对农协发挥政府农业政策的执行作用十分有利。"[1]

日本所谓的综合农协,其实是地区性的多功能组织,以市町村为基础建立,具有独立决策权。农协的县级(相当于中国的省)组织则以功能来划分(称为"经济联""信用联"等),与基层组织仅有具体业务联系(主要是协助产品跨地区流通和资金的统一运用等),依法行事,对下级农协没有无限制的决策权。农协组织的整体利益主要通过全国农协中央会(JA中央会)来体现。

具体运作方式包括:全国性组织负责全国农产品的调剂,进行有计划的销售;县级组织负责县内调剂与县外销售;基层农协从事集中农户农产品以及销售工作。基层农协将农户的农产品集中,大部分以"无条件委托"[2]的方式委托给县级组织销售,小部分自行销售。县级组织将基层农协委托代销的部分农产品在县域经济范围内进行销售,其他部分再委托给

---

[1] 〔日〕坂下明彦:《日本农协的组织、机能及其运营》,载《农业经济问题》,2000年第9期。
[2] 无条件委托是指农协的农产品通过县级联合会和全国级联合会有计划地销售,将集中的农产品统一发放批发市场,通过公开竞价进行产品销售。

全国性组织进行销售。由此，构成自下而上的多层次的合作体系和销售网络。这种方式，既能保证农产品的计划销售，又能提高农产品价格，比起农民自身进行直接销售更能节省其费用和时间，大部分农民愿意接受。因此，在农协组织的指导与协调下，结合当地农业情况按地区、按品种，在不同区域范围内进行有计划流通，可以避免农产品无序竞争，也能减少基层农协间的摩擦。

当然日韩农协近些年来也有从"三级体系"合并为"两级体系"的趋势。但对于中国这样的大国"三级体系"并不为多。从国内历史经验来看，梁漱溟的邹平实验，普遍设立的乡学、村学，实际上是具有经济、政治、安保功能的自治组织；其所建立的合作社，有的形成了总社、分社的体系。晏阳初的定县实验，在当地更建立了包括自助社、合作社、县合作社联合总会和农民合作银行在内的合作体系。

"三位一体"合作经济先行试点之初，就提出了"三级合作体系"，最初是指县、乡、村，或者合作协会（联盟）、合作社、互助小组。后来进一步概括为"三级合作体系的一体化"，"三级体系"的内涵和外延都有一些丰富和发展，可以推广为宏观（全国）、中观（区域、行业）和微观（基层）的"三级合作体系"。严格来说，具有法人资质和实体运营的，才能作为一个独立的合作层级。这里的中观层级作为泛指，可以不止一个，在具体设置上因地制宜、顺时而变。前面讨论过"合作体系的一体化"，已经部分涉及"合作组织的一体化"，也就是通过多层次组织体系来实现"一体化"，是"一体多层""一体多元"。

（三）基层合作的重心可能稳定在乡镇层级

在"三级合作体系"的构想中，有两头是相对稳定的。一头是全国层级，另一头是基层。在全球化条件下，全国性的合作层级日趋重要。而基层合作的重心是在乡、村或是以相邻几个村为单位，可根据当地实际情况来定，但很可能稳定在乡镇一级。

从同为东亚小农社会的日本、韩国和中国台湾地区的经验来看，相当于乡镇层级的综合农协，实体化运营，更为活跃，便利于民，也容易达到一定程度的规模经济。相信这与经济体量、人口密度和管理效率有关。这可能是小农合作的最佳有效半径之所在，有其客观必然性和借鉴意义。

中国台湾农会的基础是乡镇农会，而日本农协的市町村一级，在人口规模上也就相当于中国的乡镇。韩国的基层农协原来在里洞（相当于我国的村）一级，徒有虚名，20世纪60年代是以市郡（相当于我国的县）农协为重心代办国家"农政"业务。1969年以后韩国按照邑面（相当于我国的乡镇）为单位合并基层农协，扩大其规模，并将市郡农协的主要业务移交转入，使得邑面农协成为韩国农协的稳固基础。日本、韩国农协体系的简化与合并，丝毫没有动摇基层农协的地位。

我国过去多年强调"村级"集体经济或合作社，但是很多村的体量不足以形成规模经济。此外，村级传统集体经济的历史遗留问题较为复杂。从日本、韩国和中国台湾地区的经验来看，乡镇层级的合作经济较有优势。乡镇乃至更上层级的合作经济实体，在构造上从一开始就可以做到产权清晰，而把集体经济产权问题留在村级内部消化处理。当然，合作社（协会、联盟）还可以单独或者与其他经济主体合办企业（按照公司法注册）。

如果历史可以重来，也许在20世纪80年代全面推行家庭承包、人民公社普遍解体、乡镇政府纷纷设立的同时，大致以原公社范围的社区为基础，构造新型合作经济组织，真正落实"政社分开"，不断充实生产、供销、信用"三位一体"合作功能，才是贯彻"家庭承包、统分结合"的正解。这样可以避免片面扶持农业龙头企业或者农民专业合作的弯路，更有利于农村发展和共同富裕。当然，现在还不算晚。

本来在很多地方，若把合作经济的基层实体放在乡镇一级，可能更为合适。由于路径依赖的原因，已经搞出很多真真假假的基层合作社，目前在乡镇层面，只好在形式上构造为"联合组织"，但是仍有必要直接贯通到基层农户，并开展实体化运营。恰恰因为在中国现有的行政架构中，由于权力上收或者"部门化"，乡镇的权能、资源严重不足，合作经济组织可成为推动工作的重要"抓手"，这也可完整回应20世纪80年代农村改革已提出的"政社分开"命题。

另外一种考虑是：县在中国体制中具有特殊重要地位，承上启下，又有相对完整的功能、较具规模的体量。可以县级为基本单元，兼容各级各类合作经济组织（包括潜在性的），在联合组织的构造上贯通到基层农户。特别是在基层合作多不规范、发育不充分的条件下，要以超前的顶层设计来引领合作事业发展。

总之，合作经济的层次，可以因地制宜、因时制宜。未来合作体系的基层重心具体到哪一级，没有一定之规，要看当地人口、交通、产业乃至具体业务品种的实际情况和需求，在实践中探索，宜统则统，宜分则分。

（四）正规合作与非正规合作相互补充

在正规合作体系中，要能兼容"非正规合作"。合作经济行为是大量、频繁存在的，但是并不一定采取正规的组织形式，或可称之为"非正规合作"。例如单位同事之间的"团购"，偶尔为之就是个一次性的合作社。这样的团购也可能经常发生，仅在必要时设立组织，国外就有很多"职工消费合作社"。另外，依托现成的工会组织也便于推行"团购"或"消费合作"。在农村生产、生活中"非正规合作"更是屡见不鲜，人情关系是个润滑剂，可以不花钱、少花钱办成很多有益的事情。

在基层合作社内，可以有不同形式的互助小组；在合作社之间，可以组建联合社（合作协会、联盟），还可挂靠组建专门委员会。维持一个正规的合作经济组织法人，需要运行成本，有时采取非正规组织的形式，挂靠一个正规组织，发展形式多样的合作业务，更为简便易行。

好比大学生在校的正规组织有班级、学生会、团委（支部），拥有健全组织和体制认可，以及经费和场地等各方面保障，但是不便于满足各种个性化、小众化或者探索性的需求。各种学生社团及其他零散的兴趣小组比较富有活力，但是没有必要也不可能承担较高的组织成本，就可以依托正规的学生组织而存在和发展。

在中国村一级和村以下，多数情况下经济体量尚不足以开展规模化、正规化合作。现实中的农民专业合作社，普遍弱小、分散、不规范，甚至一个村里搞出若干家"农民专业合作社"，几乎没有一个能办好。其实这些合作社充其量只起到类似于中国台湾地区"产销班"的作用,要有一个强大的正规合作体系支持才能有效运行。

产销班是依托农会（或农业合作社）设立的基层非法人、非正规组织,一般以乡镇为组班范围,以同类农产品为纽带,同一产业的农民只能参加一个产销班。产销班通常采取统一采购和设施利用、技术和经营交流培训、产品集中包装、共享商标品牌等合作方式,将在产地经过分级包装处理的产品交给农会（合作社）运销,货款打入产销班在农会系统的账号上,并建立质量追溯,保障农产品的安全。产销班正是一种简便灵活的非正规合作形式,其能有效发挥作用,恰恰有赖于农会分摊了相当多的组织成本和风险。这是正规合作与非正规合作的相互补充。

（五）政府委托联合组织承接合作事业管理职能和涉农公共服务事项

2013 年 7 月,国务院批复同意建立全国农民合作社发展部际联席会议制度,明确了联席会议的主要职能、成员单位、工作规则和工作要求。2017 年《中华人民共和国农民专业合作社法》修订,在第十一条增加一款规定:"县级以上人民政府应当建立农民专业合作社工作的综合协调机制,统筹指导、协调、推动农民专业合作社的建设和发展。"

关于是否需要明确农民专业合作社的行政主管部门,2006 年立法和 2017 年修法过程中,都有一些争论,实际上主要是农业部与供销总社意见不一。2017 年修订后第十一条第二款整体上维持了原来的表述:"县级以上人民政府农业主管部门、其他有关部门和组织应当依据各自职责,对农民专业合作社的建设和发展给予指导、扶持和服务。"[①] 这一表述貌似周全,实际难以落到实处,仍然是多头管理或者无人负责。各级供销社长期设有合作经济指导部（处、科）,干部配备不足。农业农村部在 2018 年机构改革后设立了农村合作经济指导司,但真正对口的只有一个"合作经济处",另外几个处,如"宅基地管理处""宅基地利用处""社会化服务

---

① 2006 年《中华人民共和国农民专业合作社法》的原有表述是——第九条：县级以上各级人民政府应当组织农业行政主管部门和其他有关部门及有关组织,依照本法规定,依据各自职责,对农民专业合作社的建设和发展给予指导、扶持和服务。

处"都跟合作经济关系不大。① 农业农村部2019年9月发布的第一批全国农业社会化服务典型案例共20个，只有5个属于合作社的名义，可见他们理解的社会化服务也与合作经济关系不大。按照党的十九大报告提出的"懂农业、爱农村、爱农民"的"三农"工作队伍要求，具体而言就是懂合作经济、爱合作事业、爱农民社员，在干部数量和质量上，都有相当大的差距。

事实上合作社的发展和规范，不仅涉及农业主管部门和供销社系统，在业务职能上，至少还涉及金融、流通、科技等主管部门以及组织部门等。这些部门、单位各有各的"中心工作"，合作社管理工作常被边缘化，相互协调也不顺畅。因此，建议把分散在诸多部门的指导、协调、推动、扶持和服务职能，集中委托给"三位一体"合作经济联合组织，以此作为综合协调机制。农业主管部门此后不必保留具体行使合作经济指导职能的处室（科室），或者简化相关职能。从而理顺农民专业合作社、"三位一体"联合组织与农业主管部门之间的关系。这样既有助于"三位一体"联合组织尽快确立组织基础和权威地位，也有助于农业主管部门的职能转变和效率提升。

同样道理，原中国银保监会审批的资金互助社、保险互助社数量很少，布局极其分散。从日常管理来看，也建议将部分职能委托给当地的"三位一体"联合组织（农协、农合联）。例如在中国台湾，当局授权储蓄互助协会来代管储蓄互助社，所有储蓄互助社之经营、辅导、教育训练皆委托储蓄互助协会管理及办理。

正如习近平总书记指出：发展农村新型合作经济是政府转变农业管理职能，有效落实对农业农村的支持保护政策的一种有益尝试。从微观管理走向宏观管理，从直接管理走向间接管理，从管制性管理走向服务性管理，提高服务"三农"的层次和能力，是政府转变农业管理职能的重要内容。农村新型合作经济将服务"三农"的资源整合成一个统分结合、条块交融的农业社会化服务体系，为政府加强"三农"工作提供了一个有力抓手，

---

① 《农业农村部发布第一批全国农业社会化服务典型案例》，2019年9月11日，见人民网：http://country.people.com.cn/n1/2019/0911/c419542-31349729.html。

有利于政府改进对农业的领导管理方式，降低行政成本，提高行政效能，加强和改善对农业的公共服务，提高服务"三农"、建设新农村的能力和水平。[①]

2015年9月，浙江省委、省政府《关于深化供销合作社和农业生产经营管理体制改革构建"三位一体"农民合作经济组织体系的若干意见》（浙委发〔2015〕17号）提出："推进涉农部门职能转变及企事业单位改革。坚持政事分开、政企分开、政社分开、事企分开的原则，区分涉农部门的行政管理、公共服务、经营性服务三类职能，并按照先易后难、水到渠成的要求和农合联的承接能力，逐步剥离涉农部门事业单位的经营性服务事项并优先由农合联承担，以委托或购买方式将涉农公共服务事项转由农合联或其他主体承担。当前，要积极创造条件，将涉农部门的配方施肥、农机作业、统防统治、收储加工、产品促销、信用担保等生产经营性服务事项转移到农合联；将农产品展示促销、农业废弃物综合利用、农民技能培训等公共服务事项，以委托或购买方式由农合联或相关社会组织、经济主体承担。推动涉农部门所属或主管的从事涉农经营性服务的国有企业和涉农行业协会、农民合作社联合社等组织走向市场，并引导其加入农合联。"

浙委发〔2015〕17号文所列举的"涉农公共服务事项"，固然有转移、承接的必要，但我们认为当务之急还是落实2017年《中华人民共和国农民专业合作社法》要求的"综合协调机制"，统一归口管理合作社，并由"三位一体"联合组织代行这一职能。这个问题如不及时解决，势必会在农业局、供销社、农合联之间产生无穷无尽的麻烦。

此外，合作经济的健康发展，终究还是要解决合作金融的问题。如果出现资金池等可能造成公众风险的隐患，监管更不能缺位。金融监管部门对于没有审批牌照的机构不去管，公安局对于尚未造成治安事件的也不管，地方金融办缺乏相应的法定职权和专业力量。政府没有专责部门去辅导，监管力量也是严重不足和分散，造成事实上的野蛮生长。纵使那些金融监

[①] 习近平：《积极探索农村新型合作经济发展新路子——在全省发展农村新型合作经济工作现场会上的讲话》，2006年12月19日。

管部门审批的、持有金融牌照的资金互助社，至今仍缺乏类似联合社、行业协会的自律机制支撑。

将来可以考虑由"三位一体"合作经济联合组织代行资金互助的监管职能，探索更大范围、更深层次的合作与联合；逐步统一标准流程和规则体系；协商建立基层合作和资金互助之上的行业自律机制、限额担保增信机制、品牌连锁机制；进而在基于互助合作的互联网金融和区块链应用上取得新突破。

（六）正确处理大与小、上与下、先与后的关系

"三位一体"合作经济，在理论与实践上，多年来已经有了长足的发展。但一些人士，对于"三位一体"的认识，还局限于基层各种合作功能的综合，一定要自下而上。似乎非得有农民合作社、小规模合作的大量发展，才好在此基础上建立大规模多层次的合作体系。其实不然。缺乏这样一个合作体系的有效支撑，基层合作是难以健全发展的，小规模合作并不经济。

在我国农村，长期以来，村级以上、生产以外的主要经济活动，以及可供农民合作的资源、市场和空间，大多被行政部门所分割或者工商资本所垄断，在此条件下，片面强调基层自发的农民合作是无甚可为、难以为继的。

在国际上，欧美一些国家，及日韩等国，前些年都在推行合作社、农协的合并，而中国一些人还在陶醉于合作社的滥竽充数及其在数量上的"井喷"。对于农民专业合作社，所谓"先发展，后规范"的思路可能是轻率的，如已形成了大量并不规范的所谓农民专业合作社，形成扭曲的既得利益，这种利益格局只会日益顽固，往往成为进一步整合和改革的阻力。因此需要正本清源，进行体系架构的顶层设计，并从头严格落实。三级合作体系的一体化，不能坐等基层合作的发展与规范，两者应当统筹推进。

另外一些人士，对于"三位一体"合作经济建设，则热衷于组建县市到省级层次的联合组织。其实，在乡村基层，更需要奠定"三位一体"的微观经济实体。在同一合作经济实体内部，兼容生产服务、供销服务、信

用服务等功能；根据需要，设置相对独立的部门或附属机构，做到分账核算、风险隔离即可。这在技术上不难做到，在世界上也有成熟经验。这些新型的合作经济实体，可以由原来的农民专业合作社、资金互助社或基层供销社改组扩充而来，也可以完全重新组建。

总之，对于合作组织来说，足够的经济规模与有效的管理半径是一对矛盾。唯有植根基层社会，才能将合作成本降到最低，也有利于农民更多地参与管理。基层合作的有效半径是有限的，基本上不能超出熟人社会，但是业务上又要追求一定的规模经济。在农户本身的规模普遍较小的条件下，特别是在"大市场、大流通"的格局下，必须更多依靠合作农户的数量集聚，才有可能达到一定的规模经济。如此众多的农户，达成有效的集体行动，需要在基层合作的基础上纵向联合，形成一个立体式、复合型架构。大合作与基层合作的优势互补，必须通过多层次的合作体系来实现。

（七）参考：农会与合作社两大系统的整合

新中国成立后，1950年7月中央人民政府政务院公布了《农民协会组织通则》，除了执行土改之外，农民协会任务之一就是"举办农村合作社"。1950年7月全国合作社工作者第一届代表会议上，宣布成立中华全国合作社联合总社，并讨论通过了《中华人民共和国合作社法（草案）》。该法案采取了综合立法，并且设计了一个全国性的合作社系统，还规定："合作社是具有独立组织系统的人民团体之一，与其他人民团体一样，有权选派代表参加各级人民代表会议。"这部合作社法（草案）因为集体化运动的转向，并没有颁布实施。但是对当下仍有启发，其中之一就是合作经济组织体系的设计。

一方面，20世纪80年代全面推行家庭承包，人民公社解体后，中国大陆地区虽然有些合作经济的倡导和发展，但是长期谈不上合作体系的建设和巩固；另一方面，关于"农民协会"的讨论时起时伏。其实这两个问题截然分开，都不好解决。可以参考"二战"后到20世纪70年代末中国台湾地区的农会案例。

当代的台湾农会，可以追溯到日本殖民统治时期的"农业会"。而

1943年合并成立的"农业会",本是由原已存在的农会和产业组合(合作社)两大系统合并而成的。① 1943年前的台湾农会与产业组合(合作社),一个主要以州厅的行政区域为其组织范围,一个主要以市街庄为其发展组织的区域;一个为非营利机构的农业改良团体,一个是经济性团体,办理信用、购买、贩卖、利用等经济业务。1943年日本在台殖民当局将原农会与产业组合及其他各种农业团体合并,成立一元化农业会,经办农技推广、农产供销以及强制储蓄等有关农业之一切事宜,各级农业会的正副会长由各级行政首长兼任,农业会的官办色彩更加浓厚,延续和强化了经济统制成分,但也有利于整合农会与产业组织(合作社)两大系统的组织资源。

1945年抗战胜利后,当时的国民政府接收台湾,最初考虑保存原农业会组织。但南京国民政府多年前已经分别颁布了《农会法》《合作社法》,于是1946年,台湾各级农业会划分为农会与合作社两类组织,还将经济及金融业务从各级农会组织中划出,交由各级合作社经营,并由"合作事业管理委员会"监管。划分后,名义上合作社经营经济业务,农会负责技术推广,培训农民,然而因业务权限与竞争,纷争迭起,农民无所适从。台湾当局1948年曾颁布"农会与合作社联体营运办法",两者仍然是矛盾与问题丛生。当时的台湾省农林厅总结认为:原来官民互相呼应,官厅为推行政策,民间为图利而发达的台湾农民组织,强行划分是患了"时代错误症"②。

1949年当时的"中美农村联合复兴委员会"(简称"农复会")派员到台湾考察,由农复会主委蒋梦麟等人建议,当局将农会与合作社重新合并,确立了台湾农会多功能性与农村独占的基本体制。当局规定农村中凡有关农业性质的业务,均应由各地乡镇农会统一经营。除林业合作社、青果合作社、合作农场等少数非由农业会改组而来的合作社外,在相当长时期不得再设其他的农业合作社。1974年台湾当局颁布了"新农会法",同时取消在乡镇设立合作社的限制,农会体系之外的农业合作社有所发展,

---

① 程朝云:《光复初期台湾农会与合作社分合问题》,载《台湾研究集刊》,2006年第2期。
② 台湾省农林厅:《台湾省农会之改组》,1950年,第11页。

但是至今农会还是处于农村合作经济的主导地位。

（八）参考：美国农场信贷银行的"体系化"与"合作化"

截至 2022 年末，美国约有 45%、共 3061 亿美元的农业贷款余额来自具有信用合作性质的农场信贷系统。美国农场信贷银行（Farm Credit Bank，FCB）的前身是联邦土地银行（Federal Land Bank，FLB），组建于 1916 年。这也被认为是美国第一家政府支持企业（Government-Sponsored Enterprise，GSE），是美国在考察借鉴欧洲多国特别是德国的农业金融（主要是合作金融）体系后，结合自身合作经济发展情况建立起来的，初衷就是帮助缺乏抵押物的小型农场主、家庭农户更便利获得融资。

根据国会通过、威尔逊总统 1916 年签署的《联邦农场信贷法》（*Federal Farm Loan Act*），在全美 12 个区域建立 12 家联邦土地银行，并委托全美数百个国家农场信贷协会（National Farm Loan Association，NFLA）负责给农户办理信贷业务，为小型农场主提供优惠利率，并扩大最高贷款限额。

联邦土地银行的初始资本金主要来自政府，但政策设计的目标是要让农场信贷协会变成农民合作经济组织，让信贷协会和联邦土地银行最终都变成农户所有。因此国会立法规定农场主（农户）的每一笔贷款都要拿出 5% 的金额，用于购买 NFLA 的股份，让每一个客户（农场主）同时变成股东，同时 NFLA 再按农场主的认购股数向所在区域的联邦土地银行购买相等数目的股份。通过上述方式，要把政府投入的初始股金以及利息逐年还清，最终变成全部只有社会股份的银行，也就是从最初的"国企"完成"合作化"。

联邦土地银行发放的是中长期贷款（5—40 年）。美国 1923 年通过《农业信贷法》（*Agricultural Credits Act*），仿效创建联邦土地银行的做法，又在全国 12 个区域建立了联邦中期信贷银行（Federal Intermediate Credit Bank，FICB），每家银行资本金由财政部筹集。但联邦中期信贷银行不直接给农户贷款，而是通过给农业合作社、商业银行等信贷机构提供"贴现"服务，时间是 3 个月到 3 年之间，增强商业银行提供短期农业贷款的能力。

1933年罗斯福新政时期通过了《紧急农场抵押法》(Emergency Farm Mortgage Act)，允许那些濒临破产的农户延期支付归联邦政府所有的抵押贷款。为降低土地银行债券偿还风险和发行成本，还把12家联邦土地银行各自发行债券改为联合发行统一债券，所有银行都负连带担保责任，债券发行利率下降，也直接影响了土地银行的贷款利率。

1933年的《农业信贷法》规定建立生产信用协会（Production Credit Association，又译"生产信用合作社"），每个信贷区设立1家，共12家；以及合作社银行（Bank for Cooperatives），包括12家地区合作社银行和1家中央合作社银行。其中，合作社银行体系主要为农民合作社提供贷款服务。至此，由联邦土地银行、联邦中间信贷银行、生产信用协会、合作社银行构成的农业信贷体系最终形成。

到了1968年，联邦土地银行的所有政府初始资本已经偿付完毕，成为完全由借款者所有的合作性质的银行，也表明美国1916年的立法目标经过50多年后顺利达成。

1971年《农业信贷法》增强了联邦土地银行的贷款自主性和灵活度，1980年《农业信贷法修正案》进一步增加了对新农场主、小型农户等政策支持力度。1986年《农业信贷法修正案》更明确规定：在任何情况下，农业信贷系统机构对任何借款人收取的利率应低于私人贷款者对同等信誉的借款人提供类似贷款的竞争性市场利率和替代性贷款的利率。

1987年《农业信贷法》决定对联邦土地银行进行注资改组，同时成立农场信贷保险公司（Farm Credit System Insurance Corporation，FCSIC），保证包括联邦土地银行在内的农场信贷机构可以如期偿还债券利息等。1988年全美12个地区的联邦土地银行和中间信贷银行合并为12个农场信贷银行，统一为农业农场提供长、中、短期信贷及租赁、担保等综合金融服务。

2005年，美国农场信贷银行再次偿清政府所有注资，完全为农场主及其合作社所拥有，也可以说是再次完成了"合作化"。在"农场信贷银行—协会（合作社）—借款人（农场主）"的信贷链条中，前者为后者提供贷款，后者是前者的股东，形成层层控股的合作体系。

通常，农场信贷系统的银行向其分管区域的信贷协会提供批发贷款、风险管理等服务，信贷协会再向其会员借款人提供零售贷款业务。银行也可以直接向借款人提供零售贷款，也有银行可以向农业企业、农村地区的水、能源、通信等公共服务设施提供者提供贷款、租赁、出口融资等方面的金融服务。

总之，美国政府从一开始就建立了一套较为完善的法律制度框架，并在实践过程中不断加以改进，包括完善监管体系。成立于1933年的美国农业信贷署（Farm Credit Administration）负责对该系统的银行、农业协会及相关机构实施监管。根据1987年《农业信贷法》，美国成立了农场信贷保险公司，负责确保整个农场信贷系统所承担的债务本金和利息的及时支付。此外，农场信贷委员会则代表该系统的利益与美国国会和联邦政府进行沟通和谈判。在具体支持措施上，在农场信贷系统成立之初，美国政府提供了原始资本，后来发展到一定阶段后，农场信贷系统能够自负盈亏，并积累了较为充足的资金，政府再逐步退出其中的股份。但农场信贷系统在税收减免、债券融资等方面享受优惠政策。

很多人对于西方特别是美国的想象受到自由主义话语体系的影响，似乎他们无论什么制度创新或组织发育都是"自下而上"的、"自由"、"自发"的云云，而美国农场信贷系统的发展历程恰恰表明，顶层设计、立法先行、政府监管和行业自律有多么重要。这让"言必称美国""言必称自发"的一些人情何以堪。

（九）参考：依托母体组织的"柯克帕特里克"式合作社

奥尔森在其《集体行动的逻辑》一书中，分析了美国伊利诺伊州农场局所建立的"柯克帕特里克"式合作社，但这种合作社在我国合作经济理论与实践领域几乎还没有引起关注。

美国伊利诺伊州的农场局（严格地说应称为"伊利诺伊农业协会"）广泛建立了合作性商业组织体系。但是，这些合作社并不是美国常见的那种"罗虚代尔"式合作社，而是一种新型的、应当称为"柯克帕特里克"式合作社，因其最初是由伊利诺伊农业协会的总顾问唐纳德·柯克帕特里克（Donald Kirkpatrick）设计的。这种柯克帕特里克方式发挥了很大的作用，该州几乎所有农场主都成了该州农业协会会员，还包括了相当一部分与该协会的商业组织有来往的非农场主。有时这种说法（虽然这种说法显然有点夸张），即就经济角度而言，在伊利诺伊州，不光顾某些农场局企业并因而成为农场局成员简直就无法办农场。

伊利诺伊州柯克帕特里克式企业组织的成功使全美各州农场局纷纷仿效。这些组织一般（但并非一成不变）就是伊利诺伊企业组织的翻版。它们通常受州农场局控制并只限于向农场局成员提供收益。这一组织形式的成功使全美各州农场局的会员翻了数番。全美农场局联合会（American Farm Bureau Federation）已非昔日任何农场组织可比：会员众多，组织稳定，遍及全美。奥尔森在《集体行动的逻辑》中认为，全美农场局联合会有如此规模和相对稳定的一个原因是，"它控制了大量通常向农场局成员提供特别优惠的企业机构"[①]。

类似地，美国另外一家著名的农场主组织"格兰其"（Grange）也有许多依附于它的企业组织，其中许多企业也有对格兰其成员的激励措施。

笔者研究认为，"柯克帕特里克"式合作社本质是母体组织（如某协会）的附属企业，又可以理解为以母体组织成员为成员的合作社。简言之，是由母体组织控制，为母体组织的成员提供优惠。也就是把合作体系依托于一个更大范围的母体组织，本身专注于具体服务；充分利用了母体组织的网络体系，节约了自身"获客"成本，反过来又有利于巩固和扩大母体组织的社会基础。

笔者设想，上述母体组织及其合作社之间的控制、附属关系如果进一步"放宽"，脱离产权关系，也可通过相对平等又相对稳定的供应商优惠"框架协议"来实现。这时候的供应商并不需要合作社，而需要一般企业，为了争取客源让渡一些利益；但对于母体组织成员彼此来说，多少具有一些合作经济的成分。

---

① 〔美〕曼瑟尔·奥尔森：《集体行动的逻辑》，陈郁、郭宇峰、李崇新译，上海三联书店、上海人民出版社1995年版。

言及于此，中国人在理解上就不再感到陌生了。例如，作为一项集体福利，很多机关企事业单位或其工、青、妇组织，通过类似"团购"或消费合作的机制，为员工或会员协调安排优惠服务或商业折扣。银行为信用卡会员争取商场、旅行社、航空公司等的"会员"优惠，反之亦然，有时候是相互开放"客源"，各自的"积分"都可以通用，以求互利互惠。而一些企业则努力争取进入上述"会员"的服务商目录。

凡此种种，在商业模式上都与合作经济有相通之处，也追求类似"三位一体"的综合协同效应。当然，从"会员"的主体地位来说，其与真正的合作经济组织存在差距。

四、"三位一体"与原有供销社、信用社

（一）不可望文生义，抱残守缺

"三位一体"合作经济中的供销合作、信用合作，都是一种合作的功能与形式，与原有供销社、信用社没有必然联系，不是非有供销社、信用社不可，更非一定要有供销社或信用社来牵头或主导。切不可望文生义，好比推动海南发展，不是非有海南发展银行不可（这个银行早已倒闭）；发展民生事业，更不是民生银行的专利。但是，研究一下原有的供销社、信用社，探讨一下可能性，也是有益的。

传统上的农村供销社、信用社，是当年集体化运动的产物，在相当程度上，正是为了对农民进行"社会主义改造"乃至进一步提取工业化原始积累，才建立起来；合作制的因素先天不足，最多残留了若干基因片段。在很长一个时期，竞相追求"一大二公"，职工以"非农户口"和吃"商品粮"为荣，干部以"行政级别"和"政治待遇"为念，产权不清，管理不善，是为后天失调。[①] 作为计划经济的历史产物，长期又处于特殊垄断

---

① 陈林：《乡村治理的新思路：村民自治与合作社改革可以并轨》，载《决策咨询》（现已更名为《决策》），2001年第9期。

地位，简单地摇身一变，放下身段的确有相当的难度。

笔者 20 多年前的观察就是：也有不少供销社和信用社的官商习气在市场竞争的压力下有所转变，甚至开始改善了服务态度，实现了一些"经济效益"。但从主流方向上看，它们主要不是恢复合作社的性质，而是纷纷化身为经营自主的独立企业，以利润最大化为主要（甚至是唯一）追求；更有甚者，在"内部人控制"下，完全以职工或个别领导的利益为转移。①

笔者曾经设想：如果我们转换思路，将供销社、信用社改革以及新生合作社、专业协会的发展纳入村治框架，在乡村设置综合性的基层农协，确立其法人地位，以农协或农协式的村委会为主体实施村治，就可以同时借助市场中介的机制，在自愿交易的基础上，从流通环节获取必要的盈余用于社区公共事务和公益事业，这样不太容易遭到农民的抵触，也极大降低了征收成本。②

我们长期视之为"集体所有制企业"，却几乎忘记，从其历史渊源来看，这个集体并非内部的员工集体，而是当年的"社员"集体。当年的"社员"就是今天的村民。市场经济条件下，合作社及其员工之间仍然适用一般的雇佣劳动关系，"社员"之于合作社，则应当诉诸资本的逻辑（虽然这些资本的份额通常比较持平）。所以迫切问题是从"官本位"回归社会，重返社区。但是，供销社、信用社的规模多已较大，直接改制为基于村民个人的会员制组织，在操作上很不方便，也不利于形成有效的治理结构。结合农协的设置，这个问题可以迎刃而解。譬如，将这些供销社、信用社成建制划归农协，或者上级供销联社、信用联社以基层农协为其单位会员，就比较容易解决"所有者缺位"的问题。③

供销社、信用社本是 20 世纪 50 年代的农民群众入股形成的，数十年

---

① 陈林：《乡村治理的新思路：村民自治与合作社改革可以并轨》，载《决策咨询》（现已更名为《决策》），2001 年第 9 期。

② 陈林：《乡村治理的新思路：村民自治与合作社改革可以并轨》，载《决策咨询》（现已更名为《决策》），2001 年第 9 期。

③ 陈林：《乡村治理的新思路：村民自治与合作社改革可以并轨》，载《决策咨询》（现已更名为《决策》），2001 年第 9 期。

来与之频繁发生业务往来和交易的也是当地农民群众。无论按照当时的政策宣传还是后来的法律原理,无论按照股份制还是合作制,供销社、信用社的净资产都应该归原始社员共同所有。但是一些人(特别是社属企业实际控制者),按照他们理解"劳动群众集体所有制",主张这些净资产归"劳动群众"也就是内部职工所有。有的地方供销社连形式上的"社员"都没有了,很多50年代几角钱、几元钱入股的股金,被强行按照原来面值清退,甚至以亏损为由直接清零,有的地方则以"上收代管"之类的名义在账面上应付一下。很多地方的信用社则改制为农商行,将老股金清退或清零,有意无意把原来净资产估值压低,引入新的投资者入股,实际是套取历史形成的市场地位、牌照资源之利。至于从农民群众身上赚到的钱,几乎没有听说按照合作制原理进行盈余返还的。

前些年各地供销社、信用社腐败案件高发,深层原因在于监管盲区。无论按照历史沿革还是现行法律,供销社、信用社的资产都不属于国有资产,因此游离于日益加强的国资、财政监管体制之外;当然,更不是私人资产。由于没有真正确立合作经济应有的群众基础和监督体制,容易沦为内部人控制。但从另外的角度来看,由于管理体制上的粗放、松散、混杂,较少受到繁文缛节的束缚,反倒有一种特殊的灵活优势,尤其是在其他行政部门、国有企业受到重重限制的情况下。体制"灵活",干事空间大,这意味着干坏事、干好事的空间都大。有的供销社、信用社在"能人"掌控下,在经营上有不俗表现。

在"三位一体"结构中,农民及其合作社是服务对象,合作社又是规范对象,供销社、信用社则是改革对象。如果现有的供销社、信用社故步自封、抱残守缺,不能深化自身改革,与农民建立利益共同体,其在"三位一体"进程中必将自我边缘化。但如果供销社、信用社积极参与和投入,又将赢得自身发展的巨大空间,他们的作用仍然是可以期待的。

"三位一体"的先行试点,在机制设计上的一个奥妙之处,恰恰在于巧妙调动供销社、信用社及相关部门参与的积极性,但是绝不依赖于供销社、信用社,而是对供销社、信用社乃至整个涉农体制改革起到"倒逼"作用。多年来的实践表明,如果完全囿于供销社、信用社的旧有体制来

"恢复"合作制无异于缘木求鱼；如果主要寄希望于纯粹的农民自发，则是收效甚微并且缓不济急。至于各种涉农部门、单位"条块分割"的现状，也需要一个灵活、便捷、有效的整合机制。为此必须另辟蹊径，但不一定要另起炉灶。

但是，"三位一体"不能是现有农民合作社、供销社、信用社简单的、形式上的散乱"联合"，那就毫无意义。有一些以谬传谬的说法流行甚广——诸如什么"以农民专业合作社为基础，供销合作社为依托，信用合作社为后盾"，以及什么"依靠农民专业合作社解决生产问题，依靠信用社解决信贷资金问题，依靠供销社解决农产品流通的问题"，云云，都是牵强附会。有的地方则是简单拼凑一个农村合作经济组织联合会（协会）或农民专业合作社联合会，以此充作"三位一体"，这就回避了各类合作组织的规范和整合问题。对于三个"社"简单维持现状，敷衍了事，从一开始就是我们所不赞同的。至于一些地方和部门热衷谈论的"三社融合"，只是各家单位彼此开展一些业务上的交易或交流，浅尝辄止，同样是模糊了焦点。

更不是因为某个省市的农民合作社、供销社、信用社搞得好，才能搞、才要搞"三位一体"。恰恰相反！那些挂羊头卖狗肉的农民合作社，特别是供销社、信用社（农商行）大赚其钱，这最多是"商业经营好"，并不等于合作经济意义上的"好"。例如基层供销社的很多行为跟私人商贩没有本质区别，信用社（农商行）的行为跟其他商业银行也没有本质区别。有的地方较早开展农民专业合作试点、集体经济组织改革或者供销社、信用社改革试点，或许有些经验和成效，但也更早暴露出一些体制、结构上的深层问题，这些问题大多还没有解决。正因为农民合作社、供销社、信用社普遍没搞好、不好搞（这是按照真正合作制的标准，发达地区的既得利益格局更加固化，欠发达地区的包袱反而少些），痛定思痛，殊途同归，才要下决心迈向"三位一体"，统筹兼顾，通过系统集成的方式推进改革。

（二）不要杯弓蛇影、刻舟求剑

2022年10月，源自《湖北日报》的一则"基层供销社恢复重建，基本覆盖全省乡镇"的报道，持续发酵登上热搜，各路自媒体更是竞相猜测发挥，甚至有回归计划经济、统购统销的种种议论。股市上的"供销社概念股"莫名狂涨了一把。正所谓"一犬吠影，百犬吠声"。其实都是牵强附会。其中有一些"高级黑"，也有"低级红"，当然也反映了社会上的一些焦虑情绪和不确定感。

计划经济时期的供销社有过鼎盛和辉煌，当然也有人会把物资匮乏、自由禁锢的负面记忆与供销社相联系，因此一提到供销社就有些"杯弓蛇影"，心生不安。同时，不排除另外一些人对于供销社或者过去时代的其他符号怀有温情。

其实，由于流通领域的较早开放以及自身体制的局限，历史上的供销社在 20 世纪八九十年代就已经大面积垮掉了。1995 年全国供销总社恢复成立，各省市县供销社机关纷纷组建，具有浓厚的官本位特征。供销社所属企业名义上是集体所有制，但很多债务累累，不少深陷内部人控制。县级以下的供销社，基本上名存实亡，所谓的基层社大多是承包、租赁、挂靠、贴牌等关系，多为原供销社职工（或其亲属）自谋出路，也常为各种私商民企所假托，对他们来说就是一个"红帽子"或者项目资金的可能渠道而已。乡土"能人"多出现在这一层，有关方面扶持个把基层社"典型"（还有"为农服务中心"），上级领导来了就去考察、指导一番。至于"恢复重建基层社"，不过就是某地某部门的一个宣传材料，类似材料很多，无须当真，更不必过度解读。

现在名义上的供销社，早已不再是历史上的那个供销社，就是"同名同姓"，有些渊源关系罢了。好比 19 世纪 60 年代的清朝八旗，与 17 世纪 60 年代的八旗，岂能同日而语？最后还得靠曾国藩、李鸿章们另行募集的乡勇来支撑局面。同样道理，曾经有过汉唐盛世，现在讲中华民族伟大复兴，并不是要把汉献帝、唐哀帝他们从地下挖出来扶上位，搞"僵尸还魂"。这就是不能"刻舟求剑"的道理，否则就会开历史倒车。

又如，中国在 21 世纪初启动了 C919 大飞机项目，经常被联想起当年的"运十"。20 世纪 70 年代归口管理"运十"飞机研制的机构是上海市航空工业办公室，后来转制为上海航空工业（集团）有限公司（简称上航公司），曾经创造过辉煌的业绩。但是由于"运十"下马、麦道合作项目中止以及外部环境、自身管理上的种种原因，上航公司在八九十年代以后持续衰落，人才流失严重，资产债务关系非常复杂。国家就不可能因为当年"运十"项目是上航公司归口管理的，就再度依托这个平台实施 C919 项目，那就越陷越深了，而是专门新组建了中国商用飞机有限公司，这样有利于轻装上阵（上航公司被划入中国商飞管理，对于历史问题慢慢化解）。

退一万步说，就算要进一步加强经济上的集中统一，甚至像有些人说地回到"统购统销"，也很难指望现在这个供销社体系。中粮、中储粮这些央企，很多省市的农投集团、菜篮子集团，甚至邮政、快递企业，在执行力、运行效率、网络渠道上都更有优势；在基层还有遍布城乡的社区组织可以依靠。

供销社前几轮"改革"，虽然在恢复或加强合作制性质上几无进展，但在资产清理、人员分流等方面还是完成了较大工作量，矛盾高发期大体已经过去。如果没有在根本上建立新的体制机制，动不动回到原有套路上，那么，历次改革中多以清退、"买断"支付的成本就算是白费了。

以上说了这么多，并无贬低之意；恰恰相反，后来一些貌似光鲜的部门、行业，很多不过是"风水轮流转"，靠上了新的垄断资源权力或"风口"罢了。供销社历经辉煌与失落，有历史包袱和体制障碍，也有其组织基础和优势。中国革命和改革恰恰都是从边缘地带率先突破的，这是一个重要的历史经验，也为供销社"触底反弹"昭示了某种可能。

（三）供销社的困境与出路：有进有退、错位竞争

"三位一体"合作经济先行试点取得成功以后，浙江省供销社一度自动对号入座，高调表态支持，政治上抢占先机（但是后继乏力，不断摇摆）。2020 年 9 月，全国供销总社"七代会"的工作报告几乎是以"三位一体"为主题，提到了 11 次"三位一体"，更是空前之举（但是这次会后，尚无多少消息）。

站在供销社的角度，其行政优势不如农业农村主管部门，资金优势不如金融机构。但是，农业农村部门属于公务员体制，没有经营职能，不能

直接参与经济运作；金融机构（包括但不限于信用社、农村合作银行、农商行等）在业务和监管上有其特殊性和独立性，目前也不允许混业经营；各种农民合作社、协会团体更是实力弱小，组织松散。

本来，应该是供销社这种非官非民、半官半民的单位，又多少具有一些合作制的渊源和结构，拥有一定的网络优势、人才储备和经济实力，更应该在"三位一体"进程中发挥先导和骨干作用。要发挥这样的作用，未必需要供销社拥有多少优质资产。事实上，"社属企业"与其他企业一样与农民处于交易对手地位，"优质资产"越多，往往既得利益越大，越是不肯释放资源和利益，更加难以改革。某些沿海发达省份的情况就是这样。如果没有资产，反倒少了一些麻烦（当然也不能转嫁债务负担）。哪怕是欠发达地区，一个县市供销社，总有十几个、几十个行政或事业编制，吃的是财政的皇粮（有些是差额拨款），其中如果能有一两个懂行又热心的人，当地合作经济发展的局面就会大有不同。这样的人虽少，但总有个别脱颖而出的，然而他们在供销社内外得到的资源支持是远远不够的。这就需要供销社高层展现一些诚意。

供销社现成的全国性组织体系，在体制内已经具有长期地位，也是既成事实。有人或许认为，直接把供销社翻牌为一个自称的"三位一体"合作组织，或者变成"两块牌子一套班子"，岂不省事？但是于事无补。供销社所能得到的也就是一块空牌子而已，缺乏进一步深化改革的压力与动力。各级、各地供销社，都要在同级"三位一体"工作中取得主导权，这是不可能的，也是没有必要的。纵使其获得了政府指定的"牵头"地位，也必然是无甚可为的。如其丝毫不肯释放自身资源，还试图借机分取更多政府资源，必然遭到其他涉农部门的疑虑和抵制，也很难得到政府和农民的支持。

如果既要扩充省市县供销社编制经费和领导职数，解决"参公"身份，又要在统计上做大系统内企业规模、产值，甚至输血"僵尸企业"，"贴牌""重建"基层社，甚至把原已安置或遣散的职工又包起来（至少给了他们新的期待），还要发展新型合作经济、"三位一体"，如此面面俱到，又互相矛盾重重，这是不可能完成的任务。目标诉求必然要有所取舍，不可能既要、又要、也要、还要。

"三位一体"服务"三农"
新型合作经济与普惠金融

其实，供销社就是个成员制的架构，只要有成员社（哪怕是形式上的），就足以维持总社、省社的地位。新成员、老成员，都是成员。开放办社，不断吸纳新成员，巩固和扩大社会基础，这是应有的政治胸怀和智慧，在经济上有望焕发新机。

浙江"三位一体"合作经济先行试点，为了兼顾现实，在机制设计上，曾经为供销社融入"三位一体"提供了一个"有退有进、错位竞争"的方案。简言之，就是放弃或淡化市县以下供销社，保住以至强化省级以上供销社的地位。在相当长时期内可以维持原有编制、经费体制不变，但是要将市或县级供销社划归新型"三位一体"联合组织代管（哪怕是名义上），原来的社属企业逐步清理（剩余资产可以划入专设的基金），不要再花钱建那些故态复萌的"基层社"或者名不副实的"为农服务中心"了。原来的基层供销社如能开放重组固然好，做不到就任其消亡。同时，作为一个交换，县市级新型"三位一体"联合组织可以加入省级供销社，成为省社的一个成员社，接受其"指导"，甚至可以借此机会加强省社乃至全国总社对下的垂直权力和调度能力。纵使有的县市级联合组织并非当地供销社参与或"牵头""主导"的，这样的县市级联合组织一经成立，在横向上必然与农业农村行政部门寻求不同定位，在纵向上也必然想找个"娘家"。省社把这样的"三位一体"联合组织看成自己的"亲儿子"，其就是"亲儿子"，原来的县市供销社与省社之间本来也没有更"亲"、更"听话"。

上述过程的关键是，原有的市县级以下供销社应当接受"三位一体"联合组织的"收编"，否则，不仅容易造成新的摩擦，且新生的"三位一体"联合组织也缺乏足够的理由和动机"被收编"到省社中去。只要省社层面有足够的胸怀与智慧，又逐步把省社对地方的资源支持，改以新生的"三位一体"联合组织作为主渠道，就不难"收编"这些新生事物。为此，县市级"三位一体"联合组织，可将专业干部的人事考察、推荐由省社垂直管理，省社的影响力得到加强，而县市级联合组织的地位也更有保障。这样一种"你中有我、我中有你"的局面，既有利于排除干扰，尽可能利用现成的组织框架，保障"三位一体"的改革进程，又可以平衡各方面的合理关切。

按照上述路径充实改组的省社乃至全国总社，未来还是不是叫"供销社"并不重要。也许到了适当时机，水到渠成，就变更为"合作总社""合作协会联合会"或类似名称了。供销社化身"三位一体"合作组织，不是没有可能性，但决不能是简单地改头换面，而是要经过一系列迭代重组、脱胎换骨。

其实这是一种双向"收编"。对于供销社来说是退一步、进两步，错位竞争、发挥自身优势，可望在"三位一体"进程中争取有利地位。在这样一个过程中，供销社并没有真正失去什么，却可以吸纳更多的资源，发挥更大的作用。如果总是拈轻怕重、患得患失，就会因小失大，断送机遇。

事实上，作为先行试点的产物，瑞安"三位一体"农村合作协会曾经主动申请加入浙江省供销联社，并出席了全省供销社代表大会。当地供销社的最初态度是游移不定的，后来转变姿态，在试点进程中作出了重要贡献，但其贡献不会比当时的信用社、人民银行、银监办和科技局、农业局、团委等部门单位更大，更不比来自体制内外、社会各界的志愿者贡献更大，基层干部群众对此都心知肚明。后来则是打着"三位一体"旗号，试图把"三位一体"局限在旧有体制之内，要么是光打雷不下雨，要么是牛头不对马嘴，颇让很多部门、学界和社会人士产生误解和疑虑。其一度借"三位一体"获得了更多政治资源、财政经费和行政编制，却更加固化了旧有体制，以至变成了每一级供销社都要"牵头"去搞一个徒有虚名的"农合联"。这样的"农合联"，如果依附于供销社（甚至还要"低半级"），供销社自己投入甚少，其他部门单位不会支持，农民更没有参与，因此很难发挥作用，成立之日就是消亡之时。其实，单就其名称而言，也毫无新意。至于某些省的供销社，到了县乡以下还要重新自搞一套"基层社"，引发了社会上"杯弓蛇影"的不安舆情，也与"三位一体"合作经济的原则精神不相符。

而当其他部门单位和全社会对于合作经济特别是"三位一体"的兴趣日增，参与越多，供销社越陷入进退两难的境地，犹疑反复，迟早面临更大的生存危机，就看能不能"化危为机"。纵使某些部门单位漠然置之，越来越多的社会力量与合作经济志愿者已经纷纷加入，在资源很有限的条件下（因为财政支农的钱大多被补贴企业了），努力探索实践"三位一体"，此起彼伏，不绝如缕，却有四两拨千斤的功效。这从另一个侧面，展现了"三位一体"合作经济思想深厚的社会基础和伟大生命力，也恰恰是改革布局的伏笔之所在。

生产、供销、信用"三位一体"合作经济改革的初心，从一开始就非常明确，供销合作并不等于原有供销社。但也不必拒之门外，当时能够顺势改革改造供销社固然好，改不动则暂时将其稳住，先易后难，抓住时机全面推进合作经济事业。这是一个策略的运筹，取得了阶段性的成功。在理论上和实践上，没有原有的供销社，照样可以发展供销合作，甚至是更好发展供销合作，例如日常生活中的"团购"，就是一种简单的"供销合作"。供销社现在进退两难，但如果知进退，懂得有退、有进，那就不难。

当然，供销社系统不乏能人志士，有一些是非常倾向改革的。很多社属企业和基层社早就是自生自灭，锻炼出一些经营人才；虽然不一定是合作制的，总比一味"吃财政"要好些。关键问题在于，到底是借"三位一体"顺势改革改造供销社，还是纵容旧有体制异化"三位一体"，抑或是干脆"躺平"。供销社自身的体制机制改革必须跟进，否则无能为力；高谈"回归合作""回归三农"几十年，仅仅依靠其自身力量难以在改革上取得突破，特别是难以主动与农民建立利益共同体。说实话，如其很早做到了开放办社、农民主体，政治社会地位要比现在高得多，也不至于每到新一轮机构改革就担心自身存废。

（四）农村信用社错失良机：犹未为晚

恰恰因为供销社在很多地方名存实亡，整个系统有生存危机意识，政治上更加敏感和竭力争取。相比之下，信用社系统的资源实力，总量上不是供销社系统能相比的。由于金融垄断等原因，其在市场经济转型中保持了基本盘，甚至在一些地方经营红火，难有居安思危的意识。原农信社很多是优质资产，有宝贵的牌照和网点资源，还有很多集体土地或国有划拨土地是没有计价入账的。由于信用社系统不像供销社系统有个"全国总社",对于"三位一体"合作经济更难以采取整体的行动或姿态。其他金融机构包括各大银行对此的认识也尚需一个过程。为农服务本来不是哪个部门单位的特权或专利,"三位一体"这样的政治旗帜,金融部门不去高举,就形同是拱手相让了,更将错过以信用合作重整农村组织资源和金融体系的历史机遇。

农村信用社原本缺乏基层合作制基础,多年前实行县级联社一级法人(取消乡镇信用社法人层级)之后,距离合作制更加遥远了。大量的农信社纷纷改制为农商行,剩下一些徒有其名的"农村信用合作社"或"农村合作银行",也都是商业化运行的,甚至落入内部人控制,很多人早就把合作制、信用合作抛诸脑后了(就连形式上应付一下都很罕见)——但这也减少了一个争当"牵头""主导"的麻烦。

农信社变成农商行,有意无意向大银行看齐,在内部管理上未必达到大银行的"规范性",却很容易染上大银行的弊端。一方面受到大银行竞争挤压,另一方面不容易保持基层优势。农商行其实不是下乡问题,而是离乡再返乡问题,遇到其他商业银行同样的信息和信用困境。在一些地方,农商行股权过于分散,难以形成有效法人治理;省级联社地位尴尬,管控不力;激励约束机制未能有效建立,内控、合规、风控体系形同虚设。这些地方农商行几乎成为金融乱源,于是合并重组农商行、追求所谓做大做强的倾向时有抬头。中国并不缺乏大银行,缺的是扎根基层特别是农村的金融机构。对此,中央政策文件只能一再强调保持农信社、农商行"县域法人地位"。现在讲银行服务重心下沉,总是下不去,农商行、农信社与大银行只是"五十步笑百步"的关系。缺乏合作经济特别是"三位一体"的依托,普惠金融只能是无本之木,难免走向异化。

在合作制的基础上,省级信用联社对于成员社有管理监督之权,是合乎国际经验的,也有理论和政策依据。在成员社纷纷改制为股份制农商行之后,由于股东权利意识上升,金融监管部门也意有所指地强调"法人治理",一些农商行的人事任免、重大决策,日益有脱离省级信用联社控制的倾向。按照股份制、商业化的逻辑,省级信用联社的存在地位严重动摇。其本来就是个管理机构,在成员社或农商行没有股份,如果试图转型为金控公司，缺乏雄厚的资本基础；如果就地转型为一家普通的城商行或农商行，也缺乏市场、客户和业务基础，更降低了政治地位；如果仅仅变成一个农商行之间松散的协会组织，恐怕非其所愿，也不利于建立健全行业自律监管体系。

越来越多的人，深刻认识到合作金融特别是"三位一体"之信用合作的必要性、重要性。一些激进的意见进而主张干脆大量重建真正的信用社、合作银行，甚至要把已经改制的农商行"改回去"。笔者则主张优先采取现有金融机构嫁接互助合作机制的思路，在本书后文加以详细阐述。在这个方向上，农村信用社、农商行仍然大有机会。

五、政府主导与农民主体：打破"部门分割"

（一）抓住要害和枢纽："三位一体"是试金石

"三位一体"合作经济先行试点贯彻了"政府主导、农民主体"原则，大力引导基层合作社规范提升，进一步组建"三位一体"农村合作协会及其信合联盟。在试点进程中，有效协调了金融监管、商贸流通、科技和农业等主管部门，以及供销社、银行和保险机构等方面的关系，当地的组织部、团委、妇联、科协乃至社会各界志愿者都积极参与，更重要的是基层农民的热情响应。2006年12月浙江全省现场会专门到瑞安召开，进行经验总结和推广，表明先行试点那时已经取得圆满成功。习近平总书记当年高度肯定的"三位一体""瑞安经验"，有其特定的时空背景和深刻内涵，与后来发生的某些"异化""矮化"和歪曲不能混为一谈。

在全国都还普遍存在的"三农"症结，在"三位一体"先行试点中还没有完全解决，而是呈现出一种态势。在试点深化和各地推广过程中，由于理解水平参差不齐，利益动机各不相同，在工作进展上不充分、不平衡，甚至一些地方出现停顿、反复和倒退，当然也有些地方出现可喜的进展。如此重大鲜活的浙江经验，跌宕起伏十多年，人们不难想见其中的隐情，也可以期待后续的张力。

很长一个时期的情况，如一位温州基层干部观察指出：有关部门在服务"三位一体"过程中，表现出了浓厚的部门利益的色彩，有些部门视"三位一体"为洪水猛兽，甚至某省厅领导说"三位一体"搞乱了合作经济；有些单位担心被打乱原有的架构；有些单位则认为有我们的任务，怎么没我们的名字，以至于搞出"四位一体"。所有这些都是对"三位一体"的曲解，要正确认识，这样才能摆正位置。各部门要通力合作，共同为"三位一体"服务，促进"三位一体"新型合作体系的健康发展。①

浙江台州曾专门组织农办、农业局、农信社、供销社等部门领导赴瑞安考察学习，随后在下属数个区县开展"三位一体"新型合作体系建设试点工作。2007年6月20日，台州市委、市政府发出《关于构建"三位一体"农村新型合作体系的实施意见》。2008年4月9日，《台州日报》刊文揭示推行过程中面临的问题——事实上也是各地试点的共同问题，并在此文的编者按中指出，"三位一体"，构建农村新型合作经济体系，服务"三农"，是各地正在积极探索的一件大好事。但从探索的成效来看，各地大不相同。有些地方这三个部门、单位关系不睦，"坐不到同一条板凳上"，形成"三张皮"现象，各唱各的调，联手为农服务的实事没干多少。究其原因，主要是职能、利益所致。②

2009年2月，温州市政协九届三次会议上，致公党温州市委员会提案指出"三位一体"涉及农业、供销、金融、科技等各领域，又涉及政府与民间的互动。"这是一系列资源整合、利益博弈的过程，需要在各种利益关系中进行平衡、协调、补偿和置换。随着大合作格局的深入推进，现有资源分配方式和利益格局必然会受到冲击，由于缺乏体制和资金保障，容易因部门利益造成整体利益的缺失。目前，各部门为了各自利益，喊得少，做得也少，具体行动难以展开，担心打破利益链，对自己没好处。"③

---

① 张洪：《浅谈"三位一体"农村新型合作体系及政府作用》，载《温州农村探索》，2007年第4期。
② 《"三位一体"助推农业发展》，载《台州日报》2008年4月9日。
③ 致公党温州市委员会：《关于推进农村"三位一体"建设方面的建议》，见温州市政协网站：http：//www.wzzx.gov.cn/web/list.asp? show = yes&id = 47&tableid = 93zt。

"三位一体"服务"三农"
新型合作经济与普惠金融

有论者指出:"三位一体"服务"三农",为农服务是全社会的事情,不是个别部门的特权专利或者势力范围。某些部门单位热衷于避重就轻,或者肆意歪曲,以维护自己的特殊利益;一会儿相互推脱,一会儿相互争夺。如果他们都是为人民服务的特别是为农服务的,按理说就不会有那么多的麻烦。也许没有"三位一体",他们更容易保持长期的默契,这种"默契"的打破未尝不是好事情,台面下的名堂就不太好搞了。更有个别试点县市领导,不是麻木不仁,就是忽冷忽热,一会儿装腔作势,一会儿装聋作哑;要么是冷眼旁观,要么是胡乱插手,或者表面支持暗中拆台;荒腔走板,笑话频出;更有甚者,长期压制未能奏效,转而采取浑水摸鱼的办法,勾结私人老板和冒牌专家,搞起他们所熟悉的圈钱圈地的名堂。这恰恰说明"三位一体"合作经济,符合老百姓的利益,否则某些官僚老爷为什么要抵制和歪曲呢?

"三位一体"合作经济改革创新的曲折反复,有地方政治生态的原因,很大程度上也是上级各部门不同利益取向、相互博弈的反映,是涉农体制机制深层症结的生动写照。这恰恰说明"三位一体"抓住了"三农"问题的要害,抓住了统筹城乡的枢纽,抓得对、抓得准、抓得好。往往改革力量越强的地方,反改革力量也越强,以至陷入长期胶着局面,这恰恰形成了一种临界状态,只要迎难而上,可望毕其功于一役。这是一盘很大的棋局,现在可以说已是明棋。

需要指出的是,"三位一体"是构造新的合作组织,不是重蹈旧的行政组织。合作事业需要志愿精神,而非官僚陋习,不能照搬行政套路陈规,或者避重就轻,牵强附会。古今中外的官僚体系,思维方式和行为模式多有相似性,并不奇怪,因此才需要强有力的政党和政治家去整合、去驾驭。地方领导如果头脑清楚、锐意改革、善用杠杆,具备一定的眼界、胸怀和魄力,应该是大有可为的。新一轮合作的博弈,才刚刚开始。

总的来看,"三位一体"合作经济先行试点工作,其所取得的成效还是初步的,投入的成本更是微乎其微的。这项工作开局顺利,在全省、全国乃至国际上已经产生重大影响,但即便是在温州这片改革创新的热土上,也还是遇到了一些严峻的问题和挑战。这也说明了,中央的路线方针政策在农口部门以及有关地方的贯彻和实践，仍然任重而道远。正如习近平总书记所指出的："改革不可能一蹴而就，也不可能一劳永逸"，"改革是由问题倒逼而产生，又在不断解决问题中得以深化。"①

（二）打破部门分割，防止"异化"和"矮化"

乡村振兴的首要问题是为了谁，依靠谁？所谓为农服务，到底是为农民赚钱，还是赚农民的钱？某些部门单位之所谓支农，到底是支持农民，还是支持涉农资本，甚至是涉农官僚本身？如果是支持农民，到底是重点扶持农民中分化出的少数大户和农民企业家，还是照顾到众多的普通小农？在未来相当长时期内，我国农业农村仍将维持小农为主的格局。必须正视这样的基本国情农情，来构造和调整生产关系、经营体制。

正如前面论证指出，没有大规模多层次的组织体系支持，基层合作难以巩固和发展。应该肯定的是，至少供销社系统的一些人士，在这一点是看得清、跟得准的，当然这也合乎他们的自身关切。其重点是在县以上的"联合组织"做文章，力图"挂靠"在自己身上，不免造成头重脚轻，有形无神，以至发生"异化"。随着"三位一体"改革深化，供销社面临"进退两难"，这就要知进退，有退、有进，方能创造新局。姑且不论供销社系统在实质的合作经济业务上起到多少作用，其作为一个相对边缘化的部门，更有迫切动机寻求存在感，其行为在客观上活跃了政治局面，对于其他部门造成压力和动力，其所受到的反弹又使供销社面临新的抉择。这恰恰是改革机制设计的奥妙所在。

农业农村主管部门作为政府职能部门长期发挥了应有的作用。但是过去一个时期在资源支持上偏重农业龙头企业，对于合作经济的理解，多局限于农民专业合作，实际模仿的是欧美大规模农场主（农业资本家）之间的大农合作，并不适合中国国情农情，理应及时止损，回到"三位一体"合作经济的正确方向。农业部门对于县乡以上的合作经济组织架构（包括

---

① 《习近平：改革是由问题倒逼而产生》，见中国新闻网：https://www.chinanews.com.cn/gn/2013/11-14/5500046.shtml，2013年11月14日。

集体经济合作社的再联合），长期缺少整体筹划与政策支持，这就很容易被供销社抢占先机。前几年，农业部门开始从基层合作社在功能上的综合来理解"三位一体"，更为重视微观基础，这是正确的、必要的，但不能仅仅局限于此，否则也有"矮化"之嫌。

农业农村部2018年8月发出《关于组织申报农民专业合作社质量提升整县推进试点有关事项的通知》提出：支持有条件的合作社发展生产、供销、信用"三位一体"综合业务合作。到了2021年3月，农业农村部发出《关于开展2021年农民合作社质量提升整县推进试点工作的通知》提出：鼓励以农民合作社为组织载体发展生产、供销、信用"三位一体"综合业务合作。以上文件反映了农业农村部的最新立场，与供销社各执一端。农业农村部2021年发出的这个文件中，"促进联合与合作"（主要是指合作社的联合社），更占了前所未有的篇幅。过去只提"农民专业合作社"，现在提"农民合作社"，淡化了"专业"，理论上也可涵盖集体经济改革形成的合作社。过去多是强调"行业性联合"，现在则把"推进区域性联合"放在首位，鼓励同区域农民合作社组建联合社，更是对于社区综合性合作以及纵向体系的空前重视。沿着这个方向，是在农民合作社及其联合的基础上建设"三位一体"，又不涉及供销社。

生产、供销、信用"三位一体"合作经济，在业务内容上，主要对应科技、流通、金融三大部门。生产服务主要依靠科技支持特别是农技推广，供销服务属于流通领域，信用服务属于金融领域。围绕"三位一体"，仅仅由于农业农村主管部门与供销社系统的复杂关系，就可能使改革搁浅，但是，即便对此作出适当安排（或者是放任两者各搞一套），最多只能解决形式上的组织框架，内容可能是空洞的。在实质业务内容和资源投入上，具有决定性的增量，主要将来自金融、流通、科技（包括农技推广）等领域，涉及更多的部门单位。

2017年中央一号文件的相关表述是：加强农民合作社规范化建设，积极发展生产、供销、信用"三位一体"综合合作。2021年中央一号文件的相关表述是：深化供销合作社综合改革，开展生产、供销、信用"三位一体"综合合作试点，健全服务农民生产生活综合平台。2021年中央一号文件，同时在金融部分提出："稳妥规范开展农民合作社内部信用合作试点"。——这其实是"三位一体"的另外一种表述（如果金融部门积极争取，把"三位一体"写入金融部分也是不无可能的）。必须指出，中央文件在废止前都是持续有效的。2017年和2021年两个一号文件，当然都是继续有效的。关于"三位一体"的表述并不矛盾，恰恰是各有侧重，相互补充的。从农民合作社的角度可以实施"三位一体"，从供销社的角度可能涉及"三位一体"，从金融机构、互联网平台的角度同样可以推动"三位一体"，社会志愿者、公益组织更是可以大有作为的。这是"三位一体"实施路径的殊途同归。今后还可能出现一些大同小异的表述或者政策用词上的摇摆，我们只需按照习近平总书记的原创原文，理解其精神实质，保持定力，持续努力即可。

正如曾经任职于中央农村政策研究室、亲身参与20世纪80年代改革历程的蔡晓鹏2014年10月15日在中纪委、全国工商联召集的座谈会上发言指出，"三农转移支付"已成为高腐领域。"每年涉及1万多亿的资金，分由发改委、财政、农业、林业、科技、国土、扶贫、工信、商务部、供销社等各部门和中央、省、地市、县四级政府管辖。多龙治水、众马分肥，多头、多层审批的体制弊端过甚。"[①]

习近平总书记很早注意到，"一些政府的涉农部门……造成了农村经济发展的条块分割"[②]。他借鉴国际经验提出了"大农业"范围的行政管理。[③] 习近平总书记认为："要加快政府管理体制改革，尽快建立对农业生产资料经营、农业生产、农产品流通、农产品国际贸易进行统一管理的政府管理体制，对农产品生产、流通、进出口贸易和农业要素、农村消费品、农村工业品的市场供求，及时实施有效的宏观调控。"[④]

由于长期以来的"条块分割"，政府意图的形成与贯彻往往受到狭隘

---

① 蔡晓鹏：《我在中纪委座谈会上说了什么》，见财新网：http://opinion.caixin.com/2014-11-27/100756036_all.html#page2，2014年11月27日。
② 习近平：《中国农村市场化建设研究》，人民出版社2001年版，第137页。
③ 习近平：《中国农村市场化建设研究》，人民出版社2001年版，第133页。
④ 习近平：《中国农村市场化建设研究》，人民出版社2001年版，第424—425页。

的部门的困扰。所谓政府主导，往往是一句空话，往往沦为"部门主导"。行政权力的运行逻辑容易趋向于自我封闭、相互分割，因此，纵使合并而成一个"超级部门"也难免出现反反复复，更不能解决农民主体地位的问题。

习近平同志主张："各级政府要指导和帮助农民成立自治组织，实行农民的自我保护。要引导农民自我保护组织在同众多市场主体开展经济往来时，提高农民的谈判地位，维护他们的合法权益。"①

浙江瑞安"三位一体"合作经济先行试点，最初是从金融部门启动。无独有偶，前些年山东烟台等地推动合作社建设的一个重要经验是党委组织部门的主动作为。合作经济的重大改革创新并非源自农口部门的内生动力，非常令人深思。涉农职能的部门分割和利益樊篱，已经成为极大的阻碍。回想起20世纪50年代的"中央农村工作部"，中心任务即是组织与领导广大农民的互助合作运动，不管"农村工作的各项具体业务"。② 80年代的中央农村政策研究室也有超脱地位，事实上起到了农村改革的牵头协调促进作用。

政府主导和农民主体都不容易，这两者倒未必是矛盾的，共同的阻力在于部门利益。所谓防止"政府干预"，主要应该防止部门利益的干预或利用，政府主导并非包办代替农民，而是打破各种既得利益集团的阻隔。涉农部门分割问题和农民主体地位问题，倒是有可能毕其功于一役。自上而下的行政体系改革与自下而上的合作经济组织、社会化服务体系建设相结合，既提高行政效能，又摊薄合作成本，也促进了规模经营。只有唤起农民的广泛参与和支持，提高农民组织化程度，我们才有足够的政治势能与合法性资源，冲破既得利益集团的阻隔，真正打破部门分割，实现政府主导。

---

① 习近平：《中国农村市场化建设研究》，人民出版社2001年版，第429页。
② 《中共中央关于建立农村工作部的决定（一九五二年十一月十二日）》规定：中央决定在省委以上的党委领导下，一律建立农村工作部。地委以下的各级党委，因其主要任务即是领导农村工作，故无另外建立农村工作部之必要。……各级党委的农村工作部是各级党委在领导农村工作方面的助手。其任务是帮助党委掌握农村各项工作的政策方针，而中心任务是组织与领导广大农民的互助合作运动……除农民的互助合作运动由党委的农村工作部直接管理外，农村工作的各项具体业务应由政府的农业、林业、水利等部门及合作社分别负责，农村工作部则与这些部门的党组建立经常的联系，并代表党委对他们的工作加以指导。至于农村的党务工作则由党委的组织、宣传部门负责，不列为农村工作部的任务。

条块交融，既指专业合作与社区合作相互交融，也可引申为各个部门、系统的功能、服务与各级地方、社区的需求、条件相互交融，为此需要打破条块分割，进一步沟通、协调、整合现有支农体制和资源，促进政府机构改革和职能转变，特别是涉农部门的改革与转变，实现农村行政体系与农村合作体系的相互补充，统筹城乡发展。只有加快整合政府支农资源，农村合作经济组织才能茁壮成长，社会化服务体系才有可靠基础，党的十九大报告提出的"小农户和现代农业发展有机衔接"才能落到实处。

（三）超越"谁牵头、谁主管"的怪圈

"三位一体"合作经济在各地推广过程中，常见的一个怪现象是：一些人很少关心"是什么""为什么""干什么""怎么干"，而是纠结于"谁牵头、谁主管"。似乎这个问题不解决，什么都干不了；如果这个问题解决了，某个部门赢得了"牵头""主管"地位，那就按其自身利益或行事的方便，除了发发文件、开开会，就什么也不用干了。

又好比计划经济时代，工业局下面的企业不搞商业，商业局下面的企业不搞工业；机械工业主管部门不要下面的企业搞电子，电子工业主管部门不要下面的企业搞机械，都是生怕动摇了自己"主管部门"的地位或者被别的部门"挖了墙脚"。管胳膊的部门不许长腿，管腿的部门不许长胳膊，于是工商结合、机电一体化这样大势所趋的事情，迟迟难以推动。但是，生产、供销、信用等合作组织及其功能服务，对于农民特别是小农，如果维持相互分割，就既不能达到规模优势，又增加组织成本，都难以成功。

为此需要区别改革方案设计的"牵头"，与改革后持续运营的"主管"，这是两个不同的问题，要避免混淆，分别处理。

改革完成后，进入持续运营状态的"三位一体"合作经济组织，完全可以同时具有多个不同的业务主管（监管）部门，并行不悖。这恰恰是"三位一体"的重要意义之所在，尽量把不同类型的业务纳入同一组织实体，产生协同效应和规模效应。类似有的企业多元化经营，横跨工、农、商等领域，可能对应的政府职能部门不可胜数。但是，除了企业"许可经营项目"需经批准、受到更严格监管之外，"一般经营项目"并没有什么

特殊限制。更不应该按照某个政府部门的职能边界，去限制企业或合作经济组织的经营范围。

又如综合性金融集团涉及银行、保险、信托、证券、基金等业务，分别由中央银行（中国人民银行）、国家金融监管总局（原中国银保监会）、中国证监会等进行监管。对于国有金融机构来说，领导干部按干部管理权限由有关党委及其组织部门管理，出资人职责由财政部门或政府授权机构行使。

合作经济的业务，例如一般的产供销业务，多不涉及行政许可。某些产品和业务，如种子、农药受农业行政部门管理，烟草种植受烟草部门管理，民宿受到文化旅游部门的指导，又作为"特种行业"受到公安部门管理（消防安全则属于应急管理部门）。

较有争议的是合作金融业务。在某些国家，合作金融并不属于金融监管部门的监管对象。在我国，国家金融监管总局审批的有资金互助社、保险互助社，一些地方的金融办（地方金融监管局）审批的有"合作社资金互助会"或"信用互助业务资格"。如果按照本书前面论证的金融机构嫁接互助合作机制，例如并不形成资金池的"助贷""委贷"模式，其对于所依托的合作经济组织来说，并非严格意义上的金融业务，也就不存在金融监管问题。

合作经济组织的负责人，如需对其加强管理，可以列入有关党委及其组织部门管理的干部职务名称表。

至于改革方案设计，过去多是由相应的主管部门"牵头"。恰恰是这种习惯做法造成很多困扰，如果让改革的对象主导改革方案，大概率是因循守旧或者虚晃一枪的。而在可能涉及的主管部门较多或者尚难确定主管部门的情况下，从一开始就容易卡在"谁牵头"问题上。在这样一个多部门、多层次博弈进程中，没有哪个主管部门可以自封为"牵头"，政府也很难有效地指定一个"牵头"部门——如果这个部门被指定，其他部门望而却步，而这个被指定的部门也缺乏自我改革的动力或压力。至于任何一位党政"分管"领导，按照常规的分管范围划分，也很难"管"得了这件事。

改革的顶层设计，应当超脱于任何一个具体部门、单位，不应成为新的一轮"部门分肥"大战。当年农村推行家庭承包,只是顺势而为、放松管制,的确可以在点上、在微观、在局部先行取得经验,而且可以实践先行。当时可能遇到的阻力,除了意识形态的束缚,主要是基层社队干部的权威受损感。而这些社队干部生活在农村之中,其中很多人或其亲属仍然是农民身份,很容易感受到改革的正面影响和利益回馈。现在所要求的改革,是深层的体制改革,涉及县级以上、乡村以外利益格局的深层调整,需要更为充实的理论准备,更为强大的政治势能。大的体制不改革,在局部上的试点是不可能巩固、成熟的。因此,整体方案要有相当的前瞻性,不能过于迁就现状,而且要迎难而上。

这就需要解放思想,集思广益。某个研究室、参事室,或者人大、政协的专门委员会,乃至独立的专家团队,都可以起草方案,提交党委政府研究决策后付诸实施。方案设计的"牵头"者,应具有超脱地位,多方调研、征求意见和建议,反复沟通,甚至可以公开或定向进行方案招标。在各部门意见不一、相持不下的情况下,不妨让他们各自去搞方案,再进行集中讨论和比选;还可划定区域让不同部门带着各自方案去试点。这好比赛马,不能事先规定名次,而是指定目标、划分赛道,以结果论英雄;又好比"政府搭台、部门唱戏",谁愿意唱、唱得好、谁争取的观众和支持者多,谁就是主角。

(四)"新三农"问题:"三位一体"之"十大关系"

自20世纪90年代以来,上一轮农村改革的潜力释放殆尽,"三农"问题日渐突出,引起了从学术界到决策层的重视,一系列研究成果及政策举措相继出台。历来所指的农业、农村、农民之"三农"问题,具有高度的概括性,但是,如果忽略了我国社会利益格局的深刻演变,就容易失之于泛泛而谈。

很长一个时期以来,在"三农"问题上,很多讨论热衷于农业与农村经济如何发展,却忽略了发展的成果如何分享、如何惠及最大多数农民。很多讨论热衷于农业增效,关注了生产而忽略了生产关系。很多讨论热衷于农民增收,却忽略了户籍意义上数量极其庞大的农民群体,已经发生了大面积的社会分化，而且农民增收已经越来越多地受制于价格也即外部市场的力量对比（而不仅仅取决于自身产量）。更多的讨论则忽略了我国涉农资本力量的快速生长以及涉农部门官僚体系的变与不变。

笔者2007年有感而发，曾经提出"新三农问题"，即"农民"、"农资"（涉农资本）、"农官"（涉农官僚）的问题。在这里，农民包括少数专业大户和多数兼业小农。农资包括涉农工商资本、金融资本（不限所有制）。农官包括农业农村、供销社以及涉农科技、商贸流通、金融监管等部门的官僚体系，主要涉及农业农村、供销社、金融监管这三大部门的官僚体系（种种博弈几乎可以称为"三国演义"）。农民、农资、农官好比一个三角形，两边之和大于第三边，当然从目前来看农民仍然是较短的一边。农民、农资、农官问题，彼此之间以及各自内部产生的种种相互作用和影响，又可概括和引申出"新三农"问题之"十大关系"。①

2021年1月，笔者在中国合作经济与普惠金融论坛暨纪念"三位一体"合作经济改革十五周年活动的总结中，进一步阐发了"三位一体"之"十大关系"，也就是"三位一体"合作经济的发展与改革所涉及的十个方面的关系。包括：1. 合作制、股份制、集体制的关系。2. 公共服务、市场服务与互助服务的关系。3. 土地制度与合作制度的关系，土地规模经营与服务规模经营的关系。4. 大农与小农、欧美专业合作与东亚综合农协的关系，基层合作与合作体系的关系。5. 农民的分化与流动所造成的不同群体关系。6. 涉农各部门的关系，特别是农业、供销、金融主管部门的关系。7. 合作体系与支农体系的关系，合作组织与群众自治、行政组织的关系。8. 合作化与数字化的关系。9. 政府主导与农民主体的关系。10. 理论与实践、"破"与"立"的关系。② 这些方面的关系，以及围绕于此的重重博弈，值得进一步研究剖析和规范引导。

---

① 陈林：《新三农问题之十大关系》，载《太平洋学报》，2007年第10期。
② 孔德继：《"三位一体"开创合作经济中国模式》，载《社会科学报》2021年2月第1743期。

"三位一体"服务"三农"
"Trinity Cooperation System" as Solution to "Three Rural Issues"

新型合作经济与普惠金融
New-type Cooperative Economy and Inclusive Finance

第五章
合作成员分类分级与股金设置：
利用和节制资本

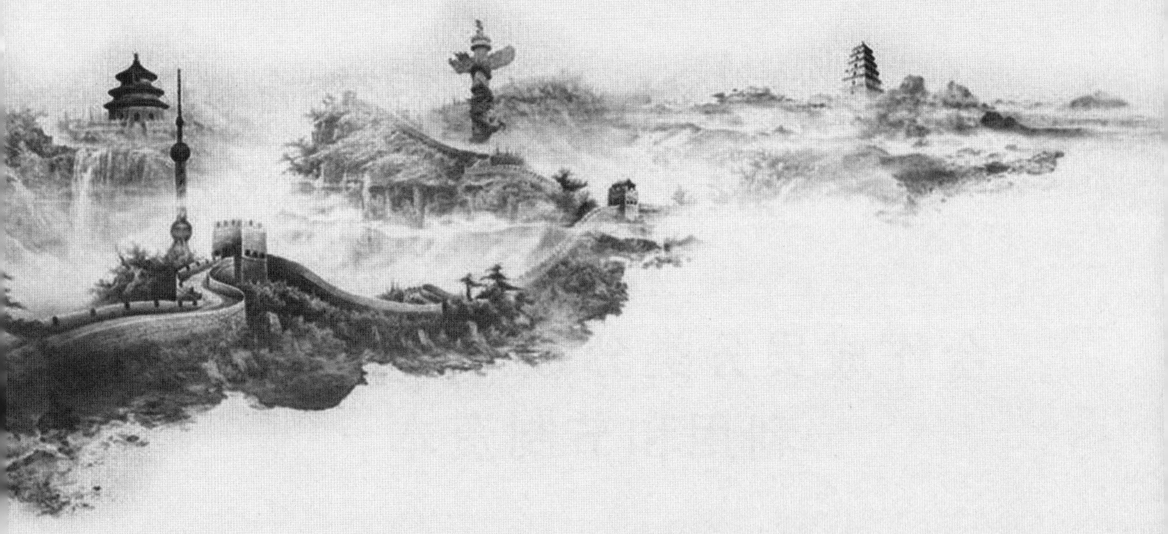

一、正视农民的分化与流动

合作经济的成员分类、分级与相应权益设置，在2006年"三位一体"合作经济先行试点之初就已提出。这是基于对中国国情和农情的深刻认知，特别是正视农民的分化与流动，所作出的适应性安排。之所以使用"合作经济成员权益"的概念，因为这些权益超越了一般公司法、民法意义上的股权、债权概念，也不等同于现行农民专业合作社法的"出资"（俗称"股金"），需要一些特殊的构造。①

传统合作经济的有效运转，一个隐含的前提往往是合作成员的同质性，例如采供、营销和生产服务需求的一致性或者相似性，因而便于整合利益诉求，形成集体行动，在经营管理上也较为简便有效。但与改革开放之初不同，也与欧美日韩数十年、上百年前的情况不同，随着市场化、工业化、城镇化进程，中国农民已经出现大面积的分化与流动。人们泛泛而谈的"农民"，其内涵和外延往往缺乏清晰的界定，大多是笼统言之，顾自抒发情怀，其实农民和农民差别可以很大。这个问题，一直缺乏足够关注和重视，更缺乏深入的研究和对策。

传统社会以农业为主，安土重迁，在农户家庭内部存在性别和代际分工。改革开放之初，刚刚承包到户的时候，绝大多数农户的差异不大。随着经济发展和社会转型，出现了大面积的分化与流动。所谓分化，一般是指事物从同质性向异质性的变化。社会生活各个领域的分化中，起决定性作用的是经济领域的分化。社会分化一般有两种形式：水平分化和垂直分化。水平分化涉及所从事的职业、行业的类型，垂直分化则关系到收入、财产的层次。农民的分化，往往伴随着农民的流动。农民的"流动"首先是地理流动，指农村人口迁移到城市或外地。从广义上，农民的流动也是

---

① 陈林：《合作经济的成员分类分级与相应权益设置研究》，见邓国胜主编：《乡村振兴研究》第3辑，经济管理出版社2023年版。

一种社会流动，即社会成员从一种社会地位或职业向另一种社会地位或职业的变动。

长期以来，既有从业意义上的农民，又有户籍意义上的农民，这是按照农业户口、非农业户口的区分；也有传统集体经济组织成员意义上的农民，在土地集体所有制下享有土地承包权，具有特殊的身份属性。

上述户籍意义上与集体成员身份意义上的农民，曾经是高度重合的，但如今已经发生不少变化。例如，一些地方推行户籍制度改革（取消农业、非农业户口的区分，统一登记为居民户口）；一些地方推行"村社分开"（行政村的村民委员会，与行使集体经济职能的股份经济合作社在机构、职能上分开）；还有"撤村建居"（撤销村民委员会建制，改为居民委员会），即便原有集体所有制土地全部转为国有土地，若有其他集体资产继续存在和运营，行使集体经济职能的股份经济合作社仍可存在。

在一些城中村、城郊接合部，作为"原住民"的农民（集体经济组织成员），仍享有土地权益，他们实际扮演的是类似"小地主"或"包租公"的角色，一部分在事实上进入了"食利者阶层"（有的得到了土地征收高额补偿，家有几套商品房的并不罕见；有的在集体土地上大建"小产权房"，对外出租甚至变相"出售"）。当然，这种情况对于绝大部分农村地区和农民，是难以企及的。

户籍意义或者集体成员身份意义上的农民，相当多的外出务工，也有一些经商，其中少量农民转型为"农民企业家"。这种现象从20世纪80年代开始出现，到90年代以后，形成更大规模流动的"民工潮"。目前有2亿多务工经商的农民，大多数没有迁移农村户籍，保留着在农村的住房和土地承包权，其中，有些尚能兼顾原来的承包地，有些则把农地流转出去，自身完全脱离农业，成为小块土地出租者（未必得到多少租金或"流转费"）。

当然，仍有一部分农民在当地务农。在务农农民中，兼业小农居多，也有的流转租入土地，甚至成为"专业大户""家庭农场"。还有少数农民到外地租赁农地（即租地农民或租地农场主），另有一些农民变成农业工人。近些年，又出现一些"市民下乡""乡贤返乡"的现象，有时被称为

"新农民"。

据统计，按在农村居住半年以上的时间算，农村常住人口不到5亿人，加上没在城镇落户的农民工及其家属，就有7亿多农业户籍人口，再加上村委会改居委会、乡镇改街道后，虽然在户籍上农转居了，但人还是农村集体经济组织的成员，于是就有了9亿农村集体经济组织成员。[①]

因此，传统户籍意义或者集体成员身份意义上的农民（或可称为"原住民"或"原住农民"），按照实际居住地，可以分类为"在地农民""非在地农民"。按照实际从业，可以分类为"务农为主""非务农为主"。两两交叉，至少有四类：在地务农、在地非务农、非在地非务农、非在地但务农（外出务农）。此外还有外来务农的情况（不具备本地集体所有制成员身份），完全依靠租用土地，这在一些发达地区和大中城市郊区更多见一些。这里，"务农"应指具有独立经营主体地位的农户或农场主（包括租地农场主），至于被农户或农场主雇佣的人员可列入务工范畴（相当于农业工人）。务农的经营规模，也大小不一，呈现出分化态势。

农村相关人群，按照具体情况可以进一步细分为：

第一种，全家都在农村生产生活，以务农为主，主要耕种自家承包地的农户。

第二种，青壮年劳动力外出务工经商（有的偶尔在农忙时回来），中老年家庭成员留村务农为主的"半工半耕"家庭。

第三种，当地农民，通过流转（租入）周边其他农户的土地，成为"专业大户"或者新型农场主。

第四种，外来农业经营者，主要依靠流转（租入）土地进行耕种。其中原为外地农民身份的，可以称为"离乡不离土"。也有一些城市居民下乡从事农业的。

第五种，在农村本地务工经商为主，包括雇佣劳动者、手工业者、个体工商户、企业主等，仍然保留承包地，兼营农业。

第六种，在农村本地务工经商，保留承包地，已经完全把承包地经营

---

① 陈锡文：《当前农业农村的若干重要问题》，载《中国农村经济》，2023年第8期。

权流转出去，可以称为"离土不离乡"。

第七种，全家外出务工经商，保留承包地，将承包地经营权流转（租出），但不排除返乡及要回承包地自行耕种的可能。

第八种，全家外出务工经商，保留承包地，将承包地经营权流转（租出），但已在外定居，基本排除返乡可能。

第九种，子女进城定居，老人进城养老、帮助带孩子。老人在家乡仍有承包地，已经流转出去。

第十种，原籍农村，通过各种途径（如考学、参军、招工招干）已经完全脱离原来的户口和集体成员身份，并获得"体制内"（党政军机关和国有企事业单位）身份，但是可以继承（或事实上拥有）父辈的农村住房权益和其他权益，因此在农村保存了较多的经济社会联系，其中一些人有返乡定居或偶尔居住的动机。

凡此种种，使得我们面临的情况，比改革开放之初，比很多年前的日本、韩国、欧美都要复杂。对此如果没有清醒的认识、精巧的设计、严格的规制，就难免造成支农政策的异化，收到适得其反的效果。在中国农村构造普惠的、全覆盖的新型合作经济组织，必须考虑上述现实。如果囿于传统集体经济组织的固有界限，就远不能适应经济社会发展的需要。新型合作经济组织，可以摆脱户籍制度、土地所有制身份属性的束缚，确立明晰的产权关系和交易规则，在此基础上大大解放和发展生产力，更好地维护农民权益。农民的分化和流动，一方面凸显了新型合作经济组织建设的重要意义和迫切性，另一方面也对此提出了新的要求。合作经济成员的分类分级，应运而生。

在合作经济的中国道路探索中，创新引入成员分类、分级的制度安排，有利于吸纳各种力量和资源，平衡各方面的责、权、利关系，同时保持合作制的本位以及为农服务的主导方向。既兼顾现状，团结大多数，又赋予其内生的动力。

合作经济通过成员分类，分清主次，包括在必要时实行分类表决制度，为特定群体的表决权、受益权提供特殊保障。这有助于确保农民及其合作组织的主体地位，优先照顾农民特别是务农农民的服务需求和经济利益。

联合组织采取"多重成员制",有益于增强其权威基础。通过适当的成员分类,还有利于兼容传统集体经济。合作经济通过成员分级,鼓励和扩大成员的经济参与,既坚持平等互助,又避免造成"平均主义""大锅饭""搭便车"。

在成员分类分级下,可以进一步采用优先股、附加表决权、交易配额等制度工具。这些改革精髓,在"三位一体"合作经济先行试点之初即已体现。但此后在一些地方的经验推广中,没有得到深入理解和运用,在一定程度上造成了"走样",因此需要正本清源、再出发。凡此对于解决当前合作经济组织普遍不规范、难巩固问题,具有重要而迫切的现实意义。

二、合作经济的成员分类

(一)成员可以不必出资:出资成员与非出资成员

合作经济成员分类,首先要摆脱把成员资格与出资与否混为一谈的习惯思维。合作经济的核心本质不是出资者的联合,而是交易者的联合。与公司股东不同,出资并非作为合作经济成员的必需条件。[①] 需要指出,"出钱"不等于"出资",这里的"资"是资本。资本不等于资金,资本是以钱生钱的钱,特指通过支配劳动来生钱的钱(资金),钱更多时候只是交易款项。例如,在一个最简单的消费合作社(如团购)模型中,参与成员各按认购数量或比例交纳价款、承担费用;仅仅通过预收价款和费用、部分成员代垫款、向供应商暂赊价款等融资方式,即是可以运作的,可不涉及资本性投入;如果按次(批)即时清结,甚至不存在资金的沉淀。

当然,为了确立合作经济组织的稳固基础,同时增强合作成员的经济参与意识,也是为了迁就社会上对于"出资"才是"老板"的习惯观念,合作经济组织根据需要,可以建立出资制度。但合作经济组织对于出资

[①] 特别是对于传统集体经济改制设立的合作社,原有集体经济成员自动成为合作社成员,不建议额外增加出资条件。

（股金）的回报通常是有限制的，这与一般股份制公司有较大不同。

笔者的主张是，对于公法性质的合作经济组织，可以不设股金为主，亦可兼容股金。对于私法性质的合作经济组织，可以设股金为主，亦可兼容非股金的成员。日本农协（农业协同组合），就有入股组合（出资农协）和非入股组合（非出资农协）两类。一般认为出资农协的股金，只是象征性的会费性质，表示取得会员身份。日本农协基于非营利原则和自身发展考虑，坚持按照准备金、累计金、分红金和返还金四部分来具体分配每年净利润，同时对股金分红率实行上限管制。中国台湾农会1952年改组时曾规定了股金制，每一会员至少认一股，不得超过股金总额的20%；股金年息不得超过一分；1974年"农会法"修订则取消了股金制。

具有公法性质或半官方地位的合作经济组织（如日本、韩国和中国台湾的综合农协），其设立和运行有赖于公共政策上的倾斜包括财力扶持，克服了众多分散小农的合作障碍。在此情况下，如果规定了统一的股金门槛，股金要求高了难以动员绝大多数农民参与和受益，股金要求低了更没有实质意义，也许就不如不设股金，或者不把股金作为成员资格的必要条件。

至于私法性质的合作经济组织（通常所称的自由设立的合作社），大多规定了股金制度，但也不尽然。中国台湾地区的"合作社法"，要求"社员认购社股"，并规定社股年息不得超过一分，无盈余时，不得发息。澳大利亚国家合作社法中区分了两类合作社：分红合作社和不分红合作社。分红合作社必须设置股金；不分红合作社可以有，也可以没有股金。①

其实，按照现行《中华人民共和国农民专业合作社法》第十二条："设立农民专业合作社，应当具备下列条件：……（五）有符合章程规定的成员出资。"第二十三条："农民专业合作社成员承担下列义务：……（二）按照章程规定向本社出资；（三）按照章程规定与本社进行交易……"也就是说，合作社章程可以自主规定"成员出资"。这就意味着，合作社成员可以出资，也可以不出资，或者只是象征性出资，重点在于鼓励与本社进行交易。

有些学者认为："合作社的不规范，主要表现在出资的不均衡上。现实

---

① 刘媛媛：《澳大利亚合作社的法律识别》，载《中国农民合作社》，2018年第10期。

中的合作社大多为少数人出资，这就无法按照农民专业合作社法的要求进行运作。如何解决这个问题？逐步引导非出资成员出资，并提高他们的出资比重，进而扩大话语权是必由之路。"[1] 这种观点看到了合作社问题的表象，解决思路可能是南辕北辙的。归根结底是源自欧美的专业合作社制度以及简单化的套用，并不适合中国国情和农情，以至现实中很多合作社的"成员"大多是挂名的，"出资"普遍属于虚报或代垫，既然如此，不如还其本来面目。

为此有必要从出资角度进行成员分类，不要求所有合作经济成员都是出资成员。不妨分为基本成员（出资成员）、联系成员（非出资成员，只要求与本社进行交易）。

联系成员是指与本社发生业务往来、享受交易返利（按交易量或交易额返还）的个人和单位。联系成员可以是农户、家庭农场（林场）、农业（林业）企业、其他企事业单位和城乡消费者等。联系成员，有些类似银行的信用卡会员、商场超市的消费者会员等，其加入和退出可以相对简化。

进而，可按照交易额度进行适当的成员分级。好比很多银行的信用卡会员分为"银卡""金卡""白金卡""钻石卡"等，客户所贡献的价值不等，可以享受的优惠、折扣和其他待遇也不一样。通过成员分类分级以及相应的权益设置，统筹平衡责权利关系，有助于提升合作社的规范化水平和透明度。

好比一个主权国家内部有公民、居民，一个城市有常住和暂住人口，此外还有各种访客、旅行者和其他纳税主体等。公民（市民）在法律上一律平等，访客、旅行者甚至无国籍人、难民也受法律保护。但是，某些经济权利和义务是与身份、收入、财产和纳税相联系的，并不宜强求一致。因此需要建立具有包容性的协同治理体制。

（二）务农为主的成员，与非务农为主的成员

由于农民的分化，一部分农民在农村经济生活中，实际扮演的是其他多数农民的交易对手的角色，例如从事农产品收购和加工的商贩，或者农

---

[1] 孔祥智：《农民合作社与共同富裕》，载《中国农民合作社》，2022年第5期。

业生产资料的供应商等。同时，在农业农村领域，由于长期未能真正实行合作制为主导，甚至补贴各种外来资本的进入，已经形成了各种工商企业、商业金融机构的强势存在。由于与农民的利益共享均衡机制未建立，这些工商企业、商业金融机构的业务拓展也遇到困难。事已至此，试图把这些农村经济社会生活中的活跃力量排除在外是不足取的。但如果把市场上处于对立地位的不同主体纳入同一合作经济组织，没有适当地区别对待，很容易挤压农民的利益空间，其要么被商人利益操纵，要么陷入内部矛盾或停摆。

现行《中华人民共和国农民专业合作社法》第十九条还规定"从事与农民专业合作社业务直接有关的生产经营活动的企业、事业单位或者社会组织"，也可以成为合作社的成员。尽管第二十条规定"企业、事业单位和社会组织成员不得超过成员总数的百分之五"，第二十二条规定了"附加表决权总票数，不得超过本社成员基本表决权总票数的百分之二十"，但是在很多地方，农民专业合作社都在事实上为私商企业所控制。

一些地方把"三位一体"合作经济组织或所谓"农合联"，想当然地表述为"农民合作经济组织和各类为农服务组织联合"，在农民合作及其联合组织根基未稳的情况下，高谈"和各类为农服务组织联合"，这是本末倒置，在理论上是混乱的，利益立场上是可疑的，实践上也造成困扰。现实中各类"为农服务组织"，大都是外来资本主导的工商企业。农民及其合作组织，与这些工商企业处于交易对手方。把普通的农民和大户、工商企业、商业银行在形式上美其名曰"联合"在一起，开个会，走过场，如果不是流于"空壳"，其在实际运作上也很容易向有钱有势的一方倾斜，甚至成为进一步图利于农民的工具。

因此，根据所在地方和行业的政策导向，可以分别设定基本成员、联系成员的具体条件。例如，在农业农村优先发展的方针下，为了扶持真正的农民，可以限定基本成员应为务农为主的农户或家庭农场。

对于政策上需要重点扶持的农业农村合作经济组织，实行成员分类的最重要意义在于，借此保障农民特别是务农农民的主体地位或者优先权，在基层组织中尤其如此。在联合组织的各类成员中，则应保障基层合作经济组织的主体地位或者优先权。这主要可通过表决权的特殊安排、理监事名额的保障比例来实现。

从境外合作经济组织的成功经验来看，1950年美国康奈尔大学教授安德森（Dr. W. A. Andersen）应邀到中国台湾考察，进一步提出改组建议，促成了1952年"台湾省各级农会暂行办法"。台湾农会会员从此划分为正式会员与赞助会员两类，只有直接耕作的农民才能成为正式会员，非农民只能成为赞助会员，赞助会员没有选举权，被选举权也有严格的规定，只能当选监事且不能超过一定比例。其次，选举各级农会理监事之各级农会代表，亦仅正式会员可当选。故农会大政方针，业务与财务决定之权，操之真正农民（正式会员）手中。日本农协、韩国农协的类似区分是正式会员（正组合员）和准会员（准组合员）。如日本《农业协同组合法》，要求基层农协理事会中要有过半数理事由认定农业经营者或者具有农产品销售、法人经营经验的农业经营者担任。日本《农业协同组合法》还规定，组合员每人只有一票表决权、选举干部和出席组合员全体代表大会的代表的选举权，但准组合员没有表决权和选举权。

（三）现行体制下的探索空间

合作经济的成员分类，可以适当参考股份制公司的股权分类。同为经济主体，合作经济组织与股份制公司组织有重要区别，但是公司的设立本质上也属于经济性结社行为，因此有相通之处。现行《中华人民共和国公司法》并未禁止"双重股权结构"。《中华人民共和国公司法》第六十五条关于有限责任公司的规定为：股东会会议由股东按照出资比例行使表决权；但是，公司章程另有规定的除外。2020年10月，深圳市人大常委会修订通过的《深圳经济特区商事登记若干规定》明确提出：公司依法设置特殊股权结构的，应当在章程中明确表决权差异安排。[①] 此前，2014年11月，广东省政府办公厅发布《关于深化省属国有企业改革的实施方案》，提出

---

① 《深圳经济特区商事登记若干规定》，见深圳人大网站：http://www.szrd.gov.cn/szrd_zlda/szrd_zlda_flfg/flfg_szfg/content/post_685910.html，2021年3月3日。

对关系国计民生的准公共性企业，可探索建立国有股东"金股"① 机制，按照约定对特定事项行使否决权。

中国尚无统一完整的合作经济组织立法。现行《中华人民共和国农民专业合作社法》并未考虑成员分类，但也没有禁止，应可遵循意思自治的原则由章程规定。现行《社会团体登记管理条例》提到了"个人会员""单位会员"，在成员分类上也可以进一步丰富和完善。

浙江"三位一体"合作经济先行试点，在区域性联合组织的构造上，定名为"农村合作协会"，借用了《社会团体登记管理条例》，在民政主管部门登记。在有的地方，将区域性联合组织取名为"合作经济联合总社"，按照集体经济组织注册程序，在农业农村主管部门登记。在现行法律法规框架下，按照意思自治的原则，对于合作经济成员的分类、分级，相应的权利和义务作出自主规定，可在章程中加以体现。

浙委发〔2015〕17号文提出了"农合联坚持以农民合作经济组织为主体。各级农合联成员（代表）大会的代表、农合联理事会和监事会的成员应有三分之二以上为农民合作经济组织的代表"。"农合联中涉农企事业单位会员不享有选举权和除监事以外的被选举权。"这些规定是确有必要的，但是作为联合组织成员的农民合作经济组织本身基础不牢，就容易造成整体的偏差，这就需要贯通到底层农民。

三、成员分类下的股金设置：利用和节制资本

（一）资格股与优先股

在合作经济成员分类的基础上，可对股金进行结构化设计，区分普通股（为避免与证券市场的相关名词概念混淆，可称为"资格股"）和优先股。这在法律上并没有禁止性规定，在法理上并无障碍，但在操作上需要

---

① 所谓"金股"，作为一种特殊的股权结构安排，起源于20世纪80年代初英国国有企业的私有化改革。"金股"的主要特征是：第一，持有者是政府或其授权机构；第二，通常只有一股，没有实际经济价值；第三，权益主要体现为对特定事项的否决权，而不是收益权或其他表决权。

一些专业设计。根据意思自治的原则，通过合作组织章程或成员大会决议进行约定，就是合法有效的。合作经济的股金设置，特别是优先股安排，既是利用资本，又是节制资本，此中更有深意。

设立"资格股"，仅限基本成员认购，联系成员无权认购，也不需要认购。遵循合作制的精神传统，资格股强调平等或者一定范围内的相对平等。在小农为主的社会条件下，对于区域性普惠性合作组织来说，资格股的入股门槛不宜高，或就是象征性入股。资格股代表合作社基本成员的身份，基本成员依此在合作社享有权利、承担义务、分享利益。单一成员持有资格股比例应作严格限制，以保持合作制的平等互助原则。

另外设立优先股，便于多方吸引资金。所有合作经济成员，包括基本成员、联系成员甚至在更大的范围内（如相关社区、群体内）都可认购优先股。合作经济组织如果不加限制地引入外来资本，很容易改变合作制的性质，沦为一般工商企业。因此，优先股参与合作社决策管理等权利受到限制，但是可以优先分红、清偿。

优先股虽不参与经营决策，但合作社优先股股东相应的知情权、参与权、监督权应受保障。此外，在优先股权益可能严重受损的特殊情况下，应赋予优先股对于特定事项的表决权。不妨参考中国证监会的规定：上市公司以下事项的决议，除须经出席会议的普通股股东所持表决权的 2/3 以上通过之外，还须经出席会议的优先股股东所持表决权的 2/3 以上通过：（1）修改公司章程中与优先股相关的内容；（2）一次或累计减少公司注册资本超过 10%；（3）公司合并、分立、解散或变更公司形式；（4）发行优先股；（5）公司章程规定的其他情形。如果设置优先股的合作社出现了类似情形，也应当征求优先股方面的意见。

在境外国家和地区，合作制或合作经济组织的优先股或类似安排，多有成功经验和法律保障。如欧盟合作社法规定合作社社员不仅包括消费者和供应者，在某些情况下，还包括一定比例的无须合作社服务的投资者社员，但投资者社员的投票权受到限制。美国纽约州合作社法规定合作社应当发行证明社员资格的社员股份，并且可以向社员或其他人发行不具证明社员资格效力的其他种类股份。加拿大合作社法规定，合作社章程可以规定发行投资股份，投资股份没有投票权，但合作社章程也可规定在一定条件下赋予投资股份按照一股一票的原则选举董事的权利，投资股份持有者选举的董事不得超过董事总数的20%。

澳大利亚国家合作社法引入了类似优先股的"合作社资本单位"（CCU，Co-operative Capital Unit）制度。[①] 社员和非社员均可认购CCU，并可转让，在合作社终止时，可优先于普通股份受偿。合作社必须制定管理CCU的专门规则，规则中要将国家合作社法中的最低要求都包含进去。规则中还必须指定不同等级CCU持有人所享有的其相关事务的投票权是一股一票还是一人一票，明确不同CCU的权利内容，以及接收会议通知和信息的权利等。作为澳大利亚股票交易所使用的一种工具，CCU在证券交易市场中已经得到了大量使用。

合作经济组织的优先股设置，既可以借鉴国外相关经验，也不妨参考国内在股份制公司领域的优先股规定。早在2005年11月国家发改委、科技部等多个部委联合发布的《创业投资企业管理暂行办法》提出"创业投资企业可以以股权和优先股、可转换优先股等准股权方式对未上市企业进行投资"。多年后，优先股在上市公司、国有企业改革领域中得到应用。2013年11月，国务院发布了《关于开展优先股试点的指导意见》，2014年3月，中国证监会进一步颁布了《优先股试点管理办法》，陆续有数十家上市公司发行了优先股。2014年4月，国务院办公厅发布的《关于金融服务"三农"发展的若干意见》，支持符合条件的农村金融机构发行优先股。此外，2015年9月，《国务院关于国有企业发展混合所有制经济的意见》提出："国有资本参股非国有企业或国有企业引入非国有资本时，允许将部分国有资本转化为优先股。" 2020年5月，《中共中央 国务院关于新时代加快完善社会主义市场经济体制的意见》也规定：对充分竞争领域的国家出资企业和国有资本运营公司出资企业，探索将部分国有股权转化为优先股，强化国有资本收益功能。

---

① 刘媛媛：《澳大利亚合作社的法律识别》，载《中国农民合作社》，2018年第10期。

（二）优先股奠定"类金融"基础：上限封顶、下不保底

在合作经济组织内推行优先股，还有一些特殊功能或优势。首先就是，有利于吸引零散闲置资金，保障资金来源的稳定，充实合作经济实力，平衡各方面责权利关系，更为内部资金互助奠定基础，起到"类金融"的作用。

金融监管的主要关注点不在于对外放贷本身，利用自有资金放贷风险自负，更需要警惕的是吸存行为，特别是"非法吸收公众存款"。一个经济主体，如以负债融资转而放贷款，业务稍有扩大就涉及金融牌照问题，但是用自己的股金放款或为内部成员提供融资，则限制要少些。

中国刑法规定了"非法吸收公众存款罪"，但是在法律上缺乏明确具体的条款。在很长一个时期，多采用1998年国务院发布的《非法金融机构和非法金融业务活动取缔办法》第四条规定："非法吸收公众存款，是指未经中国人民银行批准，向社会不特定对象吸收资金，出具凭证，承诺在一定期限内还本付息的活动；所称变相吸收公众存款，是指未经中国人民银行批准，不以吸收公众存款的名义，向社会不特定对象吸收资金，但承诺履行的义务与吸收公众存款性质相同的活动。"国务院2021年最新发布的《防范和处置非法集资条例》取代了1998年的《非法金融机构和非法金融业务活动取缔办法》，但是新《条例》并没有针对"非法吸收公众存款"下定义，原《办法》中的定义仍在司法实践中广泛采用。新《条例》规定了"非法集资"，但我国刑法上并无"非法集资"罪名，因此新《条例》主要是个行政管理法规。按照新《条例》，非法集资"是指未经国务院金融管理部门依法许可或者违反国家金融管理规定，以许诺还本付息或者给予其他投资回报等方式，向不特定对象吸收资金的行为"。

为了防止落入"非法吸收公众存款"或"非法集资"的陷阱，要避免承诺或许诺"还本付息"（特别是避免固定期限还本、固定比例回报，否则就变成了存款），以及避免面向"不特定对象"。

合作制优先股，为避免金融监管上的合规风险，应设立投资回报上限，即"上限封顶"，因此不是类似公司法意义上的股权、股票，不受中国证

监会监管；不承诺保本保息和固定回报，即"下不保底"，不属于存款或类似理财产品，因而不受原中国银监会、现国家金融监管总局的监管；只对合作社内部招股、付息，不属于"不特定对象"。

之所以"下不保底"，也是因为合作经济组织在市场经营中，必然有风险波动甚至可能会经营失败，绝对保底事实上做不到，不能作此空头承诺。现在有些地方政府的文件对于合作社优先股承诺"保底收益"并不妥当，尤其不能由政府代替合作社去作出承诺，当然合作社自己也不要承诺此事。

优先股的股息上限，目前国家并无统一规定。建议在当地政府或合作经济联合组织指导下，由合作社自主规定。可以在章程中规定，也可在成员代表大会的专门决议中规定，并在发行文件或入股协议、凭证上载明。参考国外、境外的类似规定，可将上限定为8%或10%，或按照中国人民银行授权公布的LPR（Loan Prime Rate）的若干倍数来设定均可。

优先股属于"上限封顶、下不保底"，而且不向社会公众发行。与之方向相反但逻辑相通的例子可能是"可转换债"（Convertible Debt），其在某个特定时间、按特定条件可以转换成对应公司的股权（股票）；如果股权价值上升，"可转换债"届时转换为股权，其获利理论上是没有上限的；如果股权价值没有吸引力，"可转换债"可要求正常还本付息，这就是"上不封顶、下限保底"。如果"可转换债"不向社会公众发行，也不涉及金融监管的问题。

最高人民法院2018年印发《关于为实施乡村振兴战略提供司法服务和保障的意见》，其中提出："依法保护资金互助等有利于降低交易成本、适合农民需求、符合法律规定的交易模式，促进农村金融体制改革，引导更多金融资源配置到乡村经济社会发展的重点领域和薄弱环节，助力实现乡村产业兴旺、农民生活富裕。"合作社在民主管理、不对外吸储放贷、不支付固定回报的前提下开展信用合作、资金互助，是政策上允许的，但是需要妥善的制度设计与审慎管理。纵使持有金融牌照的资金互助社，简单模仿银行模式亦非优势所在，要多发挥合作经济自身的特色作用。

（三）优先股还可保障合作社带头人、实际出资人的合理回报

合作经济组织，应当奉行经济平等原则，至少也是相对平等，有利于保持合作成员（如农民）的主体地位。但是必须认清，小农社会的大规模合作组织，从来不是农民自发能够实现的，如日本、韩国和中国台湾地区的执政当局承担了大量的组织运行成本。由于过去一个时期的合作社发展，过于一味强调农民"自发"，事实上造成了假合作社、"空壳合作社"的泛滥。我国现有绝大多数农民专业合作社大多是少数社员出资，个别社员"占大股"，处于实际控制人或所谓"带头人"地位。除去某些套取补贴为主的彻头彻尾的假合作社，以及更多的无所作为的"空壳合作社"，还有一些合作社虽不符合规范，但尚且属于合法劳动范畴，也多少起到了经营实体的作用，需要正视这样的客观现实。

农民专业合作社的规范整顿，有些可以依法依规进行吊销、撤销、注销，有些可以还其本来面目为股份制企业或个人独资企业，还有一些继续按照合作社运行的，恐怕难以采取简单化、"一刀切"的方式去强求"规范"。有必要考虑合作社带头人、实际出资人，在利益上的合理回报，特别是要妥善处理历史遗留问题，实现责权利平衡才是治本之策。

这些不规范的"合作社"，历史投入形成的净资产，如果按照名义上的社员平均持有必然造成新的不公，那就变成新一轮"吃大户"了。其中部分可以折算为优先股，按社员实际贡献持有。合作社带头人、业务骨干，过去和将来的很多投入，包括劳务投入，都可以折算为不受比例限制的优先股。既让合作社带头人、业务骨干名正言顺地得到经济回报，又把他们的经济利益更紧密地与合作社经营状况绑定在一起（如果经营不善，则优先股无以回报；如果经营良好，优先股的回报也是可观的）。这样有利于平衡各方的利益关切。通过优先股安排，保障合作社带头人、实际出资人的合理回报，维护出钱出力多者的正当利益，不仅聚财，也能聚人，同时坚持合作制原则。

(四) 合作制优先股的先行探索

早在 2006 年"三位一体"合作经济先行试点之初,就鉴于基层合作社的软弱涣散、资金匮乏以及责权利不平衡问题,创新提出了成员分级分类以及"优先股"的设置。①近些年来,优先股在合作经济领域的应用前景,逐步在一些地方和部门得到认同。

四川省财政厅 2015 年 7 月印发《创新投资收益扶贫新模式试点方案》,提出"贫困户优先股",针对的是财政支农资金投入到农民专业合作社形成的资产,在股权量化时,划出一部分设立"贫困户优先股",剩余部分再量化给社员。②云南省人民政府办公厅 2016 年 9 月发布的《关于推进财政支农资金形成资产股权量化改革的意见》也规定了类似的"贫困户优先股"。③

北京市海淀区人民政府 2018 年 12 月发布的《海淀区农村股份经济合作社股权管理办法（试行）》第三条规定:"各股份经济合作社设置普通股和优先股。普通股是指在股份经济合作社经营、盈利和剩余财产分配上享有普通权利的股份,普通股股东享有选举权和被选举权,享有对股份经济合作社经营的决策权和监督权;优先股是指在盈利和剩余财产分配上比普通股享有优先权的股份,优先股股东不享有选举权和被选举权,不享有对股份经济合作社经营的决策权和监督权。"④

在中国信合联盟专家组的辅导下,山西大宁合作经济联合总社 2020 年全面改组后的《章程》明确规定:合作总社在本社及成员社推行优先股制

---

① 陈林:《农村金融改革的几个微观问题》,载《中国农村信用合作》(现已更名为《中国农村金融》),2007 年第 4 期。
② 《财政支农资金形成资产可设"贫困户优先股"我省在全国首创财政投资收益扶贫新模式》,载《四川日报》2015 年 7 月 26 日。
③ 《云南省人民政府办公厅关于推进财政支农资金形成资产股权量化改革的意见》,见云南省人民政府办公厅网站:http://www.yn.gov.cn/zwgk/zcwj/yzfb/201609/t20160909_144229.html,2016 年 9 月 9 日。
④ 《北京市海淀区人民政府关于印发〈海淀区农村股份经济合作社股权管理办法（试行）〉的通知》,见北京市海淀区人民政府网站:http://www.bjhd.gov.cn/zfxxgk/auto10489_51767/zfwj_57152/201901/t20190107_4203654.shtml,2018 年 12 月 13 日。

度。优先股可以优先分配盈余，不具有经营决策投票权。认购优先股，不视为出资。相对于优先股，核心成员、基本成员的出资，可称为资格股。该《章程》还规定：合作总社当年扣除生产经营成本和管理、销售费用（包括按交易量、交易额分项返还），弥补亏损、提取公积金和公益金后的可分配盈余，按照如下顺序分配：（一）支付优先股股息；（二）按照成员与本社各类交易量（额）折算的积分比例，进行综合返还（不含特邀成员）；（三）按照核心成员、基本成员在本社的出资比例进行分配，也可转增资本。

在相关部委层面，2016年12月中央农办调研组在报告中提出"要探索建立农民'优先股'，完善收入分配办法"[1]。2018年12月，农业农村部、国家发展改革委、财政部、中国人民银行、国家税务总局、国家市场监督管理总局联合印发了《关于开展土地经营权入股发展农业产业化经营试点的指导意见》，其中也提出探索"优先股"，让农民在让渡公司经营决策权的同时享有优先分红的权利。[2]

因此，合作社优先股的设置，在法律上并无障碍，在政策层面也是受到鼓励的。相比于资本市场、上市公司优先股的引入，有很多人热心研究和推动，无非是利益之所在，合作经济领域得到金融界、法律界的重视还不够。涉农领域的工作人员和专家学者又往往缺乏法律、金融、财务方面的知识背景和相关技能。这就需要跨界、跨学科的知识整合。

（五）合作制优先股的延伸设想

按照优先股的一般理论，并适当参考借鉴中国证监会《优先股试点管理办法》，根据不同的股息分配方式，可以把合作经济组织的优先股设想为若干种类：

---

[1] 中央农办调研组：《万变不离其宗：打造"股份农民"——贵州六盘水"三变"改革调研》，载《农民日报》2016年12月29日。

[2] 《农业农村部 国家发展改革委 财政部 中国人民银行 国家税务总局 国家市场监督管理总局联合印发关于开展土地经营权入股发展农业产业化经营试点的指导意见》，见农业农村部网站：http://www.moa.gov.cn/nybgb/2019/201901/201905/t20190503_6288219.htm，2019年1月20日。

1. 单一上限优先股和可变上限优先股

股息率在优先股存续期内不作调整的，称为单一上限优先股，而根据约定的计算方法进行调整的，称为可变上限优先股。单一上限比较简便，可变上限则可以根据合作社投资回报周期逐年进行灵活安排。需要指出的是，中国证监会针对上市公司，采用的是"固定股息率"优先股和"浮动股息率"优先股的提法，这里的"固定"与"浮动"适用到合作社容易引起误解，因此建议改称"单一上限""可变上限"。

2. 强制分红优先股和非强制分红优先股

在有可分配盈余之时必须向优先股股东支付回报，是强制分红优先股，否则即为非强制分红优先股。需要指出的是，中国证监会针对上市公司规定的优先股分红，来源是税后利润。对于合作社优先股来说，建议把优先股分配顺序放在税前，甚至更进一步，放在按照交易量（额）返还之前。此时合作社优先股实际上是仿照债权进行财务处理，这是考虑到合作社资金匮乏的实际，增强优先股的吸引力。这可作为国家对于合作经济的一项扶持政策。

3. 可累积优先股（Cumulative Preferred Shares）和非累积优先股

根据当年可分配利润不足而未向优先股股东足额派发股息，差额部分是否累积到下一会计年度，可分为累积优先股和非累积优先股。累积优先股是指合作社在某一时期所获盈利不足，导致当年可分配利润不足以支付优先股股息时，则将应付股息累积到次年或以后某一年盈利时，在普通股的股息发放之前，连同本年优先股股息一并发放。可以限定累积期限，如两年、三年以内；非累积优先股则是指合作社不足以支付优先股的全部股息时，对所欠股息部分，优先股股东不能要求合作社在以后年度补发。

4. 可回购优先股和不可回购优先股

根据发行人或投资者是否享有要求回购优先股的权利，可分为可回购优先股和不可回购优先股。又可分为发行人有权要求赎回优先股和投资者有权要求回购优先股两种情况。优先股的回购问题较为敏感，如其不能回购，仍属于股权特征；如其可以回购，则更有些接近债权特征。如果实行可回购优先股制度，不建议随时回购，可每年设置一两个时间点允许回购，实际上是"限制回购"。还可将优先股的可回购选择权赋予合作社方面，从而避免被联想为"公众存款"，消除金融监管部门对此可能产生的疑虑。鼓励合作社成员通过相互转让优先股，实现资金退出。对于合作社管理层持有的优先股（特别是管理劳务折算的优先股），在一定期限内，可以限制回购、限制转让，以增强其责任心。

5. 其他

对于股份制企业特别是上市公司来说，还可根据优先股股东按照确定的股息率分配股息后，是否有权同普通股股东一起参加剩余税后利润分配，分为参与优先股和非参与优先股；根据优先股是否可以转换成普通股，分为可转换优先股和不可转换优先股。

总之，合作经济组织的股金，特别是优先股设置，并非以资本利益为导向，在实践中可以继续探索和发展。现阶段建议采用单一上限、强制分红、可累积、限制回购的优先股。为了保障农民权益、促进合作经济规范化建设，建议参照"非上市股份公司"的类似办法，建立一个合作经济权益（包括优先股）登记托管系统（详见本书第九章）。

四、合作经济的成员分级

（一）成员分级与加权投票制

农民的分化，涉及农与非农的分化，在此基础上发展合作经济，主要可以通过成员分类来解决。至于所从事的具体业务品种的差异，对于合作经济的需求整合，也会增加一些难度，并不构成本质性的障碍。现实中更常见的问题是，合作经济成员各自的经营规模及交易量上差异较大。虽然合作经济强调平等互助，但也不能变成"平均主义""大锅饭""搭便车"。为了鼓励和扩大成员的经济参与，按照成员实际承担的义务和投入的贡献不同，在经济权利上应当有所区分，从而建立合作经济成员分级制度。

合作经济的成员分级，主要跟受益权挂钩，对于资金投入，特别是交易贡献较大的成员也可按照一定规则给予附加表决权，实行加权投票制。

传统上，合作经济倡导"一人一票"，体现了合作成员之间的平等，这与营利性股份制公司所奉行的"一股一票"明显不同，后者更多强调了资本的权利。但是，随着经营规模的扩大、经济市场化程度的提高，很多合作社越来越受制于资金不足。简单实行"一人一票"的表决权原则，成员权利与风险责任不对称，助长了内部机会主义和"搭便车"行为，也使贡献较大的成员发生离心倾向。

这就有必要引入"加权投票制"。如德国《合作社法》规定，合作社章程可授予少数对合作社经营事业有特别贡献的社员一人多票权，具体条件由章程予以规定；但是，每一社员不能超过三票。我国《农民专业合作社法》规定，出资额或者与本社交易量（额）较大的成员按照章程规定，可以享有附加表决权；本社的附加表决权总票数，不得超过本社成员基本表决权总票数的20%。

根据美国合作银行早期调查的100个合作社中，有58个采取了不等额投票制度。其中，有的水果合作社规定，每交易100箱水果增加一票；有的合作酿酒厂规定，每交售10吨葡萄增加一票；有的养鸡合作社规定，每交售1000打或1000美元鸡蛋增加一票等。在少数州，获得额外的投票权也可以持股量为基础，但通常都有一定限制，最常见的情况是规定投票权份额不得超过20%，有的限定为3%或5%，还有的规定不能超过5票或10票。①

（二）成员分级与交易配额制

在专业化、规模化、市场化程度较高的情况下，也可参照美国新一代合作社（New Generation Cooperatives）的经验，将"资格股"与交易权（deliver right）挂钩。这种"交易权"既是一种权利，也是一种义务，因

---

① Henry H. Bakken and Marrin A. Shaars, *The Economics of Cooperative Marketing*, McGraw-Hill Book Company, Lnc., 1937, p. 155.

此本书认为称为"交易配额制"更为合适。不同的交易配额，也涉及不同的成员分级。

此时合作经济成员加入的条件，就是购买相应的交易份额或交易权。这个交易配额，实际是"新一代合作社"与成员之间的契约，规定了合作社与成员双方各自的权利和义务。成员应当向合作社卖足（或买足）交易配额，不足部分应予经济补偿，多出部分也不享有经济优惠（甚至不予受理）；反之，合作社对于成员也有相应的义务，例如必须接受成员按约定交售的特定数量和质量的农产品。这既保证了合作社的供应链稳定，又可抑制合作经济成员的机会主义、分离主义倾向（例如市场行情看好时不卖或少卖给合作社，反之则坚持要卖乃至多卖），也便于合理规划合作社的能力与设施。

"新一代合作社"并不要求每个成员的交易配额都是相等的，合作社通常对成员的最高份额和最低份额会有一个限制，以免受到个别成员的左右或控制。鉴于合作经济成员各自的经营实力和交易需求量存在差别，其所认购的交易配额，也就是资格股数量，也可以多少不等。在此情况下，按照资格股进行"股金分红"，其实等同于按照成员与合作社的交易比例进行盈余返还，此时"二次返利"就与"股金分红"合而为一。按照资格股（交易配额）进行经营决策，也是一种经济平等。

"新一代合作社"的成员资格是受限制的，并不是所有愿意加入的人都能够加入。但是，成员个人的交易配额可以转让和买卖，其他人就可以通过交易配额的买卖和转让成为新成员。合作经济的成员分级，也就自动解决了。

"三位一体"服务"三农"
"Trinity Cooperation System" as Solution to "Three Rural Issues"

新型合作经济与普惠金融
New-type Cooperative Economy and Inclusive Finance

第六章
合作经济与普惠金融的殊途同归

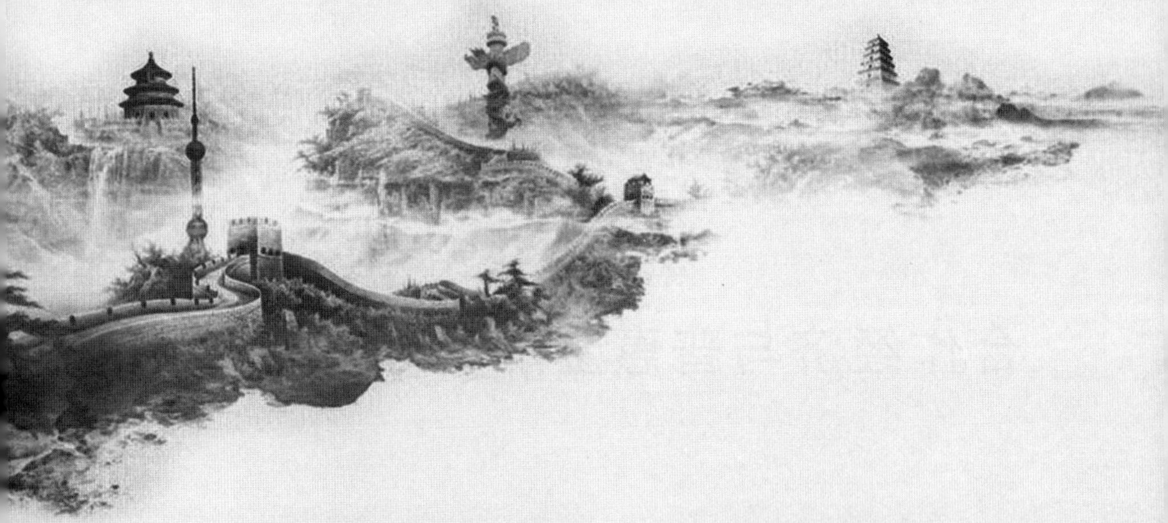

一、普惠金融及其异化：金融支农支小若干误区

(一) 理念与现实，包容与排斥，惩戒与赋能

"普惠金融"（Inclusive Financial）的概念流传甚广。其最初由联合国系统在 2005 年国际小额信贷年期间倡导，宗旨是为了实现"千年发展目标"（MDGs，Millennium Development Goals）。究其所指，普惠金融是以可负担的成本为有金融服务需求的社会各阶层和群体提供适当、有效的金融服务，小微企业、农民、城镇低收入人群等弱势群体是其重点服务对象。联合国呼吁各国政府制定政策和相应的监管措施，促进普惠金融的发展。

2009 年以来，二十国集团（G20）成立普惠金融专家组（FIEG，Financial Inclusion Experts Group），并推动成立全球普惠金融合作伙伴组织（GPFI，Global Partnership of Financial Inclusion），积极推动构建全球层面的普惠金融指标，制订中小企业融资问题最佳范例的资助框架等。普惠金融联盟（AFI，Alliance for Financial Inclusion）等专门性国际组织也同时成立。

2013 年 11 月，中共十八届三中全会正式提出："发展普惠金融。鼓励金融创新，丰富金融市场层次和产品。"这是中央文件中首次使用"普惠金融"概念，一改过去多个一号文件支持"小额信贷""小微金融"等的提法。2015 年 12 月，习近平总书记主持中央深改组审议通过，后由国务院出台《推进普惠金融发展规划（2016—2020 年)》，明确指明"普惠金融是指立足机会平等要求和商业可持续原则，以可负担的成本为有金融服务需求的社会各阶层和群体提供适当、有效的金融服务。小微企业、农民、城镇低收入人群、贫困人群和残疾人、老年人等特殊群体是当前我国普惠金融重点服务对象"，提出了"提高金融服务的覆盖率、可得性和满意度"等在内的三项主要目标。

习近平总书记先后在 G20 安塔利亚峰会（2015 年 11 月）和 G20 杭州

峰会（2016年9月）上向全世界承诺：发展普惠金融，消除贫困人口。2017年7月，习近平总书记在第五次全国金融工作会议上强调："要建设普惠金融体系，加强对小微企业、'三农'和偏远地区的金融服务。"

2018年10月，原中国银行保险监督管理委员会牵头编写完成并首次由官方对外发布了《中国普惠金融发展情况报告》。

2019年10月，中共十九届四中全会提出"健全具有高度适应性、竞争力、普惠性的现代金融体系"。2020年10月，中共十九届五中全会通过的《中共中央关于制定国民经济和社会发展第十四个五年规划和二〇三五年远景目标的建议》提出"增强金融普惠性"。

2022年2月，习近平总书记主持召开中央全面深化改革委员会会议审议通过《推进普惠金融高质量发展的实施意见》，并在会上指出："要始终坚持以人民为中心的发展思想，推进普惠金融高质量发展，健全具有高度适应性、竞争力、普惠性的现代金融体系，更好满足人民群众和实体经济多样化的金融需求，切实解决贷款难、贷款贵问题。"

2023年10月，中央金融工作会议提出，要切实加强对重大战略、重点领域和薄弱环节的优质金融服务，做好科技金融、绿色金融、普惠金融、养老金融、数字金融"五篇大文章"。普惠金融包括在"五篇大文章"之内。

普惠金融被一再强调，恰恰说明这个领域存在不少问题和困难。应当承认，前些年来普惠金融或者在普惠金融的名义下，有迅速的发展和创新，成效是有的。此外，由于缺乏配套支持，以及理解上的偏差或者利益的羁绊，普惠金融理念在实践中，也发生了某些异化。普惠金融"普而不惠"，甚至既不"普"也不"惠"的现象不容乐观。

中国中小企业或涉农企业，数量巨大，"掐取"其头部的明显优质企业进行"服务"，仍然在信贷统计上殊为可观。有些商业银行主要针对"体制内"公职人员和特殊垄断行业职工发放"普惠金融贷款"，这部分人群其实是中国14亿人口的前几千万，更难称"普惠"。前些年的网贷或P2P平台，有不少打着普惠金融的旗号，甚至推出"砍头息""714高炮""裸贷"等乱象丛生的"金融产品"，造成恶劣影响。

普惠金融理念彰显了美好愿景，但是并不必然包含实现这些目标的有效路径和组织保障。以小微企业、农民、城镇低收入人群等弱势群体作为重点服务对象，相较而言，其获客、风控、贷后管理成本高、难度大，又对金融机构的收入和利润贡献占比较低，导致各金融机构真实意愿不高，往往是采取一些移花接木、牵强附会的做法。小微经济主体的金融需求得不到有效满足，又为民间金融及其无序扩张提供了土壤。

尤其在农村，正如农业农村部农村经济研究中心主任金文成指出："农村金融供给结构与乡村振兴需求相比还有很多不适应、不匹配的地方。金融资源更倾向于向大企业配置，新型农业经营主体贷款难、贷款贵、手续繁的问题仍没有从根本上得到解决，普惠金融不普惠问题突出；新业态、新模式、新技术大量涌现，金融服务供给跟不上多样化综合金融服务需求，方式简单、程序僵化问题突出。"[①]

从成本方面来看，由于农村单个贷款项目金额偏小，分布面太广，平摊下来的运营成本过高，以至于银行无利可图。从风险方面来看，主要还是由于信用信息极不对称，商业银行按照固有的体制机制，其在农村特别是其中下层市场的实际作为是极其有限的。

真正意义上的普惠金融，就其本来含义更准确的表述是"包容性"（Inclusive），是把尽可能多的人包容到金融体系之内。与之密切联系的一个热门话题是"信用体系"。多年来，社会信用体系建设在数据共享、联合惩戒方面有明显进展。2014年10月，中共十八届四中全会通过的《中共中央关于全面推进依法治国若干重大问题的决定》提出，要加强社会诚信建设，完善守法诚信行为褒奖机制和违法失信行为惩戒机制。中央文明办联合各有关部门共同签署了《"构建诚信 惩戒失信"合作备忘录》，后续出台了一系列联合惩戒以及联合激励的合作备忘录，大力推进失信联合惩戒工作。2020年底，国务院办公厅印发了《关于进一步完善失信约束制度构建诚信建设长效机制的指导意见》，提出应确保"过惩相当"，按照合法、关联、比例原则，采取轻重适度的惩戒措施。根据公开数据，进入2024年初，全国仅被

---

① 金文成：《金融改革创新要进一步服务"三农"》，载《中国经济时报》2020年11月23日。

法院认定的"失信被执行人"数量已超过 860 万。

但是上述意义上的信用体系，大多来自金融体系的借贷记录、法院体系的诉讼和执行记录等，主要发挥失信惩戒功能。按照金融机构的通常做法，一旦发现"不良记录"，基本上就是"一刀切"地拉入黑名单。这实际上是把一部分人，客观上是把越来越多的人排斥出金融体系（Financial Exclusion），并不具备信用发现特别是信用增进的赋能作用。

多年来的流行思维是贪大求洋，缘木求鱼，没有尊重农村金融的客观情况和规律。风控体系不健全，原因是授信逻辑不清。银行特别是大银行据认为"抗风险能力强"，一多半靠的是体量优势，大船抵抗大风大浪的能力是要强一些，但是开不进小河小汊。一些中小银行的合并升级，又将进一步加剧其脱离农村、脱离基层的倾向。但是，一些单位和部门拒绝承认这样的事实与逻辑，又不能显得无所作为，于是继续在毫无意义的方向上努力做无用功，不断浪费巨量的人力、物力、财力。就算有一些金融资源投向农村，也多是投向了大企业、大户，不但不利于共同富裕，反而在事实上助长了两极分化，更损害了农村和欠发达地区的发展机会。商业银行在欠发达地区和农村地区的"存贷比"长期低下，造成资金持续外流的局面并无改观。这方面的教训不胜枚举，并不能简单归结为政治觉悟、道德情怀，或者资金投入、科技手段的不足。如果不能在认知框架层面有根本性突破，就难免重蹈覆辙。

究其根本，金融机构如果只是把小微经济主体特别是农民作为交易对手、图利对象，必将陷入"防不胜防"的境地，其所面临的道德风险、逆向选择基本是无解的。传统金融体制对于小微客户、农村下层，是基本失效的。遍闻"融资贵""融资难"的呼声，而很多银行的钱贷不出去。这个貌似悖论的根源在于正规金融趋于僵化封闭，而具有灵活性的非正规金融（包括民间借贷）得不到应有的规范和保护；商业银行过度膨胀，而真正有利于草根社会的信用合作事业长期受到严重抑制。根本的解决之道，还是要有利益共享的合作机制。[1]

---

[1] 陈林：《金融支农支小的误区》，载《中国民商》，2023 年第 12 期。

（二）大量增设网点或"服务点"得不偿失

近些年来，各大金融机构开始看重农村市场。但越是曾经成功的企业，越是超大型的科层制机构，越是有思维惯性和路径依赖。如果作为其科层制体系的延伸，依靠自己的县域分支机构和员工到农村基层推动工作，管理半径很长，成本很高，效率很低，工作成果难以巩固。大量增设农村网点，更是不经济的。过去金融机构在农村甚至县城的网点纷纷撤并，是并不久远的前车之鉴。

如果转而在农村大面积发展各种"代理""伙伴"之类"服务点"，或有助于控制人工成本，但在品牌管理上容易失控，法律风险上也缺乏隔离，容易坠入"表见代理"的陷阱而被司法部门要求承担责任。《中华人民共和国民法典》第一百七十二条关于"表见代理"的规定是：行为人没有代理权、超越代理权或者代理权终止后，仍然实施代理行为，相对人有理由相信行为人有代理权的，代理行为有效。社会上乃至一些司法部门人士认为银行"财大气粗"，很容易倾向于把责任归于银行。

这些服务点"业主"，所谓助农取款，相当于自己垫付现金，通过POS机或APP从"客户"账户向自己账户转入相应金额（两个步骤的先后，有时候是倒过来的）；转账汇款、代缴费等不涉及现金，只需要帮助"客户"操作账户；这类行为本属常见的民间互助（一方为另一方代理人），两相情愿，就算偶尔出现了纠纷也是按照社会习俗或一般民事法律调整，但是变成了银行委托的"业主"行为，以及其他各种被认为受委托的行为，就会由银行承受相关责任。哪怕是极小概率，如果考虑到全国号称数十万的业主基数，也是相当值得担心的。对于"业主"的个人行为，银行难以制约，当地政府也无法事先防范。

国家金融监管部门对于一些银行"服务点"拓展存款功能持有保留，至于设想中的取款、汇款、缴费等服务需求，由于手机支付的迅速不断普及，以及在地方性小银行基层网点或者民间自发互助的支持下，在很多农村地区，并不难得到满足。在那些确有取款及其他金融服务困难的偏僻贫困地区，小银行都不愿去或者去不了，大银行又如何能轻易解决？普遍设立和长期维护大量"服务点",还要"促活"(促进活跃度),对于基层银行的资源与能力是很大挑战。如果大量虚报的或者僵滞的"服务点"本来就是莫须有的,再一味"叠加"各种想象中的服务功能、非金融功能(如就业、就医、社交等),还指望借此获客,就更加离题万里了。在风险合规内控上,不断遇到层出不穷的问题和障碍。

农村金融服务最大的痛点,在于信贷投放特别是农户贷款,这也是高层和社会最为关切的。离开了这一点,其他花样翻新都很难有实质意义。上述"服务点"如果继续存在,如能落地到集体经济组织、合作社,也许可以作为本书后面讨论的"金融机构嫁接互助合作机制",特别是信贷业务创新的一个基层支点。

(三) 不动产抵押法宝失灵

金融机构已经对不动产抵押产生长期依赖,这种习惯方式到了农村基本失效。很多金融人士对于"农村土地改革""确权""流转"表现出高度的热情,指望不动产抵押特别是"土地抵押"这个"法宝"从城镇沿用到农村。但农村土地经营权、宅基地使用权、住房财产权抵押,即便在政策上、法律上放开,由于缺乏可流通性,事实上难以执行变现,效果微乎其微。这不是个法律条款规定问题,而是个经济现实问题。有人则把土地集体所有制当成了症结所在,其实他们有所不知,即使在土地私有制的国家,农村土地抵押给商业银行的情况也并不流行。

在中国农村土地集体所有、农户承包的前提下,所分解出来的"土地经营权",本质上是一种类似租赁的权益。可以参考城镇房屋:其转让、抵押、出租都没有法律障碍。只要不违反约定,房屋出租后可以转租(类似农村土地经营权的"流转")。房屋本身的抵押是常见的,至于房屋租赁权益拿去抵押(例如租客签了两年租赁合同,拿这个合同的权益去"抵押"),则闻所未闻,这并非为法律所禁止,而是现实生活的逻辑使然。试想如果租客违约未能还款,银行还要为房屋剩余租赁期及时找到"下家"承租,否则该项租赁权益的价值迅速衰减;原有租客的清退也非易事,甚至可能会被原租客私下转租给其他人。农村土地经营权的"抵押",不管有没有政策法律的支持，实际的情形也类似。

至于农村集体经营性建设用地使用权入市，受土地规划和用途管制，实际影响面较小，未来这些"使用权"到期后的"集体所有权"主体也有很大不确定性。何况，涉及"集体经营性建设用地"的农村，大多是城镇郊区或"城中村"，早就不是真正的农村了，并非普惠金融最需要关注的地方。

既然在农村不动产抵押法宝失灵，又有人打起"活体抵押"的主意，为此甚至搞出了"猪脸识别""牛脸识别"等"技术支持"。诚然，车辆抵押，往往也会拍个照片，但是关键在于"车脸识别"吗？而是车辆有个统一的、法定的登记系统。抵押车辆登记以后不能过户，偷来、抢来、捡来的车更不能办理合法登记。这才使基于车辆抵押登记的金融贷款产品能够成立。但是不可能给猪、牛、羊搞出这样一个系统，搞出来了也执行不下去。车辆如不进入公路交通系统，就没有什么价值；而猪肉可以直接进入千家万户无数人的肚皮里。不可能要求每只猪在转让特别是屠宰前，认证其是否未经抵押登记，更不可能要求人人在吃肉前查询这只猪的来历……也没必要这么复杂的手续。凡此造成难以想象的、不可克服的社会成本，是不可操作的。

（四）各种"流转平台"多是空中楼阁

一些金融机构寄予厚望的"农村土地流转平台"或其他各种"平台"，也有空中楼阁之嫌，或者干脆说就是个乌龙。实际上即便是在城市区域高度成熟的房产贷款市场，至今也没有出现银行可以在线获客并办理房产抵押的"流转平台"或者"云抵押"。抵押登记依法属于"行政确认"，不是任何商业机构或者金融科技平台可以代劳的。即使某家银行或企业帮助政府开发了相关系统，其也只是一个普通的IT外包服务商的角色。政府的抵押登记开放查询，甚至将来有可能运用电子签名、网上办公，这是对公众、业界平等适用的。所谓"农村土地流转平台"不仅在商业逻辑上甚为可疑，在所能获得的确权数据质量上也是堪忧的。

更重要的是，确权数据基本只能反映承包权初始状态。根据《中华人民共和国农村土地承包法》第四十一条,"土地经营权流转期限为五年以上的,当事人可以向登记机构申请土地经营权登记。未经登记,不得对抗善意第三人"。——也就是说,也"可以"不登记。事实上绝大部分土地流转(包括二度流转)都没有登记,不需要登记,也不可能做到——登记。

在"农村土地流转平台"的说法之外,又有"土地托管平台""生产托管平台""产权交易平台""三资管理平台""农产品交易平台"乃至"乡村振兴综合平台"等。这大约是受了淘宝、京东等互联网交易平台成功模式的影响。有平台、无流量的尴尬难以避免,简单重复互联网头部企业的现成模式,难有胜算;如果寻求商业模式的重大创新和突破,则需要非凡的判断力,在选人用人和激励约束机制上也有很高的要求,恐怕不是"官本位"文化能够包容的。

(五)产业链金融依赖龙头企业适得其反

事实上前些年很多地方推进农业产业化,大多是优先支持龙头企业,或者文件上貌似将龙头企业与合作组织并重,但对于合作组织则是口惠而实不至。这样在经济上貌似比较容易快出成效,其实则未必;在政治上,更有个依靠谁、为了谁的问题。龙头企业要发展起来并不容易,纵其有所发展,农民也很难拿到实际的好处。两者实际处于"交易对手"的位置,龙头企业经常侵夺农民的利益,或者向农民转嫁风险。片面扶持龙头企业,或者试图通过龙头企业去扶持农民,实际效果可能适得其反。

从产业链、供应链、信用链的不同维度上看,各已形成一些巨头。例如产业链上的大企业,供应链上的大型电商平台,信用链上的大型金融机构,等等。各大巨头之间,也在相互交叉渗透,形成中原逐鹿的格局。例如中化、新希望这样的产业链巨头,阿里、京东这样的供应链巨头,都在借助产业链、供应链上的优势地位拓展金融业务。金融机构与这样的产业链、供应链巨头(或平台)合作,往往受制于人家已经形成的垄断地位,是占不到多少便宜的。一些产业巨头已经在拓展自己的供应链金融平台,金融机构往往扮演了廉价资金提供者的角色;长此以往,金融机构在全社会金融格局中的地位趋于边缘化。有的银行大力扩张产业链、供应链金融业务，并不真正掌握底层业务流程和数据，因为"病急乱投医"反而被"薅羊毛"，造成大面积的不良贷款。

金融机构如果要出面整合产业链、供应链，恰恰是在那些貌似"低小散"的行业和区域，如农业农村，如果尚未形成大巨头控制，更有利于发挥金融的核心作用，也更能体现社会责任。要做成这样的事情，恰恰需要尽可能绕开现有的"龙头企业"，把业务植根到社会基层。

（六）担保公司的作用本末倒置，政府何必越俎代庖

很多金融机构对于支农支小束手无策，转而寄希望于政府部门"牵线搭桥"，促进"银企对接"。政府部门在解决这些具体而微的资源配置问题上不是那么容易。他们所能做的多是制定政策、发布文件、召开会议，或者是推动设立一些担保公司、风险补偿基金之类。

有的政府领导热衷于亲力亲为，到处调研走访，所谓为企业"排忧解难"，对金融机构施加压力和影响。有的地方为此专门建立了"领导联系企业"制度。领导们常问："这么好的企业，你们为什么不贷款呢？"其实，如果没有体制机制上的改革雄心和智慧，如果政府领导个人在商业上没有练就那样的火眼金睛，在信贷上难以预卜先知。

很多金融人士寄希望于担保公司特别是政策性担保公司，来解决银行下沉市场的问题。这些担保公司同样住在城里；政策性担保公司的管理层，多来自财政、农业农村部门的官员。如果担保公司（特别是政策性担保公司）实打实对基层农户、小微企业开展业务，他们同样要面对银行所遇到的困难。银行就应该是识别信用和经营风险的最专业机构，反过来依靠担保公司，岂不是本末倒置？

现实中担保公司的存在，不少是由于政策套利的空间。在某些情形下，上级银行规定的授信条件过于严苛，或者贷款利率缺乏市场化弹性，基层银行顺水推舟将潜在的利益空间让渡给了担保公司。至于在支农、乡村振兴之类的名义下，人为压低政策性担保公司的"费率"，实际会造成市场扭曲和利益输送。从表面上看，政策性担保公司"帮助"一些企业获得

贷款，其实多是在银行客户群中挤占了一部分，进一步下沉也是很难做到的。有的银行甚至通过一番操作，把已经事实形成的其他不良贷款或隐患，风险转嫁给政策性担保公司或风险补偿基金，这从外部是很难精准识别的。

（七）大数据迷信难免落空："小数据"尚待发掘

某些金融科技平台，在"大数据"的旗号下，异军突起，但是没有也不可能自动解决普惠金融和农村金融问题，其不过是在商业银行"掐尖"（夺走优质客户）之后，又"掐"了一遍，甚至在缺乏监管的条件下一度助长了金融乱象。

现在金融人士除了手上做的不动产抵押，嘴上最爱谈的就是时髦的"大数据"了。故事讲多了，容易掉进思维陷阱，什么大数据、云计算、客户画像、线上批量获客、智能风控……仿佛技术会自动完成这些工作，从而忽视了"人"的作用，忽视银行自身业务本质。这变成了为数字化而数字化，盲目建设庞大的技术架构和技术团队，造成大量投资浪费。有的银行选择与头部金融科技平台"合作"，纵使获得了短期业绩增长，却造成一定程度的路径依赖，失去了"客户自主、业务自主、技术自主、数据自主、风控自主"，变成"替人作嫁衣裳"。

须知千百年来，农民与农民之间，特别是在传统社区以内，即使没有法律干预，也往往能保持有效的信用约束。但商业银行惯用的衡量信用的几种方式，在农村的适用都有很大局限。例如会计报表数据分析，用来评估潜在客户的经济实力、偿债能力，但农民、合作社、中小企业，很难建立规范的会计报表体系。

一些金融人士对于农村缺乏起码的了解，热衷于获取他们想象中的农村土地确权数据、农业补贴数据、农业保险数据……土地确权数据一般只能反映潜在客户的原始身份（承包权初始状态），还不一定准确；各种农业补贴、农业保险如果不是人人有份，就是政策套利，跟实际的生产经营状况相去甚远。这些"数据"不仅质量严重存疑，是否真的存在也是存疑的。就算这些数据是真实正确的、没有争议的，其在同一区域的农户之间不会有明显差异性，纵有差异也不说明什么问题，没有授信的参考价值。偏偏就有商业银行囿于长期的"当铺思维"，急切想要获取和利用这些土地（及相关）数据，进行所谓"数字化授信"。这样的情形，还不如用生辰八字或者身份证号授信呢，更简便易得。

特别重要的是，数据不会自动产生约束。有的大银行刚刚进军农村市场，相关各方大约还处于"蜜月期"，不管用什么授信模型，老百姓"欠债还钱"的意识本来是有的，已经放出去的大批贷款，暴露不良需要一个时间周期。如果有1%的农民贷款不还，而银行奈何他不得，其他99%也会动摇，由此造成全线溃退，过去的银行在农村是有过教训的。那些"网贷"平台对于不良贷款是转给"催收公司"动用各种非正规甚至非法手段，就这样还不时传出某某网贷平台被某某地方的村民"薅了羊毛"。

一些金融机构寄希望于从政府机构获取"数据"。这些数据如果是依法可以对外提供的数据，也是不能选择性提供的，所有金融机构都有平等获取的权利。有的金融机构出钱出力帮助政府机构推动"智慧政务"，并不能因此获得数据特权。目前银行通过"大数据"搞普惠金融比较"成功"的，主要是针对体制内（党政机关和国有企事业单位）人员，借助于他们的工资、社保、纳税数据进行授信，包括智能授信。其实倒不如说是以他们的"公职身份"为"隐性担保"的，那些数据本身的实际作用没有想象得那么大。

各大电商巨头确实积累了海量、天量的交易记录，但是不会送给银行白用，银行与之"合作"只能处于下风，变成廉价的资金供应商。银行自建电商平台，也没有成功的。至于穷人、农民恰恰是交易寡淡的群体，在"大数据"下更是进一步被边缘化的，整个农村的数据体系严重滞后。

蚂蚁金服可资利用的淘宝交易数据中，历年的收件人地址、电话有特别价值，正如一些网贷APP热衷于收集客户手机联系人信息，这些熟人关系才是对于潜在违约行为的有效威慑。一说到"熟人社会",有人就会说"宰熟"现象,甚至有些诈骗行为发生在亲朋好友之间。其实这恰恰说明,熟人乃至亲朋好友之间存在信任和信用,否则骗子也无从下手。农民、小微企业、初创企业,以及初出社会的年轻人,首先只能依赖自己的熟人圈、亲友圈。这样的信任和信用资源,在制度设计上值得去善加利用。

因此,引入"大数据"也要重视发掘利用社区"小数据",这恰恰是民间借贷、合作金融的最大优势。"熟人社会"恰恰是农村社会及其信用体系的最重要特征。商业机构面向社会公众的信用收集、利用、出售,很容易触犯《中华人民共和国个人信息保护法》。而社区小圈子、熟人社会里面流传的"口碑"并不被禁止,就看如何提炼出来并施加影响。一些暂时出现不良信用记录的人,可能是情有可原的,可以在熟人圈子里面取得一定谅解,在还款安排上作出灵活处理,甚至得到新的解困资金,焕发生机。

(八)农业保险"空转"成为政策套利

根据世界贸易组织农业协定,政府可以参与农业保险,以支持本国农业发展。这一"绿箱"政策是在加入WTO条件下间接补贴农业的一个重要手段。但我国农业保险的现实做法是财政高额补贴保险公司,全国农业保险保费规模连续多年过千亿元,保持全球第一地位,而这主要得益于财政补贴。

从2007年到2023年,中央和地方政府给农业保险保费补贴的总额有6194.17亿元,签单保险费总收入是8391.30亿元,平均保费补贴率是73.82%。2023年,仅中央财政安排的农业保险保费补贴就有477.66亿元。[①] 一般的运作模式是,中央和省级财政补贴70%,市县补贴10%,农户自己承担20%保费。假定赔付率为60%,这意味着"农户"(作为一个

[①] 《全国农业保险已为1.25亿户次农户提供风险保障3.34万亿元》,见央视网:https://news.cctv.cn/2023/08/22/ARTIBAxq7ZUk4PCIngy7PLtk230822.shtml,2023年8月22日。

整体）付出20元，可以拿回60元，净得40元，而保险公司获得另外40元，说白了就是"农户"和保险公司分食了财政补贴80元。

2024年8月14日，国家金融监管总局网站对外公布当年首批、共计四份两会建议提案复文，均涉及金融支持"三农"领域发展。其中数据显示，2007—2024年，农业保险保费收入从51.8亿元增长到1429.66亿元；提供风险保障从1126亿元增长到4.98万亿元；服务农户从4981万户次增长到1.64亿户次。另据2024年5月31日，在国新办举行的国务院政策例行吹风会上，国家金融监管总局财产保险监管司官员介绍，2023年农险赔付1124亿元，惠及农户5772万户。

上述保险服务农户"增长到1.64亿户次"与农险赔付"惠及农户5772万户"对比一下，至少35%的参保农户都拿到了赔付。考虑到有些农户年内参保多次，实际参保农户总数应明显低于1.64亿（全国农户总数才2亿出头，其中稍有经济活跃度的不超过1亿）。根据上述数据，不妨推测，超过35%、可能近一半参保农户能拿到赔付。在外行人看来，这似乎是"皆大欢喜"，似乎是农业保险的"成绩"。可是这符合保险的大数法则吗？受灾本是小概率事件，对受灾的参保户来说，从保险公司获得的"赔付率"当然越高越好，政府对此也是鼓励的。但是，如果真有那么高数量比例的参保户拿回赔付，所谓"惠及农户"（不妨称之为"赔付面"）很广，恰恰说明这个保险机制出了问题。果真如此的话，还不如财政取消保险补贴，把钱平分给农户算了。

新华社《经济参考报》调查指出，部分保险公司打通地方政府，向农业、保险等相关负责部门输送利益腐蚀干部，联合基层村官，虚报农保内容、投保人，从中获取巨额利益。中央纪委国家监委网站公布的相关案例显示，某地某村党总支书记、村委会主任及该村6名干部与保险公司业务员合谋，由村干部发动群众虚报种植面积参加种植业政策性农业保险，骗取国家财政补贴，以虚假出险的方式骗取保险理赔款。更有部分保险公司通过虚列保险人，冒用农户名义缴纳保费虚假投保，一旦发生自然灾害需要赔付时，农户在投保不知情情况下，也就不会索赔。与此同时，保险公司骗取大量财政补贴和赔款，获取高额利润。农保资金没有惠农，反而吃肥了保险公司，其巨额利润大多来自政策性农业保险。①

事实上，各商业保险公司限于人力财力，都很难深入农村千家万户，农业保险的获客、风控、核保理赔工作，大多是由基层村集体的干部代劳的（也有其他一些农村"能人""掮客"扮演这个中介角色）。在现行的农业保险模式下，由于管理半径和代理链条太长，工作量太大、利益关系不一致，以及极度的信息不对称，套保、骗保的行为是防不胜防的。其中，既有农户、村干部（中介）单独或者共同骗保，也有保险公司员工与农户或村干部（中介）共同骗保，还有保险公司员工、农户、村干部（中介）三方共同骗保。保险公司员工的"违规操作"，可能是个人行为，也可能是公司默许的，甚至是授意的，如其不这么做，整个"业务链条"无法运转，财政补贴更拿不到。经常出现的情况是，农户与村干部（中介）一起套取保险公司的利益，保险公司套取地方财政的利益，又与地方财政一起套取中央财政的利益。

试想，挨家挨户上门收取区区几十元、几百元的保费，还有签单、查验证件、现场核实、整理存档等全套手续，不仅保险公司难以做到，村干部也不胜其烦。正因为受灾是小概率事件，纵使受灾了，在农户经济体量很小的情况下损失也是有限度的，所以普通农户自费投保的意愿并不高，这也是符合经济规律和人性的。更要命的是（有些真实生活经验的人可想而知），农户交了保费，受灾了要赔钱，没受灾也会想退钱。如果某农户年初交了100元保费，年底不把这100元拿回去（最好是拿回110元、120元），明年就不会交费了。农户这点钱事小，关键是没有获得这个客户，保险公司就拿不到财政补贴的"大头"，因此不能不迁就。

上面布置的政治任务既要快速完成，财政补贴的实惠也要多多到手，又要面对保险业务推广的人力、经费窘境，还要防止有的农户真的交费后遇灾索赔大开口、难协调，一些保险公司、基层干部（中介）很容易形成

---

① 周强、胡拿云：《谨防政策性农保资金成保险公司"唐僧肉"》，载《经济参考报》2024年10月24日。

"合谋"。例如，基层干部找来大批农户身份资料，垫钱经办"投保"。这些农户可能知道，也可能完全不知此事，但是自己没交钱就不会多在意。这种方式"获客成本"最低，过段时间再编排一些遇灾赔付事由，把"保费"以理赔款形式加上"好处费"退给原经办人，"赔付效率"也很高，更少了"理赔争议"。哪怕是自己交保费的农户有返款要求，保险公司也只能以"理赔款"的形式进行操作。往往为了控制法律风险，避免惹人注意，每单"赔付"的金额不宜太大，但是涉及的人群数量很大，也就造成了"赔付面"或所谓"惠及农户"很广。这种基层的行为逻辑，可以解释上面提到的宏观统计数据。具有讽刺意味的是，农业保险从投保到赔付全流程走下来，在一些人那里几乎变成了一种"保本保息理财产品"，完全有悖于政策初衷和保险规律。由此造成的另外一个后果是，真实参保农户如果真实遇灾，赔付很可能跟不上。

中央和地方财政每年千亿级的农业保费补贴，很多就在"空转"中被"分肥"。在"空转"中虚耗了巨量的社会成本，严查若干腐败个案也很难改变局面。这是个系统性问题，不能归咎于基层的执行缺陷。正如"三农"专家贺雪峰调研指出："在不能解决保险公司无法与分散小农高昂的交易成本之前，农业保险没有可能搞得好。国家政策性的农业保险也就会变成保险公司套利的手段，而无法减少农业风险。"[①]

实际上，商业保险公司由于数量众多，竞相争夺农险业务，重点不在向下开拓市场、改善服务，而是费尽心机进行政府公关，有些地方就借机明里暗里给保险公司摊派各种费用负担，甚至迫使保险公司向个人进行利益输送。很多保险公司也是叫苦不迭。

不难发现，在现行的农业保险模式中，商业保险公司是最不重要的，其所做的事情并无实质性的"技术含量"或商业贡献，无非是提供了金融牌照作为"通道"，而这个牌照无非是政府给的一纸文件罢了。"政策套利"恰恰才是这个模式的核心逻辑。如果把牌照赋权给集体经济组织、合

[①] 贺雪峰：《谨防农村保险套利》，载《学习时报》2015年12月7日。

作社及其联合社（联盟），放到明处监管，把责权利关系理顺了，再有财政补贴支持，所能发挥的作用更大。

从世界各国的成功经验来看，农业保险的原保险宜由合作保险，而不是商业保险或政府机构经营。由于农业保险涉及情况极其复杂，点多面广，千差万别，往往是"山高、路远、坑深"。商业保险或政府机构直接经营农业保险，更容易遭遇道德风险和逆向选择，需要投入过高的监督成本。而在合作保险模式下，全体成员既是保险人，又是投保人，利润盈余可通过冲减续保保费的方式返还被保险人。植根基层的合作保险具有天然优势：首先，合作保险中的成员是熟悉农业生产的农户，是投保人和保险人的统一体，他们对保险组织面临的风险以及其他投保人自身的风险具有更清楚的认识和评价，有利于进行风险管理和核保理赔；其次，共同的利益关系有利于形成相互监督机制，避免出现"联手吃保险"的局面，更有效防止道德风险和逆向选择。

相互保险（合作保险）的经久不衰源于投保人和保险人的合一性，源于对信息不对称的有效化解。时至如今，相互保险依然坚守这一传统，聚焦特定群体、特定风险或特定地域的保险保障。同时，相互保险积极运用互联网、大数据、云计算等新技术，使其在法人治理、业务拓展等方面的固有短板得到极大缓解。[①]

从 100 多年来全球保险市场的发展历程看，股份制保险公司与相互制保险公司之间，相互的转化都有发生。两者相互竞争，又相互促进。相互保险可以促进股份制保险更加注重长期利益，股份制保险可以带动相互保险更加注重经营效率，两者共同推动着保险业不断向前发展。而从我国来说，突出的短板在于相互保险。

明明全世界的成功经验都显示，农业保险要从基层互助合作做起，可是某些部门热衷于引入商业保险公司干其力所不及的事情，也有些地方为了图省事或者其他动机，是以一定的经营规模如种植面积、养殖数量作为

---

① 姚庆海、宋占军：《相互保险的历史与借鉴》，载《中国金融》，2016 年第 24 期。

保费补贴门槛，这就更把多数农户排除在外，所能得到好处的大多是企业老板，恰恰加剧了社会不公。

让我们一起领会习近平总书记关于农业保险特别是保险合作的重要论述。他很早提出："加快农业保险体制改革，扩大农业保险市场。目前我国的农业保险合作社在承包的广度和深度上还处在极低的水平，承包能力较弱。要在总结试点经验的基础上，逐步在农业比重较大的县建立农村保险合作社，主要经营种养业保险。在发展农村合作保险的基础上，要创造条件成立国家和地方农业保险公司，为农村保险合作社办理分保和再保险业务。"[1]

（九）反思：全社会融资体系的多层次生态位

全社会融资体系是多层次的。第一层次是民间借贷。这个问题貌似敏感，有人一听就联想起"高利贷"。其实，如果利息偏高，也是供求关系的反映，更是高风险造成。越是打压民间借贷，供求关系失衡，出借人面临高风险，必然造成高利息。利率管制限制了供给，但并不能消灭需求，往往助长了高利贷，扭曲了资源配置，严重削弱全社会的金融活力。这部分市场本来是被银行放弃的，如果人家能从银行借到钱，何必去找民间借贷？如果出借人起诉不受理、不保护，恰恰为社会黑恶势力提供了生存土壤。民间借贷又是个试金石，如果最了解你的亲朋好友都不相信你，凭什么让银行相信你？

第二层次是民间非正式互助。其实长期存在的民间借贷，也多有人情、互助成分。民间非正式互助的常见形式，如红白喜事的"随份子"也是。这是千百年的社会文化传统，不能简单都归为陈规陋俗。事实上老百姓通过"随份子""凑份子"解决了自身的不少困难。

第三层次是正式的、规范的信用合作、合作金融。这一层次其实是目前全社会融资体系的最薄弱环节。然后才是第四层次：贷款公司、典当行

---

[1] 习近平：《中国农村市场化建设研究》，人民出版社2001年版，第240页。

等。第五层次：中小银行。第六层次：大银行。

以上属于债权融资领域，在股权融资领域情况也是类似的：从个体户，到合伙、公司，从私募股权投资，到场外交易市场（Over-the-counter），到交易所市场（公开上市）。相当一个时期以来，农信社改制成为农商行，进而追求上市，很是时髦。试想你上市究竟是赚谁的钱呢？你真的缺钱吗？银行最大的特点是现金流充沛。银行本身利润来自存贷款及其他业务，对农信社、农商行来说基本来自本地客户（其中很多是自己的社员或股东）。上市无非是拿这些利润以及未来预期作为"诱饵"，吸引更多人来参股，赚到钱要给这些股东分。当然也有的动机是上市后就有条件操纵股市赚取差价或股票套现的收益，那就是以股民为"韭菜"进行收割了。过去一些股改、上市的操作，很少创造新价值，更没有转换新机制，而无非是一场"盛宴"。

须知金融也是一个生态系统。每一个物种都拥有自己的角色和地位，占据一定的空间，发挥一定的功能。没有两种物种的生态位是完全相同的。鹰击长空，鱼翔浅底，一鲸落万物生；有的鸟吃鱼，有的鸟吃昆虫，有的鸟吃草籽，花鸟虫鱼各有各的生态位。老虎号称森林之王，但如果水草破坏了，鹿、野猪等无法生存，老虎也会饿死。蜜蜂能传播花粉，蚯蚓能松动土壤，这些事情老虎干不了。如果蜜蜂、蚯蚓……大量消失了，生态系统受到破坏，生态位顶端的老虎最为脆弱，将率先走向灭绝。由于老虎很威猛但又很脆弱，受到最多的关注和保护。问题是如果生态系统失调，放几只老虎到森林里面也无济于事，而是死得更快，所以只能把老虎放在动物园里面观赏。——大银行、上市公司有时就是这样的老虎。

农村资金外流与"融资难、融资贵"长期并存。如把思维局限于商业银行（特别是大银行）贷款、上市公司融资，那是"远水不解近渴"。其实发达地区的经济起飞特别是民营经济、县域经济、中小企业、创业活动，多依靠融资体系的前几个层次。而欠发达地区的人们，容易被发达地区的光鲜外表所惑，在金融服务上"贪大求洋""舍本求末"，就会继续困于资金"虹吸效应"，一再断送自己的发展机会。

（十）出路：农村信用体系不能脱离合作体系

多年来，国家出台了一系列政策文件，全面推动社会信用体系建设，从顶层设计到具体实践提出了行动指南。2022年3月，中共中央办公厅、国务院办公厅印发了《关于推进社会信用体系建设高质量发展促进形成新发展格局的意见》，引导监管部门、金融机构和实体企业共同夯实金融体系的信用基石，通过创新信用融资服务、提升资本市场透明度、强化市场信用约束等方式，让信用成为优化金融生态环境、促进金融服务实体经济的"硬支撑"。2022年4月，中共中央、国务院发布《关于加快建设全国统一大市场的意见》，提出健全统一的社会信用制度，将公共信用信息和金融信息共享整合，形成覆盖全部信用主体的信用信息网络，从而营造公平透明的营商环境。2024年3月，国务院办公厅印发了《统筹融资信用服务平台建设提升中小微企业融资便利水平实施方案》。2024年5月，国家发展改革委办公厅印发了《2024—2025年社会信用体系建设行动计划》。

金融机构为了拓展业务与市场，转而寄希望于"农村信用体系建设"，"教育"农民要有"信用意识"（学会"欠债还钱"），从而降低金融机构本身的风险。但是，简单地把城市和工商业信用体系建设的经验逻辑推广到农业农村，并不那么灵验。

金融的终极本质，即人与人之间的信用关系，千百年来并没有改变，未来也不会变。这在农村金融领域表现得更为直观生动，农民并非没有信用，包括农村的中下层农民都有他们的信用。但是现有的金融体系难以掌握农民的信用，因为信息的不对称、管理半径过长、单位成本过高。要充分发挥乃至放大农村和农民的信用，就必须降低农民与银行之间的信息不对称，以及管理运营成本。农村金融中的信用与信息问题、风险与控制问题，需要借助农民组织化特别是新型合作化加以解决，从而促进农村金融深化，并在农村金融深化中有效维护农民的利益。

从这个意义上说，农村最缺的不是钱，而是组织资源。从存贷差来看，

"三位一体"服务"三农"
新型合作经济与普惠金融

农村(以及欠发达地区)的存款普遍大于贷款,甚至可以说是农村最"有钱",但农村资金的大量外流是一个持续现象。好比在一个严重水土流失的地方,最缺的不是水,而是植被。农村信用体系建设的关键,在于新型信用合作体系,特别是要大力发展生产、供销、信用"三位一体"合作经济,更多依托基层合作经济组织,充分利用其内部熟人关系和产供销联系,这样开展信用体系建设,才有纲举目张、标本兼治的效果。因此要统筹推进信用体系建设与合作体系建设,理直气壮地高举信用合作的旗帜。

博弈论认为,个人在单次博弈游戏中倾向违约,而在频繁的多次博弈系统中会更加注重个人信用。弱势群体与金融机构的交易机会不多,有时近于单次博弈,而互助合作的共同关系建立了一个基于生活和工作场景的多次频繁博弈系统,在这个系统内,成员之间更愿意遵守游戏规则,更有信用观念。

"三位一体"合作经济,为信用发现和约束、信用量化和变现提供了平台。鉴于不同地区、不同县域、不同村镇经济社会发展水平巨大的差异性,农村信用体系建设应以县域甚至是村镇为主开展。从某种意义上讲,农村信用体系更类似于一个支持授信获取的评价体系,而非基于数据沉淀而形成的征信体系。只要能够与现有金融体系有机结合起来,增强农民资金可获得性,减少违约概率,这个体系就是管用的。在全国层面,应以提供信用评价的工具、方法为主,不搞整齐划一,不搞"一刀切"。

顺便说一句,在一些地方推行的"信用村""信用农户"评定,主要只是依托基层组织收集信息,未能在农户之间落实有约束力的信用责任,容易造成信息失真、责任落空。"信用村"之"村",无论是作为"行政村"或者"村集体",村民(集体成员)的身份不是轻易可以加入的、更难以被"开除"。如果出现"害群之马",影响了"信用村"的评价,对于其他村民并不公平。借助党支部、村委会去推动也是可以的,但是党支部、村委会并非经济主体,普遍与合作经济组织(特别是行使集体经济职能的合作社）在人事上交叉任职。因此落实到具体操作层面，应当尽量使用合作经济组织的名义。合作经济组织对于成员，则可以进行更有效的管理。至于一些金融机构推行的"道德银行"或"道德积分"包罗甚广，模糊了信用体系建设的焦点；轻易冠以"道德"之名，也要慎重。

二、农村金融深化与合作化

（一）金融抑制与金融深化的一般理论及其局限

美国经济学家麦金农（R. I. Mckinnon）和肖（E. S. Shaw）提出了"金融抑制"（financial repression）与"金融深化"（financial deepening）理论。[1] 他们主要以广大发展中国家为样本，研究了货币金融与经济发展的内在联系，认为发展中国家不仅资本稀缺，更重要的是资本利用效率低下，抑制了经济增长，而政府过度干预导致金融体系的抑制和低效。具体而言，"金融抑制"是指中央银行或金融监管当局对各种金融机构的市场准入、市场经营流程和市场退出，实施严格管理。政府过度干预使金融市场发生扭曲，利率和汇率不足以反映资本的稀缺程度，从而发生"金融抑制"现象。

麦金农和肖进而论证了"金融深化"与储蓄、投资及经济增长之间存在的正相关性，主张在金融领域充分利用市场机制的作用，减少政府对货币金融体系的过多管制，让利率反映金融资产的供求状况和真实价格，从而沟通储蓄和投资，增加投资的总量和效率，以促进经济的发展。

Pischke、Adams、Donald 对于发展中国家农村借贷市场的实证研究表明，能够从正规金融机构获得贷款的农户仅占总体农户的极少部分。他们

---

[1] 〔美〕罗纳德·I. 麦金农：《经济发展中的货币与资本》，卢聪译，汪鸿鼎校，上海三联书店1988年版；〔美〕爱德华·S. 肖：《经济发展中的金融深化》，邵伏军、许晓明、宋先平译，上海三联书店1988年版。

认为，要解决这一问题，应在政府推动下提高实际利率和实施金融自由化，最终实现由金融抑制向金融深化的转变，特别是应促使正规金融机构增加对农户的资金支持。[①] Claudio G. Vega 论述了发展中国家农村金融市场存在的主要是各经济主体的关系问题，解决问题的主要手段即农村金融市场的深化，包括切实优化市场发展的宏观经济、政策、政治环境，深化金融服务功能，扩大金融的总需求和总供给，改革发展中国家现行的金融监管方式，改进各项法规制度，完成金融结构调整等。[②]

林毅夫、刘遵义和罗小朋等的研究指出，与其他欠发达国家相比，中国农村的商业化非正式信贷的交易较少发生，其中一方面的原因是私人贷款者的地位在法律上一直没有明确，如前所述它们在多数情况下被视为非法；另一方面对大多数农户而言则没有可资抵押的财产，最主要的是土地租约的转让还未得到官方认可。[③]

总的来说，麦金农和肖，及其在中国的追随者们，把金融抑制和金融深化理论的核心问题定位于利率的弹性和市场的准入，基本主张是强调放松对各类金融机构的管制，以使实际利率通过市场机制的作用自动趋于均衡水平，从而促进经济发展。简言之，为了破除金融抑制，需要促进金融深化；而要促进金融深化，主要依靠市场化即市场自由化。促进农村金融机构多元化和相互竞争，几乎成为解决农村金融问题的流行观点。[④] 这个逻辑进一步表现在政策导向上，就是放宽农村金融机构的准入。例如林毅夫认为缺乏合适有效的金融机构是阻碍农民收入增长的最主要原因之一，

[①] Pischke, Adams, Donald, *Rural Financial Markets in Developing Countries*, The Johns Hopkins University Press, 1987.

[②] Claudio G. Vega, *Macro Economic Policy and Reality Deeping Rural Financial Markets: Macroeconomic, Policy and Political Dimensions, Paving the way Forward for Rural Finance*, an International Conference on Best Practices, Working Paper, 2003.

[③] 林毅夫、G. Feder、刘遵义、罗小朋：《中国的农业信贷与农场绩效》，载《农村经济与社会》，1989 年；林毅夫：《再论制度、技术与中国农业发展》，北京大学出版社 2000 年版。

[④] 何广文：《从农村居民资金借贷行为看农村金融抑制与金融深化》，载《中国农村经济》，1999 年第 10 期；谢平：《中国农村信用合作制改革的争论》，载《金融研究》，2001 年第 1 期。

因此提出发展农村中小金融机构。①

(二) 农村金融市场的高端与低端：缺乏竞争，还是缺乏合作

金融抑制和金融深化的思想观念具有一定的解释力和启发性。但是简单套用金融抑制和金融深化的一般理论来分析和解决中国农村金融问题，特别是片面推进农村金融的市场化、简单增加金融机构的数量，很容易陷入误区。

我国金融机构的市场准入有待放宽，如果能够在农村地区率先有所突破，固然不是一个坏消息。但是，有关方面曾经给出的理由是为了"促进农村的金融竞争"，隐含的意思似乎是说城市的金融竞争已经很充分了——于是城里就不需要更多的金融机构了？这是值得商榷的。竞争程度高，并不意味着市场潜力就小。例如一些发达地区，金融市场竞争非常激烈，仍不断有外来银行新设网点试图分取市场的一杯羹。投资者进入市场，应当自行评估和承担风险，又何必监管部门越俎代庖？以现有竞争程度较高为由限制城市金融的市场准入，客观上维护了现有金融机构的垄断利益，而且忽视了城市金融的巨大潜力。城市的小微企业与乡村的小农，都是潜在的巨大市场。纵使城市金融竞争趋于饱和，反倒可能促进金融机构自发地向农村拓展业务，这应该是我们所乐见的。

农村金融问题的关键，果真在于缺乏他们所谓的"竞争"吗？甚或就是缺少几家金融机构的问题吗？笔者并不否认农村市场化包括金融市场化的必要性与重要性，但是坚持认为：对于农村金融来说，仅仅片面推进市场化还是远远不够的，甚至也不是第一位的。前些年农村金融政策导向，据说是为了促进市场的"竞争"，从而改善"服务"。可到底是谁跟谁竞争？又是谁为谁服务呢？

这就需要区分农村金融的高端市场和低端市场。农村市场不是铁板一块，也不是一个均质性的市场。在农村的辽阔区域和庞大人口中，有少部

---

① 林毅夫：《金融改革和农村经济发展》，北京大学中国经济研究中心工作论文，NO. C2003026，2003年9月26日。

"三信一体"服务"三农"
新型合作经济与普惠金融

分已经较深程度地卷入工业化乃至城市化进程,甚至已经进入工商社会,这是笔者所要指出的高端市场;就另外的大部分农村区域和人口而言,仍然处于低端市场,严格来说甚至是被金融市场边缘化的。前些年,当汇丰银行到湖北随州开设"村镇银行"[①],另外一些长期专注于城市的大银行也在一些地方跟进。与此同时,农业银行甚至农商行、农信社却从广阔农村后撤网点。一些人表示困惑,其实并不矛盾。大银行试图进入的,必然是当地农村的高端市场,特别是面向农村工商企业和少数专业大户,这个市场同样是中小银行、农信社的必争之地。近些年,一些大型商业银行在乡村振兴的号角下纷纷去开辟农村市场,要么是浅尝辄止,要么也是在农村的高端市场陷入"内卷化"竞争。至于农信社、农商行退出的(或者从来不曾进入的),是农村低端市场,这个市场上是农村沉默的大多数。当然按照某些"专家"关于农村"有效"的贷款需求大多得到满足的理论,这些沉默的人们如果不是哑巴,那就是不存在的。

很多人谈到孟加拉乡村银行,谈到小额贷款,大多是从其作为金融机构和金融行为的一面来看,津津乐道于商业可持续,利率可自由浮动,等等。有些人主张放宽农村贷款利率限制(虽然这是不无道理的,也是势在必行的),甚至大力鼓吹"资本下乡"开办金融业务。似乎只要掀开盖头,一个商机无限的农村金融市场就跃然眼前了。可是,如果农村现有的金融机构都难以判断和控制信用风险,甚至纷纷撤出农村(特别是其低端市场),又如何指望更多的金融机构真正进入和有效发挥作用呢?农村金融市场之点多面广、小额分散,管理半径过长、管理成本过高,缺乏抵押资产,执行变现难等问题,特别是信息不对称问题,不是增加几家金融机构或者诉诸金融科技所能解决的。何况这些金融机构,对于农村低端市场向来是兴味索然。

农村金融之鼓励"竞争"乃是一种奢求。笔者认为,这是由于农村市场的"稀薄性"。如果按照约瑟夫·斯蒂格利茨(Joseph E. Stiglitz)在《经济学》中的定义,市场稀薄性(market thinness)是指市场的参与者极

---

① 《汇丰获准在中国筹建村镇银行》,载《人民日报》,2007年8月13日,第6版。

少而交易寡淡的状况，或者是由于卖方过少，或者是由于买方过少，或者是双方都缺乏交易动机所致。西方经济学探讨"市场稀薄性"，主要是从信息不对称及其造成的逆向淘汰、道德风险来谈的，而且也并不特意针对农村市场。因此本书只是借用了"市场稀薄性"这一名词，而从另外的角度来定义。

农村市场，特别是其低端市场，当然存在信息不对称问题，更由于农村相对来说地广人稀，经济体量小，较之于城市天然地具有市场"稀薄性"。好比城里有一些专卖店，而在某些村里连维持一个杂货店都困难，如有两个以上杂货店开起来也大概率是两败俱伤，专卖店去了更没有立足之地。好比在城市繁华区，金融网点林立，果然很符合某些学者的"竞争"偏好。但是在农村当地的有效需求可能连一个像样的金融网点都不足以维持，又如何增加更多网点，以利于促进"竞争"呢？因此，很多时候，农村市场天然具有某种"局部垄断"的性质。区别在于，究竟是由外在于农民的资本力量来"垄断"，还是由农民自主的合作组织来"垄断"。

农村金融之缺乏"竞争"，也是一种假象，或者说倒果为因。好比缺车少路，运输业是无从谈起的。农村如果没有公路，送汽车进去只能当摆设。如果路况差，外面汽车也不愿意进来。首当考虑的，不是派车，而是修路。要修的首先不是高速公路，而是乡间小路。高速公路穿村而过，但是如果没有入户的乡间小路，农民也只能"望车兴叹"。乡间小路好比一个人的毛细血管，维持着血液的微循环。缺乏这样有效的微循环机制，人体的细胞组织将会坏死，病人输血无补；农村的金融市场将会萎缩，农民往往是告贷无门。

金融机构如在原有的运行逻辑和利益本位上继续打转，不足以解决农村金融特别是农村中下层的金融问题。至于依靠强化所谓"竞争"来改善"服务"，纵使果然有些效果，这种"服务"却是大量农民无福消受的。现实所见，几乎无一例外的，都是热衷与当地的工商企业以及农村中的富户、大户打成一片，其不过是在瓜分农村高端市场的利益罢了。虽然这在商业逻辑上是无可厚非的，但是与政策上的本来意图则是日益南辕北辙。

故而，农村金融抑制的根源，未必是缺乏竞争，而是另有深层原因。

农村金融的微循环机制如何建立呢？如果银行间的充分竞争都难以形成，则农民间的有效合作更为必要。这里是指合作制、合作经济意义上的合作。农民并非没有信用，而是农民的信用隐藏在乡土社会之中。现有的银行体系乃是基于城市工商社会建立的，对于农民的信用无法掌握。要充分发挥乃至放大农村和农民的信用，就必须降低农民与银行之间的信息不对称。从而我们可以说，金融问题，要在金融之外去寻求解决。

李剑阁曾经指出，在中国的一些贫困地区，其经济活动所产生的资金流量和经济效益根本无法支撑任何商业性的金融机构的运行，他进而认为，这些地区的农民的资金需求只能靠政策性的金融机构来解决。[1] 但在笔者看来，这种政策性金融机构未必是国有银行，得到政策支持的合作金融可望更好地发挥作用。

（三）农村金融中的信用与信息、风险与控制

农村金融如此重要，又何以成为问题？或者说，农村金融的特殊性在哪里？或者说在金融意义上、金融的社会学意义上，农村与城市的区别何在？基于城市工商社会的金融体系为何不能自然而然地延伸和覆盖到农村？甚至从农村积累起来的金融资源也日益疏离农村？一言以蔽之，农村金融中的信息与信用机制有其特殊的性质，因此在风险与控制机制上也有特殊的要求。

到底农村和城市有什么区别？恐怕不能简单定义说农村搞农业，城市搞工业。那么就要问：工业和农业有什么区别？恐怕也不能说，工业产品不可以吃，农业产品可以吃。因为农业也有东西是不能吃的，工业好多东西也是可以吃的。如果把农村和城市用穷和富，有文化和没文化来区分，更不合适。笔者从社会学角度来讲，城市宏观上更集中，微观上更分散。宏观上更集中就是高楼大厦，几十万、几百万人口集聚，微观上更分散就是左邻右舍、上下楼层、隔壁街坊，往往谁也不认识谁，相互缺乏了解，

---

[1] 李剑阁：《农民就业、农村金融和医疗卫生事业问题的几点意见》，见《比较》第7辑，中信出版社2003年版。

更不知道这个人的品行、信用怎么样。而在农村，宏观上是分散的，微观上很集中。宏观上看，一个村跟另外一个村，一个镇跟另外一个镇相距几里地、几十里地；微观上看，一个村里面，男女老少、左邻右舍，从小到大生产生活关系融为一体，这是一个熟人社会，相互之间知根知底。在农村熟人社会的有效半径内信息比较对称，比较有信用基础，当然，超过这个半径就未必那么可靠了。

如果说农村社会的信息和信用体系是"横向"的，那么城市工商社会的信息和信用体系则是"纵向"的。例如城里人办理贷款，银行了解这个人、这个企业，可以调取过往的交易记录和征信资料，通过工商、税务、社保、房产、土地等部门可以查证信息，这些都是"纵向"的线索，还可以要求其提供流通性较强的资产抵押，这样大致有所把握。而对农民来说，这些手段多是无能为力的。因此农村金融中的风险控制，有必要另辟蹊径。

费孝通在分析中国社会乡土文化时，就指出中国人非常重视社会关系，每个人都生活在一个巨大的社会网络之中，中国人行为也受网络中相对地位的影响。农村社区更是典型的熟人社会，血缘、地缘、业缘、姻缘关系相互交织重叠，彼此的认同感和信任感较强，形成了一个社区网络。费孝通认为，"从基层上看去，中国社会是乡土性的"，而"乡土社会的生活是富于地方性的。地方性是指他们活动范围有地域上的限制，在区域间接触少，生活隔离，各自保持着孤立的社会圈子"。所以"这是一个'熟悉'的社会，没有陌生人的社会"，"乡土社会的信用并不是对契约的重视，而是发生于对一种行为的规矩熟悉到不假思索时的可靠性"。[①]

现代市场经济发展出陌生人之间的匿名交易，极大地增加了交易机会，从而创造出空前的社会财富。但是切不要"捡了西瓜，丢了芝麻"，丧失了本源。现在金融体系改革思路越来越貌似现代化、国际化的东西，实际上只适合城市社会和工商社会，而且是大中城市、发达的工商社会。事实上，即便是在西方发达国家，也有分散的农村，还有不那么商业化的城市区域，通过非正规金融、合作金融，借助人与人之间、熟人之间的信息和

---

① 费孝通：《乡土中国》，生活·读书·新知三联书店1985年版，第1、4、6页。

信任关系，降低了运行成本，盘活了信用。

（四）农民组织化特别是合作化，促进金融深化

农村金融理论的新发展，特别是"市场不完全竞争理论"，也非常重视"借款人的组织化"——其实也就是"合作化"的变种。

诺贝尔经济学奖得主、前世界银行副行长斯蒂格利茨认为，由于存在市场失灵的因素，政府在农村金融市场中的作用十分重要，但政府也不能取代市场，而应成为市场的有益补充。政府对金融市场监管应采取间接调控机制，并依据一定的原则确立监管的范围和标准。为了弥补市场失灵，有必要采用诸如政府适当介入金融市场以及借款人的组织化等非市场要素。[1]

而借款人组织化（对于农村金融来说，就是农民组织化、合作化）的形式是多种多样的。从不同程度和层次来看，有互联信贷（Interlinked Loan）、团体信贷（Group Lending）、合会（又称轮转基金、轮转储蓄与信贷协会，Rotating Savings and Credit Association，ROSCA）、信用合作社（又称储蓄互助社，Credit Union）等。其中，互联信贷将信贷活动与其他市场交易联系在一起，互相约束，降低了农户违约动机，同时也确保放贷者稳定的货源。团体信贷采取成员之间"联保"的方式，将违约的可能性降低。合会以及信用合作社同样是在一个较为稳定的团体范围内运行的，成员间彼此了解，相互信任，信息比较对称，社会制裁和舆论的压力较能确保合约的实施。

农村金融深化与农民合作化，乃是同一个硬币的两面。[2] 合作经济是市场经济条件下农民组织化的主要形式，信用体系更是乡村振兴的命脉所系。有效的信用合作不仅意味着资金及其收益在当地"内循环""微循环"，还将持续积累互信，有助于不断改善社会治理，促进共同富裕。为了降低组织成本，提高组织效率，需要对农村现有组织资源进行必要整合。

---

[1] Joseph E. Stiglitz and Andrew Weiss, "Credit Rationing in Market with Imperfect Information", *The American Economic Review*, Vol. 71, June 1981.

[2] 陈林：《农村金融问题与农民组织化：同一个硬币的两面？》，载《经济观察报》2006年11月13日；《金融时报》2006年12月14日访谈文章。

"三位一体"合作经济建设,正是为了给农村金融的改革与发展提供一个广阔平台,建立一个以金融为核心的普惠合作体系。

但金融界的很多人士对于合作经济(包括信用合作、合作金融)缺乏概念,稍有所知的,似乎觉得其不那么"现代""先进"(焉知商业银行、上市公司这些东西也都有几百年的"古老"历史)。很长一个时期以来,中国金融业的发展与改革,回避了民间互助合作的需求与土壤,疏离了社会信用体系的真实基础。一说到民间金融、合作金融,就以风险为由,避之不及。但是那些貌似"正规"的银行、保险、信托、证券体系里面,又不知搞出了多少巨量风险,仅就已经"爆雷"的部分,动辄百亿、千亿、万亿级的灰飞烟灭,多少人倾家荡产,已经严重危及金融安全和社会稳定。金融乱象的根源之一,恰恰在于忽视了合作经济、合作金融。这也造成了普惠金融的异化、金融支农支小的困局。在全社会融资贵、融资难的同时,很多银行苦于钱贷不出去,这就是莫大的讽刺。老百姓缺乏合理安全的理财渠道,又使得形形色色的集资诈骗有机可乘。

(五)若断若续、若有若无:当代中国的合作金融

2006年10月全国人大常委会通过的《中华人民共和国农民专业合作社法》,是把合作金融(信用合作)排除在外的,这在立法过程中就引起了不少争议和遗憾。另外很多人则望文生义,经常把信用合作等同于传统的"信用社"。其实,原农村信用社属于传统的集体所有制企业的范畴,原本缺乏基层合作制基础,多年前实行县级联社一级法人之后,距离合作制更加遥远了,更有大量的农信社纷纷改制为农商行,剩下一些徒有其名的"农信社"或"农村合作银行",也都是商业化运行的。

可能是为了弥补《中华人民共和国农民专业合作社法》的不足,更因为中国的"部门立法"体制,2006年12月原中国银监会发布《关于调整放宽农村地区银行业金融机构准入政策更好支持社会主义新农村建设的若干意见》,其中提出"社区性信用合作组织",说明已经重视到"社区性"的作用,后又定名为"农村资金互助社",大约是为了与原农村信用社相区分。其实,所谓资金互助,本质上就是信用合作。只是在中国部门分割的体制下,

"三位一体"服务"三农"
新型合作经济与普惠金融

农口部门谈"合作社",金融监管部门谈"互助社"(除了持牌的"资金互助社",还有原中国保监会审批的"农村保险互助社"),各执一端罢了。

2008年10月,中共十七届三中全会通过的《中共中央关于推进农村改革发展若干重大问题的决定》提出,"允许有条件的农民专业合作社开展信用合作",但是并未具体落实。

2013年12月,习近平总书记在中央农村工作会议中指出,"农村金融仍然是个老大难问题,解决这个问题关键是要在体制机制顶层设计上下功夫,鼓励开展农民合作金融试点,建立适合农业农村特点的金融体系"。

后来又出现"新型农村合作金融"的提法。2014年中央一号文件,专门章节部署"加快农村金融制度创新"以及"发展新型农村合作金融组织",具体提出:"在管理民主、运行规范、带动力强的农民合作社和供销合作社基础上,培育发展农村合作金融,不断丰富农村地区金融机构类型。坚持社员制、封闭性原则,在不对外吸储放贷、不支付固定回报的前提下,推动社区性农村资金互助组织发展。完善地方农村金融管理体制,明确地方政府对新型农村合作金融监管职责,鼓励地方建立风险补偿基金,有效防范金融风险,适时制定农村合作金融发展管理办法。"

2015年11月4日,时任中央农村工作领导小组办公室副主任韩俊(现为农业农村部党组书记、部长)在国新办举办的新闻发布会上表示:"这几年,我们推的一项重要工作就是允许农民合作社开展资金互助,有的也叫信用合作。"韩俊当天在国新办新闻发布会上表示,关于农村信用合作方面的具体方案正在制定过程当中,"但要求必须严格限制在社区内部,不能够对外吸储,也不能够对外放贷。它就是一种信用合作或者资金互助,如果突破这种界限,就可能变成乱集资"①。

2015年12月,国务院印发《推进普惠金融发展规划(2016—2020年)》,明确要求:"积极探索新型农村合作金融发展的有效途径,稳妥开展农民合作社内部资金互助试点",还提出"推动修订农民专业合作社法,

---

① 中央农村工作领导小组办公室副主任韩俊4日表示"允许农民合作社开展资金互助",见新华社北京2015年11月4日电。

明确将农民合作社信用合作纳入法律调整范围"。但是 2017 年 12 月《中华人民共和国农民专业合作社法》的修订未予考虑，致使信用合作、资金互助或者新型合作金融在当代中国仍然处于无法可依的状态，在实践中则是若有若无、若断若续。

各地基层多有一些农民（农村能人）自发的"合作金融"，并无法律保护，也不受监管，虽不规范、有些尚能稳定运转，有些还得到当地领导的支持，也有一些被当作"非法吸收公众存款"打击了。

纵使由原中国银监会（现国家金融监管总局）审批和监管的、作为持牌金融机构的几十家"农村资金互助社"，由于在运营和监管上过于强调金融机构的专业属性，缺乏与社区综合合作的融会贯通，与产供销仍然是割裂的，尚未发挥出应有的最大优势。这恰恰从一个侧面，反证了"三位一体"合作经济及其普惠金融的必要性。

2022 年 10 月，习近平总书记在党的二十大报告中提出"健全农村金融服务体系"。此处别有深意，单提农村，为何不提城市、工商业或其他某个具体领域的"金融服务体系"？这说明农村金融服务体系有其特殊性、重要性，不能照搬城市和工商业那一套。中国的合作金融、信用合作之路究竟怎么走？要在借鉴国际经验的基础上，基于中国国情和金融监管环境，寻找自己的创新方向。

三、普惠金融合作为本：信用合作的创新方向

（一）合作金融之于合作经济：外联、内嵌与嫁接

全世界的农业农村发展但凡较为成功的国家或地区，大多是以合作经济为主导的，其中也包括合作金融或信用合作的有效运作。农业农村金融与经济密不可分，但金融不仅是一种活动、一种行为，也需要有效的组织载体，以便降低信息成本和交易风险。而合作组织就可以是这样的载体。金融不仅在一般意义上是经济的核心，合作金融也是合作经济

的核心。

世界上的合作金融模式及其与合作经济的关系，大致可以分为"外联"和"内嵌"两类模式。这本来是个基本事实和常识，也是普遍规律。

欧美多是"外联"模式，专业化的信用合作（合作银行）自成体系，并与农民（农场主）和其他各类合作组织发生业务联系。例如法国农业互助信贷银行、德国合作银行都是在本国和世界上举足轻重的大银行。欧盟成员国范围内，合作银行的平均市场占有率约为20%（在农业农村领域则多占主导地位）。根据近年来的数据，美国农业金融的主要供给者——农场信贷银行系统，占到市场份额的近四成；并且相较于商业银行，农场信贷服务体系的信贷供给以长期、不动产信贷服务为主。

需要指出的是，孟加拉乡村银行（格莱珉）创始人获得2006年诺贝尔和平奖，究其本源是其所创立的银行仍然属于信用合作，而且未必算得上最佳范例，只是因为所处欠发达国家，得到了更多的关注度，这就容易被人忽略了其作为信用合作的共性。

格莱珉银行是客户所有的，其产权主要由800多万贫困客户所有（少部分是政府投资），又是非营利性的，以为客户提供最优质的服务为目标和宗旨。格莱珉银行的非营利性在早期体现为章程禁止分红，后来调整为可以分红，但因每个贫困客户股份极少，分红只能是象征性的，客户参股和交易的目的是获得金融服务。格莱珉银行的小组模式，其实是客户参与管理的互助机制。格莱珉银行的每个营业所是相对独立的、自负盈亏的机构，有独立的债权债务关系，实现风险隔离，进而形成全国体系。因此，格莱珉银行是一个披着银行外衣的合作金融体系。这恐怕也是因为在孟加拉国的社会条件下，贫困客户难以自发和主动地发起建立合作金融组织，只能通过具有合作理想的领导人和志愿者来带动。

亚洲更成功的范例则是多层次、半官方的综合农协（具有公法地位的合作社），内嵌金融功能。如日本农林金库、韩国农协银行，以及中国台湾地区的农会信用部，在当地农业农村领域具有优势地位，发挥着至关重要的作用。信用（金融）部门是这些农协的主要收入来源，也是其长期生存发展的一个基本条件。此外，农协（农村合作经济的组织体系）也为信用合作的"商业可持续"提供了保障。因为农户和农协的关系是长期、稳定、全方位的，农户不是单纯地从农协取得贷款，还接受农协的技术指导（也是一种监督）和供销各方面的服务，形成关联交易的利益牵制，极大地消除了故意拖欠的潜在危险。

日本在明治维新后就积极借鉴德国经验，将分散的农民组织起来，建立了名为"产业协同组合"的合作经济组织，这就是现代日本农协的前身。该组织最初目的并不是从事生产服务合作，而是从事农民之间的信用合作，也可以说是农民信用合作社。"二战"后，1947年日本《农协法》出台，农协集农业供销、信用保险、技术服务于一体，成为囊括农业农民各种事业的高度垄断机构，本身就是一个产融结合的综合体。基层农协层面，金融业务并未与其他实体产业分离，而在信用农业协同组合联合会（简称"信农联"）和农林中央金库层面设置了专事金融业务的法人合作性金融机构。在农协体系中，农民会员参股基层农协，基层农协参股信农联，信农联参股农林中央金库。[①]

中国迄今为止没有真正意义上的合作银行体系，更缺乏内嵌金融功能的综合合作组织体系。因此要理直气壮高举信用合作的旗帜，时不我待地开展相关工作。但是简单模仿欧美的"外联"模式或者东亚的"内嵌"模式，都存在极大的困难。本书主张的更为现实可行的路径是"金融机构嫁接互助合作机制"，或可称为"嫁接"模式。在此模式下，相比于"内嵌"模式，金融机构与其他组织之间在法律上更为独立；相比于"外联"模式，在业务联系上更为紧密、更为制度化；又不需要增设金融机构、增发金融牌照，本章后面部分将有详细论述。

（二）信用合作应当依托社区合作、综合合作

专业合作主要基于"业缘"，其在欧美专业化、规模化农场条件下，

---

① 任耀庭：《日本农林中央金库国际化经营之研究报告》，2021年9月8日，见https://www.agribank.com.tw/UploadFile/PageEdit/637667966057425625.pdf（访问时间：2023年8月11日）。

得到了长足发展。而在业务多元化基础之上，开展综合合作，共享资源与网络，涉及客户对象的高度重合，业务链条的起承转合，便于发挥协同效应和规模优势。在东亚小农社会，社区长期稳定，基于"地缘"的社区综合合作更有其客观优势，中国绝大部分地区属于这种情形。

德国传统上就有一些兼营供销业务的信用合作社，农村地区更多。中国台湾地区的主管部门也批准储蓄互助社可以代办与社员日常生活有关的生活必需品消费业务，这实际上属于供销合作。至于中国台湾农会与日本、韩国的农协，更是多元化综合运营，内嵌有自己的信用部（银行）。另据美国财政部的统计，2020财年经过认证的社区发展金融机构的员工平均将59.1%的时间用于为低收入家庭和少数族裔人群提供贷款、投资等金融服务，27.9%的时间用于为社区发展提供技术帮助和发展服务。例如，有社区发展金融机构为第一次购房的家庭提供培训课程。①

信用合作是贯通各种合作的最佳纽带。在交易量、交易频率不高的情况下，合作金融很难单独存活，不宜与产供销业务搞成"两张皮"。如果在纯粹的专业合作基础上发展信用合作，由于同类产品业务的季节性、周期性以及相应的资金供求具有同步性，有时造成合作金融的流动性压力。因此要与"三位一体"综合合作相结合，嫁接社区合作，不同产品业务的资金供求可以适当错开，合作成员的年龄差异也有不同的消费、投资和储蓄倾向，这样更有互补优势。

社区熟人社会，蕴含着丰富的信用信息，特别有利于信用合作。缺乏社区合作，合作经济只能是无本之木；缺乏信用合作，合作经济更是无源之水。如果没有综合合作、社区合作、多层次合作作为依托，从经济体量上来说，小农很难维持信用合作；从资金用途来说，也容易发生外流；这样的"信用合作"难免发生异化，沦为另外一种"资本游戏"。

---

① 中国普惠金融研究院：《超越两极：金融如何支持乡村内生动力》（2023中国社会责任投资报告），上海，2023年6月。

（三）信用合作有赖于体系支持、政府监管和行业自律

正如马克思在《资本论》第三卷中指出："信用制度是资本主义的私人企业逐渐转化为资本主义的股份公司的主要基础，同样，它又是按或大或小的国家规模逐渐扩大合作企业的手段。"[①]这说明了信用与合作体系的关系。

对于合作经济来说，足够的经济规模与有效的管理半径，是一对矛盾，这需要通过多层次合作体系来解决。具体到信用合作，唯有植根基层社会，才能将合作成本和风险降到最低，也有利于合作成员更多地参与管理。但是，涉及通存通兑、结算清算以及资金调剂、担保增信、品牌推广、审计监督等方面都需要联合组织的体系支持。否则，基层合作是难以为继的。

中国宪法中有合作经济（包括信用合作）的条文，中央的多个政策文件都允许以至鼓励"有条件的合作社"开展信用合作，但是迄今为止在具体法律上并无专门规定。实行垂直管理的国家金融监管部门，由于各种原因，在政策导向上更多考虑银行特别是大银行的影响，或者把更多的精力用于监管、扶持这些正规金融机构。

对于信用合作（合作金融）的行业管理存在缺位。行业管理不仅是监管，也应有促进发展的责任。1997年中国人民银行成立农村合作金融管理局，1998年更名为"合作金融机构监管司"（增加了城市合作金融机构的监管职能）。2003年中国银监会成立后职能移交，改为中国银监会合作金融监管部，2015年又改为"农村中小金融机构监管部"，合作金融之"名"已不存。原有农村信用社、农村合作银行纷纷改制为农商行，自甘放弃了"信用合作"的旗帜。从2012年以后中国银监会没有审批新的农村资金互助社。

原中国银监会从2007年开始陆续审批成立了几十家农村资金互助社（后来事实上停止审批），星散于全国各地，发挥了一些积极效果，但都还

[①] 《资本论》第三卷，人民出版社2004年版，第499页。

比较弱小，业务过于单一，不仅没有"三位一体"的综合优势，在纵向上更缺乏一个行业组织体系（联合社、行业协会或联盟组织）进行自律管理。

金融监管部门习惯于按照商业银行的"规范"标准去监管农村资金互助社，过于烦琐苛刻。仅仅填送监管报表就是一个沉重负担，为此就要配备专门的人力、设备和软件。一个注册资本金才几百万元的资金互助社，为了鸡毛蒜皮的事情，动辄要被"行政处罚"十几万元甚至更多。而市县以下的金融监管力量又很薄弱。为了一个不超过几千万元资产的资金互助社，所耗费的监管资源不亚于一个几十亿元、百亿元存贷款的银行，金融监管部门不胜其烦。笔者所调研到的某个地级市，当地银保监局人士曾声称把三分之一的精力用于"监管"一个几千万元资产的农村资金互助社，而当地至少有几十家银行保险机构，网点众多，总资产在万亿元以上。这么个管法，只能把资金互助社管废、管死。事实上，近年来有金融监管部门为了省事免责，试图通过种种方式把原来依法依规批准的、现仍然正常经营的农村资金互助社关闭了事，但又不肯主动作出行政行为（如依法撤销、接管），而是打着"市场化退出"的名义，诱导资金互助社"自行了断"（自行申请注销关闭），不仅令农民无所适从，也会造成更多的风险和后遗症。

近些年对于"新型合作金融试点"或"信用合作试点"，又一再强调"地方政府监管和风险处置责任"。不难想见，如果一项工作在国家层面没有主责部门，地方上更是多一事不如少一事。如果相应业务没有中央指导机关，地方上必然是无所适从。2021年12月，中国人民银行发布的《地方金融监督管理条例》（征求意见稿）提出：农村信用互助业务纳入地方金融监督管理部门统一监管，这为地方改革创新留出空间。

但是，不能以属地化管理为由，淡化行业管理的必要。在央行或国家金融监督管理总局仍应有专设部门，负责信用合作（合作金融）事项。相应的政府职能可以简化，一个可行的方案是建立合作经济（包括信用合作）的多层次（乃至全国性）联合组织，作为行业性自律管理组织，也接受政府委托行使监管职责。探索更大范围、更深层次的合作与联合；逐步统一标准流程和规则体系；协商建立基层合作和资金互助之上的行业自律机制、限额担保增信机制、品牌连锁机制、审计监督机制，进而在基于互助合作的平台经济乃至区块链应用上取得新突破。

从国际经验看，对于合作金融的管理和监督，较多依靠行业自律，因此"联盟"组织不可或缺（政府或主管部门根据需要可对"联盟"作出授权、委托）。

例如，德国信用合作联盟是合作银行的行业自律组织，地方合作银行和中央合作银行及一些专业性的合作金融公司都是信用合作联盟的会员，会员按规定向联盟缴纳会费。信用合作联盟的主要职责是向会员提供信息服务，协调、沟通合作银行与政府各部门的关系，帮助合作银行搞好宣传和处理好公共关系，管理信贷保证基金。德国信用合作联盟、生产合作社联盟及消费合作社联盟共同组织成立了德国全国合作社联合会，该联合会的主要职能是审计和培训。同时，德国各类合作社组织成立了若干家区域性合作社审计协会，该协会既是全国合作社联合会在地区一级的机构，也是全国信用合作联盟在地区一级的机构，具有行业自律功能。

此外，审计协会是德国合作金融监管网络的重要组成部分，州政府赋予审计协会审计权，每家合作金融组织都需要加入审计协会，并由一家审计师事务所担任法定审计机构，且不得随意更换。审计报告必须包括相关组织的资本、流动性、商业规划、盈利能力、组织架构和风险等内容。对于审计结果，公共会计师协会将定期检查。合作金融机构高管的更换也在审计协会监督下进行，审计协会还设有专门向合作金融机构提供人事建议的部门。[①]

由此可见，合作经济的联合组织往往有其特殊地位，有些属于半官方组织，有些具有法律授权或行政委托的职能。特别在小农社会条件下，小农的大规模合作难以自发产生，能够做到"被动不被迫""自愿不自发"

---

① Coelho, Mazzillo, Sovoronos, Yu, *Regulation and Supervision of Financial Cooperatives*, *FSI Insights on Policy Implementation*, No.15, *Bank for International Settlement*, 2019.

就不错了。日本、韩国以及中国台湾地区的小农合作都是官方大力主导，有特别法保障，具有公法地位和某些特许权。[①]

（四）信用合作作为"机制"而非机构：可以不设资金池

过去信用合作难以发展的一个重要障碍，是把信用合作默认为正式的组织机构实体，自身开展存贷款等业务。其实换个思路，可以"脑洞大开"，信用合作可以理解为一种"机制"，可以是一种无形组织，不一定建立实体的组织机构，也不必形成资金池，因而无须以金融牌照为先决条件。

这里要突出讨论资金池问题。早期的民间借贷多是个人对个人的方式，但如果需求较多、交易频繁，数额和期限的意向各有不同，临时匹配就非常困难。为解决交易效率和撮合问题，催生了带有资金池的钱庄、票号、银行等专门机构。作为与生俱来的业务属性，资金池业务是银行业金融机构自营业务的最重要组成部分，也是监管重点。银行负债端以吸收存款、同业融资为主，沉淀形成相当规模的资金池，便于在资产端进行灵活配置。这也造成了资金来源和资金运用主体不能逐一对应，数额、期限上更不可能也不必要逐一对应。

资金池在便利交易的同时，也产生了特殊的金融风险。"一对一"甚至"一对多""多对一"的借贷纠纷，尚可以通过普通的民事程序去处理。如果形成了"多对多"的借贷纠纷，特别是到了一定的数量级以上，将迅速演化为社会稳定问题，在金融杠杆的作用下容易造成系统性风险。一旦涉及资金池业务将被视为银行类金融机构，列入严格的金融监管范畴。因此要尽量避免涉及资金池。而一些人对于金融的认识，还停留在片面吸储上，一定要把钱紧紧抓在手里才算数，焉知这样的资金池可能就是步步惊心的"炸药库"。所以要转变观念，引入农村金融新思维。

金融的本质是信用，信用的本质是信息。如果我们通过组织化的方式降低了客户（农民）与银行之间的信息不对称，就有助于提升农民的信

[①] 陈林：《论公法农协："三位一体"农村合作协会的法理基础（含立法建议书）》，载《太平洋学报》，2009年第12期。

用,这其实是一个金融过程,但并不依赖真金白银。

合作经济组织植根基层,开展征信评级、小组联保和反担保增信,可以充当银行的"助贷"机构,这已经具有某些信用合作的内涵。如果进一步开展内部资金互助,可由银行全流程托管,从银行角度理解为一种"委贷"(委托贷款),即某个、某几个成员将自有资金委托银行贷给另一个成员。以上两种情况均不会形成资金池,尽量把资金流以及相应的账户、支付、结算留在银行体系运转,避免了重复建设和无序竞争,并以此化解金融风险的隐患,加强信用发现与增进机制,克服长期以来信用合作难以规范、难以复制和推广的困难。

从理论上说,在一个相对稳定封闭的人群中,轮替开展互助委托贷款,经常调剂资金余缺,完全可以达到类似合作金融的效果,这就不涉及机构问题、牌照问题,只作为银行在正常经营范围的一种产品设计(相对于客户,就是普通的民商事契约及其组合)。

一些金融监管部门的人士,总担心如果新型合作金融遍地开花,将极大增加监管的责任和负担。但是,如果不设资金池,通过银行嫁接信用合作机制的方式来实现,就可以规避涉众风险。通过"三位一体"联合组织,实行行业自律监管,还可以减轻国家金融监管部门的负担。借助"三位一体",化解农村金融信用发现和风险控制的困境,可望吸引金融机构积极进入农村市场。这支长期游离于农口政治版图之外的生力军,可能成为一支关键力量。

(五) 商业银行、合作金融相互配套

习近平总书记很早提出:"加快农村金融体制改革,发展农村各类金融组织,尽快形成国家政策银行、商业银行、合作金融组织相互配套、竞争有序、严格管理的农村金融体系。"[1] 他特别指出:"在农村金融体制改革中,要充分发挥合作金融、商业金融各自的优势,做到合理布局、分工

---

[1] 习近平:《中国农村市场化建设研究》,人民出版社2001年版,第424页。

协作、优势互补。"① 2022 年 2 月，中央全面深化改革委员会审议通过《推进普惠金融高质量发展的实施意见》，也提出"要优化金融机构体系、市场体系、产品体系，有效发挥商业性、开发性、政策性、合作性金融作用"。

这给我们深刻启发：商业银行（特别是具有政治担当的国有大型商业银行），与合作金融（信用合作），各有短长，未必是非此即彼甚至彼此对立的关系。

商业银行，特别是大型银行，囿于传统的体制机制，难以持久深入农村特别是其下层，这是历史经验和各国实践一再证明了的。实际上，一些商业银行更擅长干的事情是把巨量资金从农村抽给城市、从欠发达地区抽给发达地区。如果金融内循环、微循环机制不能解决，靠财政支持、靠公益捐赠都是杯水车薪。

合作金融，则有利于确保农民主体地位，具有草根优势，但是过于分散、弱小，容易成为监管盲区。合作金融很难单独存活，要与"三位一体"综合合作相结合，否则就是无本之木。简单重复欧美日韩等国一两百年来的合作金融发展路径未必可行，也没有必要。但是合作制的基本精神不会过时，需要在新时代探索新形式。

我们需要反思银行本质，其实银行主要有两个基本的社会功能：其一，是存款账户体系以及在此基础上的支付结算服务。这方面的科技和装备投入越来越大，反洗钱、反恐怖融资、反逃税、反诈骗等的合规成本越来越高。其二，是对于信用的判断、投放。这方面千百年来都是基于人性，互联网、大数据也不能从根本上改变这一点。熟人社会、扎根基层更有其独特优势。

近些年，关于"重建合作金融"的讨论趋于活跃。一些激进的意见进而主张，干脆大量重建"真正的"信用社、合作银行，有的甚至提出要把已经改制的农商行"改回去"。问题是，我国城乡金融网点已经不少，金融持牌机构的基础设施投入、合规成本都很高，大量重复建设很不划算，更有人才队伍、监管能力等方面的瓶颈制约。普惠金融体系的有效载体，

---

① 习近平：《中国农村市场化建设研究》，人民出版社 2001 年版，第 235—237 页。

需要合作为本，即合作经济为本。合作经济与普惠金融是可以相互交叉、相互渗透、相得益彰的。

我们可以超越合作金融传统模式，另辟蹊径，完成"三位一体"合作经济的金融构造。专注于信用本身，尽量避免涉及资金池。发挥现有金融机构的优势特别是金融科技优势，积极有为嫁接互助合作机制，在信贷和支付结算，乃至保险和信托等业务上都有很大的创新空间。①

合作社吸存放贷，特别是吸收存款，涉及监管牌照问题，更有无穷无尽的经营管理问题。合作社直接作为面向银行的承贷主体，业务空间也不大。姑且不说现有合作社大都不规范，纵使规范的、有实力的合作社，因为合作社允许退社，明显不同于公司实行的"资本保全"原则，这在银行授信现有模式中是难以通过的。较为可行的路径是通过合作社，穿透触达到成员（农户），合作社不作为承贷主体，而是助贷、委贷中介。其他社团、社区组织也可以起到类似作用。

事实上，国际上已有许多正规金融与非正规金融合作的成功经验。例如，印度国家农业和农村发展银行（National Bank for Agriculture and Rural Development，NABARD）是将非正规农户互助组（Self Help Group，SHG）与正规金融业务结合起来从事小额信贷的模式。NABARD通过其员工和合作伙伴（亦称互助促进机构，指基层商业银行/信用社/农户合作组织/准政府机构）对由15—20名妇女组成的农户互助组进行社会动员和建组培训工作，农户互助组内部先进行储蓄和贷款活动（轮转基金，类似国内的合会），NABARD验收后直接或通过基层商业银行间接向农户互助组发放贷款。NABARD对提供社会中介和金融中介服务的合作伙伴提供能力建设和员工培训支持，并对基层商业银行提供的小额贷款提供再贷款支持。②

美国1916年《联邦农场信贷法》决定在全美建立12家区域性联邦土地银行，委托数百个农场信贷协会给农户办理信贷业务，为小型农场主提

---

① 陈林：《"三位一体"合作经济的金融构造：商业银行嫁接信用合作机制》，载《农村金融研究》，2022年第3期。

② 孙鹤、朱启臻：《国外小额贷款发展的成功经验及对中国的启示》，载《世界农业》，2007年第2期；徐忠：《农村金融市场开放需要正确处理几个问题》，载《中国金融》，2008年第2期。

供优惠利率。农场信贷协会不吸收存款，也不由政府出资，而是通过联邦农场信贷银行及其附属的农场信贷融资公司（Federal Farm Credit Banks Funding Corporation）在资本市场发行债券和贴现票据获得资金，有些相当于"转贷"。2015 年日本修订《农协法》，提出了逐步将基层农协的信用业务剥离并交由农林中央金库管理，而基层农协作为业务代理窗口的改革取向。国外的这些做法，与笔者长期倡导的"银行+合作社""金融机构嫁接互助合作机制"，有异曲同工之妙。

"三位一体"服务"三农"
"Trinity Cooperation System" as Solution to "Three Rural Issues"

新型合作经济与普惠金融
New-type Cooperative Economy and Inclusive Finance

第七章
金融机构嫁接互助合作机制

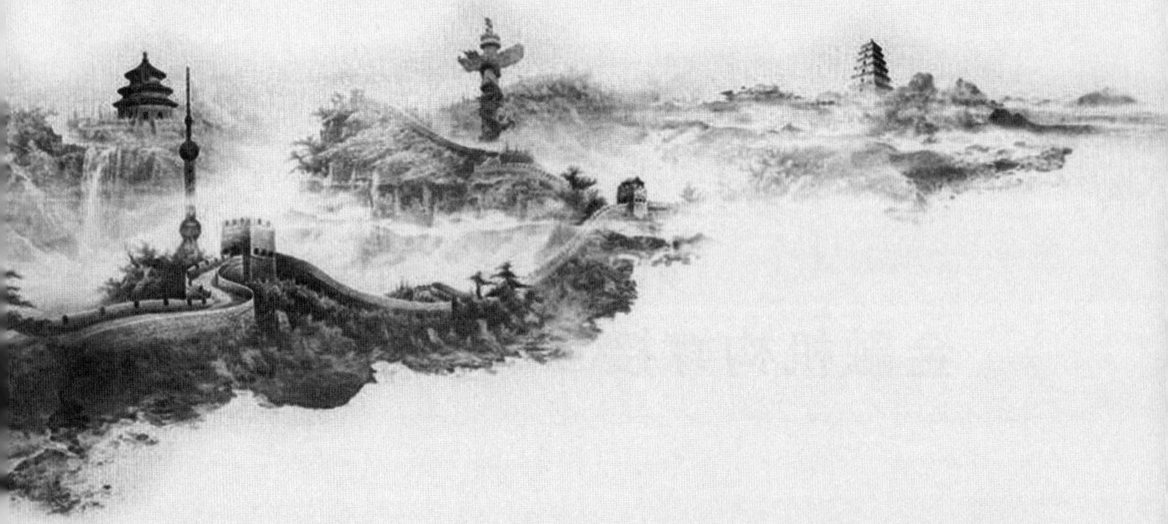

一、银行机构嫁接互助合作机制

(一) "助贷": 依托合作经济组织开展征信评级及互助联保、反担保增信

正本清源,追溯到"三位一体"合作经济先行试点之初,即发起组建农村合作协会及信合联盟,以期重点弥补信用合作的短板。相关提议最初是在当地农村合作银行(由信用联社改制而来,后来又改制为农商行)董事会、股东代表大会上获得支持。这不仅出于政治担当和社会责任,从金融机构自身拓展营销网络、防控信用风险方面也是根本之策。由于金融专家的深度参与,试点之初就巧妙避开法律禁区和市场壁垒。银行里的钱有的是,现有银行的网点也不少,何必搞重复建设或者存款竞争,合作经济组织完全可以扬长避短,充分利用银行的结算网络、内控合规和风险管理体系,发挥自身植根乡土、信息充分、管理简便的独特优势。

银行依托合作经济组织开展信用调查、推介、评级工作(类似于征信,更多可借助于互评)。相当于银行贷前的一部分工作"外包"给了合作组织,贷后管理和催收也可"外包"。开展信用评级特别是互评,如果是熟人相互之间笼统的泛泛评价,往往碍于情面,敷衍了事。如果给出的是一个绝对金额,相互缺乏可比性。因此可要求参评人必须给出一个排列顺序(如果使用手机 APP,可以在软件中作出设定),继而通过对于这些顺序的分析处理得到有意义的结果。信用评级要有"含金量",最好与担保结合——你愿意为他担保多少钱,才是最真实的评级,进而起到增信的作用。[1]

笔者还主张创新"小组限额联保",这是对过去推行的"小额信贷、五户联保"的改进,提高组织化程度,降低小组成员风险。[2] 过去的"五户联保",默认都是无限连带责任,责任过重及相互纠缠令人却步,甚至造

---

[1] 陈林:《农村金融改革的几个微观问题》,载《中国农村信用合作》,2007年第4期。
[2] 陈林:《农村金融改革的几个微观问题》,载《中国农村信用合作》,2007年第4期。

成逆向淘汰。所谓责任过重，是指任一联保成员都要对全额本息负责，且在贷款迟迟未还的情况下，对于逾期利息的责任也是没有限制的，这不利于形成稳定的预期。相互纠缠，是指共同担保如不预先明确各自责任的额度，当需要履行代偿责任的时候，联保成员相互之间容易发生推卸、攀比甚至赌气心理，有实力的也不肯出钱；如果代偿之后，在保证人之间相互追偿，更是纠缠不休。① 因此造成逆向淘汰，往往只有"破罐破摔"的人愿意加入联保。无限连带责任联保，表面上帮助银行尽可能控制风险，实则是过犹不及。有的金融机构则为了被动完成上级下达的"小额信贷"任务指标，挑选足够优质的客户（本无须联保的），再额外找几个"联保"成员敷衍一下，这就有违扶贫支农的政策初衷。

因此，需要对于联保成员的责任设定上限，实行"限额保证"或"有限责任保证"，并解除彼此的共同连带关系，各自独立负责（其相对于债权人仍然可以是连带责任保证）。多人的保证额可累加。例如，某人借款10万元，单个联保成员的保证责任份额可限于1万元、2万元……以内，并在借款人到期不能偿还的情况下代偿相应份额，即可解除自身责任。这样有助于更多人打消顾虑、加入联保。引导这些联保小组长期、循环运转，就可以实现信用的滚动积累。

中国民间早有"穷帮穷、富帮富"的俗语，孟加拉乡村银行也是强调由同一社区内"社会经济地位相近的"的人组成贷款小组，其中别有深意。不要担心普通人"没钱"，普通人的储蓄倾向往往高于富裕人群。生活经验和人性观察告诉我们，某个普通人拖欠大富豪的钱，一般不会承担太大的道义压力，甚至在社会"嫉富""仇富"心理下成为另类"榜样"。社会经济地位相差较大，容易造成"搭便车效应"甚至是"吃大户"心

---

① 关于共同担保人之间的内部追偿权问题，实务中一直存在争议。原《担保法解释》对混合共同担保人内部追偿权持肯定态度，随后出台的原《中华人民共和国物权法》对此态度不明，直到《九民纪要》彻底否定了混合共同担保人内部追偿权。多个保证人之间有无相互追偿权应与混合共同担保作体系化解释，人保中的多个保证人之间也不应该有相互追偿权，除非有当事人特别约定。《中华人民共和国民法典》配套实施的《民法典担保制度解释》则回应了各界对于共同担保追偿权问题的关切，其中第十三条对于共同担保（两个以上第三人提供担保时），秉承了担保人原则上不享有相互追偿权的观点，对于当事人明确约定或者推定当事人具有互相追偿意思表示的情形，赋予当事人之间相互追偿的权利。

理,也不利于培养小组成员自助互助的精神。但在"社会经济地位相近的"人群内故意拖欠,就有"社会性死亡"的风险。"小组限额联保"的推行,将自然造成信用额度分层。小组成员数量,可以几人到十几人不等;加入门槛则应相对单一、稳定,例如一个"5万元组",每个成员为其他任一成员承担最多5万元的担保责任,接受新成员宜采取全体一致的规则。

直接由合作社(作为一个独立法人)为成员提供担保,当然是一种便捷的方式,也属于互助增信范畴,因为整个合作社在理论上就是一个互助联合体。本书之所以首先讨论部分成员之间的互助担保,这是因为现阶段很多合作社组织运行不规范、经济实力和管理能力比较薄弱,由合作社提供担保的适用性暂时还不普遍。但即便是松散的"空壳"合作社,多少还是有些群众基础的,由合作社成员提供担保,更容易把责任落到实处。当然,不排除在合作社规范化、实体化条件下,可由合作社本身承担一些担保功能(同样可以是限额保证)。合作社经注册登记取得法人资格,在法律上就可出具担保,并不需要特别许可。主要从事担保业务的合作社,可称为"担保合作社",在国内一些地方有一些探索。① 其实,国外的互助性(会员制)担保公司,在国内一些地方也有实践,本质上就是一种担保合作社。

前面关于限额联保的引入,是为了发现和增进农村信用。至于反担保的引入,是为了盘活农村的抵押物资源,也可以进一步增进信用。例如农作物、农机具、牲畜乃至农村土地承包经营权、宅基地使用权、住房财产权等,银行难以接受和处置,但当地基层组织有其处置优势。因此,可由合作社向银行作为担保人,借款人以农作物、农机具、牲畜乃至农村土地承包经营权、宅基地使用权、住房财产权等,向合作社提供反担保。这样全盘皆活。

一些银行的同志一听到"联保""互保",立即想起前些年出现的中小企业"担保圈"问题,唯恐避之不及。其实本书提出的"限额联保"已经作了重要改进,还要补充两点:其一,某些地方、行业一度出现的"担保

---

① 《我市首个村级担保合作社成立》,见龙泉新闻网:http://lqnews.zjol.com.cn/lqnews/system/2014/03/26/017825384.shtml,2014年3月27日;《村级担保合作社模式拟推广 丽水金改破土地流转融资难 担保"基金"放大十倍对农户集体授信》,见经济参考报网:http://finance.ce.cn/rolling/201407/08/t20140708_3113877.shtml,2014年7月8日。

圈"问题，具有这些地方、行业的系统性风险背景，或者遇到经济周期性调整，跟"联保""互保"没有必然联系。其二，与其被别人家客户的"担保圈"拖累，还不如建立自己客户的"担保圈"，有总比没有好。中小企业的融资困境，与农户融资困境是相通的，担保是重要方式，但是要加以改进。

银行依托合作经济组织开展征信评级，联保、反担保增信，在此模式下，借贷关系仍在银行及其客户之间，贷款审批权在银行，最终信用风险也在银行。合作经济组织可以是客户与银行的居间中介。类似房产中介，通过促成交易创造价值，有时候也帮忙提供一些过渡性的担保。合作经济组织不与银行体系争夺市场、争夺存款，帮助银行扩展营销网络，容易取得银行的支持，客观上起到"助贷机构"的作用，反过来巩固自身的存在基础。这没有突破任何监管政策，既控制了金融风险，又放大了农村信用。这一设计与孟加拉乡村银行有异曲同工之处。银行为此可以开发出一种"合作经济互助担保贷款"，或者"合作经济互助增信贷款"。

需要指出的是，上述"助贷"模式下，银行是一个资金供应方，这个角色其实不限于银行，也可由贷款公司、典当行、租赁公司，甚至民间借贷的出借方来承担，原理都是一样的。担保公司也可通过类似方式分散自己风险。此外，互助合作机制的载体，可以是各类合作社，也可以是工会、商会（行业协会）、校友会、邻里业主团体等社团、社区组织，甚至是一个长期稳定存在的 QQ 群、微信群。只要有助于利用基层熟人关系，克服信息不对称，就可以运作。

进一步说，合作经济不仅限于农业农村，在城市和工商领域也有广泛的应用前景。何况有些农业经营主体采取的是企业形式注册。在浙江，瑞安"三位一体"农村合作协会筹备委员会副主任、原中国人民银行温州中心支行副调研员王连国等人牵头探索了企业联合抱团增信互助还贷机制。① 瑞安市企业互助增信基金管理股份有限公司，就是在当地人行指导下，推行"三

---

① 《瑞安多措并举全面推进互助增信还贷试点增量扩面》，见温州市金融办网站：http://wzjrb.wenzhou.gov.cn/art/2016/12/28/art_1217682_4774331.html，2016 年 12 月 28 日；《国务院减负督察组赴瑞安考察企业互助增信还贷机制》，见温州市金融办网站：http://wzjrb.wenzhou.gov.cn/art/2017/7/31/art_1217677_8828241.html，2017 年 7 月 31 日。

位一体"的信用合作理念在中小企业中的应用,取得一定的效果和影响。

国家开发银行在各地探索建立以"管理平台、融资平台、担保平台、公示平台、信用协会"为主要内容的"四台一会"贷款模式,通过发挥财政资金的杠杆作用和开发银行的批发融资优势支持贫困农户发展生产。"四台一会"中的信用协会实际发挥互助合作的"助贷"作用。

类似地,山东省信用社系统,曾试图以农村专业合作社、城镇专业市场为依托,对种养殖大户、个体工商户、微型企业在自愿组成"信用联盟"基础上推出商户集群式贷款模式,其实也是部分地回归合作制本源的尝试。[1]

商务部《中小企业工作简报》也调研推广了"互助合作:解困中小微企业融资问题良方":由参与贷款的小微企业分别根据各自在银行的授信额度缴纳一定比例的资金,以资金的集合作为信托财产,即"互助担保基金"。[2] 互助担保基金通常由"互助保证金"和"风险准备金"两部分构成,每类资金由小微企业按照不同比例缴纳。小微企业共同委托行业协会或行业的核心企业作为信托财产受托人,受托人将小微企业缴纳的互助保证金和风险准备金以受托人名义分别在银行开立保证金账户,并与银行签订最高额保证金质押合同,将账户资金质押给银行,作为小微企业贷款担保。其中,互助保证金账户中一般设立二级子账户,每个二级子账户对应单个小微企业缴纳的互助保证金。

中国民生银行曾针对小微企业势单力薄、无资产担保抵押的弱点,积极推动"互助合作基金",作为担保贷款平台,进入的会员要付出一定的担保金,同时也能享受到一定数额的便捷贷款服务。此外,民生银行下发了《中国民生银行城市商业合作社联谊组织建设工作指导方案》,就全行建设城市商业合作社的思想、目的、定位、架构和会员管理等提出统一要求。[3]

---

[1] 《信用联盟破解"担保难"》,载《大众日报》2013年10月23日;王国政:《从"零售"向"批发"的转变——山东省农信社"三大联盟"支农创新纪实》,载《中国农村金融》,2012年第12期;罗亮森:《基于集群的弱小经济体融资合作模式研究:信用联盟案例》,载《金融发展研究》,2012年第1期。

[2] 《中小企业工作简报第40期——互助合作:解困中小微企业融资问题良方》,见商务部流通业发展司:http://ltfzs.mofcom.gov.cn/article/jingmaoxinxi/201506/20150601005996.shtml,2015年6月9日。

[3] 《星星之火可以燎原——民生银行城市商业合作社模式剖析》,载《中国信贷风险专题分析报告》,2013年第8期;《温州首家小微企业城市商业合作社正式揭牌》,载《今日早报》2012年6月20日。

时任民生银行董事长董文标在全国政协提案指出：小微企业城市商业合作社是地方政府与商业银行为服务小微企业发展、解决小微企业融资困难而进行的有益探索。这一新型组织是在地方工商联、金融办等政府机构指导下，个别商业银行联合小微企业共同发起，按行业、商圈、社区和地缘将小微企业组织起来，以分社为单位提供批量的融资服务、培训、法律税务咨询、经验交流和生意撮合等增值服务的公共平台。小微企业城市商业合作社是地方政府促进小微企业发展的重要抓手，通过这一平台可以帮助小微企业实现合作共赢、抱团发展，共同抵御市场风险，提升小微企业诚信度和信用层级，持续改善小微企业的经营生存环境。[①]

但在区域性、周期性的大面积风险来临之时，任何缓释风险的方式都很难逃脱，好比大地震来了无论何种企业的商业模式都难以幸免。民生银行在一些地方的小微业务一度出现不良贷款上升，另有原因。无论何时，小微企业缺乏有效抵押物，也很难被大数据覆盖，都可更多依靠"小数据"（圈子里面的信用和口碑），通过互助来增信。这个方向是正确的，方式方法尚需改进。

在民生银行案例中，在上述"互助基金"模式下，采取"实收制"。参与企业预付担保金，这是一种常见方式。但从人性的角度，之前已经付出的钱，往往被视为沉没成本，有时就不那么在意了。同样一万元，已经交给互助基金的一万元，与同等数目的即将被迫拿出的一万元，"肉痛"的感觉不一样。互助基金"实收制"也为造假提供了空间，很难避免某个人（企业）为其他人垫款交纳互助基金，套取贷款后自己跑路，其他人也无所谓（反正钱不是自己出的，也不需要再出钱）。因此笔者认为，互助基金不宜取消担保"承诺制"（事先不出钱，事后承担代偿责任）。"承诺制"作为一种信用约束方式，有其独特作用，也可与上述"实收制"相互结合起来，还可与其他各种担保抵押方式进行组合、叠加。

互助基金要能长期存在，也需要组织依托。民生银行曾经推动的"小

---

① 董文标：《关于支持小微企业城市商业合作社发展的建议（提案）》，见财经网：http://roll.sohu.com/20130307/n368099204.shtml，2013年3月7日。

微企业合作社",主要依托当地工商联去组织,很多是在民政部门注册为民办非企业单位,彼此完全独立,缺乏联系,更缺乏一个联合组织进行自律管理,这就难以形成良性的滚动发展。此外,小微企业合作社除了从事担保业务,还可以探索其他合作内容例如生产服务、供销服务等,这样才能摊薄成本、扩大收益,更加发挥综合协同优势。

(二)"委贷":支持合作经济成员开展资金互助,由银行全流程托管

在19世纪合作金融兴起的时候,商业银行服务的普及率还比较低。很多国家和地区,合作金融是自成体系的,包括长期以来形成的机构网点和支付结算体系。相比来说,在当今中国条件下,发展新型合作金融,反而有些"后发优势"。

传统的合作金融模式,类似一个小型内部银行。管理者的大量精力不得不用来处理日常资金保管、结算问题,还容易滋生操作风险和道德风险,影响了合作金融在基层信用体系上的优势发挥。随着银行服务越来越便利化,合作金融可以直接利用现有银行的基础条件。

一些地方前些年开展农村新型合作金融试点,合作社信用互助由银行全流程托管,成为"三位一体"金融构造的另一种稳健形式,也是行之有效的。托管银行是互助资金存放、支付及结算的指定银行,为相关合作社提供业务指导、风险预警、财务辅导等服务。有条件的农民合作社,经批准可与托管银行开展资金融通合作,满足季节性临时资金需求。①

上述试点从一开始就努力健全监管体制机制。信用互助业务试点实行资格认定管理,地方金融监管局是信用互助业务试点的监督管理部门。同时,建立现场及非现场监管、信息披露、社会监督、风险事项报告及应急处置等一系列监管制度。

标准程序是:

第一步"出资承诺",具有相应经济基础、自愿并经合作社同意参与信用互助业务的社员向合作社书面作出自愿出资承诺。个人承诺出资额一

---

① 《全省新型农村合作金融试点工作座谈会在滕州召开》,载《大众日报》2015年7月3日,第1版。

般不超过当地农民人均纯收入的3倍,合作社随机决定借款出资顺序并予以公示(社员承诺出资即认缴行为,是要承担经济责任的,也是一种信用。但是民间特别是农村对此尚未建立起习惯,也可以考虑改为实缴,或者实缴与认缴并行)。

第二步"开立账户",合作社与当地银行、金融局共同签订资金托管三方协议,为每位参与互助业务的社员单独开立一个账户,同时为合作社开立资金发放、归还、归集分益分配三个专门账户。社员和合作社各立账户,单独管理,业务开展均通过银行转账。"用时互助",即只有在社员有需求时才归集和发放资金,不需要出资社员账户长期保有固定资金。

第三步"评议授信",由社员向合作社提交互助金授信申请,合作社评议小组依据申请进行调查,召开授信评议会议,集体决议对每位社员的授信额度和期限。

第四步"借款申请",需借款的社员提交借款申请,提供需借款的金额、用途、抵押或担保方式、使用期限等内容。

第五步"审核审批",合作社信用互助部明确专人对社员的借款申请内容进行调查并向资金评议小组汇报,由资金评议小组会议决定。

第六步"签订合同",对资金评议小组集体决议同意的,由合作社与借款社员签订《借款合同》,同时完善抵押或担保手续。

第七步"资金归集发放",合作社按照议定的顺序确定具体出资社员,按照"两次转账"程序完成互助金的归集和借款发放。"两次转账",即在合作社与社员签订借款合同后,由合作社向合作银行发出资金划转指令,由合作银行将互助金从出资社员账户划转至合作社专用账户,再从合作社专用账户划转至借款社员账户。还款时反方向处理,借还款全程不使用现金交易。

第八步"借后管理",合作社定期对借款用途、使用情况和借款人生产经营状况进行检查,按时催收使用费和本金。"按季分红",即合作社按照借款合同确定的利息,向借款社员按月收息,按季度将分红划转给具体出资的社员,保证出资社员收益及时到账。

总之,在上述模式下,不设资金池;钱不经手合作社,保证安全;走了银行的账,便于交易的计量和分红;由于钱保持在银行体系内部流转,避免了农村金融的恶性竞争。合作社承担贷款审批责任和风险，借贷关系在社员、合作社之间；银行并非贷款人，只是托管人，对于银行类似一种中间业务。这类似于证券公司客户资金由商业银行实行"第三方存管"。[1]

站在银行角度来看，这其实又是一种"委托贷款"（委贷）业务。根据原中国银监会发布的《商业银行委托贷款管理办法》，委托贷款，是指委托人提供资金，由商业银行（受托人）根据委托人确定的借款人、用途、金额、币种、期限、利率等代为发放、协助监督使用、协助收回的贷款。委托贷款业务属于委托代理业务，商业银行与委托贷款业务相关主体通过合同约定各方权利义务，履行相应职责，收取代理手续费，不承担信用风险。按照该《办法》，委托人是指提供委托贷款资金的法人、非法人组织、个体工商户和具有完全民事行为能力的自然人。也就是说，自然人——当然包括农民，也可以是委托贷款的委托人。只不过，商业银行长期从事的多是企业之间的委托贷款业务，其与个人之间、农民之间的委托贷款，在原理上是一致的，在监管上也不涉及新的资质许可。

新制度经济学认为，企业组织（自然也包括金融机构）是一系列契约的集合。我们可以将组织机构还原为契约，将复杂契约还原为简单契约的叠加，其中涉及的交易成本问题，通过金融科技可望化解。基层嫁接互助合作，对上、对外嫁接现有银行体系，在现行的金融体制、监管条件下，有较大的发展空间，并将农村金融纳入轨道。

当然，纯粹的民间信贷，也可解决农村金融的部分需求。民间信贷在熟人社会条件下，有其灵活优势，也有明显的局限。熟人之间借钱或者谈利息，往往"开不了口"，出现违约情形又"下不了手"；在资金供求的数量、时间匹配上很难做到及时高效。嵌入银行流程，通过"委贷"可以达到类似民间信贷，乃至合作金融的效果，最大限度利用熟人社会的信息优势，也有助于部分化解"人情""面子"的尴尬。

---

[1] 2006年开始，中国证监会按照新证券法，大力推行"第三方存管"制度。从根本上消除了证券公司挪用客户资金这一风险源，也提高了行业规范性、市场透明度、监管有效性，同时兼顾了市场效率，为市场创新发展留出空间。参见周翀：《证券公司全面实现第三方存管》，载《上海证券报》2008年8月25日。

根据需要，还可采取"隐名委托"，即委托人（出借人）与借款人的身份单向保密，委托人（出借人）知道借款人是谁（才能作出信用判断），借款人不知道委托人（出借人）是谁，由第三方平台（受托人如银行）居间协调（仅在特殊情况下披露出借人的身份）。通过银行或金融科技平台的"委贷"设计，资金借出方不仅可以坦然收取利息，利息的标准也可随行就市，这还意味着利息收入留在了当地社会"内循环"，是有益于当地发展的。

笔者进一步认为，这种"委贷"（委托贷款）业务，可以是"一对一"，也可以是"多对一"（多个出借人、一个借款人）、"一对多"（一个借款人、多个出借人），进行撮合匹配。关于"多对一""一对多"，有人可能觉得多此一举，其实不然。对于出借人来说，资金分散配置，有助于降低风险，甚至可以在期限上灵活组合，例如10万元借一年，张三负责前半年，李四负责后半年。

关于委托贷款的利率，法律并无明确限制。各地人民法院的判例中，对委托贷款的性质存在完全不同的认定，有的视为金融借款，有的视为民间借贷。2020年第4期《最高人民法院公报》选登的一篇裁判文书，明确了委托贷款的利率高于民间借贷最高利率上限时，人民法院应参照民间借贷相关规则，超出部分不予保护。一些学界人士认为，从市场经济的普遍规律和中央对于要素市场化配置的明确要求来说，关于利率上限的规定，特别是对于民间借贷利率有上限、金融机构借款利率无上限，是难以令人信服的。但现阶段，委托贷款如被视为"金融借款"，在利率上更具有灵活性并受法律保护，相对于民间借贷就可显示出优势。从外观来看，委托贷款合同有金融机构参与；从监管主体来看，委托贷款业务受到国家金融监管部门监管，从这些意义上看，委托贷款具有金融借款的性质。

2023年1月，全国法院金融审判工作会议上，最高人民法院审委会专职委员刘贵祥在题为《关于金融民商事审判工作中的理念、机制和法律适用问题》的讲话中提及"审判实践中将委托贷款'穿透'认定为民间借贷的做法，是对相关监管政策的误读误用""委托贷款是纳入监管的一项金融业务，应当与金融借款合同做相同的处理"。由此可见，最新的司法导向是将委托贷款区别于民间借贷。本书则认为，考虑农村的实际情况，借贷可获得性的意义高于借贷利率本身，自愿达成的利率是双方合意的结果，反映了当地资金市场的真实均衡水平。对于本书所设计的"合作经济互助委托贷款"，超越了传统的民间借贷，纳入了金融机构的业务体系，在司法保护上应当参照金融借款的规定，不受四倍 LPR 的利率限制。①

"委贷"模式的特点或难点是：1. 农民及合作社涉及的经济责任较重，合作社进入试点的准入门槛较高。而在第一种"助贷"模式下，征信评级等貌似复杂，但是"容错性"较高，因为最终还是银行自己把关。2. 由政府金融局或者托管银行直接面对千百家试点合作社是难以胜任的，需要有个"联盟"组织的构造，起到自律监管、协调服务的作用。3. 现行的流程手续过于烦琐，业务量上不去，托管银行以及合作社两方面都缺乏经济激励，尚需金融科技支持。4. 前期试点倚重的农民专业合作社，现实中大多是基层"能人"领办，其行为模式很容易偏向为私人业主，甚至受到"启发"以后干脆自己扮演资金"大户"甚至"钱庄"的角色（这个问题的根本解决还是要结合集体经济合作社的改革，形成公法性质的合作社，作为可以倚重的载体）。

合作经济组织在自主决策的基础上，还可发挥更积极的作用（相应承担更大一些责任和风险并享有风险收益）。例如，合作经济组织开展征信评级、联保、反担保增信的组织工作之时，对于某些社员（客户）可以提供附加担保（有限责任为宜）。又如，依托合作经济组织，成员之间开展信用互助，资金由银行全流程托管，有成员借入资金，部分成员借出资金，

---

① 利息其实是资金的价格。2020 年《中华人民共和国民法典》第六百八十条第一款规定："禁止高利放贷，借款的利率不得违反国家有关规定。"国家至今对于房价没有规定上限，对于资金价格则有了规定。2020 年 8 月最高人民法院新修订的《关于审理民间借贷案件适用法律若干问题的规定》，以中国人民银行授权全国银行间同业拆借中心每月发布的一年期贷款市场报价利率（LPR）的 4 倍为标准确定民间借贷利率的司法保护上限，取代了原《规定》中"以 24% 和 36% 为基准的两线三区"的规定，大幅度降低了民间借贷利率的司法保护上限。如果以 2023 年 10 月 20 日发布的 LPR 利率 3.45% 的 4 倍计算，民间借贷利率的司法保护上限为 13.8%。银行贷款利率浮动上下限则已全面放开，利率的调整以市场化为导向。金融机构借款合同等金融纠纷不适用新民间借贷司法解释，即不适用民间借贷 4 倍 LPR 司法保护上限。最高法在 2020 年 12 月 29 日关于新民间借贷司法解释适用范围问题的批复中，进一步明确表示经征求金融监管部门意见，由地方金融监管部门监管的小额贷款公司、融资担保公司、区域性股权市场、典当行、融资租赁公司、商业保理公司、地方资产管理公司等七类地方金融组织，属于经金融监管部门批准设立的金融机构，其因从事相关金融业务引发的纠纷，不适用新民间借贷司法解释。

其他成员可提供担保（如限额联保），合作组织或担保公司也可提供附加担保，甚至配套提供一部分资金（与下面的第三种模式结合）。因此，几种模式在实际运用中是可以交叉使用、相互补充的。

需要指出的是，上述"助贷"模式和"委贷"模式，不仅对于银行机构适用（包括大型银行、中小银行），对于持牌的资金互助社、贷款公司等金融机构也是可以参照适用的，甚至可以和民间借贷适度结合。理论上，经过适当安排，私募基金也可扮演其中资金供应方的角色。银行作为托管人的角色，也可由具有公信力的其他机构来承担（当然银行是比较适合作为首选的）。

近些年，重庆、湖南、安徽、贵州、山西和厦门等省市的地方金融监督管理部门先后出台专门文件，明确允许小额贷款公司开展委托贷款业务。这在一定程度上可望缓解贷款公司由于"只贷不存"造成的自有资金短缺，也为民间借贷的规范化、"阳光化"提供了渠道。小额贷款公司资本金来源局限性较大，不可吸收存款，委托贷款业务作为中间业务，小额贷款公司可以不占用自有资金，以中间人身份代替客户办理收付或者其他委托项目，提供金融服务，并收取相应的手续费。但是目前规定的业务门槛还比较高，影响了这种业务的推广。①

至于互助合作机制的载体，典型的当然是合作社，但是这个功能也可由协会等社团组织承担，甚至可以形式上注册为公司或合伙企业，但通过章程体现其互助合作性质。从原理上说，不管有没有正式的组织依托，在一个相对封闭的人群中，轮替开展互助委托贷款，经常调剂资金余缺，同样可以达到类似合作金融的效果，不涉及机构问题、牌照问题。金融机构为此可以开发出一种"合作经济互助委托贷款"。

顺便说一句，国外流行的轮转基金（ROSCA），意为"轮转储蓄与信

---

① 例如山西省地方金融监督管理局2022年6月发布的《小额贷款公司委托贷款管理暂行办法》要求：委托人应为法人、非法人组织，或个人或家庭金融资产超过100万元，个人收入近三年内每年超过20万元或者夫妻双方近三年内每年超过30万元；单笔委托贷款金额应在100万元（含）以上，在任一时点上接受的委托人不得超过50个、委托贷款资金总额不得超过净资产的1倍；委托贷款期限不得超过一年。

贷协会"，类似国内某些地方时隐时现的"合会"（或"标会""摇会""抬会"），本身是具有互助性质的民间借贷。轮转基金（"合会"）的典型模式是：每个成员定期各自提供一笔款项，一般是直接付给按照预定规则轮流获得借款的某个成员。成员在获得借款后，每期需要提供的款项金额上浮（相当于利息）；第一个获得借款的成员，以后相当于分期还款；最后一个获得借款（其实是还款）的成员，类似于零存整取；其他成员则兼有出借人和借款人的身份；如此可以循环往复。但"合会"也有"爆雷"的，大多是脱离了真实的熟人社会关系基础，甚至多层嵌套造成风险叠加和垮塌，以至于被一定程度上污名化了，这也与其长期游离于金融监管的视线之外有关。

典型的轮转基金是"点对点"即收即付，并不形成资金池，只要不面向社会公众，并不违反法律。但是传统轮转基金的收付款频次和周期较为复杂，催收催付也比较麻烦，涉及较大的沟通成本和操作风险，资金去向不容易监督，有造成失控的可能性；除了在东南沿海一些信用特别好的地方，其他地区很难复制推广。有鉴于此，可在上述互助委托贷款一般原理基础上，附加一些条件和规则，对轮转基金进行改造创新。提取和巩固其中的互助合作因素，通过与金融机构的嫁接，特别是借助金融科技的数字化手段，把轮转规则固化、人群封闭化、资金流透明化，可以极大提高运行效率、便利度和安全性，不妨称之为"轮转互助委托贷款"。

（三）转贷或配贷："批发资金转贷"或"结构化配贷"

国务院印发的《推进普惠金融发展规划（2016—2020年）》，鼓励开发性政策性银行以"批发资金转贷"形式与其他银行业金融机构合作，降低小微企业贷款成本。[①] 实践中，有一些批发贷款是与非金融机构合作的。[②]

[①] 《"批发资金转贷"惠及中小企业》，载《经济日报》2016年3月28日；《国开行将发放"转贷款"千亿元》，载《经济日报》2019年8月6日；《农发行：试水支农转贷 服务民营经济》，见搜狐网，https：//www.sohu.com/a/313966426_114984，2019年5月14日；《"转贷款"如何降低小微融资成本——来自浙江省台州市的调研》，载《经济日报》2019年7月18日。

[②] 《农发行安徽分行获批全国率先开办扶贫批发贷款业务》，见新华网，http：//www.ah.xinhua-net.com/20170327/3685852_c.html，2017年3月27日。

这种"转贷"方式,对于商业银行涉农业务也应该是适用的。① 合作经济组织理当成为首选伙伴。② 如中国农业银行曾专门向四家具有合作经济性质的扶贫小额信贷组织提供批发贷款。③

在合作经济组织中,原中国银保监会审批的资金互助社、一些地方金融办审批的合作社资金互助会,监管上较为规范,其对于农户信用状况更能掌握,但是受到种种监管束缚以及融资能力的限制,往往是有客户、缺资金。商业银行则经常是有资金但在农村找不到可靠的客户。在银行对其"批发资金转贷"模式下,资金互助社承担农民客户贷前审查、贷款审批的全部责任和风险,自身需向银行承担还本付息义务;银行可保留监督检查的权力。

另一种风险共担的方式,类似"配资",可以称为"结构化配贷"或"配贷",也是一种"联合贷款"。即由资金互助社(或类似组织)与银行按比例配套资金,按商定的期限和条件为相同客户提供融资。这是一种类似"银团"贷款的安排,并可按照不同资金来源的风控要求、风险承受能力、收益期望等,内部分为优先级贷款和普通级贷款。如果由贴近基层的资金互助社负责日常管理,其有理由分享更高的回报率,在还款顺序上则可以作后置安排。

(四) 多层体系下:合作集团财务公司及银行支持

在未来合作经济组织多层体系化、集团化的整体架构下,各级各类合作社,在支付结算上可以借助现有的商业银行,比较容易理解的参考模式是银行针对"企业集团财务公司"的代理结算乃至现金管理服务。

其实,财务公司的基本原理,好比是一个集团成员之间的"信用合作

---

① 《央行鼓励大型银行做"批发贷款人"》,载《21世纪经济报道》2007年10月28日;《宁夏:大型商业银行将向小额贷款公司批发贷款》,见新华网:https://china.huanqiu.com/article/9CaKrnJlPsI,2009年4月18日。

② 《银行业金融机构探索新模式突破传统信贷支农难题》,见中华人民共和国中央政府网站:http://big5.www.gov.cn/gate/big5/www.gov.cn/jrzg/2011-07/03/content_1898433.htm,2011年7月3日。

③ 张永升、连向彦、陈新达:《农行与小型金融组织的链接策略研究——以对易县扶贫社的批发贷款为例》,载《农村金融研究》,2012年第3期;《农行向四家扶贫小额信贷组织提供批发贷款》,载《农民日报》2010年1月21日。

社"或"资金互助社"。根据原中国银监会发布的《企业集团财务公司管理办法》，财务公司是指以加强企业集团资金集中管理和提高企业集团资金使用效率为目的，依托企业集团、服务企业集团，为企业集团成员单位提供金融服务的非银行金融机构。集团财务公司向集团及成员单位提供支付结算、资金调剂、授信融资等多种金融服务，但作为非银行金融机构，财务公司又要依托商业银行来完成最终的资金结算服务。在网络与信息技术高速发展的今天，银行与财务公司业务之间的无缝对接成为一种必然趋势。

相对于"企业集团财务公司"，我们可以设想一种"合作经济集团财务公司"（姑且以此名之，可简称"合作集团财务公司"），主要为农民及其合作社服务。在若干区域或行业，乃至全国，引导形成大规模、多层次的合作经济组织集团（合作集团）。合作社附设信用部，合作集团附设财务公司（或类似机构），统筹内部资金，由银行代理结算并提供其他服务。在这种模式下，合作经济组织的金融功能更完整，但也离不开银行的大力支持。

此外，一些银行已经较为成熟的现金池（Cash Pooling）服务，也可提供类似的功能。现金池业务主要包括的事项有成员单位账户余额上划、成员企业日间透支、主动拨付与收款、成员企业之间委托借贷以及成员企业向集团总部的上存、下借分别计息等。

二、信托机构嫁接互助合作机制

（一）信托业务以合作社为载体，或通过合作社触达农户

2012年12月，在北京市密云县农民专业合作社服务中心的积极配合下，北京市农业融资担保有限公司联合北京国际信托有限公司、北京银行，成功发行北京市首笔农民专业合作社集合信托，在国内也属首例。此后陆续发行多期合作社集合信托产品，先后为24家市级乃至国家级农业合作示范社提供直接融资合计5220万元，有效带动相关2万余户农户

的生产经营。①

上述"农民专业合作社集合信托"的具体方式是：信托公司向合作社发放信托贷款，担保公司与信托公司提供本息连带责任担保；在信托计划成立后，合作银行以资产买断方式向信托公司购买该笔信托贷款；合作社根据信托贷款合同规定向信托公司偿还本息。银行根据资产买断合同的规定从信托公司收取本息，无须合作社另行支付。市农委安排专项资金，对集合信托发行合作社融资费用给予一定补贴。信托公司根据企业贷款总体需求，设立信托计划，向特定投资者募集资金，然后将募集到的资金以贷款形式发放给客户，客户按期归还本息。而集合信托是指多家中小企业（或合作社）共同联合起来，作为一个打包整体，通过信托公司统一发行信托计划而募集资金，并把募集到的资金分配到参与各企业（合作社）。在集合信托中，各企业（合作社）各自要明确资金需求，各自要承担债务责任，互相之间不是债务担保关系，而是共同委托一家担保公司为所有企业承担连带担保责任。②

又如，近年来，国投泰康信托参与环龙新材的股权融资，助力环龙新材采用"公司+合作社+基地+农户"的模式，创建了"农民林业专业合作社"，深入开展竹林基地建设工作。已建成近3万亩的青神小竹海，并与农户签订购销合同，进行定向收购，惠及当地17万农户，带动当地竹产业的发展。③

2021年6月，国投泰康信托和中国投融资担保股份有限公司、浙江互联网金融资产交易中心股份有限公司成立"国投泰康信托光萤惠农1号单一资金信托"，国投泰康信托通过自主研发的小微系统向农户提供普惠贷款，资金用于采购光伏设备，并安装于农户屋顶进行并网发电。农户发电

---

① 常越：《创新进取、稳健前行 打造农业融资新渠道、推动三农经济快发展》，2015年9月10日，见金融时报—中国金融新闻网：https://www.financialnews.com.cn/zt/rzdb2015/201509/t20150910_83710.html（访问时间：2022年4月1日）。

② 仇岩：《打造有竞争力的集合信托产品——浅谈首都农业专业合作社金融创新》，2015年9月10日，见金融时报—中国金融新闻网：https://www.financialnews.com.cn/zt/rzdb2015/201509/t20150910_83711_2.html（访问时间：2022年4月1日）。

③ 中国信托业协会编：《2022年信托业专题研究报告》，中国财政经济出版社2023年版。

所得收益不仅可以覆盖贷款本息，剩余收益直接归农户所有。屋顶光伏发电不受经济周期与社会因素影响，农户可取得长期、持续、稳定的收入，是实现金融普惠、助力新农村实现扶贫与养老等政策性效果的有效方式。①

中粮信托对内依托集团优势资源，以产业链可持续发展为依托，通过整合产业资源，带动上、中、下游产业发展。中粮信托与中粮贸易共同设计了新型投资类的玉米合作种植项目，形成了农民及合作社增收、中粮贸易控制粮源、信托获得投资收益的多方共赢的新局面。② 中粮信托与中粮糖业合作推出甜菜种植助农纾困计划，为中粮糖业上游甜菜原料订单种植农户提供纾困资金支持。中粮信托与龙江银行合作推出"五里明农业专业合作社土地承包经营权信托、鱼塘承包权信托项目"，利用信托的财产隔离制度功能，为龙江银行对农民专业合作社贷款中设计了土地承包经营权信托和鱼塘承包权信托，并利用信托受益权质押为合作社贷款提供担保。

中国中化所属的外贸信托依托股东产业资源优势，创新开发农资贷、农地贷、农机贷、收粮贷等多个业务品种，满足农户和涉农企业在农资采购、土地承包、农机购置及租赁、收粮、日常消费及其他生产经营方面的资金需要。③ 外贸信托与中化现代农业有限公司（简称中化农业）合作成立了"产融结合系列信托计划"，这是我国信托业内首单农贷金融集合信托产品，体现了中化集团农业和金融板块业务在农村小微金融领域的协同效应。在"产融结合系列信托计划"中，外贸信托接受中化农业和其指定合作机构的委托，成立集合资金信托计划，向该指定合作机构推荐的农户发放信托贷款，支持其农业生产、养殖活动。中化农业指定的合作机构多为与中化集团农业板块经营单位有长期合作关系的区域性农民专业合作社或商业种植公司，由这些合作机构推荐合格的借款农户，外贸信托和中化农业共同进行信贷审核并向符合条件的农户发放信托贷款。④ 从 2016 年第

---

① 中国信托业协会编：《2022 年信托业专题研究报告》，中国财政经济出版社 2023 年版。
② 中国信托业协会编：《2022 年信托业专题研究报告》，中国财政经济出版社 2023 年版。
③ 《深耕乡村振兴沃土 信托公司这样干》，见金融时报—中国金融新闻网：https://www.financialnews.com.cn/trust/hyzx/202308/t20230814_276937.html，2023 年 8 月 14 日。
④ 《外贸信托和中化农业合作的业内首个农贷金融项目落地》，见中国中化集团网：https://www.sinochem.com/s/1375-4612-21656.html，2016 年 7 月 28 日。

一只涉农信托产品成立，到 2023 年 10 月的 13 条产品线和百余期信托产品，外贸信托农村普惠贷款信贷规模、信托产品发行规模均在信托行业名列前茅。中国外贸信托已在农业金融领域构建适配各类农业经营场景的普惠金融产品体系，为农业产业上下游提供多元的融资和金融服务，同时持续探索落地土地集中服务信托、高水平农田改造投资信托等创新业务模式，满足农业全产业链的金融服务需求。

如在河北邢台，外贸信托农业金融团队与中化农业 MAP 团队一同积极与南头村合作社沟通协作，提前了解其春耕生产计划和资金需求情况，精准制定信贷投放计划，并利用数字化技术，开辟信贷绿色通道，简化贷款办理流程，实现贷款申请、审批、放款等环节的一站式、线上化处理，确保信贷资金及时足额发放到像南头村合作社这样的主体手中。

信托公司直接向合作社贷款，或者（借助合作社）直接向农户贷款，是值得鼓励的探索。但是信托公司相比于银行来说缺乏网点优势，真正深入农村面临更大的困难。外贸信托、中粮信托这样特殊背景的信托公司，可以依托中化、中粮集团，实际上是集团产业链供应链金融的一个"通道"。其他缺乏集团产业链供应链优势资源的信托公司，直接面向基层开展合作社或农户贷款业务，是很难在面上推广和持续的。但合作社仍然是信托业务延伸到农村的重要载体，也是触达农户的有效途径。

事实上，越来越多的信托机构已经重视到合作社的独特价值。如北京信托在无锡桃园村设立土地流转项目——土地股份合作社，村民基于自愿原则，以其已经确权到户的土地承包经营权作为出资，入股成立土地股份合作社，北京信托作为受托人代表土地股份合作社将土地租赁给同区域内的水蜜桃深加工专业合作社，村民在享受土地租金分红的同时还可到水蜜桃合作社打工挣取工资，实现了"土地合作社＋专业合作社"的合作互利，变革了农业生产方式，提高了土地利用效益，提升了产业深加工附加值，增加了农民整体收入。[①]

[①] 中国信托业协会编：《2022 年信托业专题研究报告》，中国财政经济出版社 2023 年版。

2020年11月,"蒙顶山合作社发展慈善信托"在四川雅安正式启动,系由中国乡村发展基金会(原中国扶贫基金会)作为委托人,中航信托作为受托人,雅安市社会组织联合会作为执行方,信托财产用于支持乡村振兴战略下的乡村合作社人才培养等相关公益慈善活动,慈善信托资金初始规模为500万元。

一些公益慈善信托的案例,指向农村社区和村落,实际上也离不开当地的集体经济合作社。2022年5月,杭州工商信托与"大下姜乡村振兴联合体"、微笑明天慈善基金会成立大下姜共同富裕基金,通过"专项基金+慈善信托+影响力投资"的方式助力淳安县大下姜的乡村振兴。慈善信托通过相关公司进行影响力投资,被投企业将经营利润反哺低收入农户。首次投资项目为总投资额1100万元的"自发自用、余额上网"模式的光伏新能源项目。该项目除为有劳动能力的低收入农户提供就业岗位外,其利润预计可为大下姜低收入农户人均年增收1000元。[①]

2024年6月,由北京信诺公益基金会担任委托人,中国外贸信托担任受托人,察哈尔右翼中旗地区民众为受益人的"外贸信托-2024年度信善振兴2号'星火'慈善信托"成功备案设立。[②] 这是外贸信托首次在中国信托业协会的组织下,参与国家金融监管总局的定点帮扶旗县项目,是通过"基金会+慈善信托"双平台创新模式服务乡村粮食安全的有力实践。该项目将为察右中旗大滩乡财务营村建设新型马铃薯储藏窖,改善基础设施,提升村民生活水平。此前,2022年外贸信托与信诺基金会合作设立的"信善振兴1号慈善信托",系将信托财产主要用于内蒙古、河北、西藏、甘肃、青海等地区的城乡社区基础设施改善、环境保护及资助学生就学等。"信善振兴"系列慈善信托,在创新帮扶方式、推动乡村振兴、实现共同富裕等方面持续发力,并与农村当地社区紧密结合。

---

① 中国信托业协会编:《2022年信托业专题研究报告》,中国财政经济出版社2023年版。
② 《北京市慈善信托备案公示》,见北京市民政局网站:https://mzj.beijing.gov.cn/art/2024/6/27/art_311_678116.html,2024年6月27日。

(二) 具有互助因素的若干公益慈善信托案例

2001年《中华人民共和国信托法》将"公益信托"专列一章，但相关条款多年形同一纸空文，并未得到真正的落实。原中国银监会发布，自2007年3月起施行的《信托公司管理办法》规定信托公司可以开展公益信托活动（当然，这不能排除其他社会主体开展公益信托活动）。2008年5月四川汶川大地震引发社会公益高潮，当年6月中国银监会办公厅适时发布《关于鼓励信托公司开展公益信托业务支持灾后重建工作的通知》（银监办发〔2008〕93号）（简称"93号文"），据此有若干信托公司开展了有益的尝试，但在制度环境和配套措施上仍受到很大的局限。

原中国银监会"93号文"贡献在于突破了《信托公司集合资金信托计划管理办法》规定。面向社会募集公益资金，不公开宣传只能是画地为牢的做法。"93号文"规定："信托公司设立公益信托，可以通过媒体等方式公开进行推介宣传"，"信托公司应当在商业银行开立公益信托财产专户，并可以向社会公布该专户账号"。还规定公益信托的委托人，可以是自然人、机构或者依法成立的其他组织，其数量及交付信托的金额不受限制。这实际上取消了委托人人数及金额上的限制，具有重要意义。

但原中国银监会"93号文"严格来说只是中国银监会办公厅的一个内部文件，不仅不具备行政法规或部门规章的效力，按其文本含义也只限于四川汶川大地震后的"灾后重建工作"，对于其他方面的公益信托是难以适用的。

在社会各界的千呼万唤之下，2016年3月全国人大通过了《中华人民共和国慈善法》，其中专设"慈善信托"，并指明"慈善信托属于公益信托"，特别是放宽了《中华人民共和国信托法》的规定，将设立慈善信托实行备案制，慈善信托的受托人可以由慈善组织或者信托公司担任。2017年7月，原中国银监会、民政部联合发布了《慈善信托管理办法》。2023年12月《中华人民共和国慈善法》再次修订，国内公益信托（慈善信托）业务发展进入活跃期。

公益慈善信托已经成为服务乡村振兴和"三农"的重要金融力量。信托业积极开展慈善信托业务，助力乡村基础设施建设、生态环境建设及扶持农村特色产业发展。此外，慈善信托不仅仅是作为转移支付的一种形式，信托公司积极探索慈善信托的新的使用模式，形成农业金融的市场化风险分担机制，撬动社会资本进入，如长安信托探索风险补偿金的慈善信托模式，撬动社会资本服务"三农"发展。①

需要指出的是，"公益"在广义上包括"互益"也就是互助合作机制，在信托原理和基本操作上并无二致。现有的公益慈善信托案例，很多包含互助因素，甚至是以互助为主的，或可称之为"互助信托"。有些严格说来不符合纯粹意义上的公益慈善，但是恰恰从一个侧面说明了互助、互益的广阔土壤。通过公益慈善信托的设计，可以体现一定范围内的社会互助功能。

2020年9月，金谷信托与北京市大兴区魏善庄镇赵庄子村共同发起设立了全国首单群众性互助慈善信托项目——"金谷信托2020赵庄子益民（医疗）慈善信托"，通过发挥信托高效透明的优势，解决村民互助善款的实际问题。2022年初，北京市委社会工委、市民政局出台《北京市街道（乡镇）慈善工作站试点建设工作方案》，鼓励街道（乡镇）将"慈善互助基金"通过慈善信托的方式管理使用。

2021年3月广州市人大常委会通过、同年5月广东省人大常委会批准的《广州市慈善促进条例》第二十七条第一款明确规定："鼓励城乡社区组织、单位在本社区、单位内部开展群众性互助互济活动。开展群众性互助互济活动的，可以依法委托慈善组织进行财产和项目管理或者依法设立慈善信托。"同年7月，我国首单以关爱企业员工及其家属为特定目的的"棠棣企业成员关爱服务信托"正式在广州签约。②棠棣信托以"关爱、资助、帮扶委托人及其子公司的患病员工、困难员工、退休员工及其家属"为宗旨。

从受益人的角度而言，棠棣信托被认为并不严格符合慈善信托的规定，故其从一开始就是根据信托原理，按照信托法的规定，以"特定目的信托"的模式进行设计和操作。这被一些媒体称为"社群信托"，其实是一

---

① 中国信托业协会编：《2022年信托业专题研究报告》，中国财政经济出版社2023年版。
② 《中国首单"社群信托"正式签约设立"社群信托"推向社会正当其时》，载《公益时报》2021年8月31日。

种互助合作信托，可望发展为我国传统"义庄""族田"的现代升级版。

2023 年 7 月，厦门国际信托受托管理的"厦门信托—快先森骑手爱心互助慈善信托"正式成立并完成备案。该项目捐赠人为福建省快先森网络科技股份有限公司，由厦门市红十字基金会作为委托人设立，将从健康保障、助力见义勇为等方面，为全国范围内的外卖、快递骑手和从事配送行业的相关人员提供捐助。

（三）信托机构作为借贷中介：互助委托贷款的信托化

信托机构嫁接互助合作机制，可以实现类似"互助信托"的功能，这在逻辑上是成立的。尤其是在统一的合作经济组织立法尚付阙如、很多应用领域缺乏具体法规依据的情况下，可以通过信托的灵活设计来加以弥补。

本书前面讨论的"互助委托贷款"，只要在具有共同关系的固定人群中循环往复，确保资金来源与去向一一对应，涉众风险是可控的。其不仅嫁接适用于商业银行，亦可适用于贷款公司、典当行、租赁公司、担保公司的业务。还可通过信托的方式运行，成为一种"互助委托贷款信托"，不妨简称为"互助委贷信托"（至于互助增信的理念和方法，同样在信托业务领域特别是在信用发现和风险控制等环节有广泛适用，此不赘述）。

"委托贷款"对于银行业来说只能是一种兼营性业务，对于信托业来说更属于本源性业务，是一种"贷款信托"，其在传统上属于资金信托。通俗理解过去资金信托业务的分类，按照央行前行长吴晓灵的总结，可以依据服务对象侧重不同分为两类：一类是通过信托产品来募集资金，满足卖方客户融资需求的投资银行业务；另一类是通过信托产品提供资产配置服务，满足买方客户财富投资需求的资产管理业务。[1]

贷款信托是以贷款方式运用信托资金，是资金信托的主要运用形式。这种贷款的资金来源是特约信托存款，贷款的对象、数量和用途均由委托人决定，信托机构只负责办理贷款的审查发放、监督使用、到期收回和计收利息等事项，并按契约规定收取一定的手续费，不承诺保证信托资金的

---

[1] 吴晓灵等：《资管大时代：中国资管市场未来改革与发展趋势》，中信出版社 2020 年版。

本金和最低收益。贷款信托不仅具有传统借贷的基本特征，还有其独特的优势。例如，它可以提供定制化的融资解决方案，满足特定项目的资金需求；同时，通过信托公司的专业管理和风险控制，有助于维护资金的安全性和流动性。

2023年3月，原中国银保监会《关于规范信托公司信托业务分类的通知》（以下简称《信托业务分类通知》），正式提出了"三分类"（资产服务信托、资产管理信托和公益慈善信托）的框架，同时提出："信托公司确实基于委托人合法信托目的受托发放贷款的，应当参照《商业银行委托贷款管理办法》（银监发〔2018〕2号，以下简称《委托贷款办法》）进行审查和管理，其信托受益权转让时，受益人资质和资金来源应当持续符合《委托贷款办法》要求。"

上述"三分类"新规出台后，市场最为关注的是，贷款作为过去资金信托的主要运用方式之一能否持续。据2023年7月金融监管部门下发的《〈关于规范信托公司信托业务分类的通知〉实施后行业集中反映问题的指导口径（一）》，进一步明确了信托贷款业务可以"有条件地可开展"，资产服务信托若涉及发放信托贷款，信托公司参照《委托贷款办法》审查时，原则上均需适用该办法相关规定，重点核查委托人资质、资金来源、权责划分、风险隔离等关键条款执行情况。

《商业银行委托贷款管理办法》并未规定金额起点，也不排除委托贷款"多对一"（即多个委托人对同一个借款人），更没有明文限制"多对一"情况下委托人的数量。对于信托公司来说，开展委托贷款（贷款信托），特别是"多对一"的互助委托贷款信托，还需要遵循原中国银保监会2009年2月修订发布的《信托公司集合资金信托计划管理办法》（以下简称《集合资金信托办法》）。

2009年《集合资金信托办法》所规定的委托人资格门槛很高，自然人人数有上限，而委托金额有下限。该《办法》第六条规定"合格投资者"，是指"能够识别、判断和承担信托计划相应风险的人"，且要么是最低投资金额不少于100万元的个人或组织；要么是个人或家庭金融资产超过100万元的自然人；要么是最近三年内，个人年收入超过20万元或者夫妻双方合计年收入超过30万元。

但根据2023年7月金融监管部门下发《〈关于规范信托公司信托业务分类的通知〉实施后行业集中反映问题的指导口径（一）》，对于资产管理信托的投资者人数和资质，暂按"资管新规"即2018年4月发布的《关于规范金融机构资产管理业务的指导意见》执行。

2018年"资管新规"第五条规定的"合格投资者"中的自然人的资质条件包括"家庭金融净资产不低于300万元，家庭金融资产不低于500万元，或者近3年本人年均收入不低于40万元"。可见"资管新规"对于"合格投资者"资产、收入的要求，比2009年《集合资金信托办法》的规定更高，而且把资产（或收入）与投资金额改为并列条件，但对于单笔投资金额的要求更低一些，不再是一律100万元起投，这有利于信托产品与资管同业竞争。"资管新规"的相应具体规定是："合格投资者投资于单只固定收益类产品的金额不低于30万元，投资于单只混合类产品的金额不低于40万元，投资于单只权益类产品、单只商品及金融衍生品类产品的金额不低于100万元"——也就是最低可以30万元起投。

至于人数方面，根据2009年《集合资金信托办法》第五条规定，单个信托计划的自然人人数不得超过50人，但单笔委托金额在300万元以上的自然人投资者和合格的机构投资者数量不受限制。如果对标"资管新规"，严格按照私募标准，投资人数将限制在200人以内。原中国银保监会在2020年5月发布的《信托公司资金信托管理暂行办法（征求意见稿）》（以下简称《资金信托办法征求意见稿》）明确：资金信托面向合格投资者以非公开方式募集，投资者人数不得超过200人。

事实上，基于互助委托的贷款信托或其雏形，早有出现。例如，山东省国际信托有限公司曾与济南市房地产协会签署房地产互助信托业务框架协议，通过信托平台帮助部分房地产开发企业之间实现项目和资金的互助式对接。通过发行集合信托计划和后续单一信托产品，合作银行提供金融产品配合，在有关房地产开发企业之间实现项目和资金互助式的对接，建立规范的、支持房地产市场发展的平台和机制。

2022年2月，原中国银保监会公开发布《信托业保障基金和流动性互助基金管理办法（征求意见稿）》，除了此前已经设立的"中国信托业保障基金管理有限责任公司"，还将设立"中国信托业流动性互助有限责任公司"。另外，在存款保险制度建立以后，监管部门仍然要求城商行和农村中小金融机构探索建立流动性互助机制，并在一些地方有所实践。①上述"流动性互助机制"本质上属于互助委托贷款，也隐含有信托关系。

当然，按照资金信托的一般做法，特别是根据"资管新规"的要求，贷款信托是一种金额门槛较高并受严格监管的业务，从资金供应和需求两方面来说，都是很多小微经济主体难以问津的。但如果起投金额为30万元，还是有一部分下沉市场的空间，此外还涉及信托公司的管理成本如何控制。

尚待明确的问题是，贷款信托特别是"互助委托贷款信托"，按照最新的"三分类"，究竟应该属于资产服务信托，还是资产管理信托。近年来各种强监管，多是针对资产管理业务的，这也是因为此前不少金融乱象出自资管业务。

2020年《资金信托办法征求意见稿》强调"发展有直接融资特点的资金信托"，同时明确将服务信托业务和公益（慈善）信托业务排除在资金信托新规监管框架之外。根据2023年《信托业务分类通知》：资产管理信托是信托公司依据信托法律关系，销售信托产品，并为信托产品投资者提供投资和管理金融服务的自益信托，属于私募资产管理业务，适用"资管新规"；资产服务信托是指信托公司依据信托法律关系，接受委托人委托，并根据委托人需求为其量身定制财富规划以及代际传承、托管、破产隔离和风险处置等专业信托服务，资产服务信托并不适用"资管新规"。

因此可以设想，依托合作经济组织（或行业协会等社团、社区组织）开展的"互助委托贷款"，并非信托公司主动发起，也并不依靠信托公司去募集资金，只是由信托公司提供一些专业服务，那么其就应该属于"资

---

① 中国银行业协会城市商业银行工作委员会：《关于建立城商行流动性互助合作机制的倡议书》，见中国银行业协会网站：https://www.china-cba.net/Index/show/catid/203/id/16703.html，2016年3月9日；《山东省城商行流动性互助机制正式成立 齐鲁银行当选理事长单位》，见山东省银行业协会网站：https://www.sdba.org.cn/article/show_7_1685.html，2017年7月18日；王璐：《流动性互助系统建设助中小金融机构渡"钱荒"》，载《经济日报》2015年1月20日。

产服务信托"。这样可为信托机构嫁接互助合作机制，打开更为广阔的发展空间。

（四）众筹的信托化：预付类资金信托及其合作经济前景

众筹（Crowd Funding）是近些年一度走红的"热词"，貌似舶来品，其实在中国民间早已有之，俗称"凑份子"。借助高度开放的互联网，众筹的门槛较以往显著降低，发起方更加多元化、大众化，更少受地域空间和支付手段的限制。个人或小微企业、草根 NGO 都有机会在众筹平台发起面向大众的筹款项目，资金的募集、使用过程也更容易实现公开透明、便捷高效。众筹平台已经在世界范围内发展壮大，并且成为新的金融增长点。

基于回报方式的不同，众筹融资可分为四种主要类型：债权众筹（Lending-based crowd-funding）、股权众筹（Equity-based crowd-funding）、产品众筹（即预售众筹或回报众筹，Reward-based crowd-funding）、公益众筹（即捐赠众筹，Donate-based crowd-funding）。[①] 其中产品众筹也常称为消费众筹。

众筹融资的合法地位，特别是众筹平台的角色定位还不明确，更缺乏监管，其在我国容易落入"非法集资"或"非法吸收公众存款"、"非法发行证券"的陷阱。在美国，股权众筹同样涉嫌违反 1933 年《证券法》，可能构成向公众非法发行证券，直到 2012 年 4 月美国国会通过了《初创期企业推动法案》（以下简称 JOBS 法案），有所"松绑"。JOBS 法案赋予众筹平台以法律地位，即所谓"融资/集资门户"（"Funding Portal"），允许众筹平台以该名义向美国证券交易委员会（SEC）注册，而无须作为证券经纪公司进行注册，同时法案还规定了注册的规则和要求、项目发起人、投资者，以及众筹平台的责任与义务等。众筹融资必须借助在 SEC 注册的中介机构，而不能由发行人与投资者之间直接完成，由此可见众筹平台的重要性。

---

① Bradford, C. Steven, "Crowdfunding and the Federal Securities Laws", *Columbia Business Law Review*, Vol. 2012, No. 1, 2012, pp. 14–27.

在我国，按照2021年12月央行发布的《地方金融监督管理条例（草案征求意见稿）》，"7+4"类机构由地方金融管理部门履行监管职责，其中"4"就包括"社会众筹机构"。《条例（草案征求意见稿）》"第三十五条对社会众筹机构的监督管理"规定："面向不特定对象公开开展股权融资等业务并承诺回报的社会众筹机构，地方金融监督管理部门负责清理，限期退出。仅组织资金捐赠，不以任何方式获取回报的，不属于本条例所称社会众筹机构"，可见金融监管重点关注在于股权众筹。除此之外，从国家部委到地方，迄今为止没有关于"社会众筹机构"的任何具体规定。

需要指出的是，对于众筹的一般性研究并非本书重点。在国内一度最受关注的是股权众筹、债权众筹，而这恰恰是最容易触犯法律风险的。而公益众筹主要涉及社会募捐的相关规定，笔者多年前专文已提出过"公益信托的众筹化""公益众筹的信托化"并借助互联网金融来实现的操作方案[1]，在本书中也不做进一步讨论。

本书这里重点关注产品众筹，又称消费众筹，类似于"团购""预售"，通常可望获得一定的优惠，有时具备一些合作经济特别是消费合作（也是供销合作之一种）的因素。众筹的进一步规范发展，正与信托殊途同归。建立风险隔离机制，确保众筹资金独立、透明、安全，这就需要借助在理论上、法律上乃至经验上已经有相当基础的信托机制。可借鉴中国台湾地区和日本的做法，通过完善法律框架、明确信托模式和确保信托财产独立性等措施，有效地管理预付资金，保障了消费者权益并促进了相关行业的健康发展。例如，中国台湾地区建立了全面的预付款制度体系，而日本也是采用信托或第三方担保来保护预付资金的安全。

从信托服务市场来看，已有若干信托公司积极推动"消费信托+众筹"等互联网金融创新项目，在符合现有法律法规的前提下，为信托行业的互联网金融实践提供了一种全新思路。

如2015年9月，在百度世界大会"连接人与服务"分论坛上，中信信

---

[1] 陈林：《公益信托与众筹：以互联网金融为背景》，见许多奇主编：《互联网金融法律评论》，2016年第2辑，法律出版社2016年版；陈林：《公益信托的众筹化与公益众筹的信托化》，见中国战略与管理研究会主编：《战略与管理3》，中国计划出版社2016年版。

托联合百度共同推出的互联网消费众筹平台正式上线。① 该平台不但实现了商户销售商品和用户获取权益,更为关键的是,以众筹的方式将用户和商户之间的消费通道彻底打通。中信信托搭建中信百度消费信托平台,通过对网络客户拥有的消费权益进行集中管理,消费权益所对应的资金运用,将根据不同投向、不同项目分别设立资金信托,每个部分均为独立的信托架构,以完成平台的统一性要求和资金的独立运用要求。中信信托将发挥信托财产的独立性和破产隔离方面的独特功能,确保资金专项运用,打造多重信托创新模式,尽一切可能降低众筹参与者的风险,维护参与者权益。②

需要指出的是,中信信托与百度在消费众筹领域的合作,实际上已经有意无意地借鉴了中国台湾地区"预收款信托"的理念和做法。根据台湾信托业商业同业公会会员《办理预收款信托业务应行注意事项》,所谓预收款信托:指为加强厂商履行其应尽义务之目的,以厂商为委托人,并以消费者预先给付之全部或部分消费款项或厂商自有财产为信托财产之信托。③ 在延迟消费的商业模式下,针对企业预收款,如各种礼券、消费卡等,通过法律法规的形式,将其交付给信托,由信托作为独立第三方增信、管理并监督资金运用,预防收款方因经营不善破产倒闭或发生信用风险损害公众利益。④

以礼券信托为例,因现行礼券使用限制多,又无履约保证,一旦业者倒闭,礼券极有可能变成废纸,因此在中国台湾,由各礼券所属事业主管机关,如"经济部"主管百货业礼券、"新闻局"主管出版品礼券、"观光局"主管饭店服务礼券、"卫生署"主管美容化妆品业礼券,等等,分别制定制式契约文本,标明应记载事项和禁止记载事项,其中包含履约保证

---

① 张菲菲:《中信信托与百度联手打造互联网消费众筹平台》,见一财网:http://www.yicai.com/news/2015/09/4683297.html,2015 年 9 月 9 日。
② 张菲菲:《中信信托与百度联手打造互联网消费众筹平台》,见一财网:http://www.yicai.com/news/2015/09/4683297.html,2015 年 9 月 9 日。
③ 中国台湾"'中华民国'信托业商业同业公会",预收款信托相关重要法规及函令,见 http://www.trust.org.tw/files/1043051200001.pdf。
④ 《"精品店"里看消费信托》,载《经济日报》2015 年 1 月 23 日。

机制，实行预收款信托。①

由此可以联想到，消费众筹所涉及的款项，在经济性质上与上述商家的预收款（从消费者来说就是预付款）是有些相像的，在社会意义上更容易引起关切和疑虑。因此不妨建立类似预收款信托的制度，来保护和管理这些款项。甚至可以考虑采取法定信托、强制信托的方式来实施。众筹的信托化，可以发挥信托制度的独特优势，结合了信托机构作为金融信用中介和互联网众筹平台作为信息中介的特质，形成优势互补。

在我国，随着经济社会的快速发展，预付式消费在服务商品牌与消费者忠诚度建设中展现出积极作用，逐渐成为一种广泛流行的消费模式。在日常生活中，预付类消费广泛出现于住宿、餐饮、健身、美容、教育培训等多个场景，如办理美发店会员卡、健身会员卡、缴纳教育培训费等，均属于预付类消费。然而，预付类消费业态的迅速扩张也伴随诸多社会问题和风险事件。由于预付资金规模庞大，涉及众多消费者，若缺乏有效的监管，资金挪用、商户破产或卷款逃跑等情况一旦发生，将给消费者带来重大经济损失，甚至可能引发群体性社会问题。

为应对这些挑战，信托凭借其财产独立、风险隔离的制度优势以及信托公司的专业管理能力，成为保障预付式消费权益的有效工具。近年来，国家金融监管总局积极推动信托公司开展预付类服务信托业务的探索，以期挖掘并发挥服务信托为民服务的使命价值。国家金融监督管理总局资管机构监管司司长赖秀福就在全国两会上多次提交相关提案。

预付类资金服务信托的价值可以体现在多个方面，比如，当发生商户挪用资金或司法查封冻结风险时，信托保管预付财产能够发挥信托破产隔离功能；当商户不能服务履约的情况下，信托公司可以根据指令及时主动开展预付资金的退款操作；此外，信托公司的专业管理能力能够为消费者和用户提供财产登记及资金结算服务。

2024 年以来，又有多家信托公司布局预付类资金服务信托业务。2024

---

① 姜薇：《台湾预收款信托的特点及对大陆的影响分析》，见第一信托网：http://www.dyxtw.com/news/2014-07-18/136632.html，2014 年 7 月 18 日。

年 4 月，交银国际信托宣布携手交通银行湖北省分行、湖北交通投资集团设立高速公路 ETC 预付类资金服务信托——交银国信·湖北高速 ETC 服务信托。2024 年 8 月，华润信托联合成都双流社区发展基金会、成都智乐物业，落地物业服务领域预付类资金服务信托——诚诺 1 号。①

2024 年 9 月，五矿信托在北京举行"五矿信托—五好家庭社区账户服务信托"项目合作签约仪式，标志着首单预付类物业社区信托账户业务实现业务落地。② 该项目通过与物业公司合作，采用"集采团购+预付费资金信托保管"的模式，既为周边商户提供客户引流，又通过信托保管预存资金让消费者放心消费。作为首单预付类物业社区信托账户业务，该项目已进入实质开发阶段。项目核心功能立足于发挥信托破产隔离制度优势和信托公司专业服务能力，为社区业主客户提供社区周边商户日常消费及预付类消费的服务及权益保障，并涵盖物业缴费、健康管理、养老服务等多样化的便民服务以及子女教育、社区慈善信托等。

上述预付类资金服务信托的覆盖度有待扩大，消费者和商户对此的认知和接受程度也不够高，从信托公司的角度来看，整体业务系统研发投入费用高昂，因此短期内，相关业务的收益可能较难覆盖运营成本。但是由于我国消费市场较大，预付类业务在日常消费、健康、养老消费领域广泛存在，具有较大的未来发展空间。公司希望通过开展此类服务建立起服务品牌，并在预付类消费中解决信任缺失的问题，挖掘相关业务的服务价值。

在笔者看来，"众筹的信托化"或者说"预付类资金服务信托"，重要意义更在于建立健全消费众筹参与人（消费信托份额持有人）的"消费者主权"地位，不断争取更大更多的优惠（或返利），这将是信托机构嫁接互助合作机制的一个生动写照。试想，如果众筹参与人（消费信托的份额持有人）能够通过现场会议或网络投票等方式形成有效的集体行动，以求增进自己的利益，还可以自行选举产生执行机构或指定代理人、受托人

---

① 《多家信托公司探索预付类资金服务信托 保障收付双方资金安全》，载《证券日报》2024 年 9 月 7 日。
② 《五矿信托落地首单预付类物业社区信托账户业务》，见证券时报网：http://www.xtxh.net/xtxh/industry/49210.htm，2024 年 9 月 6 日。

（包括信托机构），这就构成了一个较为完整的合作经济治理结构，至于是否正式注册为合作社或其他社团并不重要了。

（五）服务信托进一步深入互助合作场景

服务信托是一个新概念，在 2018 年中国信托业年会上被首次正式提出。2020 年 5 月发布的《信托公司资金信托管理暂行办法（征求意见稿）》明确，服务信托业务不属于该办法所称资金信托，不适用于该办法规定。该征求意见稿规定，"服务信托业务，是指信托公司运用其在账户管理、财产独立、风险隔离等方面的制度优势和服务能力，为委托人提供除资产管理服务以外的资产流转、资金结算、财产监督、保障、传承、分配等受托服务的信托业务"。

在国家金融监管部门最新推出的信托业务"三分类"导向下，资产服务信托位列首位。服务信托的实践日趋活跃。金融的基础是账户，信托是财产管理和财产转移的法律关系，信托与金融的结合首先体现在账户上，而服务信托的核心就是托管运营，即管钱（管财产）、管账、管报表。其中，托管服务是基础。由于场景多样化、需求多样化，仍有大量个人与个人之间、个人与企业之间、企业与企业之间的基础金融服务需求尚未得到满足，"信托+服务"的市场空间巨大。

服务信托需要深入场景，才能提供基础交易保管结算的服务，解决场景中交易的信任和安全性问题。服务信托已展现出与金融科技紧密结合的发展趋势。目前账户服务信托业务主要与互联网平台、供应链金融等场景方开展合作，采用系统化方式进行数据信息交互。在账户服务信托业务的实施过程中，对业务操作流程可能产生影响的主体主要包括委托人、受益人、受托人（信托公司）、互联网平台、CFCA 电子签约认证、银行、第三方支付公司、系统服务商。

支持账户服务信托业务开展所设计的系统流程，其目的是确保信托业务中的任何一方均无法"独占"信息流、资金流或数据流，进而实现交易信息可比对、业务数据可验证、操作流程可追溯，防止一方或多方恶意篡改数据信息，避免信托公司依据错误信息执行信托事务而造成的损失，有效规避交易过程中的信用和资金风险。

因此，在账户服务信托具备实现风险隔离的法律基础及交易安排的基础上，利用数字化手段设计出适合市场需求和业务流程的服务信托业务系统，是服务信托的一项基础设施工程。既满足客户体验，又实现数据交互的安全、准确、高效，从而为账户服务信托实现破产隔离提供技术支持，保证法律基础和交易安排能够有效实现。

中信信托、顺丰、网易三家共同发起的深圳中顺易金融服务有限公司，秉持"信托科技赋能场景金融"（T&T2B，Trust and Technology to Business）的理念，试图以信托法理制度为依托，以信托超级账户为核心，以先进的IT技术为支撑，为政府管理部门、企业、社会公众，提供安全保管、信用链接和增值服务，打造合规高效的金融账户解决方案、系统工具和运营工具。[1] "中顺易"打造的信账宝互联网信托账户系统，是在线信托综合账户系统，已用于信托公司的服务信托业务中，目前主要应用到了资金/财产保管、财富传承、福利保障、消费权益保障、贸易结算交易过程的资金财产保管、慈善公益等领域。

互助合作的场景，正是服务信托值得探索的领域。例如，2017年5月，顺丰速运上线"员工大病互助信托计划"。面向30万顺丰员工，每人预存10元加入互助计划，有人生病时，大家凑钱帮他渡过难关。根据病情需要，最多可以获助20万元。太平洋保险在线服务科技有限公司与深圳中顺易金融服务有限公司（系由中信信托、顺丰、网易三家发起）共同设立的互助信托计划定制和服务平台，为此提供了支持。这个互助信托服务平台，可为同质人群设立互助信托计划提供定制化服务，发掘社群成员之间的互信互托，也体现了互联网时代共享经济和社群经济的发展新趋向。

另据公开资料，2022年下半年，厦门国际信托设立了福建省第一只乡村服务信托，专门为各农村集体经济合作社的资金提供管理服务，包括但不限于资金归集、账户管理、资金运作、信息披露等，通过增加村集体收入，不断助推乡村振兴目标的实现。

---

[1] 见深圳中顺易金融服务有限公司网站：https://www.zsyjr.com/index.html。

三、保险机构嫁接互助合作机制

（一）互助保险的国际经验

互助保险（也称相互保险、保险合作等①）的具体组织形式是多种多样的，在世界上有广泛影响。根据国际互助合作保险联盟（ICMIF, International Cooperative and Mutual Insurance Federation）发布的《全球相互保险市场份额2003》研究报告，2021年全球超过4400家合作与相互保险公司的总保费收入达到1.42万亿美元，这是该行业有史以来的最高保费水平。同年，合作与相互保险在全球保险市场的份额为26.2%，其在发达保险市场的占比高达32.2%，显著高于在新兴市场的占比2.6%。然而，作为全球第二大保险市场，中国相互保险的发展却远低于世界平均水平及新兴市场平均水平，2021年相互保险的市场份额仅为0.2%。②如果剔除中国市场的因素，相互保险在全球保险市场中占比更从26.2%攀升至30.0%。

美国最大的人寿保险公司——西北相互人寿保险公司（Northwestern Mutual Life Insurance Company），被称为相互制保险组织的灯塔，成立100多年来持续稳定向会员分配盈余，2021年向所有保单持有人分配65.22亿美元的红利。比西北人寿成立还早的相互制保险组织是纽约人寿保险公司，2021年度向所有保单持有人分配19.72亿美元的红利。同样具有百年历史的美国利宝互助保险集团（Liberty Mutual Group），是美国第三大财产险保险公司，被公认为全球职业健康与安全服务研究的领导者。上述西北相互人寿保险公司、利宝互助保险集团，都名列世界500强企业。

---

① 相互保险社与保险合作社经常不加区分，原理都是一样的。但有些国家在具体操作上存在一些差别：（1）相互保险社不设股本；而加入保险合作社，社员必须缴纳一定金额的股本。（2）相互保险社经营资金的来源为社员缴纳的分担额，如果保险关系终止，双方自动解约。保险合作社的资金来源于社员的股金和向社员或非社员的借款，保险关系的建立必须以社员为条件，但社员不一定必须建立保险关系，保险关系消灭也不影响社员关系的存在，因此保险合作社与社员的关系更为稳定长久。（3）相互保险社的保险费采取事后分摊制，依据实际需要和实际损失分摊，事先并不确定，而保险合作社采用确定保险费制，事后不再补缴。

② 于泳：《全球相互保险市场研究报告发布》，载《经济日报》2023年10月12日。

互助保险在农业保险领域更有特殊优势。例如,在欧洲民办公助的农业保险模式中,许多国家均以互助保险为基础。农业互助保险依附的基础是各种农业生产者合作组织,其中以德法农业保险的做法比较典型。德国以小型互助保险为主,这种组织没有资本股份,成员间按比例支付损失份额。德国政府对互助保险予以扶持,如发放补贴、提供再保险,特大灾害赔偿时由国家财政予以支持。法国政府对各种形式的互助保险从法律和财政上给予大力支持,专门建立农业灾害基金,对合作保险组织不能承担的风险损失,给予补贴性补偿。

法国安盟保险集团(GROUPAMA)起源于100多年前法国农民自发创立的共济会,在政府支持和引导下,逐步发展成农业相互保险公司联合体。现已成为世界五百强企业、法国第一大农业保险公司、第三大综合保险公司、第一大财产保险公司、第五大人寿保险公司。同时在个人健康险和地方政府团体险中占据第一,车辆保险和海上交通运输险中占据第二。不仅如此,集团还拥有安盟银行、安盟资产管理公司、安盟房地产公司、安盟私募基金等机构,成长为一个名副其实的保险和金融服务集团。[①]

在日本,农业互助保险称为"共济"。依托日本农协组织体系,基础层的农业共济主要负责基层会员农作物、牲畜、农具等农业保险业务;中间层的农业共济,承担基础层分保以及辖区内的保险调节业务;最高层的农业共济再保险特别账户专门设立农业共济基金,为中间层提供贷款和再保险服务。农业共济(保险)所聚集的资金大部分存入农协系统的金融机构或用来购买农林公债等。

(二) 互助保险的中国现实:夹缝中的生命力

早在1996年8月《国务院关于农村金融体制改革的决定》就要求:"逐步在农业比重较大的县建立农村保险合作社,主要经营种养业保险。在发展农村合作保险基础上,创造条件成立国家和地方农业保险公司,主要为农村保险合作社办理分保和再保险业务。"2002年12月修订的《中华

---

① 郭永利:《法国农业互助保险及其启示》,载《中国保险》,2012年第2期。

人民共和国农业法》也提出:"国家逐步建立和完善政策性农业保险制度,鼓励和扶持农民和农业生产经营组织建立为农业生产经营活动服务的互助合作保险组织。"

北京市养鸡业协会、谷物协会、果树产业协会等多家农业协会,曾在财政、农林部门支持下,从 2004 年开始,聘请保险经纪机构提供专业保险技术支持,并依法注册登记了风险互助金管理委员会,相继试办了养鸡风险互助、农作物、蔬菜风险互助和果树风险互助等政策性农业保险。[1] 本已奠定了互助合作农业保险的雏形,初步建立起一项以互助合作为基础,商业保险为补充,财政支持为后盾的完整的农业保险新模式。

后来遇到的问题,正如一份北京市政协 2008 年度优秀提案《关于完善我市政策性农业保险的建议》所指出:一是政府前期委托行业协会开展农业保险试点研究,而招标时却只选择商业保险公司,未考虑行业协会,使保险制度和管理模式缺乏连续性,也不符合《国务院关于保险业改革发展的若干意见》的"发展多形式、多渠道的农业保险"的文件精神,不利于发挥行业协会和农业部门在农业保险中的积极作用,难以防止道德风险,高风险、高赔付、高成本等影响农业保险发展的几大问题再次出现;二是个别保险公司在经营过程中存在恶性竞争,违背保险规律;三是不同作物和不同地区采取统一费率,不利于农业保险的发展;四是农业保险缺乏必要的理论和技术支撑。这些问题不解决将严重阻碍农业保险的健康、持续发展,甚至会重蹈商业保险公司承办农业保险失败的覆辙,使农民失去得来不易的生产保障。[2]

正如上述政协提案指出,与商业保险公司比较,互助式农业保险有四大优势:一是互助保险农民既是保险人又是被保险人,协会和会员利益一致,可实现有灾赔付,无灾积累,巨灾可实现比例赔付,降低了风险;二是由于互助组内部的互助监督,有利于培养农民的诚信意识,降低道德风

---

[1] 马晨明:《新型政策性农业保险制度初现端倪》,载《金融时报》,2008 年 5 月 4 日。
[2] 北京市政协 2008 年度优秀提案:《关于完善我市政策性农业保险的建议》,见北京市政协网站:http://www.bjzx.gov.cn/ztzl/zxqh/dsyjwyhdechy/yxta/wyyta/201906/t20190627_21785.html,2019 年 6 月 27 日。

险；三是协会可将技术推广、产销服务和农业保险结合起来，为农户提供全方位服务，有效降低了工作成本，同时也有利于促进合作经济组织的发展；四是有利于把政府财政的救助资金通过风险互助直接、科学、公平、透明地揣进受灾农民的兜里。因此互助式农业保险深受农户欢迎。

2015年1月，原中国保监会发布了《相互保险组织监管试行办法》，并正式行文批复了瑞安市兴民农村保险互助社的试点申报。作为"三位一体"合作经济先行试点布局的一个产物，兴民农村保险互助社于2015年10月正式挂牌运营，这是全国首家以服务农业生产财产险为主的农村保险互助社。但是配套政策迟迟不健全。例如，由于工商登记系统中尚无合作社经营保险业务的目录，瑞安市兴民农村保险互助社只能被登记为"集体所有制企业"，又因此不能享受农业部门对于合作社的资金支持。金融监管部门批准该保险互助社的险种，反而是在政策性农业保险扶持的险种范围之外的（实际上是各家商业保险都不愿干的险种），因此在很长时期不能享受针对政策性农险产品的财政补贴。也就是说，真正的互助保险不但没有得到任何倾斜性支持，反而处于和商业保险严重不平等的竞争地位（由此造成的困境，却成为一些人否定互助保险的理由）。

另外一个突出问题是，"三位一体"合作经济先行试点之初的考虑，本是把信用合作（包括保险合作）功能内嵌在合作经济组织体系之内（包括采取互助合作机制嫁接金融机构的变通办法），加强信用链贯通产供销，这样才能充分利用组织优势和信息优势，有效发挥协同效应，摊薄运营成本。但由于主管部门在职能上相互分割的原因，时隔多年后获准组建的是一个外置的保险合作社，与产供销仍然是"两张皮"。其作为一个持牌金融机构而单独存在，经营规模和业务品种严重受限，地域上也局限在一个乡镇范围之内，不能在大范围分散和缓释风险，更没有内嵌"三位一体"合作经济联合组织的框架支持，因此在保险和互助两方面都不能发挥出最大优势。① 即便如此，由于基层干部群众的不懈努力，农村保险互助事业

---

① 参考《瑞安市兴民农村保险互助社调研报告》，见中华全国供销合作总社网站：https：//www.chinacoop.gov.cn/subStation/jrfwb/news.html?aid=888064&subId=2553，2018年11月26日。

在当地仍然得到了坚持和发展，并强韧展现出夹缝中的生命力。

相比之下，具有规模体量优势又有大型产业组织体系依托的互助保险例证，是阳光农业相互保险公司。注册地位于黑龙江的阳光农险，由北大荒农垦集团发起。北大荒农垦集团注册为国有企业，但其拥有的最主要生产资料——农业土地，大多已经承包给农场职工了，形成大批相对独立的家庭农场。农垦集团所能起到的实际功能，主要是为承包（以及转包）的农场提供生产、供销服务。这个农垦组织体系，由于历史和地缘上的密切联系，实质上也有不少互助合作机制的成分。阳光农险原始资本金只有1.2亿元，经过十多年的发展，根据其公开年报，2023年底净资产达到36.59亿元（含未分配利润20.95亿元）。阳光农险业绩的迅猛增长，既有其自身经营的因素，更不能忽视互助保险的特殊优势。阳光农险主要业务依托于北大荒农垦集团这样一个事实上的"互助合作机制"，在获客、风控、理赔等各方面都控制了成本、拓宽了收益。

此外，从阳光农险十多年实现30多亿元的资金增值来看，其占全国农险份额约在3%，可以粗略推断全国范围内各家商业保险公司从农险获利应在1000亿左右。这还不包括更多金额的保费收入用于运营成本，而未形成利润。这些商业保险公司的农险收入和利润绝大部分来自财政补贴。如果按照这样的财政补贴力度，真正支持互助保险，则不仅是互助保险体系，乃至整个中国的生产、供销、信用"三位一体"合作经济体系都可以建成了。但是这些财政补贴拨给商业保险（以及其他工商资本控制的企业），恰恰起到了无时无刻不在分化瓦解农民互助合作的效果。

值得一提的是，在中国，金融系统之外，各级工会系统推动的"职工医疗互助保障"，就其经济本质而言，乃是一种互助保险，也可归为信用合作的一种。单位同事（工会会员）之间，具有生产生活上的密切关系，相互帮助（特别是对老、幼、病、残、孕）是经常现象，这些服务通常没有纳入GDP统计，但是创造了真实福利。工会系统还经常组织"团购"以及集体活动等，构成供销合作。有了生产生活和供销服务的日常基础，信用合作、保险互助更是相得益彰。在中国持牌金融机构展开的"互助保险"目前仅占0.2%市场份额，其发展症结，恰恰在于金融部门长期就保险论保险，忽视了合作社、工会这样的基层组织资源。互助保险（互助保障）有利于克服保险市场上信息不对称造成的"逆向选择"，具有独特优势。基于互助的信贷创新也有广泛前景，有利于缓解社会基层的融资困局。

（三）团体险与"网络互助"

团体险是以团体为保险对象，以集体名义投保并由保险人签发一份总的保险合同，保险人按合同规定向其团体中的成员提供保障的保险。它不是一个具体的险种，而是一种承保方式。团体保险一般有团体人寿保险、团体年金保险、团体意外伤害保险和团体健康保险等多种类型。如企事业单位为员工统一投保的团体健康医疗险，跟团旅游由旅行社统一投保的团体旅游意外险等，均为典型的团体险业务。

2018年10月，蚂蚁集团在支付宝APP推出的大病互助计划"相互保"，最初作为一款团体重症疾病保险，承保方是彼时蚂蚁金服注资的信美人寿相互保险社，该产品曾于2018年9月在原中国银保监会备案。"相互保"上线仅一个多月，就聚拢了2000万用户加入，也让保险行业深切感受到互联网流量平台的力量。但信美人寿很快被原中国银保监会约谈，并按监管部门要求，停止以"相互保大病互助计划"为名销售"信美人寿相互保险社相互保团体重症疾病保险"。监管方面认为"相互保"存在未按规定使用经备案的保险条款和费率、销售过程中存在误导性宣传、信息披露不充分等问题，并对保险机构及相关责任人处以罚款。按照当时的金融监管体制，金融监管部门只能管到持牌金融机构。

此后，2018年11月"相互保"宣布更名为"相互宝"。新"相互宝"不再由信美人寿相互保险社承保，而是作为蚂蚁集团独立运营的"网络互助计划"，脱去了保险"外衣"，一度规避了金融监管。"相互宝"成员最多时达到一亿多人，累计救助17.91万人。直到蚂蚁集团上市被叫停并受到反垄断、反洗钱、数据安全等方面的调查后，2021年12月"相互宝"发布公告于2022年1月停止运行。

"相互宝"（"相互保"）因为门槛很低，曾被某些人误解或曲解为穷人甚至是病人的一种福利甚至"福音"。其实，"羊毛出在羊身上"。无论

"相互宝"（"相互保"）或其他类似的"网络互助计划"是否使用保险的名义，其都不可能逾越保险特别是医疗健康保险的本质规律。由于前端审核宽松，互联网支付手段便利化，这些"网络互助计划"迅速吸引了大量人群，而健康不佳的个体更有参与的积极性，但随着分摊金额的快速上涨，健康良好的个体将纷纷退出互助平台，形成了逆向选择的恶性循环。各种骗保、拒赔的纠纷层出不穷，亦将耗费巨大的管理成本，在相当程度上抵消了互联网平台的获客优势。即便不涉及监管禁区，这个商业模式也难以为继，乃至有最终崩盘的可能。按照原蚂蚁集团副总裁、相互宝创始人尹铭的公开说法，"相互宝"（"相互保"）"直到关停没有盈利过一分钱"。

前些年出现的"网络互助计划"大多没有基于保险精算进行风险定价和费率厘定，没有科学合理提取责任准备金，在财务稳定性和赔偿给付能力方面缺乏保障。更何况，部分前置收费模式平台形成沉淀资金池，存在非法挪用和"跑路"的严重风险，却一度游离于金融监管之外，造成影响金融安全与社会稳定的隐患。

如前所述，"相互宝"的前身"相互保"曾公开使用"团体险"的名义进行宣传。但是，真正规范的、能够有效运作的团体险，不能不依托于真实社会的特定人群，在获客、核保、理赔等环节，往往也需要有关单位的协助（互助保险对此要求更高）。特定人群具有共同的生产生活关系，具有共同的风险特征，精算定价及核保便于处理，也有利于克服信息不对称和逆向选择等问题。如果四面八方的陌生人群任意"组团"购买"团体险"，譬如白领工作者和高空作业者、务农农民与农产品经销商，他们的行为特点和生产生活环境差之甚远，由此造成团体险的精算定价基础失效，后续的核保理赔也有无穷无尽的麻烦。

2015年1月，原中国保监会发布《关于促进团体保险健康发展有关问题的通知》规定，团体保险是指投保人为特定团体成员投保，"特定团体"是"不以购买保险为目的而组成的团体"。2023年6月国家金融监督管理总局发出《关于规范团体人身保险业务发展的通知（征求意见稿）》，进一步明确禁止"团险个卖"，即"不得为以购买保险为目的组织起来的团体承保团体人身保险"。

"相互宝"（"相互保"）的"爆火"与"熄火"，从一个侧面反映了中国保险需求，特别是下沉市场的巨大潜力，更在极大程度上唤起了全社会对于互助（也包括互助保险）的关注，同时，造成了极大的误解或曲解。须知，无论是商业保险公司推出的"团体险"，还是商业企业（包括电商平台）推出的"团购"，都是一种迅速提升流量、减少获客成本的商业模式。纵使其向客户让渡了一定利益，也不可能是以客户利益为主导的。至于某些互联网平台打着"互助计划"的名义，网民、客户只能被动接受，不具备任何主体地位，因此严格来说并非"互助"。其与真正意义上的互助保险（保险合作）、消费合作（供销合作）不是一回事，但确有相通之处，可以相互嫁接甚至相互转化。

在现有法律框架下，可以在"团体险"的基础上，积极引入互助合作因素（例如在团体内前置一道风险缓冲环节），有助于进一步简化手续、节约成本、克服信息不对称，从而降低保费。互助合作机制一定要依托真实有效的社会关系纽带，而保险机构嫁接互助合作机制，适当让利于投保团体，也有利于自身的风险控制。其在很多领域有广泛的应用前景，在农业农村领域更有特殊意义。

（四）农业保险的"协保机构""协保体系"

农业保险之难，不在于传说中的"农业风险大"。风险恰恰是保险存在的理由、发展的土壤。城市车多人杂，开汽车的车祸风险不比农村开拖拉机的风险小，保险公司还不是竞相争夺城市车险业务。真正的困难在于农业生产主体（特别是小农户）点多面广，单户保费收入很少。对于保险机构来说，保险赔偿金的压力还在其次，而从获客到查勘、理赔的人力需求、运营成本是难以承受的。

国务院2012年11月发布（2016年2月修订）的《农业保险条例》第二十一条规定："保险机构可以委托基层农业技术推广等机构协助办理农业保险业务。保险机构应当与被委托协助办理农业保险业务的机构签订书面合同，明确双方权利义务，约定费用支付，并对协助办理农业保险业务的机构进行业务指导。"——其中提到的"被委托协助办理农业保险业务",有时被简称为"协保"。

在很多地方基层都有农业保险的"协保员",大多是保险公司自行招聘和管理的。农业保险的业务都在村里,耕地范围广阔,投保农户和保险标的极其分散,保险机构没有那么多人手,考虑到前期宣传、展业,发生灾害之后查勘、定损和理赔的难度,就从乡村农业技术干部或者乡村行政干部里面,聘请了大量的熟悉当地情况的保险业务兼业代理人。根据对9家保险公司的统计,2018年这9家公司的"协保员"队伍已经达到37万多人。[①]

从金融监管角度严格来说,担任类似角色的应该是保险代理人、保险经纪人。但是按照《中华人民共和国保险法》,保险代理机构、保险经纪人应当取得相应的牌照(业务许可证),对有关人员还有学历等要求并须通过考试,这些资质在农村地区很难符合。于是就有了所谓"协保"。另外一个原因可能是为了规避,2013年8月原中国保监会曾发出《关于进一步加强农业保险业务监管规范农业保险市场秩序的紧急通知》,其中要求:"严禁从享受中央财政保费补贴的农业保险保费中提取手续费或佣金"。原中国保监会作此规定,当时是为了禁止某些垄断市场资源的行为,但是造成了禁止中介服务进入政策性农业保险市场的理解。这一条规定实际执行起来有困难,各家公司对于中介业务的手续费或者佣金,都在"变通"或者做"会计科目游戏"。政策性农业保险一直存在中介服务,应当支持正当合规的农险中介服务。[②]

广东省全面开展了"涉农保险基层协保体系建设"。广东省财政厅、广东省农业农村厅、广东省地方金融监管局、广东银保监局、广东省林业局2020年6月印发的《关于大力推动农业保险高质量发展的实施意见》,在"(十一)健全基层协保体系"中提出:按照"政府组建、多方出资、共享使用"的原则,加大村镇基层协保体系建设力度,完善农业保险基层服务网络。县(区)级农业农村和林业主管部门负责制定辖内协保机构及协保人员名录,由承保机构选择与协保机构合作,签订合作协议。1家协

[①] 庹国柱:《要严格规范农险中介的市场行为——再议发展农险中介服务》,载《中国保险报》2019年3月8日。

[②] 庹国柱:《农业保险需要发展中介服务》,载《中国保险报》2019年2月25日。

保机构可同时向多家保险机构提供协保服务。鼓励市县对当地协保机构给予适当经费补贴。农业保险承保机构要加强对协保人员的培训，合规支付协保费用。建立协保人员考核激励机制，对业务覆盖率高、服务意识强、协保工作开展效果好的协保机构和协保人员，可由保险机构给予奖励。

根据《广东省政策性涉农保险基层协保体系建设意见》，协保机构主要职责是：（一）协调乡镇相关涉农部门，完成政策性涉农保险工作任务；（二）组织开展本地政策性涉农保险宣传发动工作；（三）负责镇村协保人员的聘请、培训和管理工作；（四）接受保险机构委托，协助开展政策性涉农保险投保、理赔、定损、咨询等相关工作；（五）完成交办的其他政策性涉农保险工作任务。

广东省推动涉农保险基层协保体系建设的方向是对的，通过"政府组建、多方出资、共享使用"，可望从根本上解决商业保险公司无法深入广大农村基层的短板。不过，如果这个覆盖全省，贯通县、乡、村，统一的协保机构体系建成了并发挥了职责作用，那么保险公司是干什么的呢？离开了"协保"，保险公司在农村寸步难行，最重要的获客（投保）、理赔（查勘）、定损等环节都严重依赖协保机构。而有了统一的协保体系，可以随心挑选保险公司。在这个业务逻辑中，保险公司主要只起到资金通道的作用，本是最容易被取代，甚至被取消的。如果各级财政的巨额补贴直接赋予这个协保体系，其本身就足以独立运转，又何必借道保险公司呢。如果农村合作医疗、工会职工医疗互助都不需要取得金融牌照，为什么政策性农业保险必须要依托持牌金融机构呢？恐怕并不是这些金融机构在业务能力上有什么不可替代性，而是占据了政策话语权的优势，也提供了利益输送的可能空间。

至于协保机构的来源或选择范围，《农业保险条例》的规定是"基层农业技术推广等机构"。广东省财政厅、广东省农业农村厅、广东省林业局、国家金融监督管理总局广东监管局2023年11月印发的《广东省政策性农业保险实施方案（2024—2026年）》，在"十、协保体系"中明确："承保机构可依托农业技术推广服务中心、乡村振兴服务中心或公共服务中心、生产托管运营中心、农民合作社服务中心、村民委员会等机构协助办理农业保险业务。"——其中对协保机构的范围作了扩大化理解。

从公开资料来看，2024年4月，佛山市高明区农业农村局经公开遴选，确定佛山市高明区农业产业商会作为该区2024—2026年政策性农业保险协保机构。[①] 此前，高明区农业产业商会已经是该区政策性农村住房保险的协保机构。商会、行业协会等，本身就是互助合作机制的体现，有其组织优势和信息优势。农业产业商会成为协保机构，正是保险机构嫁接互助合作机制的一个生动写照。

此外，农业产业商会内，主要成员应属较大规模的农业经营主体，这在现阶段对于农业保险尽快扩面固然是一条捷径。如果植根基层的区域性合作经济（集体经济）联合组织已经有效运行，由其作为政策性农业保险协保机构，将更有利于兼顾普通农户的利益，或者干脆赋予其"互助保险"的资质，名正言顺地开展业务。

农业保险"协保体系"的最佳选择是依托合作经济组织体系（包括基层集体经济组织）。《农业保险条例》第十条也规定"农业保险可以由农民、农业生产经营组织自行投保，也可以由农业生产经营组织、村民委员会等单位组织农民投保"。——在现实中，基层农业技术推广等机构等受到传统事业单位体制机制的局限；村民委员会本身是法定的基层自治组织，不具备经济功能；一般企业更不具备组织网络优势和利益超脱地位。因此，"组织农民投保"的最恰当形式是合作经济组织及其联合体。如果仅仅为了政策性农业保险，单独搞个"协保体系"，组织和运行成本也不小。如果生产服务特别是基层农业技术推广等机构（职能）置于合作经济联合组织之辖内（或至少受其约束和影响），农技推广本身就有防灾救灾的内容，加之供销合作有利于掌握农户对外交易的数量、价格、收入等信息，与信用合作（包括保险合作）具有相得益彰的协同效应，这也是"三位一体"

---

① 高明区农业农村局：《关于公开遴选2024—2026年度政策性农业保险协保机构的公告》，见佛山市高明区政府网站：https：//www.gaoming.gov.cn/gzjg/zfgzbm/qnlyyj/tzgg_1106249/content/post_5947527.html，2024年4月16日；高明区农业农村局：《关于拟确定高明区2024—2026年度政策性农业保险协保机构的公示》，见佛山市高明区政府网站：https：//www.gaoming.gov.cn/gzjg/zfgzbm/qnlyyj/tzgg_1106249/content/post_5957914.html，2024年4月30日。

合作经济的重要理据。

（五）互助合作机制（组织）与保险机构的相互嫁接补充

本书前面讨论的农业保险"空转"变成"政策套利"，根源在于顶层设计上没有发挥基层互助合作的作用并与保险公司嫁接互补。前些年在一些地方和基层，有过一些互助保险组织的积极尝试，有的注册为合作社、互助社，有的采取协会的名义。其中个别获得了金融牌照，成为持牌保险机构（保险互助社、相互保险公司）；大多数并没有，也不可能获得金融牌照，事实上处于某种"灰色地带"。这些宝贵探索的经验得失，值得认真总结。

基层互助合作组织，如果涉足保险（或"类保险"）互助业务，如同开展资金互助业务一样，都要涉及资金流、资金池。在缺乏金融牌照的情况下，必然面对合法合规性的顾虑；即使基层互助有了金融牌照，简单向大型商业金融机构"看齐"的方式去监管，也会扼杀其灵活性和生命力。

基层互助合作组织的优势在于贴近农户，具有利益上的一致性，通过互保、相互监督有效降低农业保险中的道德风险和逆向选择，其劣势在于规模太大则信息失灵，规模太小则难以分散风险。国外的成功经验都是通过多层次联合组织，来解决这个规模"大"与"小"的矛盾。在我国，目前基层互助合作的基础还很薄弱，如想在此基础上，发展出可与发达国家比肩的、具备金融功能的、大规模综合性合作经济组织体系，不仅政策博弈难度很大、时间周期很长，而且面临着原有市场空间包括金融市场空间的挤压和调整。

为了避免重复建设，减少改革阻力，同时节约组织成本、增强协同效应，在很多情况下，保险互助社不必单独成立，而是可以依托现有的合作社，特别是依托"三位一体"合作经济联合组织。这时候的保险合作也不必是持牌的金融"机构"，而是一种互助合作"机制"。

某些地方正在建设大规模多层次的农业保险"协保机构"和"协保体系"，这样的"协保体系"如果内嵌于"三位一体"合作经济联合组织，然后以联合组织作为"特定团体"与正规保险机构的"团体险"对接，就可以收到立竿见影的效果。

目前市场上的"团体险"业务仍然是商业保险机构主导的，但如果合作经济组织的业务流量和整合力度足够大，完全可以"反客为主"（从客户变成主人），大力发展以农民为主体的"互助计划"（甚至可以说是把商业保险机构变成自己的"协保机构"）。"互助计划"的真正发起方、运营方，是合作经济联合组织（也可通过规范的第三方平台去负责日常运营）。受到严格金融监管的持牌保险机构可以类似账户管理型业务的模式承接互助资金管理（视情可以列为表外业务）。这样既可以发挥互助合作的优势，又保障资金安全，还不需要另外取得牌照，照顾了保险机构原有的利益空间，更消除金融监管上的顾虑。

"三位一体"服务"三农"
"Trinity Cooperation System" as Solution to "Three Rural Issues"

新型合作经济与普惠金融
New-type Cooperative Economy and Inclusive Finance

第八章
从"两山银行"到"两山合作社":普惠金融落地生根

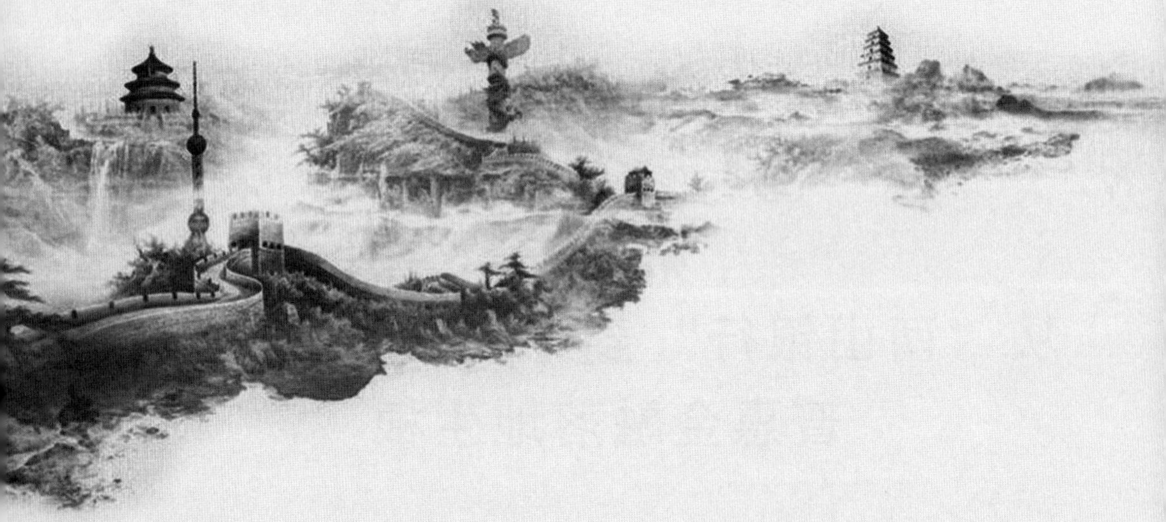

一、生态资源价值转化：资源整合先行

习近平总书记在浙江主政时期提出"绿水青山就是金山银山"，2016年3月在参加全国人大黑龙江代表团审议时又指出，"冰天雪地也是金山银山"①。"两山"理念是生态文明建设的主线。

生态文明是什么？笔者的理解：生态本身不是文明，在人类文明出现之前就有生态，生态变化（包括恶化）恰恰多是由于人类活动的影响。文明是什么？古今中外最基本的底线是不偷、不抢、买东西要付钱。那么合乎逻辑的结论：生态文明首先是、必须是，享用了生态要付费，尤其是享用了别人牺牲发展所保护的生态更要付费，否则就不那么"文明"。这个付费机制，从另一方面来看，也属于生态资源的价值转化机制。

从"绿水青山"到"金山银山"，本质上属于生态资源、生态产品的价值实现范畴。"金山银山"不是自动从天上掉下来的，需要有一个转化机制。"绿水青山"靠吸引游客，固然可以产生一些收入。这是生态资源价值实现的重要方式，但不是唯一方式，也不具备普遍意义。大部分乡野地区缺乏发展旅游业的条件，旅游业的总量也是有限的，旅游业的发展对于生态环境难免有程度不同的不利影响。一方面，一味牺牲生态环境换取一时一地经济增长，固不足取；另一方面，以生态环境为由，长期片面牺牲一部分地区的经济增长机会，也不公平。"绿水青山"所在的地区，以及这些地区的人民，客观上为发达地区、为工商业和城市文明、为其创造"金山银山"，承担了生态环境的成本，但一直难有合理的回报。这种经济学上的溢出效应，如果纳入经济核算与付费补偿机制，可望为"绿水青山"带来持续不断的财源，有效平衡生态保护与经济发展间的关系。

国际上可资借鉴的生态银行模式，有森林银行（碳汇交易）、土壤银

---

① 《习近平参加黑龙江代表团审议：冰天雪地也是金山银山》，见新华网：http://www.xinhuanet.com/politics/2016-03/07/c_128779874_5.htm，2016年3月7日。

行（土地保护性储备计划）、水银行（水权交易）、湿地缓解银行等。例如德国生态账户制度，以法律和规划为基础。该国企业或其他组织和个人必须通过出资购买生态指标或自行运营生态账户的形式支付生产经营活动引致的生态成本，这就推动了生态指标交易市场的创立。第三方机构等社会资本可因经营生态账户、出售生态指标而获益，排污方则通过指标的有偿交易承担生态损害补偿、赔偿的主体责任，政府则发挥监管职能。

推动生态资源权益交易，例如绿化增量、清水增量、森林覆盖率、碳排放权、排污权、用能权、水权等有关的指标或权益凭证，都可以创设成为交易工具。这些交易工具最好通过法律或者地方性法规来创设，才有足够的公信力。交易工具的标准化，流动性增强，就越发具有金融属性。进一步发展交易平台，则需要一定的地域跨度和覆盖面，才能保证市场的吞吐量、活跃度和流动性。因此，在市、县、乡、村的层面尚难完整操作，需要由省级乃至全国层面来推动。

这种生态补偿机制，类似城乡建设用地增减挂钩和耕地占补平衡，应尽可能通过市场化配置，减少行政干预。国务院办公厅 2021 年 12 月印发的《要素市场化配置综合改革试点总体方案》提出"允许符合条件的地区探索城乡建设用地增减挂钩节余指标跨省域调剂使用机制"。这个大方向是正确的。我们不能总在一些边边角角上引入模拟的市场机制。城乡建设土地的指标，整体上都应该市场化配置。至于指标的初始分配，应该按照最简单透明公开公平的方式进行，如按照各省市户籍人口（或常住人口）、区域面积等客观数据比例进行分配，以免人为暗箱操作。然后形成指标交易市场，需要钱的、需要指标的各自入市交易，可望达到资源优化配置。这个道理推而广之，对于各类生态资源权益交易都是适用的。

但是，生态资源权益交易，是以生态资源价值转化为前提，而这一过程的基础是权益主体的确立。否则不仅交易机制，交易平台都是空中楼阁。一定要勉强制造"交易"，交易的对价也很难合理回报给真正作出贡献的地方和人群。困难经常在于各地、各方面的生态资源及其依附的土地，要么是高度分散的，要么还是混沌未开，在权益归属上经常是不明晰的，不仅存在"确权"问题，权益主体的构造更需要有"化整为零""化零为整"

的过程。资源整合方能便于价值转化，这是各种生态资源价值转化机制设计与运营的先决条件。

鉴于土地是最重要的自然资源（对于农业更是如此），其他各种资源性资产大多附着于土地，生态环境亦概莫能外。不仅山水林田花草长在地上，鸟兽虫鱼栖息于此，人们所能观赏的景观、呼吸的空气也都与身处的地理位置相联系。所以，只要土地问题有了合理安排，生态资源价值转化的其他问题大多可以迎刃而解。

二、重塑"两山银行"载体：兼容集体产权，构造合作经济组织体系

前些年，"两山"生态资源价值转化的改革创新，一个重要的热点聚焦于"两山银行"（也称"生态银行"）。地方政府推动生态产品价值实现、促成绿水青山与金山银山之间相互转化的公共服务平台（生态资源经营管理有限公司或类似平台），被称为"两山银行"或"生态银行"。其有意借鉴银行"存取"特别是"零存整取"的概念，通过平台将生态资源进行"分散化输入、集中化输出"，试图通过规模化收储、专业化整合、市场化运作，实现资源变资产、资产变资本，并在实践中扩大适用到各类资源和资产权益。从另一个角度，也属于农村产权交易平台建设。

2020年4月，作为"两山"理念的始源地，浙江安吉发布《"两山银行"试点实施方案》，以县域内国有企业——城投集团为主体，组建县乡两级"两山银行"，并提出将全面摸清山、水、林、田、湖、草等生态资源以及农村宅基地、农房、古村、古镇、老街等闲散资源"家底"，统一纳入"两山银行"，选择合适标的推向市场，实现生态资源向资产、资本的高水平转化。2020年9月，浙江常山宣布成立"两山银行"，集中收储村里的闲置低效资产，提供给乡贤开办的整村旅游开发公司，村集体和农户可选择出租获取租金或合作经营分红两种方式参与，旨在破解生态资源资产管理和转化过程中的四大困惑——低效闲置、支农无奈、增收乏力、

招商落地难。

  黑龙江则是全国首个省级层面提出建设"生态银行"。2021年6月，黑龙江省政府办公厅印发了《"兴安岭生态银行"建设行动方案》。浙江、福建等地的"两山银行"（"生态银行"）大都还局限在县、市层面，但生态产品价值实现需要有人"买单"，市场运行需要流动性，因此地域范围和平台容量小了肯定不行，需要省级乃至更高层面来推动。

  这些努力取得了初步成效，代表了全社会特别是来自基层的普惠金融期待，也是对于现行正规金融体制弊端的一种反馈。现行金融体制不能适应区域、城乡均衡发展的需要，但并不是新设一个地方平台，或者增挂一个"两山银行"招牌就轻易可以解决的。

  一些地方搞了个项目信息库，有的金融机构发放了几笔农业、林业相关贷款，也牵强附会为"两山银行"（或"生态银行"）。很多地方成立的"两山银行"平台公司之所谓"存入"各类资源，大都限于信息登记发布，是"存"信息而非存"权益"。这个做法聊胜于无，可替代性很强。如果由这些平台公司进行真正意义上的收储（包括租赁），特别是在收储之后长期闲置，必然涉及较大的资金占用压力。而在已有明确项目意向、投资来源（也就是商机明显）的时候进行收储，容易被哄抬价格或者造成高昂的谈判成本。至于由平台公司为企业和农户提供担保增信，非其所长，因其和商业银行一样不容易掌握基层信用，类似的担保公司并无新意。如果强其所难去"担保"，很快就会出现不堪重负的情况，还很容易被监管和审计部门认定为"地方隐性债务"。农村资源资产和供求关系的整合，农村信用的发现与增进，更多需要借助农民互助联合的力量。

  2022年1月，原中国银保监会发出风险提示，援引《中华人民共和国商业银行法》，对使用"两山银行""生态银行"等名称命名相关生态资源经营发展平台，要求整改纠正。[①] 这样一来，"两山银行"的探索，更遇到了尴尬。

  鉴于"两山银行"在各省试点遇到一些深层问题（包括国家金融监管

[①] 《关于不规范使用"银行"字样的风险提示》，见原中国银行保险监督管理委员会网站：http://www.cbirc.gov.cn/cn/view/pages/ItemDetail.html? docId = 1035353&itemId = 915&generaltype = 0，2022年1月27日。

部门明确不允许称之为"银行"），2022年初，中国信合联盟专家组曾应邀向浙江省委领导提供咨询意见，并书面报送《关于统筹推进"两山""三位一体"改革创新、促进共同富裕的思考和建议》，内含"两山合作社"的基本构想。其要旨在于深入理解和贯彻合作经济原理，巧妙化解"两山银行"的试点困境，引导"两山银行"植根合作经济组织、更名规范，从而形成了"两山合作社"全面嫁接生产、供销、信用"三位一体"新型合作经济的整体方案。以上部分方案内容曾发表于《北大金融评论》2022年第3期。① 此后浙江常山、安吉等县市停止使用"两山银行"的名义，改以"两山合作社"的名义，陆续进行了一些有益的探索。

2023年6月，浙江省发展改革委、省自然资源厅、省农业农村厅、省地方金融监管局、人行杭州中心支行、中国银保监会浙江监管局等六部门联合印发了《关于两山合作社建设运营的指导意见》。这个《指导意见》不无亮点，正式采用了"两山合作社"的提法，又称："县级两山合作社由县级人民政府授权的国有企业依法牵头成立，也可利用现有国资企业承接两山合作社职能，适时探索引入社会资本形成混合所有制、股份合作制企业"。需要指出，合作社至少在形式上是需要"社员"的，不是国企可以包办替代的。如果合作经济组织及其体系未能牢固确立，所谓"引入社会资本""混合所有制"云云，只会更加离题万里。如此重大的改革创新，一定要扣好第一粒扣子。

这也不足为怪，上述《指导意见》的牵头起草部门（发展改革委）历来并不关注合作经济领域，自然资源主管部门也是如此。农业农村部门的主管范围虽涉及农民专业合作社、村集体经济组织（村经济合作社），应具备一些背景知识，但其长期在职能上受限，思维也受限。至于地方金融监管部门、人民银行等国家金融监管部门，对于信用合作的重视尚属有限，对于合作经济的更广泛应用更不曾涉及。一项事业有个完整的逻辑结构，但是推动起来时，如果各职能部门、各方面各取所需，就难免乱套了。前

---

① 陈林：《从"两山银行"到"两山合作社"：乡村振兴的金融实践》，载《北大金融评论》，2022年第3期。

"三位一体"服务"三农"
新型合作经济与普惠金融

些年,浙江瑞安"三位一体"合作经济试点成功后,在全省推广过程中就出现了这样的问题。

各地基层的一些做法、提法,生动鲜活,多有值得肯定的成分,至少反映了真实的问题和需求。但是往往不够专业严谨,在核心逻辑和运行机制上有待深入梳理,在法理上需要规范,方能有助于推广"两山"改革创新的经验。

农村土地归集体所有,集体经济合作社是法律上的所有权主体,作为集体成员的农户享有土地承包权,还进一步分离出经营权。对于未承包的土地和其他资源,集体经济合作社负有不可替代的管理权责。我国农村集体经济的由来,本是20世纪50年代合作化运动中农民"存入"(加入)的结果。因此,生态资源的保护和开发,权益的确认与流转,首先不能越过集体经济合作社。

发展新型集体经济,唯有回归合作经济的本源,而且不能囿于"村集体"层面。因此,可由若干村集体经济合作社作为核心成员发起组建乡镇(乃至更高层面)联合社(合作协会、联盟),同时吸收辖区内农民专业合作社、家庭农场等。为了平衡各种权利义务关系,可以实行成员分级分类。传统集体所有制因素留在村级内部,联合社应按照合作经济主导原则进行规范,同时吸收部分股份制因素(如设定投资回报上限的优先股。至于合作社、联合社参股的公司,则是完全意义上的股份制)。

此中奥妙在于,入社、入股行为,本身就伴随着资源、资产(也可包括资金)的集中与整合,还进一步涉及分散需求的集中与整合。因此,植根基层的合作社及其联合社(合作协会、联盟),才是天然的"两山银行"载体,亦可称为"两山合作社"。合作制有利于分散资源的整合、分散需求的集中,又保持成员的相对自主,比公司制(股份制)更平等、更灵活。又何必舍近求远、舍本逐末呢。

以上讨论主要基于农村土地集体所有制的现行法律框架。其实,即便是在国有土地之上,类似逻辑同样是成立的。国有土地的实际使用权是分散持有的,由此附着的生态资源权益也分属不同的权益主体,同样涉及资源整合问题。国有土地之上生态资源资产的进一步经营开发,同样有必要通过类似合作经济的方式进行整合。合作经济的成功应用领域远不限于农业、农村、农民。

组建自下而上的合作经济组织体系，以资源资产入社、入股（以及采取租赁、信托等方式进行集中），换个角度也可理解为"收储"，不涉及资金压力，平时可以稳步推进，暂时没有商机或者收益也不影响。平台公司（当地政府推荐的国企或其他机构）则可以作为托管方，轻资产运行，受合作社或联合社理事会的委托，承担专业化、职业化的管理和服务功能。类似于物业公司与小区业主的关系，托管平台不能混同于"两山合作社"本身。这样的底层逻辑和法律构造更为清晰可靠，责权利关系更为合理对称，既有助于保障农民的主体地位，又顾及农民素质能力的现实条件。原"两山银行"平台公司（生态资源经营管理公司或类似公司），亦可称为"合作经济管理服务公司"。

2023年6月，浙江省发展改革委等六部门联合印发的《关于两山合作社建设运营的指导意见》，在底层逻辑上尚需清晰界定。这个《指导意见》提出"条件成熟的地区，可先行探索整合本区域内国有企业生态资源资产经营开发业务，由两山合作社统一经营"。其实，通过合作经济组织体系（两山合作社）先行整合本区域内生态资源资产（不止于此），既可自行经营开发，也可委托国有企业（或其他专业机构）进行经营开发。须知在农村土地集体所有制框架下，农村资源资产的真正主人，主要是农民及其合作社（包括集体经济合作社），即使是政府或者国企，也不能取代这样的法律地位。

这个《指导意见》又称"在明确职能与分工的前提下，可成立市级和乡镇级两山合作社，构建市、县、乡三级两山合作社合作运营体系"。不过，只有在合作经济组织层层向上参股的情况下，才可能有所谓"三级合作社"。如果离开了合作经济的成员基础和组织体系，实行所谓"国资企业承接两山合作社职能"，这些国企都是平等的市场竞争主体，与国企本身的隶属关系或"级别"无关。央企、省市县国企都可能进入某乡、某村的相关服务领域。

三、从资源资产整合到资金整合:"有名无实"与"有实无名"的"银行"

农村资源、资产普遍缺乏标准化、流动性,无论采取何种方式去整合,费力甚巨,收效相对缓慢而有限。而资金整合,有很大的优势和潜力。"两山银行"之所以冠以"银行"之名,其实隐含着基层干部群众模糊的金融诉求以及对于现有银行体制的不太满意。

金融是个敏感领域,银行更是受到严格的牌照管理,向不特定社会公众吸收存款是银行的专属金融业务。不仅获批一个银行牌照非常难,民间借贷也受到较多的法律限制。

例如借款行为,如采取向社会公开宣传的方式或者借款对象超过一定数量,哪怕是用于正常生产经营的,也很容易触犯"非法吸收公众存款罪"[①]。

至于放贷行为,很长时期并没有"非法放贷"的认定标准,一般不认为要纳入刑事法律调整,但是 2019 年以后"非法放贷"也可入罪:未经监管部门批准或者超越经营范围,以营利为目的,经常性地向社会不特定对象发放贷款,扰乱金融市场秩序,情节严重的,以"非法经营罪"定罪处罚。[②]

即使对于合法的民间借贷,超过一年期贷款市场报价利率(LPR)四倍以上部分的利息,现已不受法律保护(这个规定存在争议)。持牌金融机构开展贷款业务的利息,反倒不受这个限制(这也引起不少诟病)。

在实行股份制的情况下,按照公司法,有限责任公司股东不超过 50 个,股份有限公司发起人不超过 200 个。一旦公司股东超过 200 个,即成为"公众公司",需要核准和监管,往往还需要高价聘请专业机构当财务

---

① 参见《最高人民法院关于审理非法集资刑事案件具体应用法律若干问题的解释》(2022 年最新修改发布,法释〔2022〕5 号)。

② 最高人民法院、最高人民检察院、公安部、司法部《关于办理非法放贷刑事案件若干问题的意见》,自 2019 年 10 月 21 日施行。其中"经常性地向社会不特定对象发放贷款",是指 2 年内向不特定多人(包括单位和个人)以借款或其他名义出借资金 10 次以上。

顾问。公众公司包括上市的和非上市的,所谓上市,是指在上交所及深交所主板及创业板挂牌的,除此以外的都称为"非上市",包括新三板挂牌的也是"非上市"。

根据《中华人民共和国证券法》第九条:"公开发行证券,必须符合法律、行政法规规定的条件,并依法报经国务院证券监督管理机构或者国务院授权的部门注册。未经依法注册,任何单位和个人不得公开发行证券。……有下列情形之一的,为公开发行:(一)向不特定对象发行证券;(二)向特定对象发行证券累计超过二百人,……"又根据《非上市公众公司监督管理办法》第二条:"本办法所称非上市公众公司(以下简称公众公司)是指有下列情形之一且其股票未在证券交易所上市交易的股份有限公司:(一)股票向特定对象发行或者转让导致股东累计超过二百人;(二)股票公开转让。"上述《管理办法》还规定,该转让需要证监会核准,也就是俗称的新三板挂牌。实务中有些公司既没上市又没有在新三板挂牌,股东累计超过200人,这种情况是有法律风险的。

可见200人这是一个"大限"。未经批准,向社会不特定对象发行、以转让股权等方式变相发行股票(债券),或者向特定对象发行、变相发行股票(债券)累计超过200人的,则可能构成"擅自发行股票、公司、企业债券罪"。

这样一来,随便一个村,如果搞人人或户户持股,仅从操作上看就很容易突破股东人数限制,这对于农民和基层干部来说,实在过于复杂,管理成本过高(如果通过股权代持方式规避人数限制,则有相当大的风险隐患,可能引起无穷无尽的纠纷)。

而在合作制下,合作社法没有成员人数限制。公司股东原则上不能退股,而合作社成员退社、退股则是允许的(由此可以发展出一种类似资金"存取"的机制)。农民尽可能先组成合作社,再根据需要与外部资本合股,有实力的合作社可以根据需要自设公司。

中国宪法中有合作经济(包括信用合作)的条文,中央的多个政策文件都允许以至鼓励"有条件的合作社"开展信用合作,迄今为止在具体法律上并无专门规定(也没有禁止)。通过合作经济,特别是信用合作,可以实现"有实无名"的"银行"功能，有相当大的政策和法律空间。目前的"两山银行"，则是"有名无实"的，还没有真正涉足金融领域，却已经引起金融监管部门的顾虑。

"两山银行"或"生态银行"作为新生事物，被广为接受，需要一个过程，没必要与现行监管规定过多纠缠。为了规范称谓，避免监管风险，可以把"两山银行"改称为"××联合社（合作协会、联盟）两山银行部"（或"生态银行部"），相当于一个合法注册的经济实体之内设部门。这样金融监管部门无话可说。类似的例子，如证券公司普遍内设"投资银行部"，一些没有金融牌照的投资类、咨询类公司，也内设"投资银行部"，都有"银行"字样，长期以来并不涉及违法违规的问题，没看到金融监管部门有什么表示。

"××联合社（合作协会、联盟）两山银行部"，又可简称"两山合作社"，当然严格来说，"两山合作社"只是一个比喻或别称。

四、超越股权、债权：重视引入"非营业信托"

（一）非营业信托 vs. 营业信托

一般人说到金融，多等同于银行，其实还有证券、保险、信托等。银行除了商业银行，国外还有很多成功的合作银行；在"正规金融"之外，"非正规金融"也有土壤。银行、证券、保险、营业信托都是严格实行金融牌照管理的行业，且不属于地方事权。这就让很多人"不明觉厉"。

进一步地，涉及金融工具，一般人的理解无非是股权（乃至更加标准化的股票）、债权（乃至更加标准化的债券）；租赁关系（如土地租赁）本质上也属于债权范畴。很长一个时期以来，关于生态资源价值转化、土地流转和集中，都在"入股"或者"出租"两种方式中打转，受到很大的局限。这就有必要超越市场上流行的股权、债权思维，引入信托关系特别是"非营业信托"。信托业务集"融资"与"融物"于一体，可以是资金形态，也可以是实物形态，这是信托的独特优势。

信托又分为"营业信托"和"非营业信托"。营业信托是受托人（如信托公司）以营利为目的而承办的业务，也称商事信托。具体有两种方式：（1）受托人不分享信托资财本身的利益以及信托资财所孳生的利益，仅通过收取手续费的方式营利。特约信托业务多属于这种情况。（2）受托人不分享信托资财本身利益，但分享信托资财所孳生的利益。普通信托业务多属于这种情况。

营业信托涉及金融牌照，需要经过国家金融监管部门审批，受到严格监管，全国只有几十家信托公司（且不得设立分支机构），算是"高大上"的金融机构，因此监管和运行成本很高。我国在引入信托制度后，大多运用于商事领域即"营业信托"，投资者所熟知的"资管计划""公募基金""私募基金"也是基于信托原理，受托人是证券公司、基金管理公司等。

非营业信托是指受托人不以营利为目的而承办的信托业务。此种情况下，受托人不收取报酬（但可能涉及一些必要的成本费用需要委托人自行承担）。通常包括民事信托和公益信托（慈善信托）。非营业信托的受托人范围非常广泛，远不限于金融监管部门审批设立的信托公司，不涉及金融牌照管理，有相当广阔的应用前景，无论地方政府、合作经济组织，还是社会各方面都有切入点。

信托机构是指从事信托业务，充当受托人的法人机构。在国内，信托机构多指经监管部门审批成立、具有金融牌照的信托公司。这是人们长期习惯于把营业信托等同于信托的全部。其实，从信托在西方的起源来看，最初多是民事信托、公益信托。这些"非营业信托"至今普遍存在，而商事信托（"营业信托"）的发展是后起的。笔者进一步认为，信托机构嫁接互助合作机制，这里的信托机构未必需要持有金融牌照的信托公司。按照《中华人民共和国信托法》及有关法规，非营业信托并不涉及金融牌照，可以由其他合适的机构担任受托人。这样就有更大的发展空间。

（二）合作经济组织作为受托人

农村合作经济组织具备植根当地的深厚社会基础，有其特殊优势。

合作经济组织（最好是具有公共职能的区域性综合合作社或其联合社）具备法人地位和健全的治理结构，即可充当土地信托或自然资源、生态环境信托的受托人。为了管理方便和隔离风险，可依托合作社设立信托中心（作为内设部门或附属实体）。这种信托业务当然优先面向本社成员，但也可接受非本社成员的信托。委托给合作社的信托财产，与成员出资无关，并不属于合作社的固有财产。上述信托业务，不以营利为目的（但可适当收取成本费用），因而不属于"营业信托"，不涉及金融牌照审批。

具体模式可以有两种：一种有了现成的产业化项目，通过土地信托，集中土地；还有一种暂时没有合适项目，可以先进行收储。鉴于土地流转和集中，工作量较大，时间上会有一个周期，往往等到项目来了，土地跟不上，因此平时的收储工作可以稳步推进。

日本农地经营也是主要以农户为基本单位、呈现经营分散化特点。为有效利用土地资源，在不改变农地用途的前提下，农户将农地所有权以信托方式转移给受托人，受托人为受益人的利益管理运用信托财产，便形成了农地信托。日本农地信托功能亦主要着眼于两个层面：一是作为土地集约之手段，将土地归集后流转给规模经营者。二是凸显融资功能，为农户以及农业规模经营者提供融资渠道和优惠措施。

1962年日本相继修订《农地法》和《农协法》，确立农地信托作为农地流转新形式的法律地位，正式赋予农业协同组合（"农协"）作为农地信托受托人的法定地位。1993年日本制定《农地经营基础强化促进法》，创立认定农业者制度，赋予农地保有合理化法人正式的农地信托受托人法定地位，农地信托制度得以进一步充实。2013年日本出台《农地中间管理机构法》，通过设置"农地中间管理权"，使得农地中间管理机构作为中介在供求双方之间发挥资源配置功能成为可能。在时间上，"中间管理机构"可以先收储土地，寻找到合适的承租人后进行流转；在空间上，便于进行更大规模的流转；在交易对象上，借用机构的信用和制度优势，可以向更多的潜在对象进行流转，并且，在转出拥有"中间管理权"的土地时，不再需要土地所有权人的同意。这种中介机制有利于提高流转的灵活性，降低土地出让方和受让方的交易成本。①

由此可见，日本农地信托制度建立之初，就是以农协（合作社）作为受托人，后来受托人范围有所扩大，但农协仍然是最基础的受托人。农地中间管理机构（也称为"农地银行"）同样基于信托原理。为确保农户信托利益，日本在法律层面上明确农地信托的受益人只能是农户或其一般继承人，农户不仅享有监督受托人行为的权利，可以行使撤销权等，也可以直接请求受托人承担责任。

农协为消除信息不对称问题，设立了专门窗口收集农地流转信息，对外发布，接受成员委托帮助找地或者寻找租户。为了降低制度成本，农协提供一站式服务，为高龄农户提供农地流转中出现的变更出资、存款、贷款、销售、继承以及纳税等咨询服务，促进农地向中青年成员流转。为解决租赁双方因为诚信问题发生租金难以收取、满租期后难以回收农地等问题，农协参与组建了农地流转促进机构，作为中介组织直接参与农地租赁各个环节，即作为承租方从租户手中承租农地，负责连片、平整，又作为租方将修整好的农地租给承租方，合同到期后，从承租人手中收回农地恢复原状后归还给租户。②

（三）生态银行的信托方式

从国外看，所谓的"生态银行"或类似组织、项目，很多基于信托法，并非真的按照银行来运行的，更不是按照银行来监管的，否则其运行和监管成本都是难以承受的。在国内一些地方的"两山银行"或"生态银行"探索中，更遇到不少确权问题的障碍。这涉及法律适用。很多生态资源价值转换、流转和抵押都卡在"确权"上。按照原《中华人民共和国物权法》的习惯思维去确权是困难的，也不是地方权限所能解决的。不妨避开终极的、绝对的所有权困扰，只要有能够确认、保障的受益权，就可以资产化、

---

① 刘启明、李晓晖：《关于如何完善土地流转的制度探讨——基于日本农地中间管理制度的分析与启示》，载《中国农业大学学报》（社会科学版），2018年第2期。

② 倪镜、曹斌、郭芸芸：《日本综合农协治理与粮食安全保障》，载《中国合作经济评论》，2020年第1期。

份额化，这是信托法的思维方式。这恰恰是地方上可以有所作为的空间所在。

美国的生态环境保护很多是通过土地信托（Land Trust），获得或协助获得土地和/或保护地役权（conservation easement），或对这些土地和/或保护地役权进行管理的方式来进行生态环境保护。保护地役权源自1891年《统一保护地役权法案》，乃是基于生态环境保护、资源合理利用等公益目的，有政府、公益组织（保护地役权人）等主体与土地权利人（供役权人）签订协议，取得保护地役权，永久性地限制土地上的一些权利，供役地人负责履行保障实现保护自然资源和生态环境、开放空间等义务，持有保护地役权的主体支付一定的费用，供役地人收取费用的同时还享受税收上的优惠等政策。美国已有超过1700个地区性土地信托组织，并有20多个全国性土地信托组织。根据美国土地信托联盟（Land Trust Alliance）的统计，接受土地信托组织保护的土地面积已达4700万英亩，相当于美国本土国家公园面积总和的2倍。

英国国民信托组织（The National Trust），集合了几百万会员及数万志愿者的力量，成功守护超过60万英亩的土地、215栋历史建筑、130处庭园、31处自然保护区，是英国最大的私人地主，其中包括著名的世界遗产巨石阵。

在澳大利亚，新南威尔士州（NSW）着手建立"生物多样性银行（生态银行）制度"，强化"生态信用"概念，委托"生物多样性保护信托"（BCT，简称保护信托或生态信托）进行管理，搭建起了生态信用购买方（开发商）与生产方（地主）在生态保护领域的经济连接。

日本的国民信托运动引自英国的经验，至今已有48个信托组织加入从事自然环境及人文史迹等文化资产保存运动。1992年时更成立日本国民信托协会，进一步推广。如在日本九州的阿苏地区，为实现环境保护及振兴地方的统筹发展，当地产生"绿色资产（green stock）"的构想，除了在地的175个村落有入会权外，还扩大入会权，开放让更多人参与，开启新形态的农林地信托运动，婉拒了外资土地收购提案，而是与都市市民合作，开发自营度假农村。

在中国，类似的雏形有2014年万向信托在自然资源信托化领域首创的水基金信托模式。万向信托 2015 年与美国大自然保护协会、阿里巴巴公益基金会合作，将该模式落地在杭州市黄湖镇青山村龙坞水库保护项目中，开启了"浙江小水源地保护计划"，后来升级并推广至中大尺度流域，并在淳安县及建德市千岛湖流域保护项目中实施。该信托模式借助金融手段集结多方力量和资源共同作用于水环境治理事业。通过汇集社会资本、归集保护地周边土地/林地进入信托财产，以"财产权+信托"模式成立，一方面引入 NGO、科研院所作为科学顾问，对流转土地/林地进行科学管护，以控制农民农作行为，达到保护水源地的目的；另一方面由社会资本给予农民不低于其往年农作收入的分红作为补偿，并发展环境友好型产业，形成一种以公益慈善为目的、以环保经济协调发展为基础、以环保慈善项目可持续自运营为核心的创新法律架构和资金机制。此外，农业产业链下游企业和消费者也积极参与到后期商业运营中，例如，企业进行生态旅游开发和高附加值农林产品的研发生产、消费者参与当地生态旅游和农林产品购买，在实现自然保护这一公益目的的同时也为投资者带来合理收益，支撑了运营系统的良性运转。

水基金运用信托工具构建有效的资金反哺机制，在达到大尺度流域水源地保护效果的同时，改善当地农民收入结构，初步形成可持续环境保护和经济发展的协调平衡机制。通过整合农业产业链相关企业，在有效实现保护饮用水水源地及周边林地环境的同时，构建有效的资金流转体系，将金融、环保、公益、扶贫、教育、"三农"等国家重点关注问题融合起来，打造开放式平台，形成多方合作、共同发展的全新形式。①

五、地份制：大规模资源资产化构想

（一）农田建设投融资困境：利益主体错位，回报机制欠缺

经国务院同意，农业农村部印发《全国高标准农田建设规划（2021—

---

① 胡萍：《信托公司：搭建水基金呵护山青水绿》，载《金融时报》2022 年 10 月 24 日。

2030年)》，提出到 2025 年在全国建成高标准农田 10.75 亿亩，并改造提升现有高标准农田 1.05 亿亩；到 2030 年建成高标准农田 12 亿亩，并改造提升现有高标准农田 2.8 亿亩。《规划》还明确指出，全国高标准农田建设亩均投资一般应逐步达到 3000 元左右。

高标准农田建设需要雄厚的资金投入作为保障。国务院办公厅 2019 年印发的《关于切实加强高标准农田建设提升国家粮食安全保障能力的意见》提出，要加强财政投入保障，建立健全农田建设投入稳定增长机制。

在我国，目前各地亩均建设成本一般需要 3000 元，丘陵山区一般超过 5000 元，虽然中央财政在较为紧张情况下仍不断加大投入，2022 年总投入达到千亿元规模，但亩均投入也仅有千元左右，加上地方政府投入，往往也难以实现建设成本全覆盖。①

受各地财力限制，全国大部分地区高标准农田亩均财政投入水平与实际投资需求相比还有一定差距。近年来，各地多渠道筹集资金，积极探索农田建设融资的新途径。如江苏、浙江、江西、四川等省通过发行专项债、新增耕地指标调剂收益等方式，有效增加了高标准农田建设投入。全国已有近 1/3 省亩均投入达到 2000 元。②

但后续仍存在较大的资金缺口。很多地方领导的习惯思维是"缺钱找银行"。而一些银行人士对于"高标准农田建设"这块市场充满了想象，但并没有超出传统的信贷思维模式。如果缺乏切实可靠的项目现金流为基础，也缺乏产权明晰的微观经济主体为依托，简单实行地方政府（或其融资平台）"统贷统还"，不但超出了很多地方的融资、担保能力，也很容易被监管、审计部门视为"增加地方隐性债务"进行问责。通过银行信贷来弥补高标准农田建设的资金缺口，尚需要落实还款来源，还款期限也短，并非根本之策。

高标准农田建设，可望实现农业增产增收，但受益周期漫长，按年度、

---

① 《建好高标准农田 夯实粮食安全根基——农业农村部农田建设管理司有关负责人就高标准农田建设有关情况答记者问》，载《农民日报》2023 年 4 月 11 日。
② 《对十三届全国人大五次会议第 6506 号建议的答复》，见农业农村部网站：http://www.moa.gov.cn/govpublic/ntjsgls/202208/t20220823_6407608.htm，2022 年 8 月 16 日。

按单位面积计算，又实属有限。理论上务农农民（土地之上的直接农业经营主体）是受益的，但是农村集体土地承包制下小块土地上的农民，主动作为的激励动机不足（在承包权与经营权分置的情况下更涉及利益纠缠）。零碎地块通过土地流转实现集中连片后，才便于开展土地整治和高标准农田建设，这涉及艰巨复杂的基层群众工作、高昂的组织成本（从某种意义上，比资金投入的难度更大）。从而造成了各级政府和银行"一头热"，很多施工单位等活"干着急"，基层农民和农业经营主体却对此漠不关心的现象。这项工作甚至在一些地方异化成为对于上级资金投入的争取以至"套取"，对于施工项目的分包以至"分肥"，在不同环节弄虚作假的现象并不鲜见。

这就好比住房改造装修，如果住房所有人（房东）与实际使用人（租客）不一致（甚至还有"二房东"的存在），实际使用人（租客）的使用期限是不确定的，住房改造装修后固然改善了居住品质，但对房客来说，面临房东加房租的风险；对房东来说，能否在租赁期内调整房租也不确定。政府方面去推动住房改造装修，即使财政承担部分投入（哪怕是大部分投入），只有那些承建企业有积极性（为了赚取工程款），而受益者及其受益期间都是不确定的，住房所有人、实际使用人不但没有承担这些投入的动机，能配合都不容易（施工过程中多有不便，也会带来一些安全风险）。

纵使那些全流程合乎规范、已经建成的高标准农田，在管护利用上仍欠缺长效机制，不仅有荒废、退化的风险，也可能因为获利不公造成新的矛盾。已经投入的资金形成沉淀，有如水银泻地，更欠缺退出路径和回报机制。这将进一步损害各方面资金投入高标准农田建设的积极性。看上去明摆着利国利民的好事，却没有钱去做，而全社会巨量闲散资金苦于寻找出口。痛定思痛，需要采取突破性的思路来解决。

根本问题在于，农业农村土地的直接经营主体（土地经营权、租赁权持有人），与土地的长期产权主体（如集体所有权、农户承包权、国有土地使用权主体）往往并不一致，与高标准农田的建设、融资主体通常更不一致。从表面上看，土地的直接经营主体（如租地农民），也是项目增收的直接受益主体，但是由于单位面积受益不大且经营期限长，从而受益期限存在不确定性，土地的直接经营主体往往缺乏长期观念，对于高标准农田建设缺乏强烈动机。按说应该是土地的长期产权主体更有动机进行基础性投入，好比业主把房产进行翻新改造，帮助租户有了更多的客源和经营收入，业主自己也可从租金及其上浮中获利。但在中国现行土地制度及其实际运行中，长期产权主体常有缺位。虽然地方政府或者外部企业、银行对于高标准农田的建设、融资很有积极性，但是很难从项目现金流中获得退出路径和合理回报。

试问大多数老百姓的吃饭问题是如何解决的？自己找工作挣钱、自己花钱吃饭，这就解决了，付款主体与受益主体合一。如果仅靠政府筹钱，越俎代庖去给老百姓做饭、喂饭，反而容易造成吃不饱、吃不好，扭曲资源配置、损害经济效率，最后也不公平。

正是由于利益主体的缺位和错位，难以贯彻"受益者付费（投入资金）"的市场经济原则，更没有形成"投资者获利（也承担相应风险）"的回报机制，从而造成了高标准农田建设的融资困境，更使得土地资源资产化难有进展。

类似的例子还有"生态银行"，或生态产品价值实现机制。生态资源主要附着在地理环境上，绕不开土地问题。一些地方的"生态银行"或"两山银行"先行实践，下一步操作难度很大，也是同样的症结所在。不仅是因为土地零碎，更主要是因为"受益者付费""投资者回报"的机制有待建立和健全。

（二）地份制：基于物权（地权）而非股权、债权

人类社会最早熟悉的交易（以及投资）对象是物（确切说是针对物的权利，即物权），后来才发展起来债权、股权的交易（投资），各种金融工具大都是在物权、债权、股权的基础上演变而来的。地权是物权最为重要的一种，地权采取广义，包括一系列土地产权。在中国地权交易的对象不包括土地所有权（土地的国家所有权和集体所有权），但仍然有丰富多样的地权形式可以进入市场。

按照《中华人民共和国民法典》物权编规定，不动产或者动产可以由

两个以上组织、个人共有。共有包括按份共有和共同共有。例如，日常生活中，购买了商品房，例如某栋楼某单元，并不就是买了这套房子的几面墙壁及其合围的空间，而是含有这栋楼所占用土地及附属设施的产权份额，与其他业主构成共有关系。《中华人民共和国民法典》还规定，建筑物及其附属设施的维修资金，属于业主共有；经业主共同决定，可以用于电梯、屋顶、外墙、无障碍设施等共有部分的维修、更新和改造。

笔者研究提出的地份制，是直接持有地权，但地权可以拆成份额，适用于民法上的"按份共有"；地份亦即土地的产权份额，与特定地块相联系，但是并不固化到该地块的某一具体部分；同一地块对应有若干产权份额。如果没有地份制的安排，大块土地完整出让，很可能乏人问津，市场流动性不足，不能实现应有价值；小块土地各自零散出让，又影响规模经营或功能上的完整性。①

地份制的实际操作有两种方向：其一是现成的、单个独立的大块土地，尽量保持其物理上、功能上的完整性，但在价值上、法律上可以"化整为零"，灵活分拆成若干份额，还可吸引新的投资人持有产权份额，变成"按份共有"的法律关系；其二是原有若干独立的小块土地，通过协调，"化零为整"合并成单个的大块土地，在物理上、功能上进行整合，原来小块土地的产权置换为大块土地的产权份额，原来小块土地的产权人转而"按份共有"大块土地的产权。

对于东北等地的国有大农场，主要涉及第一种方向；对于全国大多数农村地区，在集体所有、农户承包的体制下，主要涉及第二种方向。

在地权份额不多的情况下（例如同一块地，只涉及几个份额），直接按照《中华人民共和国民法典》《中华人民共和国土地管理法》《不动产登记暂行条例》等法律法规，可以"按份共有"的方式分别持有产权份额。根据自然资源部颁布的《不动产登记暂行条例实施细则》第二十一条：

---

① 陈林：《"生态银行"进一步落"地"——大规模推动黑土地资源资产化构想》，载中共黑龙江省委调查研究协调领导小组：《2022年黑龙江省党政领导干部优秀调研成果选编》，2022年12月；陈林：《地份制构想：土地资源资产化与份额化》，载《第七届莫干山会议论文集》，2024年9月18—20日。

"申请共有不动产登记的……共有人申请分别持证的,可以为共有人分别发放不动产权属证书。"现实中,不乏对于同一房产多个共有产权人分别持证的情况。对于同一土地多个共有产权人分别持证,逻辑上也是一样的。主管部门应当依申请为其办理登记发证手续(注明各自的份额),并不需要专门出台新法。

但在地权份额较多的情况下,为了更好地保障产权人的权益和便利,特别是在一定程度上增强产权份额的标准化和流动性,就有必要按照《信托法》对于权益登记和流转进行规范。如果信托财产登记到受托机构名下,应当由受托机构发行地权份额受益凭证,由相应的地份产权人持有;如果信托财产未做过户登记,地份产权人持有的仍然是原来的不动产权属证书。

地份制作为一种融资形式,相比于债权融资没有还本付息的负担,不承诺保底收益,更比 ABS(Asset Backed Securities,资产抵押债券)、REITs(Real Estate Investment Trusts,不动产投资信托基金)等方式简便易行,不涉及复杂的审批程序和金融监管要求,也不必有持续现金流作为支持。

地份制融资相比于股份制也有其优势。好比几个人凑钱买房买地,固然可以共同出资组建股份制公司去买,这时候房地产登记在公司名下,各人作为公司股东分别持有公司股份,实际上是把物权、地权转化为股权。在此情况下,不仅涉及维持公司所需的手续和费用,个人只能通过公司股权间接地行使其对于房地产的权利,面临一些额外的管控风险,如因为公司经营不良或其实际控制人违规操作带来的债务很可能追偿到上述房产。

地份制作为融资形式,相比于债权、股权融资更加"看得见、摸得着"。直接持有物权、地权,要比持有股权、债权更为直观、更有踏实感。这有利于普通产权人增强信心,参与管理和监督,也不涉及复杂的会计核算和报表要求。对于众多普通人群来说,所投资的公司可能被"掏空",购买的理财产品可能会"爆雷",借出去的钱可能无法收回,而土地就在那里烂不掉、搬不走。对于某些特殊人群来说,投资入股公司更是受到严格限制,但是直接购买不动产则是允许的,按规定正常申报即可。

试想,此前20多年房地产业的爆发式增长,一个重要基础是土地产权方面政策的优化。土地应当集约使用,物理上不宜过度分割。但大面积的土地，普通老百姓买不起，不可能买地自建房。开发商在一定条件下获准将"大证"换"小证"，才有活跃的住宅市场。业主的产权是分散的、流动的（房产属于不同业主，时有交易发生，业主也在变化），而小区物业服务是统一的、相对稳定的。虽然房地产业经历一些波动和风险，但是建成面积的迅速上升、居住状况的大幅度改善，则是毋庸置疑的事实。这对我们的讨论很有借鉴意义。

国务院办公厅 2021 年 10 月印发的《关于鼓励和支持社会资本参与生态保护修复的意见》提出了"产权激励"以及"份额"："对集中连片开展生态修复达到一定规模和预期目标的生态保护修复主体，允许依法依规取得一定份额的自然资源资产使用权，从事旅游、康养、体育、设施农业等产业开发。"其中的"自然资源资产使用权"往往是土地产权安排的延伸形式，本书论证的地份制也完全适用于自然资源资产使用权的份额制度设计。土地保护与开发、高标准农田建设的投融资机制创新，更可在此基础上进行。上述《意见》也提到："为社会资本营造公平公正公开的投资环境，构建持续回报和合理退出机制……探索建立自然资源资产与生态保护修复产品的交易渠道……规范开展市场化交易。"

（三）大地块分拆出让：不影响农地农用和规模经营，更不触及所有制

土地用途管制是国家公权力的依法行使，与土地所有权、使用权的归属无关，更不需要以土地本身的公有、国有为前提。农业用途的土地，在使用权转让后仍然是农业用途。在保持农地农用、规模经营的前提下，地权（土地使用权）本身是可以分拆出让的，转而委托（或租赁）给农户（或农业公司）去经营。至于有些农场已经实行内部职工承包或对外出租土地，这种租赁或承包（也类似于租赁）并不构成妨碍，可按照民法原理"买卖不破租赁"的原则，在原定期间内维持既有承包、租赁关系不变，但在这一层面之外的更深层土地产权仍可分拆出让和转让，不影响既有经营稳定性。

为了保持完整地块上的规模经营，地份交易合同应伴随一个委托经营

合同。好比一栋楼、一个小区的管理和服务是一个整体，住宅按套单独出售，业主购房行为伴随着接受现有的物业服务合同。当然，在一定条件下、一定时期后，业主也有权通过集体程序要求调整物业服务合同。

至于土地本身，还在当地搬不走，不管产权主体如何变化，都要继续受到属地政府的管辖，保持农业用途和规模经营，为国家粮食安全不断做贡献。原来的大农场可就此变成轻资产运营，类似一个物业服务、生产服务公司，将更有动力改进自身的技术和管理，提升农业经营效率，而不是消极依赖其长期无偿占有的土地资源。至于中央和地方各级政府推动的高标准农田建设，也不应由少数农场企业受益，相应的财力投入需要补偿和退出机制，否则就是把"活钱"变成了"死钱"，现在要想办法把"死钱"变成"活钱"，更多更好地投入农业和生态建设领域（或可理解为"财政支出资产化"，及其变现退出）。这样的体制机制变革，将大大提高农业经营效率、增加农业资金投入，从而更有利于国家粮食安全。

粮食安全，当然是有成本的，也是需要补偿和激励机制的，这样才有可持续的保障。不能简单以政治宣传替代经济逻辑。某些粮食大省继续为全国人民种地，勇担粮食安全重任，而土地产权可以置换出来为全国范围内的投资者分散持有，引入现金流，奠定进一步发展的基础。

农业土地产权的大量分拆出让，也将日益创造庞大的潜在客户群。外地投资者寒暑假带着孩子来看看土地现场和周边环境，带来旅游业的发展空间，这是一种"农旅融合"。同时还可约定农产品的优先供应，这是生产与消费的直接联结（"产消直联"），不仅有助于提高流通效率，也使得农产品增加了"情感价值"。好比"私家定制"，走市场细分的高端路线，不一定都去追求大众化的品牌。订单农业的消费者与土地信托份额的投资者，在身份上是可以相互转换、相互重合的。

关于地份制下土地产权的分拆出让与流转，可能有人担心是不是"土地私有化"，这也是多虑了。所涉及的土地仍然是国家所有（或集体所有），其使用权（经营权）在不同经济主体之间流转。这样的情况，对于工业、商住用途的土地是经常发生的，对于农业用途的土地也不乏其例，都在现有法律制度框架之内。例如，国有土地的使用权可以进入市场，各种所有制企业（包括民营企业）都可持有国有土地的使用权（工业、商业、农业等用途），个人买房也含有"国有土地使用权"（一般是住宅用途）。须知企业上市，其实就是企业权益的分拆出让进一步标准化，更容易卖上好价钱，俗称"卖股份"，间接对应着企业的所有资产（当然也包括企业持有的"土地使用权"）。把一些农业或生态类企业拿去上市，很多不够条件，上市成本又高，上市之后也难长期维持上市地位。推动大规模资源资产化，必须另辟蹊径，可以直接从地份制入手，更容易操作，也更能取信于市场。

如果一定认为存量土地的处置比较敏感，可以换个说法：投资者（乃至捐助者）投入资金帮助生态修复和高标准农田建设，获得回报（补偿、奖励）一定面积（份额）的土地（使用权）。这样可能更容易被一些人接受，这是从增量部分来切入。无论是先出让土地（使用权份额）、融入资金用于生态保护开发或高标准农田建设，还是先融入资金用于生态保护开发或高标准农田建设，再向资金方回报以土地（使用权份额），本质逻辑都是一样的。吸引社会资本，或者说社会投资者（捐助者）提供资金用于高标准农田建设（土地开发保护、生态修复等），获得一定的土地产权份额作为回报，其当然有权自主支配。上述思路，不妨可以理解为 PPP（Public-Private Partnership），即政府和社会资本合作的一种新模式。

重点推动土地长期产权主体的构造与创新，同时加速高标准农田建设支出的资产化（以至于资产份额化、流动化），将土地产权份额进一步落实到具体的产权主体名下。农地的直接经营主体（如租户）不排除有竭尽地力的短期行为倾向，而土地长期产权人（地份，亦即土地产权份额的持有人）更有动机关心土地本身的保值增值，包括在必要时追加投资如用于高标准农田建设等，也会更关心施工质量和管护利用。此所谓有恒产者有恒心。土地产权份额入市，包括进入居民投资理财市场，可以打通高标准农田建设的投融资机制包括退出机制，迅速带来殊为可观的正向现金流。激活产权份额的流动性，恰恰可以巩固人们长期持有的信心，也为陆续增发创造市场空间。

在农地农用的前提下，这样一种利益约束和激励机制有利于加强农地保护和高标准农田建设。推动土地资源的资产化、份额化，以至流动化、市场化，恰逢其时，也为高标准农田建设的投融资困境提供了出路。

从农业土地来说，最近适合进行产权拆分的大块土地，主要集中在东北地区的国有农场。按照2021年11月公布的第三次全国国土调查数据，黑龙江省耕地总面积为2.579亿亩，约占全国耕地总面积的13%（此外，黑龙江全省林地总面积占全国近8%，湿地总面积约占全国的15%），这既是得天独厚的资源禀赋，也是维护国家粮食安全、生态安全的重要保障。很多农场、林场的土地都是国有的，多是大面积地块。这有利于发挥政府的主导作用。同一产权人的大地块的价值分割，总比不同产权人的众多小地块的物理整合、产权整合，要容易得多。在农业用地（也包括林业用地）方面，黑龙江既有农地国有体制优势，又有土地面积上的体量优势。

即使国有农地使用权已经在个人或企业（包括民营企业）名下，只要地块较大、产权明晰，就可以在"按份共有、分别持证"的现行法规框架下进行地份制操作，并不涉及任何政策突破；在取得初步经验后逐步扩大试点范围，及时出台登记交易的便利化措施，乃至形成统一流转平台，这就需要制度上的有力保障。

前几年，黑龙江省农委、新闻办联合开展的"我在黑龙江有亩田"众筹，是个有益的尝试，但究其实仍是个促销活动或消费众筹，尚不涉及产权改革。要使之具有长期投资价值，需要落实到不动产权益。2022年8月《中华人民共和国黑土地保护法》正式施行，也是一个重要契机。真正的改革，必然遭遇到认识上或者利益上的障碍，伴随着结构性迭代调整的阵痛。最大阻力可能来自长期无偿占用国有农业土地的某些企业和个人。这就需要最大限度凝聚共识，采取先易后难的操作路径。

（四）集体产权制度下：小块承包地的整合

中国农村土地绝大多数是集体所有制，集体所有权不可转让，承包权也具有身份属性，承包地的分布呈现极其零碎的状况。在集体所有权、农户承包权、土地经营权"三权分置"的框架下，单独把农户承包地的"经营权"拿出来，其本质仍相当于一般民法上的租赁权（只是由于历史和政策原因，用"流转"一词代替了"租赁"）。这种类似租赁的权益，虽可流转，实际并不稳定，在此基础上进行金融创新，操作上殊为困难。农村宅基地上面的房子也只能是"小产权房"，不能合法交易。政府对于集体经济组织内部事项不能直接干预，只能依靠耐心引导。

由于农村土地的集体所有权不能突破地域界限，因此不便设计更大面积地块（如跨村或跨组）的地份制架构。农村集体土地中有一部分"集体经营性建设用地"，还有些农村存在一部分未承包到户的农地，更便于进行地份制操作。此外，不妨参考中国台湾地区土地银行推出的"租赁权信托"：拥有土地租赁权的土地承租人，可跟建商合盖房子，再透过信托集中管理土地与建筑资金，同时保障出租土地者、土地承租者以及建商三方利益。

地份制可以是一个大规模土地资源资产化方案，在资产端可以嫁接农村集体经济合作社，在资金端可以嫁接众多投资者；为了降低交易成本，便于集中管理和服务，投资者亦可通过类似合作社或"团购"的方式持有土地经营权。地份制可基于"集合信托"，但不一定依靠持牌金融机构的信托公司，而是更多依托合作经济组织或其专设实体（类似Special Purpose Vehicle，SPV）。

前些年，一些地方自发探索，为了推动规模经营，在土地确权、流转和整理中，将相邻承包地集中连片、合并形成了大地块，进而实行"确权确股不确地"。其中所谓的"股"不能从公司股权角度理解，而是更接近于不动产份额的概念，实际是把原小块地的产权置换为大块地的产权份额。这已经有了地份制的雏形，可以称之为"确权确份"。这有利于盘活土地资源，发展适度规模经营，提高农业生产的综合效益。但还需要更健全的政策和法律保障。

2014年11月中共中央办公厅、国务院办公厅印发的《关于引导农村土地经营权有序流转发展农业适度规模经营的意见》提出："土地承包经营权确权登记原则上确权到户到地，在尊重农民意愿的前提下，也可以确权确股不确地。"2016年1月，安徽省国土资源厅等四部门联合印发《关于在农村土地承包经营权确权登记颁证中使用确权确股不确地方式的规定》；2016年6月，安徽省农业委员会还出台了《农村承包地确权确股不确地方式操作流程》。

上述安徽省的政策文件规定：确权确股不确地，即是在村或组的范围内，农民不再拥有数量确切、四至清楚的承包土地，而是获得由承包地资源等量化计算出的股份，通过拥有的股份获得相应收益。但广义的确权确股不确地，也应包括确权确亩不确界，即确定地亩、不确定四至边界。也就是说，在安徽"确权确股不确地"适用于符合条件的整村（组）承包地，"确权确亩不确界"适用于符合条件的特定承包地地块。还要符合以下四方面条件：人均承包地面积较少；地貌发生改变，原承包地块已四至不清；实施土地整治或连片土地流转；已成立土地股份合作社。

上述《操作流程》还建议，对皖北地区的果园，可采取"以棵定亩"的方法，确定农户承包地地亩，不再确定四至边界；皖南皖西山区茶园和果园，当年以棵数、产量、地力、合同面积等因素进行承包分配的，可由承包方综合二轮承包分配因素，测算出承包地分配系数，把承包地共用宗地面积分别确定到户，不再确定四至边界；也可以由各地在尊重农民意愿的基础上，民主协商，确定具体的方法。

（五）地份集合服务信托（土地服务合作社）

从国内看，资源整合、土地流转，在法理上，不外乎以下几种方式。一是按照民法上的租赁或者代理关系，但是不太稳定，转租或转代理的手续较为烦琐。二是按照公司法，折价入股，但是估值存在困难；而且在股份制下，一旦形成股权比例安排，就把决策权、剩余索取权固化了，有时就不如合作制按交易贡献分配更有利于抱团发展。三是按照信托法，比入股方式更灵活简便，比租赁、代理方式更稳定持久。

当分散的资源、土地以信托方式集中后，按照信托法，受托人即以自己的名义行事，避免了遇事再去找原始产权人——签协议授权，更不必为此单独设置土地合作社或其他法人实体，避免增加很多"空壳社""空壳公司"，也节约组织成本。

按照公司法，非货币财产作价出资的条件是"可以用货币估价并可以依法转让"，还要办理其财产权的转移手续。信托法对于信托财产的可流通性要求，可以宽松一些。《中华人民共和国信托法》第十四条规定："……法律、行政法规限制流通的财产，依法经有关主管部门批准后，可以作为信托财产。"我国农村不可交易的土地集体所有权、承包权，以及其他法律上缺乏界定而传统习惯所承认的事实性权利，不可能作价入股，但是未尝不可以考虑采取信托方式。

信托财产具有特殊的"双重所有权"性质，有利于作出灵活的产权安排。既可用于"化零为整"，例如相邻地块的集中整理，"小田变大田"；也可用于"化整为零"，类似"土地确权、确股、不确地"。信托收益，也可以进行结构化设计，例如各地实践中出现的"保底+分红""租金+劳务收入+红利"等各种利益联结机制，可以按照信托关系进行规范和保护。

在地份制安排下，众多投资者根据受让农地产权的不同份额，转而委托专业农户或农业服务公司去生产经营。这种委托既可以是民法上的委托，也可以是信托法上的委托。从财产关系的稳定性、规范性以及进一步金融创新的考虑，采用信托法为宜，并设计为"集合信托"。集合信托是指受托人把两个或两个以上委托人交付的信托财产加以集合，以受托人自己的名义对所接受委托的财产进行管理、运用或处分的方式。这样既保持地块完整，又便于权益的分拆流转。

同一地块的众多份额投资者，最好有着某种社会共同关系，如同乡、同学、同事、亲友、邻居等，以便降低沟通协调成本，便于形成互助合作机制。不妨设想一种土地产权份额持有人的服务合作社，按特定地缘关系形成，或可简称为"土地服务合作社"。现行《中华人民共和国农民专业合作社法》限定成员主要为农民身份，经营范围也有限制，因此这种"土地服务合作社"特别是有较多非农身份的产权人参与的，在现行法规体系下难以正式取得合作社注册。这个"土地服务合作社"如果涉及产权人的数量较多，土地分布较广，就有必要借用"地份集合服务信托"来实现其功能，既保护地份（土地产权份额）权益的相对独立，又可按照信托规则采取必要的集体行动。

之所以称为"土地服务合作社"（而非"土地合作社"），是为了避免引起"土地入股"的误解。其实只需要针对土地的服务合作，土地本身就在那里，仍可保留在原来各位产权人名下（这也是因为国内信托财产登记制度尚未健全，有时不得不如此）。

这种"土地服务合作社"好比小区业主委员会，并不一定要把土地"入股"（好比业主委员会不需要占有业主的房产）。如果土地产权（包括地权份额）入股到合作社（或公司），严格来说就必须过户登记，不仅涉及费用和手续，更会削弱地权持有人的直接控制和交易便利的权利。故而保持土地产权（包括地权份额）分散持有仍在各自名下为宜，这更符合社会一般民众和投资人的谨慎心理。为了共同利益可以通过合作社（业主委员会）的治理结构，采取必要的集体行动，自行开展面向这块土地的生产服务（及其他服务），更可把服务整体"外包"给合适的农户、农业公司（类似物业公司）。卖出（买入）土地产权份额就自然失去（得到）其在相应的"土地服务合作社"（地份集合服务信托）的成员（持有人）资格。至于这个受托经营的农户（农业公司）本身在生产、供销、信用服务的需求，可自行通过参加相应的农业合作社去解决。围绕于此，将来可能形成两大合作社阵营，一边是土地产权人（出租方或委托方）的合作社（实际上是一种生产要素供应者之间的合作社），另一边是土地之上的农业生产者之间的合作社（可以涉及生产、供销、信用等各方面服务）。土地产权人、农业生产者本身均保持独立主体地位。

地份集合服务信托如果大面积开展，恐怕难以依靠专业的金融持牌机构——信托公司去普遍推广。信托公司管理半径太远，缺乏基层网点和草根团队，实际操作上很困难。信托公司人力成本很高，还有较高的商业回报要求。有的甚至是别有所图，加剧了土地"非粮化""非农化"问题。当然，如果信托公司愿意积极参与，笔者也不反对。

笔者所构想的"地份集合服务信托"，可理解为"非营业信托"或普通民事信托，而不必是"营业信托"，不受金融监管部门有关规定的约束（例如对于投资金额门槛、投资者资格的限制等）。从受托农户或农业服务公司来说，其业务就是耕作，当然更不涉及金融牌照问题。

进一步，如在政府支持下设立的区域性的土地流转中心（或称土地收储中心、土地信托中心、"土地银行"等），作为土地集合信托的统一受托人，再由该中心转委托（或租赁）给具体的生产经营主体，这将有利于大规模资产化的迅速推进。此时可加入公益元素，尽量适用《中华人民共和国慈善法》中的"慈善信托"，其受托人可由信托公司担任，也可由慈善组织担任。慈善组织由地方政府的民政主管部门就可以认定，不涉及金融牌照审批。

政府需要做的，最重要的是建立一个土地（份额）的登记发证系统，确认相关权益、便利其流转即可，实现可转让、质押、继承，可当彩礼、嫁妆。这就有了想象的增值空间，即便没有大钱可赚，由于中国人对于土地、粮食的执着情结，也很有投资吸引力。即使短期的商业回报并不明显，人们仍倾向于长期持有。这总比看不见、摸不着的股票或其他金融衍生品，令人踏实一些。当一些地方的房子不一定好卖了，但是土地、粮食的价值仍然具有坚实的社会心理基础。

这种"按份共有、分别持证"的情况如果不断增多，为了安全与便利起见，需要指定一个托管和交易平台，为此出台一个地方性政策文件（最好是地方性法规）即可，并不突破现有法律。法律上还是具体的物权、地权交易，不承诺保底收益和固定回报，不涉及中央事权，不需要金融监管审批。土地集合信托的份额凭证，本质上还是物权、地权凭证，但是可以有金融拓展功能，类似仓单。

如果地块面积很大，而分拆的份额很多，例如超过200份，以至达到成千、成万份，则不仅是土地资源资产化了，也有"证券化"的含义，具备更多一些的金融属性，有些类似于公募REITs（Real Estate Investment Trusts）。此时才面临与国家金融监管部门的沟通协调和报批。

（六）可能的风险

投资价值风险

土地产权份额（地份）进一步交易流转，常见的担心是卖不出去或者卖不出价钱。如果种地不赚钱，农业土地的投资价值不免令人生疑。但只要土地能够较为持续地产生哪怕是微小的收益，就足以进行资产化，其估值一般来自未来现金流的折现，实际变现的价格则受制于当时的市场条件。但对于土地这种高度垄断和严格限量的特殊资产，不能简单套用一般的资产定价公式。在中国社会大众文化心理中，土地不是纯粹的投资品，也很少是短期的投机品，很多时候被作为"纪念品""收藏品""传家宝"。类似金银首饰、珠宝钻石，普通百姓大多是长期持有而很少转售，不太关注其日常市价波动或孳息收益。因此更需要重视大众投资者，而非专业投资者，使其有积沙成塔的效应。也不要助长暴涨、暴利的预期，而是注重宣传保值、保供（农产品供应）的一面。

仅仅依靠商业激励，可能还是不够的。可以引入"慈善信托"的原理，设计一种半商业、半公益的结构化信托产品，便会有相当多的受众。对于投资者（捐助者）可授予荣誉市民、荣誉村民等称号，配套一些优待措施。在土地权益证书的装帧、田间地头的产权标牌等细节上，也要多多用心。这些都属于精神上的回馈。

当越来越多的人投资于农业土地，不管赚不赚钱，至少共同承担了粮食安全的成本，也有动机共同争取利好农业农村的政策，有助于农民得到更多的支持。

市场波动风险

在市场经济条件下，地权份额如同其他任何资产一样，有升值可能，也有贬值可能。投资者自行承担风险，这是应当交代清楚、取得知情同意的。市场行情下降，可能引起原来投资者的怨言；市场行情上升，又有人怀疑是不是原来被"贱卖"了。这些在"股市""楼市"的多年起伏中都有表现，不必望而却步，社会心理已经有相当的接受能力。

也有人担心土地价格暴涨，影响农业成本和收益。首先要说，农业土地长期没有资产化、货币化，一旦进入市场，很可能有个价值重估，乃至价格上升过程，这是正常现象。其次，作为投资品，不能完全避免被作为投机品。但是，土地资产价格（好比房价）与实际使用成本（好比房租），受制于两个不同的市场。前些年，很多城市房价出现暴涨和波动，而房租水平相对是很稳定的。只要土地租金相对稳定，其对农业生产就不会产生不利影响。在经济逻辑上，归根结底，是农业收益决定土地租金，而不是相反。

在试点阶段，如果涉及土地、资金数量不多，市场波动影响不会太大。如果下决心推动大量土地入市，特别是在"集合信托"及类似设计下，高度份额化，甚至"证券化"，就会形成一个"类金融市场"。此时地方政府通过市场投放、回购可以进行间接调控，有助于稳定市场。

操作风险

在土地地块选择、现状调查与描述、绘图制证、市场推广、交易结算、回收资金的使用等诸多环节，都会存在管理风险。特别是土地入市回收的资金，应当用于地方发展。具体而言，回收资金在原占用土地的农场、县市到省级之间如何分配使用，这方面应该有完善的制度和监管，另文专论。

如果建立了土地集合信托的登记交易系统，其被黑客攻击，篡改的风险也是存在的。甚至可能出现线下、线上假冒发行土地信托份额的行为。果真出现这种情况，恰恰说明土地资源资产化受到了市场欢迎。这些风险需要预加防范，及时监测和处置，但也不能因噎废食。

控制权风险

投资者（土地信托份额持有人）与受托（租赁）经营者（农户或农业服务公司等）之间，难免发生意见分歧，有时进而要求更换经营者。类似小区业主与物业公司之间的矛盾。当事人之间可以自行协商解决，或者按照一般民事程序申请诉讼或仲裁。政府对此应持超然立场，必要的时候帮助协调解决纠纷，特别要注意保护外来投资者的合法利益，维护市场声誉。

最初阶段，面向众多外部投资者，为了维护现有农业经营主体的稳定，可以给予一个缓冲期（类似于小区新来的业主彼此不熟悉，短期内来不及更换物业公司）。随着改革范围的扩大，逐渐会产生经营控制权之争，这样的事例会有所增加。这是市场调节机制发挥作用的正常现象，有利于促进农业经营者的优胜劣汰，提升经济发展的质量。因为这样的竞争压力，可以想见，某些农场原有的管理层对于土地资源资产化和受托经营，可能存在抵触心理，这就需要党委、政府加以妥善引导，必要时采取强有力措施。

六、"两山"与"三位一体"内在相通

中共中央办公厅、国务院办公厅 2021 年 4 月印发了《关于建立健全生态产品价值实现机制的意见》，国务院办公厅 2021 年 10 月印发了《关于鼓励和支持社会资本参与生态保护修复的意见》。2022 年 10 月党的二十大报告部署"构建全国统一大市场，深化要素市场化改革"，"畅通城乡要素流动"，"健全资源环境要素市场化配置体系"。中央一号文件连续多年强调农村"资源变资产"的方向。但生态资源的价值转化，资源要素包括土地的市场化配置，长期面临瓶颈制约。此外，2023 年 10 月中央金融工作会议提出做好"金融五篇大文章"的要求，绿色金融是重要组成部分。2024 年 4 月中国人民银行等七部门联合印发了《关于进一步强化金融支持绿色低碳发展的指导意见》。

"两山"价值转化机制，不仅适用于生态产品，而对各种领域的资源整合开发、要素市场化配置都有普遍意义。"两山"绿色发展理念和"三位一体"合作经济思想，是内在相通，相辅相成的。价值转化借鉴金融思维更要从创新信用合作机制入手。"绿水青山"转换为"金山银山"，绿色发展的成果，要真正为人民群众共享，有必要通过合作经济的组织构造来实现。"三位一体"合作经济改革意味着合作经济的规范与整合，恰恰体现了两山合作社"分散化输入、集中式输出"经营理念；"三位一体"的真正落地，亦有赖于充分激活存量资源包括生态资源。"三位一体"的应用场景建设，也不能离开"两山"绿色发展。因此，"两山"价值转化机制应当与"三位一体"合作经济改革统筹推进，才能相得益彰，以高质量发展促进共同富裕。[①]

特别是"两山银行"的资源"存取"概念，与"三位一体"之信用合作环环相扣。此前"两山银行"的创新探索，有待进一步规范和提升。要使其真正发挥类似银行的作用，避免重蹈传统金融机构的局限性覆辙，必

---

① 陈林：《"两山"绿色金融的合作经济道路》，载《当代金融家》，2023 年第 9 期。

须在严格的金融监管下寻求合理合法的发展空间。唯有旗帜鲜明地高举"三位一体"的信用合作旗帜，才能进行恰当的机制设计。

商业银行，特别是大型银行，囿于传统的体制机制，难以持久深入农村特别是其下层，这是历史经验和各国实践一再证明了的。实际上，商业银行过去常干的事情是把巨量资金从农村抽给城市、从欠发达地区抽给发达地区。如果金融内循环、微循环机制不能解决，靠财政支持、靠公益捐赠都是杯水车薪。

"三位一体"在实践中的最大短板仍在于信用合作（合作金融）。我们不妨把信用合作理解为一种"机制"，而非某个"机构"，也不必形成资金池，因而无须以金融牌照为先决条件。合作经济组织植根基层，开展征信评级、互助联保和反担保增信，可以充当银行的"助贷"机构，这已经具有某些信用合作的内涵。如果进一步开展内部资金互助，由银行全流程托管，从银行角度可理解为一种"委贷"（委托贷款）。以上情况均不形成资金池，避免了金融监管上的顾虑，可望克服信用合作长期难以规范、难以复制和推广的困难。

大力规范整合农村合作经济组织，充分利用现有的金融基础设施和支付结算体系，超越商业金融的惯性思维与合作金融的传统模式，使之相互配套，通过金融机构嫁接互助合作机制，化解农村金融信用风险、风险控制的长期困境，可望实现"三位一体"合作经济的金融构造，也为"两山合作社"奠定坚实基础，更是普惠金融的重大创新。

普惠金融之"金融"，应作广义理解。跳出金融看金融，借鉴一些金融的理念和工具，更要超越传统金融的狭隘认知和套路。在具体运作上不必依赖于金融牌照，更不要涉及金融监管的禁区。在方案设计上，贯通不同学科领域的知识和方法。现行政策法律框架下仍有相当大的空间，实际推动的主要困难是横跨多个部门的职能范围，例如农业农村、自然资源、生态环境、发展和改革，以及国家和地方金融监管等部门，协调起来并不容易。不仅要进一步解放思想，还涉及行政和业务流程的再造、职能和资源的重新配置，亟待于改革创新的勇气和智慧。

总之，"两山银行"（"生态银行"）的最初设想，只能依托合作经济特别是"三位一体",以此促进"两山"价值转化,实现大规模资源资产化和投融资机制创新,方能达成普惠金融之落地生根,不断推动城乡融合发展。要着眼于更大范围要素配置、资源整合、流转利用,正如原山东省烟台市委组织部长于涛在推动当地合作社发展的实践中也得出结论:"农村有巨大的自然资源、广阔的绿水青山、大量的潜在人口,如果我们能够构建'三位一体'的农业综合合作体系,就能把这些资源充分整合起来,吸引城市过剩的资金、产能、人口下乡,再造一个和城市一样繁荣美丽的新农村。"①

---

① 于涛:《烟台市"党支部领办合作社"的历程和经验》,见孟捷、龚刚主编:《政治经济学报》第21卷,格致出版社、上海人民出版社2021年版。

"三位一体"服务"三农"
"Trinity Cooperation System" as Solution to "Three Rural Issues"

新型合作经济与普惠金融
New-type Cooperative Economy and Inclusive Finance

第九章
合作化与数字化：
新型平台经济与金融科技

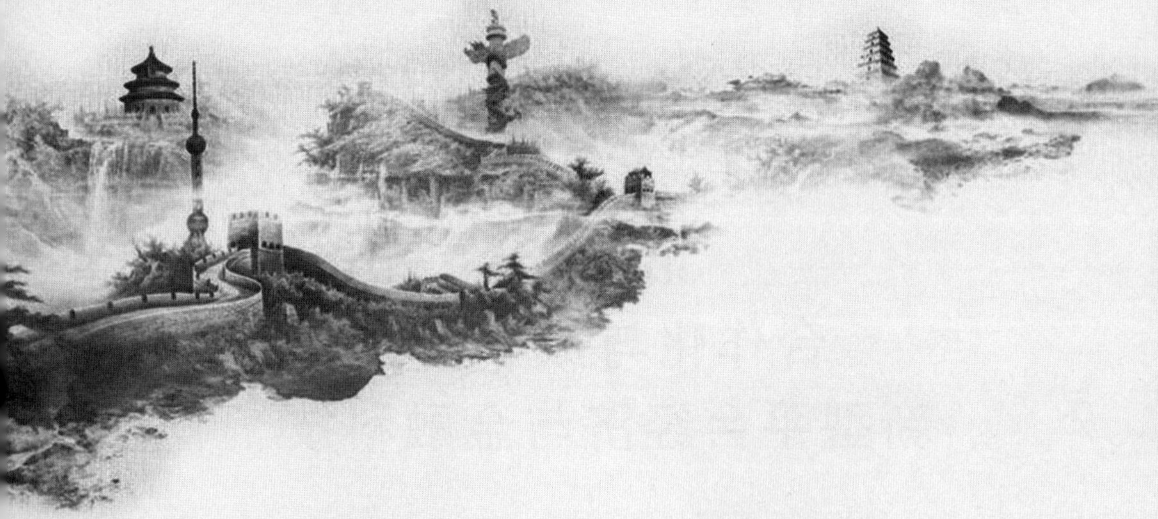

一、运用系统集成的方法论

习近平总书记很早就研究指出:"系统理论认为,社会生产和生活中的任何一个事物,都可以看作是一个完整的系统,而每一个大的系统,又是由若干子系统组成的。"① 他很早就有意识地运用系统思想研究"三农"问题。例如他指出:"运用系统论的观点来分析研究农村市场体系,可以看出农村市场体系一方面在总体上是一个覆盖广大城乡、贯通国内外的开放型社会系统,另一方面其自身又由几个有着各自不同特点的子系统组成,这些子系统互相联系、互相影响、共同发展,农村市场体系成为一个有机的统一整体。"②

2016年3月,习近平总书记参加全国人大上海代表团审议时,提出了"改革开放系统集成"的思想。他强调:"保持锐意创新的勇气、敢为人先的锐气、蓬勃向上的朝气,贯彻落实创新、协调、绿色、开放、共享的发展理念,着力加强全面深化改革开放各项措施系统集成。"2019年9月,习近平总书记主持中央深改委会议,强调加强改革系统集成协同高效,推动各方面制度更加成熟、更加定型。

所谓系统集成(SI,System Integration),最初是指通过结构化的综合布线系统和计算机网络技术,将各个分离的设备(如电脑)、功能和信息等集成到相互关联的、统一和协调的系统之中,使资源达到充分共享,实现集中、高效、便利的管理,以发挥整体效益,达到整体优化的目的。系统集成的思想和方法,从IT和数字化领域,可以引申到社会经济领域;又可以把社会经济领域的解决方案,通过IT和数字化来实现。

中国信合联盟专家组最早设计了"三位一体"合作经济的系统集成方案,并推动区块链技术相关应用,有关项目获得2018年复旦大学首届博士

---

① 习近平:《中国农村市场化建设研究》,人民出版社2001年版,第207页。
② 习近平:《中国农村市场化建设研究》,人民出版社2001年版,第207—208页。

后创新创业大赛优胜奖。专家组还把"三位一体"的应用场景拓展到产业链、供应链、信用链的融合一体，从而在更多行业和领域呈现广泛的发展前景。积极研发基于合作经济原理的系统集成平台，可望极大提升合作经济的规模优势与运行效率，从而实现数字化与合作化的相互促进。

关于"三位一体""系统集成"的提法也为 2020 年 4 月发布的《中国共产党浙江省委员会农村工作实施办法》所采用。该《实施办法》第二十一条提出：健全生产、供销、信用"三位一体"合作组织及服务体系，推动乡村数字化变革，加强改革系统集成、协同高效。

二、合作经济三大账户体系：公共簿记及其金融支持

合作经济的核心本质不是出资者的联合，而是交易者的联合。与公司股东不同，出资并非作为合作经济成员的必需条件，成员资格与是否出资没必然联系。纯粹民间自发的合作行为，从理论上说，通过预付款之类的融资方式也是可以运作的。例如日常生活中的"团购"，就是一个临时性的消费合作社，大家凑钱买东西，并非股金意义上的出资。

当然，为了确立合作社的经济基础，同时增强合作社成员的经济参与意识，也是为了迁就社会上对于"出资"才是"老板"的习惯观念，合作社还是有必要建立出资制度的。为此可以区分合作社基本成员（出资成员）、联系成员（只要求与本社进行交易）。不要求所有合作社成员都是出资成员。现实中很多合作社的成员"出资"属于虚报，不如还其本来面目。

在成员分类的基础上，对于合作社股金还可进行结构化设计，区分资格股和优先股。资格股可以直接适用合作社法的现有条文。现有的合作社法、公司法对于优先股都没有明确规定，但也没有否定，因此，合作社可以通过章程或成员大会决议自行定义优先股，根据意思自治的原则，也是合法有效的（中国证监会已经在上市公司中推动优先股制度）。单一成员持有资格股比例应作严格限制，以保持合作制的平等互助原则；优先股，不享有表决权，可以优先分红，但分红应设立上限（合作制对于资本回报须有必要限制），下不保底，不承诺固定回报（避免被视为吸收存款或发

行股票)。

与股份制的根本不同在于,合作经济并非主要按照出资额决定表决权和收益分配,而是更多以交易额(可转换为交易积分)为基础。合作经济成员最基本的权利和义务,是通过本组织进行交易,各种交易往来形成的债权债务净额,类似于成员在本组织的存款或借款,可以称为储值,不妨联想为一些商家的购物卡、储值卡(储值为负值,就相当于透支或者借款了)。

这样我们就可以构建合作经济的三大账户体系,包括股金、积分、储值。各种经济业务和行为,无论供销存借,其实都体现为上述三大账户的增减流转。

储值账户,其实也是债权债务账户,同时可作为合作经济成员通过本组织进行采供、销售、消费乃至资金互助等多种形式合作活动的结算账户。

积分账户,主要与交易额(交易量)挂钩。类似很多电子商务网站有自己的会员和积分制度,航空公司也有会员卡和里程积分。从广义上说,积分也可包括存贷款交易的积分。为了鼓励合作交易,建立积分奖励制度,还可以进行会员分级,提升客户黏性。当然,最根本的奖励,就是按照交易额(交易积分)进行盈余返还。

其实上述三大账户体系,对于任何一个经济实体,无论是合作经济组织,还是企业组织,都有通用性。一些企业,特别是商业服务类企业,建立了自己的会员制度和积分制度。有些商家,如超市、加油站、美容院等,发行储值卡,或者允许客户记账消费(相当于透支)。因此,对于账户体系的融会贯通,在经营管理上有重要意义。类似的股金、储值、积分账户安排,既可以仅存在于某一个、某几个实体的合作社之中,亦不妨直接设立于合作协会或信合联盟的托管平台。可以设想一个建立在合作经济原理上的电商平台,或互联网金融平台,或两者得兼的平台。

账户体系是簿记的基础与核心。马克思很重视簿记:"簿记对资本主义生产,比对手工业和农民的分散生产更为必要,对公有生产,比对资本主义生产更为必要。"[①] 马克思认为:"银行制度,就其形式的组织和集中

[①] 《资本论》第二卷,人民出版社 2004 年版,第 152 页。

来说……是资本主义生产方式的最人为的和最发达的产物。……银行制度同时也提供了社会范围的公共簿记……"①

长期以来,银行主要发挥了资金簿记功能,近些年异军突起的电商平台则较好发挥了交易簿记的功能,这恰恰形成了电商平台涉足金融的基础,发人深思。银行在支付领域的市场也受到了非银行支付机构的严重挤压。合作经济领域的支付结算服务有其特殊性、滞后性,是一个值得高度重视的新兴市场,银行要在这个市场上发挥主导作用,需要加深对于合作经济的理解,提出切乎痛点的解决方案,形成合作经济的"公共簿记"。

"三大账户体系",是本书提出合作化与数字化相互结合、新型平台经济及其金融科技支持的理论基础,也为金融机构嫁接互助合作机制,特别是支付结算业务创新指明了方向。

国内原中国银监会正式批准的、持有金融牌照的"农村资金互助社"共有40多家,由于缺乏综合合作体系的依托,单独运行都有一些困难。特别是由于政策上、技术上、投入上的制约和缺乏外部结算网络支持,社员(客户)账户在转账汇款、通存通兑等方面功能受到局限。② 这也阻碍了资金互助社的发展壮大,因此需要在账户体系创新上取得突破。

三、支付便利化、交易结算与分账返利一体化

(一)合作经济的交易、支付与返利

合作经济的本质特征与核心要求是交易返利,以客户(也就是合作经济成员)的利益为主导。但长期以来并未得到严格遵守,致使假合作社泛

---

① 《资本论》第三卷,人民出版社2004年版,第685—686页。
② 根据《中国人民银行 中国银行业监督管理委员会关于村镇银行、贷款公司、农村资金互助社、小额贷款公司有关政策的通知》(银发〔2008〕137号)"三、支付清算管理":"具备条件的四类机构可以按照中国人民银行有关规定加入人民币银行结算账户管理系统和联网核查公民身份信息系统。符合条件的村镇银行可以按照中国人民银行的有关规定申请加入大额支付系统、小额支付系统和支票影像交换系统。贷款公司、农村资金互助社和小额贷款公司可自主选择银行业金融机构开立存款账户,并委托存款银行代理支付结算业务。"

滥成灾，影响了真正的合作经济得到应有的重视和支持。

其中的原因，除了政策上、认识上的偏差以及利益格局的长期阻碍之外，还由于合作经济实行交易返利是对于纷繁复杂的交易行为进行详细及时记录，以及准确的计算和支付。这对于普通人群来说困难太大，也是现实中合作社普遍不规范的一个技术原因。

在合作经济的"公共簿记"或者记账核算和支付结算上，长期缺乏低成本的、简便好用的技术工具。这个问题不容小觑。特别是在小农合作、综合合作条件下，交易量普遍很小而品种繁多、标准不一，使得合作交易的组织和监督成本（包括核算与结算）令人望而却步。如果推进合作经济内部账户与外部银行账户之间的绑定和联动，可望实现支付便利化、交易结算与分账返利一体化。

（二）参考：通用积分联盟

传统上关于合作经济的理论与实践，主要是从客户端，特别是小微经济主体的立场来思考。小微主体形成合作经济，意义很大，难度也大；如果还要自建生产流通的服务能力，更涉及运营成本和管理监督问题。此外，很多商家为了吸引和巩固客户，从提供"赠券"到发展"会员"、建立"积分"。假如商家把全部或大部分盈余按照交易积分比例返还给客户，则这个商家就是"合作制"商家了。当然，现实中的商家，大多只是拿出一小部分利益用于积分返还。积分已经成为市场营销的重要手段，其实也是理解合作经济的一个工具。

通用积分（IGI, International General integral）是指众多商家形成合作联盟，使用同一积分体系，对会员进行奖励。通用积分联盟，通常是商家发起和主导的，可理解为众多商家之间的营销合作社，向联盟会员（积分持有人）让渡了一部分利益；联盟会员（积分持有人）在其中并无主体地位，但是仍存在权益保护问题。从理论上说，通用积分联盟如果从客户立场发起和主导，那就是典型的消费合作社。当然还有第三方平台模式，属于为商家和客户提供的中介服务。

在通用积分体系下，联盟会员在积分合作商家消费时能够将获得的积分进行合并累计，到一定额度时可以兑换礼品、抵扣消费金额，也可以选择转为货币现金形式，更重要的是实现跨行业、跨领域、跨系统、跨区域，通积通用。类似将餐饮娱乐、生活服务、商超零售，乃至航空、金融等行业单纯的打折促销，以通用积分的方式，进行"返券"，而且"返券"是通用的，即在甲商家获得的优惠可以到乙商家去消费。

在同等条件下，联盟会员（客户）自然优先选择可以获得积分奖励的商家消费，从而提高联盟商家的销售额。对商家的价值，则是刺激客户消费、对消费行为进行跟踪、对消费数据进行挖掘，进而从培养客户的忠诚度方面去做文章。商家与通用积分平台合作，节约了独立建设、维护积分系统的成本，同时还可获得营销、流量等方面赋能。通用积分平台的运营者则可以从联盟商家的收入增长中获得回报。

通用积分在很多国家已经有不少成功案例。例如 AIMIA，其前身是加拿大航空旗下的常旅客计划 Aeroplan，后来这部分业务被独立成为一家积分管理公司，更名为 AIMIA。AIMIA 不断将业务从传统航空领域扩展到包括旅游、银行、金融等在内的其他领域，逐步扩大会员忠诚度服务体系，陆续并购了全球一系列的通用积分公司和积分咨询公司，已经成为世界上最大的通用积分平台。

类似的例子还有美国的 Golden Points、S&H Green Points 积分，英国的 Nectar 积分，德国的 PayBack 积分，澳大利亚、新西兰的 Fly Buys 积分，韩国的 OKCashbag 积分，新加坡的 MoreRewards 积分，等等。

在国内，支付宝推出集分宝通用积分服务。用户可将支付宝合作机构的不同积分兑换成集分宝，并在淘宝商城等平台购物时直接用集分宝抵现、还信用卡、缴水电煤费用以及向慈善机构捐款。平安集团旗下的万里通联合大量商家，包括主流电商以及众多线下商户，将相互之间的积分进行兑换、流通，同时还可拉动寿险、金融等主营业务。万里通自称是目前国内覆盖面最广的通用积分体系。

在数字化条件下，通用积分平台更可将线上线下消费场景打通，整合各大平台、各行业商户，打破异业积分体系之间的壁垒，高效实现各行业商户积分的互通互换，形成良好的生态圈。数字化平台一面覆盖商家集群，一面覆盖消费者集群，通过数据和商业模式为纽带进行关联，可望有进一步衍化创新。

（三）交易平台的"二清"规避：同时完善合作经济的分账返利

互联网交易平台，特别是电商平台，在价款结算的逻辑上，与很多集中收银的实体商场很相像，都是统一收受客户的款项，然后分发给平台（商场）的商户（店铺），因此容易发生资金的蓄留即资金池的情况。线下实体商场的店铺数量终究是有限的，且具有很强的地域性，而线上平台的商户数量几乎可以无限扩展，更不受地域的限制，因此平台资金池容易迅速膨胀，引起金融监管部门的关注。

交易平台的自有账户上如果沉淀了大量客户结算资金，则存在资金挪用，甚至卷款"跑路"的风险。交易平台还有信息泄漏风险，甚至有伪造、变造交易信息的可能。如果监管部门无法获取真实、完整的交易信息，将为电信网络诈骗、"黄赌毒"、洗钱等违法犯罪活动提供便利。对于交易平台本身来说，商户的结算款项纳入平台公户，也容易造成税务风险。

根据中国人民银行颁布的《非金融机构支付服务管理办法》，只有银行类金融机构和持牌第三方支付机构才能开展资金支付结算金融服务。2017年11月，中国人民银行办公厅《关于进一步加强无证经营支付业务整治工作的通知》，在"无证经营支付业务主要认定标准"中指出：以平台对接或"大商户"模式接入持证机构，留存商户结算资金，并自行开展商户资金清算，即所谓"二清"行为。

"二清"最初起源于银行收单业务，即POS机线下收单。某些外包服务商通过接入合法的持证机构，并且私自扩展二级商户，开展收单业务。这些POS机"二清机构"往往打着费率低、T0结算的噱头，吸引大量的二级商户，存在资金挪用的风险。资金经过三方清算后直接进入"二清机构"的账户，再由"二清机构"结算给二级商户。这就构成了事实上的"二清"。

从中国人民银行《关于进一步加强银行卡收单业务外包管理的通知》（银发〔2015〕199号）、《关于提供无牌机构办理支付业务信息线索的函》等操作细则来看，一般认为，判断"二清"的核心标准是无证机构是否在支付业务流程中对客户结算资金有处理权限，究其本质就是无证机构是否主导了客户结算资金的处理。具体来说，无证机构实质性经手结算资金，实施对客户结算资金入账的控制，这是典型的"资金二清"行为。此外，无证机构在不涉及具体资金结算环节的情况下，依托掌握原始交易数据的优势，主导提供商户资金结算报表，使得商业银行和支付机构根据其提供的资金结算报表为商户入账，有观点也认为是"二清"行为。在这个意义上，不仅"资金二清"行为属于"二清"，"信息二清"也属于"二清"。

通常认为，"二清"机构是针对"一清"机构而言的。"一清"机构指的是商业银行和拥有支付业务许可证的持牌支付机构。"二清"机构是未获得人民银行支付业务许可证，在持牌收单机构的支持下实际从事支付业务的机构，这些机构可以是经过工商登记的普通商户，也可以是线上平台型机构。由于线上受众广泛，电商平台"二清"造成的风险要比线下的POS机"二清"大很多。

交易平台的"二清"风险，需要从根本上解决。中国人民银行颁布的《非金融机构支付服务管理办法》第三条第一款规定：非金融机构提供支付服务，应当依据本办法规定取得《支付业务许可证》，成为支付机构。一些交易平台自行申请或直接收购支付牌照，从而实现平台自有资金与商户资金分离。如淘宝、天猫拥有"支付宝"，京东拥有"网银在线"，美团收购"钱袋宝"，拼多多收购"付费通"。但这样的投资和运营成本显然不是绝大多数电商平台所能负担的。业界也出现了商业银行、支付机构、第三方技术服务商等不同主体推出的"二清"解决方案和分账系统。分账系统是解决电商平台"支付+资金分账+二清合规"的资金交易软件，不仅针对平台的资金安全问题，同时，通过分布式账户体系，也为平台记账、对账、分账等提供了便捷。

支付宝和微信都已推出"分账"功能，但其系统稳定性与合规性仍存在一些争议。有观点认为，支付宝、微信仅提供支付方式，分账则为后分账功能，即如何分、分多少，把控权在平台自己手中，这样仍然间接形成了所谓的"资金池"+"二清"风险。

相比之下，采用银行提供的分账系统，有些独特优势：其一是避免同行竞争。主流的第三方支付机构往往与平台本身存在同类经营的问题，客户、支付、交易等核心信息很容易被泄露，而银行与平台属合作关系，不存在同业竞争和利益冲突。其二是增加平台公信力。借重银行增加可信度，引入交易担保支付机制尤为关键，可以进一步大大提升品牌认可度。其三是提升平台财务核算效率。银行完善强大的管理功能可以提供多维度对账数据，简化平台财务对账的工作量，提升核算的准确度和效率，一次性对接入款和出款的一整套的收付款产品，统一的对账管理。其四是综合金融服务解决方案。银行可为商家（用户）提供更多的综合性服务，如融资、理财、保险等多样的金融服务。特别是由于数据的不断沉淀，也丰富了银行赋能企业金融服务的可能，有助于缓解农户、中小商户融资难、融资贵的问题。

银行"分账"方式，伴随着资金的银行存管。所谓的银行存管系统是指交易平台与商业银行达成合作协议，由平台管理交易，银行管理资金，实现资金与交易分离的目的。这样做使得平台接触不到资金，保障了用户的资金安全。早期银行存管系统是为了规避P2P互联网金融平台资金池的问题，保护投资人的利益。而后随着互联网平台"二清"问题暴露，并逐渐被监管部门所重视，对接银行存管系统成为平台规避"二清"风险的重要方式。资金由银行封闭式管理，平台无法篡改交易数据，也无法挪用交易资金。所有交易分账为前置分账，以保障消费者和商户的安全，真正做到合规。

本书这里需要强调指出的是，交易平台"二清"风险规避所需要解决的"分账"问题与合作经济需要解决的"返利"问题，是高度同构的。大型合作经济平台（特别是就其供销合作而言），与传统电商平台一样会遇到类似问题。可以把平台理解为一个合作社，平台入驻商户好比是合作社成员，商户借助平台对外开展业务、发生交易。通过合作经济平台（合作社或其他合作经济组织，体现合作经济性质的网络平台）对外交易，资金沉淀在平台，不仅有资金本身的风险，也有税务上的顾虑。

尤其是合作经济成员通过平台对外交易（包括采供、销售），每笔交易所涉及的价格、数量，乃至业务品种、质量规格各不相同。平台（合作社）与成员之间可以有返利、提成、分佣或手续费、管理费等安排，这些安排既可能是按价款计算的，也可能是按实物量计算的，乃至有更复杂的结构化安排如超额（或全额）累进（或累退）等。合作经济成员还有参与管理和监督的权利和义务。在合作经济成员的经济实力、交易量普遍较小的情况下，组织运作和管理监督成本过高必然削弱合作经济的发展。

而有了分账的技术和数据基础，返利的计算和支付就高度便利化了。组织管理的成本下降，合作经济从而更具现实的可行性。这个问题解决好了，合作经济将有跨越式发展，包括网上虚拟合作社也大有前途。

四、平台经济反垄断：合作化平衡数字化

2021年3月，习近平总书记主持召开中央财经委员会第九次会议，重点研究了促进平台经济健康发展问题，要求补齐短板、强化弱项。会议指出，平台经济有利于提高全社会资源配置效率，推动技术和产业变革朝着信息化、数字化、智能化方向加速演进，有助于贯通国民经济循环各环节，也有利于提高国家治理的智能化、全域化、个性化、精细化水平。此前，2019年8月，国务院办公厅曾印发《关于促进平台经济规范健康发展的指导意见》。2021年2月，国务院反垄断委员会印发《关于平台经济领域的反垄断指南》。

数字化是大势所趋，极大提升了生产流通效率和生活消费体验。但数字化不是包治百病的灵丹妙药。人类历史上每一次重大技术进步和产业革命，都有复杂多面的社会效应。数百年来工业化、城市化、现代化、全球化，在创造辉煌的同时，伴随着此伏彼起的战争、动荡与革命。数字化亦不能自动带来社会的和谐与公平，甚至会造成进一步的社会分化。

平台经济是数字化的产物，是以互联网平台为依托的新型经济形态。作为一种新型资源配置方式，可以广泛动员社会的供给与需求，快速精准实现供求之间的智能化匹配。

但从国外到国内，平台经济的无序发展也引起越来越多的争议。现有常见的互联网商业模式，都是建立在股份制逻辑基础上的，固然取得了极

大成功，但在其发展初期与社会公众分享了一些价值之后，有些已经出现资本无序扩张乃至垄断的趋势，对于消费者、生产者两端的利益空间构成较大的挤压，最终使得大获其利者是平台背后的国内外资本。美其名曰"共享经济"（Sharing Economy），实则没有共享的制度安排和组织保障，甚至走向反面，这是需要引起警惕的。

防止资本无序扩张，平台经济反垄断，并不需要干预资本特别是民间资本的日常经营与决策。在少数的情况下，强行分拆垄断企业，或者限制强强合谋，乃至合并，是有必要的，这在国际上多有先例可循，在中国也不乏依据。在更多的常态下，主要应靠鼓励和扶持弱小分散主体的合作与联合，起到制衡强者的作用。合作经济，就是这样一种行之有效的方式，既没有破坏市场机制，又有助于社会公平。合作化可望有效平衡、矫正数字化带来的异化和弊端，更是反垄断的利器。当然，如前所述，数字化也为合作化带来效率的极大提高，可望形成"新型平台经济"，也可称为"平台合作社"。

在国外已经有一些"平台合作社"（platform cooperatives）的探索，结合了合作经济的业务结构与数字化在线平台。不妨设想，如果优步（Uber）的司机（或乘客）拥有并管理优步会怎样？如果爱彼迎（Airbnb）的房东（或房客）拥有并管理爱彼迎呢？

这并非异想天开。Twitter 的部分股东一度发起投票，试图将该社交媒体转型为合作社，目的是"实现 Twitter 在当前商业模式下努力多年而无法实现的潜在价值。我们可以制定更透明的问责制度来应对滥用。我们能把这个平台的数据重新开放以激励创新"[1]。这个提案虽然没有获得 Twitter 多数股东通过，但也多少反映了一些现实问题和趋势迹象。2022 年 4 月，埃隆·马斯克（Elon Musk）成为 Twitter 最大股东，并加入 Twitter 董事会。这一变化看似突然，实际上已酝酿了一段时间。马斯克与 Twitter CEO 阿格

---

[1] Keith A. Spencer, "Twitter Shareholders Set to Vote on Whether to Convert Company into Co-op", May 21, 2017, https://www.salon.com/2017/05/21/twitter-shareholders-set-to-vote-on-whether-to-convert-company-into-co-op/; Kerry Flynn, "Twitter's Shareholders Meeting Was the Same Old Hatefest—Except for Two Things", May 22, 2017, https://mashable.com/article/twitter-shareholders-meeting-2017.

"三位一体"服务"三农"
新型合作经济与普惠金融

拉沃尔、Twitter 联合创始人杰克·多西提出了一种想法，即通过使用一种技术方法，让人们能够控制自己在社交媒体信息流中看到的内容，从根本上将社交网络的权力从巨头公司转移到用户手中。

在美国，Loconomics（名字意指"本地经济"）是一个对接本地服务需求和供给的 APP，涉及遛狗、家庭护理、儿童保育、按摩治疗和辅导等领域。所有的服务提供者都被称作"所有者"（owner），可以选举合作社理事会。合作社产生的盈余根据"所有者"的贡献进行分配，真正实现利益共享。

最初在德国兴起、近来在英国流行起来的 Fairmondo（名字意指"公平世界"）就是一个合作社版的 Amazon 或 eBay。Fairmondo 是由用户拥有的离散式在线市场，旗下成员致力于发展替代电商巨头的平台。在向全球推广的过程中，该平台希望最终由各个地方的合作社所有，而他们所用的软件允许其他人免费采用、修改和自用。Fairmondo 还以范例的形式在网上免费提供设立合作社平台所涉及问题的解决方案。

以色列的 La'Zooz 自称是"由社区共同拥有的去中心化运输平台"，借助互联网技术对一个地区内的空闲运力加以灵活调度，收取"公平的费用"。整个平台的收益则"公平分配"给这一经济生态系统的所有参与者：车主、消费者、软件系统的开发者、运营管理者等。在意大利的博洛尼亚，出租车司机以合作社联盟的形式，在 2005 年就成立了打车平台 Taxiclick。

在意大利，针对爱彼迎等短期租赁平台的弊端，作为非营利合作社的 Fairbnb. coop 在保障房主和住客双方权益的前提下，将平台收益分享给整个社区，更多考虑到社会公众与地方政府的关切。其他来自欧洲以及世界各地的团体也相继加入其中，帮助 Fairbnb 探索更加合适的发展模式，进而寻求实施的最终模型。

在美国，家政平台合作社软件 Alia 是由美国家政服务人员联盟（National Dometic Worders Alliance，NDWA）开发。在中国香港，"邻里管家"（Around Neighbors），以邻里社区为单位，匹配家政、陪诊、照看儿童等服务，提倡邻居间工具、资源的共享和再利用。Around 把邻里合作社链接到网络平台，整合服务需求，让劳务市场配对更高效；更为那些被主流就业市场排斥的人，提供社会经济参与的机会，获得应有的尊严。

这样的实例还有不少，涉及诸多行业和领域，究其本质是要实现一种开放、民主、去中心化、为大众共有和共享的互联网，以此从根本上改善社会经济状况。这也是合作社运动和 IT 界的开源运动（open source movement）的结合。

近几年，国外已经出现了"平台合作主义"（Platform Cooperativism）的思潮，主张要以全员共有、民主自治的合作社形式来治理互联网平台。平台合作主义者、纽约新学院（New School in New York City）文化与媒体系教授特雷伯尔·肖尔茨的文章《平台合作主义挑战企业分享经济》开门见山，直击优步、爱彼迎等企业的平台资本主义本质，揭露他们以共享经济之名疯狂垄断与攫取价值。[①] 致力于点对点知识共享的 P2P 基金会创始人米歇尔·鲍文斯（Michel Bauwens）认为当前这种攫取体制不可持续，亟须改变游戏规则，向开放价值创造转变。非营利共享中心 Shareable 联合创始人尼尔·高伦福罗（Neal Gorenflo）则认为，替代平台资本主义的不应该是另一个中心化全球平台，而应该是以技术互相连接的合作社联盟。"平台合作主义：网络、所有权、民主"（Platform Cooperativism：The Internet、Ownership、Democracy）大会之后，平台合作主义的运动扩散至世界很多地方，形成国际呼应的浪潮。[②]

五、金融科技赋能合作经济：数字化促进合作化

（一）金融科技破解资金池

传统意义上的合作金融都是资金池模式，国外更已形成发达的合作银

[①]〔美〕雷伯尔·肖尔茨（Trebor Scholz）：《平台合作主义挑战企业分享经济》，见《让我们平台合作社吧》，陈玉洁译，网络社会研究所共知开源出版，见 https：//www.gitbook.com/book/huangsunquan/platform-cooperativism/details。

[②] 门婕聪：《谁的平台？——合作社作为对抗不平等的方案》，载《典藏·今艺术》，2018 年 7 月刊。

行体系。资金池及实体金融机构的出现，优势在于降低了日常交易成本。正如新制度经济学认为，企业组织（当然也包括金融机构）是一系列契约的集合，是节约交易成本的制度安排，有其现实合理性。如果反其道而行之，固然可以将组织机构还原为一系列契约，将复杂契约还原为简单契约的叠加，其中必然涉及交易成本的极大上升。这个问题的解决，在过去是难以想象的。

现在则借助于先进的金融科技，创新产品和契约设计，优化简化流程，通过金融机构嫁接互助合作机制（例如银行依托合作组织的互助增信贷款，或者银行托管、封闭运行下的互助委托贷款，以及保险信托机构支持下的互助保险、互助信托等方式），迅速、高效地促成交易，同时避免了新设机构或申请金融牌照的障碍与成本。

同时进一步创新支付结算业务，帮助建立合作经济的账户体系和簿记系统，促进资金分账、交易返利的便利化、规范化。通过软件设置和大数据监控，有助于防范资金挪用乃至非法集资的风险。对于需要限定对象和用途的资金，可以采用可编程的数字货币。

这恰恰是我们相对于发达国家和地区，可望实现合作经济、合作金融"弯道超车"的地方，不再需要简单重复国外的发展路径。

类似的例子如优步、滴滴等网约车平台的出现，使得乘客随时随地可以用车，只需要通过普通的订单、一系列简单的交易行为就可以实现。这在过去，要达到同样的即时服务效果，需要有专职的司机甚至车队来保障，需要建立正式的劳动雇佣乃至企业组织。网约车平台极大降低了交易成本，因此，复杂高频的市场交易未必都需要"内部化""机构化"。金融科技之于合作经济，也是如此。

好比人们对于聚餐 AA 制不太适应，除了社会文化习惯，一个重要的原因是每次算账、收款、找零不胜其烦。有些经常聚餐的同学朋友，就专门凑钱设立一笔"基金"由专人保管和支用，也是一个小小的"资金池"，虽说不至于涉及金融监管，但多少也有管理成本和操作风险；如果每次到场的人不齐，虽说未必有人计较，严格来说也会造成费用负担不合理。有的社交软件、支付工具中提供的"AA 收款"功能，自动分账、即收即付、每次清结，就可以很好地化解上述问题。

（二）基于互助合作的新型平台经济

信息技术的飞速发展，打破了过去多年的瓶颈制约。互联网平台可望显著降低合作经济的组织成本，极大提升合作经济的规模优势与运行效率，加快复制及推广速度，从而实现数字化对于合作化的支持。

利用金融科技优势，提供软件支持和支付结算、资金托管、委托贷款等服务，可望形成基于互助合作的新型平台经济。依托平台既可以为线下正式注册的合作社、合作协会（联盟）服务，又可顺应互联网的发展趋势，广泛采用虚拟组织的灵活形式，在线上便捷形成各种"虚拟合作社"（最简单的类似微信团购群），广泛联系广大农民和消费者，建场景，引流量，加快建设全社会、多层次、覆盖城乡、贯通网上网下的合作体系。

考虑到电商平台领域特别是综合电商领域市场已经趋于饱和，竞争激烈，进入门槛较高，未来战略上可能的一个切入点在于垂直电商（Vertical E-Business）。垂直电商是指在某一个行业或细分市场深化运营的电子商务模式。在农业农村领域，如农产品销售、农业生产资料供应、农村生产生活服务等领域，尚有一些"蓝海"市场，具备无限潜力。

尤值一提的是，社区支持农业（CSA，Community Support Agriculture），这个概念于20世纪70年代起源于瑞士，现已在世界范围内得到传播，并从最初的共同购买（消费合作）延伸出更多的内涵。消费者群体为了寻找安全的食物，与那些希望建立稳定客源的农民群体携手合作，建立经济合作关系，互相支持以及共同承担风险和分享利益。"社区支持农业"其实是城市消费合作（本质属于供销合作的"供"）与农产品销售合作、农业生产服务合作之间的对接与融合。其快速发展有赖于互联网平台的支持。

基于互助合作的新型平台经济，为了避免投资过大和运营过于复杂，可以重点考虑返利模块，甚至先按照一个"返利平台"来设计。在国外，返利网站属于CPS（商品推广解决方案）的一种，主要是按销量分成的方式付费。一些较大的返利网站如Fatwallet、Ebates、BeFrugal、TopCashback等，采用购物返利的形式聚集大量网购会员，形成了规模优势，使其便于从各大网上商城获得更多优惠与折扣，并回馈会员。因此，可以参考一些返利网站的模式，按照合作经济原理加强网购会员的主体地位，如果大部分差价都返利给客户了，也就接近合作制了。

从长远上看，金融科技赋能"三位一体"合作经济的最终成功，并从金融机构角度实现商业可持续，有赖于尽快实现巨大线上流量。但是创新性、探索性项目的具体业务流程、规则往往还不明晰、稳定，一线的业务人员还需要一个理解和适应阶段，更不用说程序开发人员了。如果为了"上线"而"上线"，急于"固化"会欲速则不达。因此，在基本思路统一的基础上，积极进行产品方案设计和试用，不一定都要等待和依赖线上平台。最大的难点并非线上平台开发，而是要在线上实现快速扩张之前，在线下实现若干成功案例。这既是为了线上平台积累经验，也是为了树立典型样板、扩大社会影响、降低推广成本。

（三）金融机构的优势与契机

现有互联网头部企业的盈利模式，在本质上与新型合作经济并不相容。诸多农业龙头企业或商业龙头企业，长期以来与农民及消费者交易频繁，价格上彼此博弈，不可能脱离自己的利益立场去构建新型合作经济平台。各种逐利资本，作为交易对手方，都很难真正支持合作经济。政府各级农业农村、商务、供销社和金融监管等部门，由于职能分割，一直未能全面推动合作经济。而小生产者、劳动者、消费者力量分散薄弱，自行产生合作经济意义上的大型互联网平台并不容易。

国外金融和商业体系早已发育成熟，相比之下，电商和互联网金融在中国表现出更大的发展空间。同样地，国外合作经济200年来线下发展趋于成熟，而线上平台发展相对滞后，这可能是互联网平台的最后盲区，也是对于中国的一大机遇。

金融机构特别是国有大型银行也去发展"平台经济"，如果复制阿里、京东、美团等互联网头部企业的现成模式，很难取得成功，纵使商业成功了也没有多大社会意义，因为并不缺少这样的平台。恰恰因为农村金融有很大的真空地带，国有大行在农业农村利益格局中羁绊较少，相对具有一些超脱优势。但其在农村经营网点太少、管理半径太长，因此更有必要借助于合作经济组织体系及其系统集成平台。金融机构深入拓展合作经济的应用场景，在获客、风控上都有重要意义。不仅需要深入产供销流程，更要深入理解和嫁接互助合作机制。最佳切入点在于金融科技赋能合作经济，发展新型平台经济。

从公开资料可以发现，中国农业银行浙江分行针对供给、流通和消费"三端"，加大生产、供销、信用"三位一体"合作体系建设的金融支持，以资金畅通促商品流通，打通商品供给、商贸物流、终端销售等供应链价值实现的三个关键环节，释放消费潜力，力促国内大循环。[①] 中国建设银行研修中心先后支持设立了农业农村产业链、供应链、信用链"三位一体"系统集成项目组、金融科技赋能合作经济项目组，部分成果已在若干县市进行验证和试点。还有一些地方性银行也在积极进行相关的探索和实践，但在理论指导和经验整理上有待加强。

六、数据中介与数据合作社

（一）数据权益

近几年关于数据要素、数据资产的研究成为热门。很多讨论聚焦于数据的定价、交易甚至是"入表"（列入资产负债表的资产项目）。其实，市场上的定价取决于供求关系的博弈，不是学术或政策问题，而是商业判断问题。提供数据交易的前提，更是要有合法正当的权利，否则就是"盗版书"甚至是"人贩子"意义上的"商业模式"，类似"黑市"（至少也是"灰市"）贸易了。至于数据资产"入表"，也是个伪问题。现有会计准则，足以容纳：不管什么"资产"，有合法交易对价可以入表，没有交易对价不能入表。也不是数据如何重要就必须入表，否则阳光、空气对于全人类

[①] 《中国农业银行首席专家、浙江分行行长冯建龙：激活产业链 畅通"双循环"》，载《中国城乡金融报》2020 年 9 月 11 日；黄平：《探索建立农民专业合作、供销合作、信用合作"三位一体"新型合作体系——浙江农村改革这样破题》，载《经济日报》2017 年 7 月 14 日，第 1 版。

都很重要,是不是都要"入表"?现实中确有数据是花钱买的,也很"有用",但是来历有问题。倘若通过"入表","美化"会计报表,所为何来?是给债权人、小股民看吗?至于一些人以为数据"入表"有助于获得"金融支持",就更加不知所云了。

数据具有非排他性、可复制性、无形性。在数据生产、收集、控制、开发等不同环节中,参与数据开发、作出相应贡献的主体众多,存在数据的原始生产人,数据收集、控制和处理人,数据加工人等一系列参与者,并在各自环节都会创造、赋予、贡献不同的价值。数据的类型、使用和流转的场景又是复杂多变的,数据又可被多主体同时使用,这都导致数据权属难以界定,数据权益难以实现或未能得到应有保护。现实更表明,一些垄断企业包括互联网平台公司,有滥用公民数据的倾向。特别在我国,《中华人民共和国个人信息保护法》确立的以"知情同意"原则为核心的个人数据权利,还有待获得足够的重视。

我们真正需要关心的是数据市场的基础制度建设,如何更好地界定和维护公民的数据权益,推动公民数据权益的有序实现,从而促进数据的流通和利用,提升经济的效率。学者要更多站在普通公民、消费者等小微经济主体的角度,思考问题和提出观点,而不是把自己代入那些控制着来历不明数据资产的可疑商家角度。在"数据热"下,相比于数据定价、交易、"入表",更体现普通人群数据权益的数据信托得到的关注不多,数据合作社也几乎无人注意。

(二) 数据中介

2022年12月,中共中央、国务院印发《关于构建数据基础制度更好发挥数据要素作用的意见》(以下简称"数据二十条"),从数据产权、流通交易、收益分配、安全治理四个方面提出二十条政策举措,初步搭建了我国数据基础制度体系。其中,明确提出有序培育数据经纪专业服务机构,提升数据流通和交易全流程服务能力,构建促进使用和流通、场内场外相结合的流通交易制度体系,规范引导场外流通,支持在场外采取开放、共享、交换、交易等方式流通数据。

上述"数据经纪专业服务机构",就是数据市场的中介。数据流通与利用是数字经济发展的基础。众多数据中介应运而生,以中间人身份促成数据从数据源到使用者之间的流动。数据中介的职能涉及采集、汇聚、处理、售卖中一个和数个环节,在不同国家有不同模式和称谓。

美国较多使用数据经纪人(Data Broker)的提法。2022年2月,美国国会议员提出《数据删除及限制广泛跟踪和交换法案》(*Data Elimination and Limiting Extensive Tracking and Exchange Act*),其中将数据经纪人定义为"有意收集或获取与其没有直接关联的个人信息的实体,该实体将这些信息用于:1. 向第三方提供服务;2. 出售、许可、交易、提供参考或其他向第三方提供个人信息并获取报酬"。2023年10月,美国加州成为首个通过简化个人隐私数据删除流程的相关法律的州。该州的《删除法案》(*Delete Act*),要求加州隐私保护局(CPPA)创建并推出一种工具,允许该州居民要求所有数据经纪人删除他们的信息。

欧洲议会于2022年4月通过的《数据治理法》(DGA, *Data Governance Act*),其中并未使用"数据经纪人"的提法,而是采纳了"数据中介服务提供者"(Data Intermediation Services Provider)、"数据合作社"(Data Cooperatives)、"数据利他主义组织"(Data Altruism Organisations)等系列概念。该法规定,数据中介应当具有中立性、独立性,且其不能将数据用于共享以外的任何目的,也不能自行对数据进行处理。[①]

在欧盟法律框架下,"数据中介服务提供者"是中立的数据中介机构,通过分离数据交易中的数据提供、中介和使用环节,将数据交易的双方关系变为三方关系,以提升社会对数据中介服务的信任度,促进数据的共享流通,推动构建新兴数据驱动型生态系统。

(三)数据信托

2021年2月,美国《麻省理工科技评论》发布的"全球十大突破性技

[①] *Data Governance Act*, European Parliament, 6 April, 2022, https://www.europarl.europa.eu/doceo/document/TA-9-2022-0111_EN.html.

术"榜单,将数据信托(data trust)列入其中,并将其定义为"数据信托是一个代表人们收集和管理个人数据的法律实体"。《麻省理工科技评论》认为:"事实证明,科技公司对我们的个人数据管理不善。我们的信息被泄露、黑客攻击、出售和转售的次数超过了我们大多数人的想象。也许问题不在于我们,而在于我们长期坚持的隐私模式——在这种模式下,我们作为个人,自我负责管理和保护自己的隐私。数据信托提供了一种替代方法。"并指出:"尽管这些信托的结构和功能仍在定义中,许多问题仍然存在,但数据信托值得重视的是,其为隐私和安全方面长期问题的解决,提供了可能方案。"①

数据信托可以有效地平衡数据保护与数据共享之间的关系。在个人数据保护方面,数据信托被认为其能够通过普遍凝聚个人的力量,从而扭转当前个人与互联网巨头之间实力不平衡的局面。② 而在数据流动方面,数据信托能够拓展数据需求方获取数据的途径,从而最大限度地挖掘数据的社会和经济价值,并最大限度避免因数据流动而带来的风险和损害。③

欧盟《数据治理法》提出的"数据中介服务提供者",其为数据主体和数据用户之间的数据交换提供服务时,也被要求承担信托责任,以确保他们的行为符合数据主体的最佳利益。虽然立法文本中并未使用"数据信托"的完整表述,但数据中介背后的原理就是信托。数据中介通过限制数据处理范围、承担数据信托义务、增加个体对数据的控制,有效增强市场主体对数据共享的信任。既为数据主体控制个人数据流向增添了一个"帮手",也为个人数据能够流向数据生态系统产生价值打开了窗口。

数据信托起源于对个人隐私保护的考量。美国和欧盟的数据信托模式起初都是为了平衡数据主体与数据控制者之间不平衡的权力关系,这种不平衡的权力结构是:个人对数据保护的力不从心与数据控制者对数据的绝

---

① "10 Breakthrough Technologies 2021", by the Editors, MIT Technology Review, Feb 24, 2021, https://www.technologyreview.com/2021/02/24/1014369/10-breakthrough-technologies-2021/#data-trusts.
② "How Data Trusts Can Protect Privacy", MIT Technology Review, Feb 24, 2021, https://www.technologyreview.com/2021/02/24/1017801/data-trust-cybersecurity-big-tech-privacy/.
③ "Data Trusts in 2020", open data institute, Mar 17 2020, https://theodi.org/article/data-trusts-in-2020/.

对控制，个人完全处于被支配的地位。个人数据信托在这一背景下应运而生，用以解决个人数据权利的失权问题。就个人数据信托而言，个人的"受益"主要体现在维护个人对其数据的控制力上，而非真正获得财产利益，例如通过数据信托向数据处理者提出特定的个人数据处理要求，了解个人数据的处理情况，委托受托人发起集体诉讼等。[1]

"数据二十条"第六条指出："探索由受托者代表个人利益，监督市场主体对个人信息数据进行采集、加工、使用的机制。"其中关于"受托"的表述，也是信托法上的常用概念，可以理解是为数据信托提供了发展空间。

"数据二十条"还提出"建立公共数据、企业数据、个人数据的分类分级确权授权制度。根据数据来源和数据生成特征，分别界定数据生产、流通、使用过程中各参与方享有的合法权利，建立数据资源持有权、数据加工使用权、数据产品经营权等分置的产权运行机制"，基本搭建起分类分级确权授权和"三权分置"的数据产权制度框架，以解决实际问题为导向，促进数据使用权交换和市场化流通。在实际操作中，数据信托可以利用信托制度优势，将数据的分置产权分别赋予不同的信托当事人，搭建符合"三权分置"规范的权利结构，在可信的制度环境下实现数据权利的有序流转。

在国内数据信托业务的初步实践中，通常由数据持有者或数据处理者担任委托人，信托公司担任受托人，以委托人合法持有数据的部分或全部权利与权益作为信托财产，信托公司以维护委托人利益为原则管理或处置信托财产，并以信托协议约定的价值分配方式向受益人反馈利益。信托公司开展数据信托服务，以信托法律关系约束数据持有者、数据处理者、数据运营者等多方当事人的行为，确保其正常履行权利和义务，有利于解决数字经济发展过程中的难点。[2]

---

[1] 丁凤玲、彭建：《还数于民：实现个人数据自决的"新"数据中介》，载《华中科技大学学报》（社会科学版），2023 年第 4 期。
[2] 黄中翔、骆橙橙、谭中：《加快数据信托创新探索》，载《中国金融》，2024 年第 11 期。

（四）数据合作社

2015年，世界上首个数据合作社MIDATA在瑞士成立。这家"健康数据合作社"提供病历托管服务，并与来自FitBit可穿戴设备和个人基因档案的数据流集成，希望通过将个人数据的控制和货币化收益交还其主人，与商业化的数据中间商展开竞争。① 作为一个非营利的合作社法人，MIDATA章程规定，个人可以注册为MIDATA用户，并将其个人数据上传至MIDATA平台，选择是否与平台上的第三方共享其个人数据。合作社大会是MIDATA的最高权力机构，每个社员在大会上有且只有一个投票权。自然人可以登记成为MIDATA的社员，参与合作社治理。在数据合作社中，社员身份平等，共同管理组织，拥有并控制其存储在合作社内的个人数据，而合作社对社员负有信义义务。②

MIDATA的用户身份与社员身份可以相分离。而欧洲另外一家健康数据合作社（HDC, Health Data Cooperative）的一员，则是用户身份与社员身份一体化，要拥有HDC账户以存储健康数据，必须一次性支付一笔社员费，而社员们有权以一人一票的方式对HDC的事项进行决定。

2022年7月，欧洲议会研究局（EPRS, European Parliamentary Research Service）发布了研究报告《数据治理和人工智能：可持续和公正的数据治理模式》，明确反对以垄断性数据控制者为中心的主导模式。报告指出，数据合作社是另一种可选择的数据治理模式，其中数据主体是通过特定群体或社区的集体组织来组织数据使用、分享和访问的主要行为者。这种模式的主要价值是将公共利益转化为集体的保护和对社区的赋权。在这种情况下，社区成员自愿向数据池提供数据。成员还参与构建基于分享价值观的治理模式，包括限制使用、分享和访问集体数据的规范和程序。这种观点是对两种数据霸权主义治理模式趋势的回应。一方面，这是对将

---

① Margaret Hefferman, "How Workers Can Profit by Taking Control of Technology", *Financial Times*, April 17, 2017, https://www.ft.com/content/beb85bdc-1f8e-11e7-b7d3-163f5a7f229c.

② Articles of Association of MIDATA Cooperative, https://www.midata.coop/wp-content/uploads/2019/08/MIDATA_Statuten_20190626_EN.pdf.

数据定义为市场商品的叙事的回应。数据合作社将数据定义为应该由社区管理并为社区服务的公地。另一方面，数据合作社旨在通过分散的自下而上的治理模型挑战基于自上而下的数据治理模型的解决方案。同样，数据合作社的目标是围绕数据的价值实现透明和开放，作为对主流模式中的所有权和保密性的反应。这一转变的目标是解决数据霸权主义治理模式中的权力失衡问题。在这种模式中，数据所有者对数据主体行使控制权。①

欧洲议会通过的《数据治理法》中，也涉及"数据合作社"，其被归为"数据利他主义组织"（Data Altruism Organisations）。该法允许此类组织基于科学研究、医疗保健等公共利益的目的，将经过个人同意而提供的个人数据以及非个人数据用于机器学习、数据分析等。

美国学者的研究也认为：对成员负有信义义务的数据合作社为个人数据赋权提供了广阔前景。数据合作社可以管理、承办和保护对公民成员个人数据的访问。此外，数据合作社内部还可分析如何进一步增进成员福利。在此基础上，数据合作社将处于有利位置，能够为其成员谈判获得更好的服务和折扣。信用合作社和类似机构可以提供数据合作社的适当实现形式。②

麻省理工学院媒体实验室和人类动力学实验室主任，又被称为"可穿戴设备之父"的阿莱克斯·彭特兰（Alex Pentland）教授，在《斯隆管理评论》上刊文指出："合作社改变力量平衡。合作社使个人能够从自己创建的数据中获得报酬，并且，与他们自己或其他类型的数据交易形式相比，可以拥有更大的定价能力。例子包括音乐艺术家、视频制作人和演员的合作社。收入不是补贴，而是将生产者的数据汇总在一起进行交换，带来的改变个人经济活动的结果，从而使个人成为数据企业家。市场供求关系决定了数据所有者可以为其数据收费的'租金'的大小。在某些情况下，租金可能会大大增加一个人的收入。当 19 世纪的工人意识到自己的劳动价值

---

① 欧洲议会研究局（EPRS）：《数据治理与人工智能——公正可持续的数据治理模式》，冉高苒、陈佳敏译，高富平校，见华东政法大学数据法律研究中心微信公众号"数据法律资讯"，https://mp.weixin.qq.com/s/0Pt-bwQ_ysjBTmE07n7v1Q，2022 年 10 月 6 日。

② Hardjono, T. and A. Pentland, "Data Cooperatives: Towards a Foundation for Decentralized Personal Data Management", arXiv: 1905.08819 [cs. CY], https://doi.org/10.48550/arXiv.1905.08819.

时，许多人试图组建工会、集体谈判、进行政治游说，并从资本持有者那里以更强的地位进行讨价还价。随着人们从数据中获得经济回报，许多人将会对个人数据主权产生意识觉醒，从而形成新的数据合作社。"①

在数字经济的浪潮中，数据合作社必不可少。《中华人民共和国民法典》规定了"合作经济组织法人"，但是具体配套的法律只有《中华人民共和国农民专业合作社法》，2021年8月国务院公布的《市场主体登记管理条例》并不涉及其他类型的合作社。因此，从技术上看，数据合作社暂时无法注册。但是另辟蹊径，按照《社会团体登记管理条例》创建旨在维护成员个人数据权利的社会团体法人，也可获得相同效果。再有一个方式是通过设立"集合信托"，体现互助合作机制，可以间接实现合作社或社会团体所能起到的作用。

七、区块链与合作经济、普惠金融

（一）区块链就是有信用的村子

关于区块链的流行讨论大多集中在比特币，关于比特币的讨论大多集中在各种投机暴富的幻想，已经误入歧途。区块链的本质是分布式账簿技术、建立在信任基础上的共识，以及更加便利高效，也更加扁平化的交易服务平台。

如果进一步通俗解读，按照2019年10月中共中央政治局就区块链技术发展现状和趋势进行集体学习的讲解人，中国工程院院士、浙江大学区块链研究中心主任陈纯后来接受媒体采访时表示："区块链就是有信用的村子。"② 科学家的一句话，无意中打通了区块链—村子—合作社的联系。

---

① Jose Parra-Moyano, Karl Schmedders, Alex Pentland, "What Managers Need to Know about Data Exchanges", June 2020, *MIT Sloan Management Review*, https：//www.researchgate.net/publication/342047721_What_Managers_Need_to_Know_About_Data_Exchanges.

② 《给中央讲区块链的陈纯院士亲解：区块链就是有信用的村子》，见《浙江日报》浙江新闻：https：//zj.zjol.com.cn/video.html? id = 1319331，2019年10月31日。

作为一个生活（乃至生产）共同体，"村子"具有天然的合作社特征，很多社区合作社是依托村子。但村子本身，现实中不管是"自然村"还是"行政村"，都欠缺有效的加入和退出机制——更难因为某个人"信用"好与不好，予以接纳和逐出。相比之下，合作经济组织更有灵活优势。

合作经济及其普惠金融构造，基于信任和共识，奉行分布式的权益结构和业务网络，与通常的工商企业、商业银行有很大不同，却与区块链的构造基础非常接近。其在一定社区、人群范围内透明化、民主化管理的去中心的经济金融模式，与方兴未艾的区块链技术具有天然的耦合性。合作经济可以为区块链发展提供真实有效的应用场景，区块链技术则可以帮助合作经济不断规范和改进内部管理，提高运行效率。进而通过联盟链与联合组织的契合，解决行业自律和外部监管的难题。

区块链技术在合作经济的组织与治理中有广泛应用前景。合作经济是相对平等的自由联合，相对分散和扁平化，每个成员都可以当作一个独立的节点参与到合作经济的网络组织中。但普通成员难以在日常频繁地参与决策与管理，一般都由成员（代表）大会选举产生值得信赖的理事会、监事会，并形成日常管理团队。这样增加了管理层级和监督成本，也难免产生代理风险。成员和理事、监事都可能有"搭便车"的心态，经常集中开会客观上有困难。区块链的共识机制和智能合约，可以帮助合作经济组织强化和规范内部管理，增加成员参与度，降低组织运行成本。社员大会、理事会、监事会及各种专门委员会都可以网上投票，并由智能程序进行合规性审核，投票结果无法篡改，并可自动执行。区块链系统还能提供全程可追溯的、经验证的、标准化、数字化的交易记录，为内部审计和外部监管提供有效的工具手段。也有助于实时了解和监督各项业务和财务情况，一旦出现异常可以立即纠正。

区块链技术也可用于合作经济的账簿管理。合作经济组织的账簿（账户体系及其记录）天然具有共享账簿的性质和分布式特征。一般来说有两个层面的账簿系统，一套是合作组织法人财产资金的管理账簿，一套是合作成员在合作组织的股金、资金往来和交易往来的账簿。账簿应该是对成员公开的，但传统的记账过程是由专业会计处理，并非每个成员都能实时参与和监督。如果运用分布式记账技术，可以让每个成员都拥有一本实时账簿，随时了解财务状况。还能尽量避免人为记账错误。

目前在公有链领域存在记账效率问题。合作经济体系下的共享账簿可以参照合作社、联合社环环相扣、层层向上的结构，以私有链为基础形成联盟链，再加入公有链。基层合作社的规模一般为几十人到几百人，区块链在这样一个量级完全不用担心效率问题。一定区域或一定人群中的合作社可以根据其共同关系形成更高一级的联盟链，并进而融合成所有合作成员共享的公有链。只需要将经过验证的私有链账簿向联盟链或公有链发布，而不是对账簿每笔交易进行全网认证就可以了。数据的跨链融合技术正在研发和完善之中，相信最终是可以实现的。合作经济，恰恰最适合区块链技术应用，不仅解决单个合作社内部的记账体系，还有望解决各个合作社之间的换算关系。

数据安全和个人隐私问题是互联网世界面临的巨大挑战，共享账簿在解决信任机制问题的同时，也让个人信息面临泄漏风险。以合作经济组织为依托运行的私有链，可以将成员信息共享范围限制在私有链内。此外，合作经济组织的运营还是基于共同关系者之间的信任机制，只要采集一些必要的个人信息就可以，而不必像商业金融机构那样为了大数据分析而无节制地获取个人信息。基于熟人社会的信用机制，可以减少数据采集的数量和成本，同时降低个人信息被滥用的风险。

（二）分布式自治组织（DAO）与分布式金融（DeFi）

区块链经济的最终形态在于分布式自治组织 DAO（Distributed Autonomous Organization），也有译为"道"，此中颇有深意。建立在平等互助基础上的合作经济及其联合组织，正是 DAO 的现实写照。传统组织如同蜘蛛，智力集中在大脑，只要把蜘蛛的头去掉，蜘蛛就会死亡；而去中心化组织就如同海星，智能分布在身体各处，一旦打掉它身体的一部分，那个部分甚至可能自己再长成另一个海星，所以杀死海星比杀死蜘蛛困难得多。"海星"式的区块链组织，理论上只要有互联网连接，它就可以存在，这就是 DAO。DAO 的出现代表了一个重要趋势：区块链和数字货币越来越多地具有了走向社会治理的倾向。将 DAO 和合作社结合，产生了 DAC（Decentralised Autonomous Cooperatives），其实就是一些运用数字货币和区块链技术的合作社。备受关注的 DAO，实际上就是链上的合作社。DAO 和 DeFi（Decentralized Finance，分布式金融）又有很大的契合。DeFi 一般是指基于智能合约平台（例如以太坊）构建的加密资产、金融类智能合约以及协议，从而构成由众多金融服务机器人所组成的全新金融服务网络。所有的 DeFi 协议，本质上都是在提供一种金融服务，也就是说，是由金融服务机器人来提供金融服务，类比到传统世界里，就是一家银行给你提供借贷服务，或者一家理财公司帮你理财，又或者是一家基金公司帮你做投资，等等。这些金融机器人其实就跟传统世界的金融服务公司是一样的，不同的是，这些机器人是自动执行，自动操作，并且是完全去中心化运行，由代码组成。

（三）国内外若干案例

区块链在合作经济组织中的应用设想，起初多与可追溯性和供应链有关。分布式账簿可以记录和更新作物从种植、管护到收获、储运、加工、交付的状态。这种安全、不可更改的分布式账簿，可以确保农业数据不会丢失，且可实时查询。如果农产品供应链上各环节都加入基于区块链的溯源体系中来，将对整个农业产业的运转方式产生质的影响。

从国际上看，如国际小母牛组织（Heifer International）已经着手支持合作社应用区块链，开展产品溯源，质量安全认证。美国全国牛奶营销合作社"美国奶农"（DFA, Dairy Farmers of America），是一家由 48 个州的奶农会员所有的合作企业，2017 年其净收入为 1.274 亿美元，净销售额超过 140 亿美元，约占美国牛奶总产量的 30%。DFA 已与食品金融科技初创公司 ripe.io 合作，试点一个以区块链为动力的项目，旨在改善食品供应链。[①]

美国信合联盟（CUNA, Credit Union National Association）2016 年牵头

---

① 《美国乳品市场合作组织通过区块链技术改善食品供应链》，见搜狐网：https://www.sohu.com/a/256403888_104036，2018 年 9 月 27 日。

发起组建区块链联盟 CULedger。另一发起人 PSCU（Public Service Credit Union）与支付咨询和研究公司 Glenbrook Partners 发布了白皮书《区块链和信用社：资产转移革命》。2018 年 12 月，CULedger 加入 R3 全球区块链生态系统的网络。该网络由全球 200 多家最大的金融服务公司、科技公司、中央银行、监管机构和行业协会组成，在 R3 的 Corda 平台上共同工作。Corda 平台已经被用于金融服务、医疗、航运、保险等行业。此前，2018 年 7 月，加拿大信合联盟（LCUC, Large Credit Union Coalition）宣布加入 R3。[①] 2019 年 3 月，科技巨头 IBM 宣布与区块链联盟 CULedger 合作，为信用合作行业开发新的基于区块链的解决方案，创新现有的商业模式和流程。CULedger 专为信用合作提供技术服务，与 IBM 合作为全球信用合作社提供数字身份认证，"了解您的客户"合规性（KYC），借贷和支付服务以及其他需要身份验证的消费者流程服务。据报道，CULedger 将为这 2.6 亿信用合作社成员提供数字凭证"MyCUID"，此凭证可验证 CULedger 网络上任何信用合作社成员之间的金融交易。

2021 年，一个公司声称是世界上首个去中心化金融（DeFi）信用合作社平台，其将基于币安智能链（BSC），提供高性能和低手续费的 DeFi 服务。这家初创公司参加了 Google Launchpad 非洲加速器以及币安孵化计划。[②]

Pylon Network 则是与西班牙本地的 20 多家可再生能源合作社合作，创建的一个可再生能源交易平台。当地居民不再需要通过公共事业维护的电网平台购买高价电力，他们可以通过 Pylon Network 平台的智能合约购买可再生能源合作社提供的便宜电力。多余能源还可用于维持系统运转，并获得相应的激励。

在国内，2019 年 7 月，阿里巴巴与浙江省有关方面签署战略合作框架协议，参与实施"三位一体"数字化工程，打造信用服务平台，构建数字化农业全产业链服务体系。2020 年 7 月，中国信合联盟区块链委员会宣布

[①] Ana Alexandre, "Canada's Large Credit Union Coalition Joins Blockchain Consortium R3", Jul 18, 2018, https://cointelegraph.com/news/canada-s-large-credit-union-coalition-joins-blockchain-consortium-r3.

[②] 《一文了解 DeFi 信用合作社平台 Xend Finance》，载《巴比特资讯》，2021 年 3 月 24 日，见网易新闻：https://www.163.com/dy/article/G5S34EN40514832I.html。

启动了一个名为 CCAL 超级账本的区块链项目。①

八、合作经济权益登记托管系统：合作社的"新三板"

中国合作经济的全面发展，尚需若干配套的制度基础设施，其中之一就是本书设想的合作经济权益登记托管系统。如果对标股份公司的类似安排，这相当于"中证登"（中国证券登记结算有限责任公司）、"中债登"（中央国债登记结算有限责任公司）、"中信登"（中国信托登记有限责任公司）、"上交所"（上海证券交易所）、"深交所"（深圳证券交易所）、"上清所"（银行间市场清算所股份有限公司），至少也相当于"新三板"（全国中小企业股份转让系统）或区域性"股权交易中心""农村产权交易中心"等。没有这样一套金融基础设施体系，股份公司特别是上市公司是难以健全发展的，同样地，笔者认为合作经济也需要类似安排。通俗地说，就是合作社的"新三板"。合作社的"新三板"，不仅是"类金融"基础设施，也必然是超大规模的、分布式的数字化平台。

合作制与股份制当然是不一样的，但是如本书前面论证指出的，合作制也要利用资金和资本，当然同时要节制资本。合作经济组织包括但不限于现有的农民专业合作社、集体经济合作社以及各种联合组织、联合机制。这里使用"合作经济权益"或"合作经济成员权益"的概念，而不是"社员权益"或"股权"，其与股份制意义上的股权有重要区别。但股份有限公司的股权登记托管，对于合作经济组织是有借鉴意义的。

合作经济权益，可以多种多样。其中包括出资者权益，类似股权，但按照合作制原理，资本回报应受到一定的限制（优先股）；有些相当于债权或信托权益；还包括交易者权益（例如交易优先权、优惠权或交易配额等），交易权往往伴随着一定的交易义务。

一般的市场主体（包括各类股份制企业、合作经济组织等）都应该按

---

① 《中国信合联盟区块链委员会启动 CCAL 超级账本项目》，见中国网：https://tech.china.com.cn/news/20200703/367499.shtml，2020 年 7 月 3 日。

照国务院颁发的《中华人民共和国市场主体登记管理条例》①办理设立、变更等有关的登记、备案事项。各级市场监督管理部门（原工商行政管理部门）作为登记管理机关。

《中华人民共和国市场主体登记管理条例》沿用了之前《中华人民共和国公司登记管理条例》的相关规定，也与各国通行做法相符：有限责任公司股东、股份有限公司发起人作为登记事项。也就是说，股份有限公司股东，并不作为在市场监督管理部门的登记事项。这是因为，《中华人民共和国公司法》规定的有限责任公司股东不超过50人，股份有限公司设立之初的发起人不超过200人，有关登记备案工作尚在市场监督管理部门日常可以承受的工作量范围内。股份有限公司设立之后，特别是对于其中的上市公司来说，不仅股东数量巨大，而且股东及其权益随时发生交易和变动，相关的登记备案工作只能通过证券交易所及其背后的证券登记结算机构来进行。按照《中华人民共和国证券法》，证券登记结算机构为证券交易提供集中登记、存管与结算服务。

对于股份有限公司中的非上市公司来说，股权登记托管及相应的交易、结算服务，应由区域性股权市场来承担。中国证监会早在2001年《关于未上市股份公司股权托管问题的意见》中提出："未上市股份公司股权托管问题，成因复杂，涉及面广，清理规范工作应主要由地方政府负责。"后来，国务院办公厅2017年发出《关于规范发展区域性股权市场的通知》、中国证监会2017年发布《区域性股权市场监督管理试行办法》，明确区域性股权市场运营机构由各省级人民政府实施管理并予以公告，同时向证监会备案。中国证监会2019年《关于规范发展区域性股权市场的指导意见》进一步规定，登记托管业务是区域性股权市场的基础业务。区域性股权市场应建立健全登记托管业务规则和操作规程，配备熟悉证券登记托管法律法规和实务操作的人员。区域性股权市场为登记托管的股份有限公司出具股份登记托管情况证明的，运营机构承担相应的法律责任。

---

① 《中华人民共和国市场主体登记管理条例》自2022年3月1日起施行。该条例所涵盖的原《中华人民共和国公司登记管理条例》《中华人民共和国企业法人登记管理条例》《中华人民共和国合伙企业登记管理办法》《农民专业合作社登记管理条例》《企业法人法定代表人登记管理规定》同时废止。

非上市股份公司股权登记托管，是指股权登记托管机构接受公司及其股东委托，由股权登记托管机构通过电子化股权簿记系统代为置备股东名册，并为公司股东开立股权账户，记载并确认股东对股权的所有权及其相关权益的产生、变更的法律行为，是企业产权股权化、股权资本化的前提和基础。

无论按照合作经济组织的一般原理，还是《中华人民共和国农民专业合作社法》的现行规定，合作经济成员的数量都是没有上限的，随时还可以"加入""退出"，其股权管理的纷繁复杂，丝毫不亚于股份有限公司，但至今尚无有效的制度安排。《中华人民共和国市场主体登记管理条例》只把合作社成员作为备案事项，国家市场监督管理总局相应的《实施细则》要求合作社设立时提供成员名册和出资清单，但事实上不能及时反映合作经济成员及其权益的变动情况，特别是不能反映本书所创新设计的合作社优先股、交易配额等情况。这不利于保障合作经济成员的合法权益，限制了合作经济的规范发展，更堵塞了合作经济探索利用金融市场的可能。

建议参照"非上市股份公司"的类似规定，建立区域性乃至全国性的合作经济权益登记托管系统。有条件的地方可以先行一步。各类合作经济组织，包括农民专业合作社、行使集体经济职能的合作社、原中国银监会审批设立的资金互助社，一些地方金融监督管理部门审批设立的合作社资金互助会，以及具有真实成员基础的基层供销社信用社，都在这个系统进行成员权益的登记托管。这样的系统平台，可以赋能各种合作经济活动（如团购、信用互助）的发起与运营，起到类似众筹平台的作用。诸如日常依托工会、商会（行业协会）、同乡会、校友会乃至某个社交圈开展的实质性合作经济活动，在集中交易、统一收付、分账结算等方面，都可以进一步便利化。合作经济可以理解为一种"机制"，不一定都要在线下有个正式注册的"机构"。合作经济的运营成本将极大降低，而运营效率得到极大提高。

"三位一体"服务"三农"
"Trinity Cooperation System" as Solution to "Three Rural Issues"

新型合作经济与普惠金融
New-type Cooperative Economy and Inclusive Finance

第十章
总结与展望

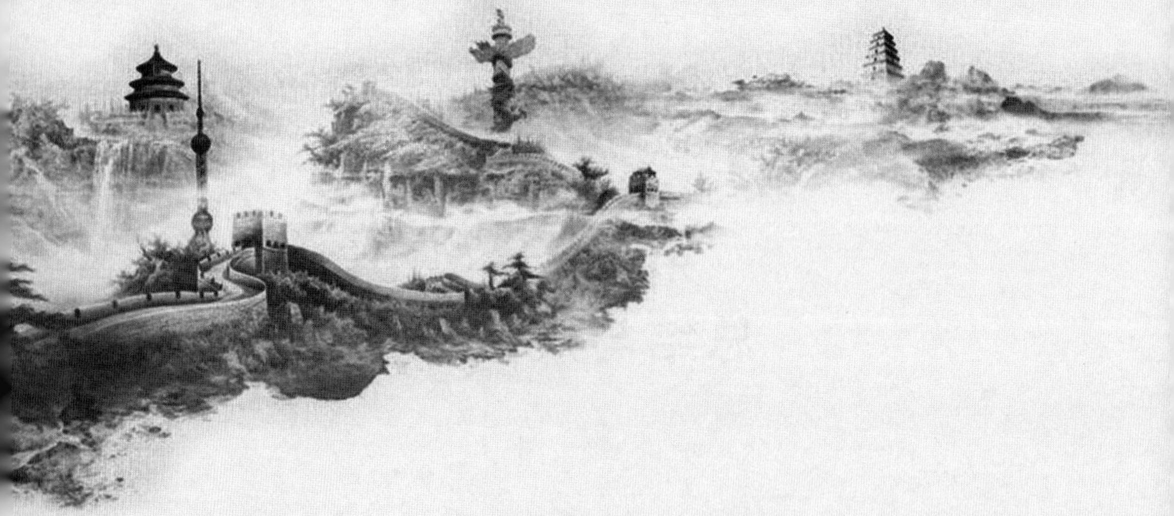

一、合作经济保障粮食安全

（一）粮食安全：成就与挑战

粮食安全关乎国计民生。国际上最广泛使用的粮食安全概念，来自联合国粮食及农业组织（FAO）的定义："所有人在任何时候都能通过物质、社会和经济手段获得充足、安全和富有营养的食物，满足其膳食需要和饮食偏好，过上积极和健康的生活。"

2024年5月，全球应对粮食危机网络（Global Network Against Food Crises，GNAFC）和全球粮食安全信息网（FSIN，Food Security Information Networr）联合发布了2024年版《全球粮食危机报告》（GRFC，Global Report on Food Crises）。报告显示，2023年有59个国家和地区约2.82亿人面临严重的粮食安全问题，相比2019年的55个国家和地区约1.35亿人上升较为明显。[①] 2024年7月，联合国粮农组织、国际农业发展基金、联合国儿童基金会、联合国世界粮食计划署和世界卫生组织在巴西二十国集团全球反饥饿与贫困联盟工作组部长级会议期间发布2024年《世界粮食安全和营养状况》报告。报告指出，全球消除饥饿的步伐不进反退，食物不足水平倒退15年，相当于2008—2009年水平。

中国以占世界9%的耕地、6%的淡水资源，养育了世界近20%的人口[②]，粮食安全取得的成就有目共睹。2023年国内粮食总产量达到69541万吨，连续九年稳定在6.5亿吨以上。2024年国内粮食总产量首次突破7亿吨，达到70650万吨（14130亿斤）。[③] 我国粮食安全保障水平显著提升

[①] Food Security Information Network, *Global Report on Food Crises* 2024, https：//www.fsinplatform.org/sites/default/files/resources/files/GRFC2024-full.pdf.

[②] 中国农业大学课题组（赵霞、韩一军、潘怡执笔）：《合理保障农民种粮收益》，载《经济日报》2022年7月15日。

[③] 《国家统计局关于2024年粮食产量数据的公告》，见国家统计局网站：https：//www.stats.gov.cn/sj/zxfb/202412/t20241213_1957744.html，2024年12月13日。

的同时，粮食供求在中长期内仍将处于紧平衡态势。

此外，中国粮食进口2014年首次突破1亿吨，之后连续十年保持在1亿吨以上。最近三年更创历史新高，2021年粮食进口16454万吨，2022年粮食进口14687.2万吨，2023年粮食进口16196.4万吨（相当于当年国内粮食产量的23.29%）。[①] 从品种结构看，饲料粮是中国粮食进口的大头，其中六成以上是大豆，主要用作蛋白饲料。此外，中国每年还需要直接进口相当数量的肉、蛋、奶类等畜产品，以及油脂油料、饲料（包括草饲料）等。

2000年以前，中国基本能够实现粮食自给自足，只有在少数年份因自然灾害等因素导致歉收时，才需要适量进口以补充国内市场需求。但随着经济社会发展和人民生活改善，饲料用粮、工业用粮需求增长，国内农业生产成本上升和耕地减少，乃至一部分本土产品的食品安全问题促使消费者选择进口产品，都使得粮食进口量明显提高。自2004年以来，我国已经成为全球最大的粮食净进口国。

虽然说能够确保"谷物基本自给、口粮绝对安全"（口粮主要来自稻谷和小麦，也就是米和面），我国口粮自给率在100%以上，谷物自给率在95%以上，但不能因此掉以轻心。随着人们生活方式的改善，主食消费量相对减少，从肉蛋奶中获取营养的比重显著上升。国产肉蛋奶的来源养殖业，就在很大程度上依靠饲料用粮的进口（例如大豆榨油后剩余的豆粕是优质饲料）。

据专家分析，如按中国的生产水平计算，进口的各类农产品相当于在境外利用了13亿亩以上的农作物播种面积，而根据国家统计局数据，中国现有农作物播种面积约为25亿亩。因此，中国目前农产品的自给率，从资源角度看，大约为2/3。联合国粮农组织认为中国的潜在粮食（食物）自给率为70%。[②]

国务院新闻办发布的《中国的粮食安全》白皮书表示，中国严格按照

---

① 来自中国海关总署公开数据。
② 陈锡文：《当前农业农村的若干重要问题》，载《中国农村经济》，2023年第8期。

加入世界贸易组织承诺，取消了相关农产品进口配额和许可证等非关税措施，对小麦、玉米、大米实施进口关税配额管理，大幅度削减其他粮食品种的进口关税。进一步放宽农业领域外商投资准入限制，除中国稀有和特有的珍贵品种、转基因品种之外，将外商投资种业的限制范围缩减为小麦、玉米，取消农产品收购、批发的外商投资准入限制。中国在确保国家粮食安全的前提下，积极与世界主要产粮国分享中国巨大的粮食市场。[①]

在市场化、全球化条件下，国际贸易可以是互利互惠的，充分利用国外的资源也是大有必要的。但是中国这样的大国，进出口的吞吐量对于国际市场影响甚大，也必须考虑国际政治环境的制约。食物供应链的安全是命脉所系，不能不保持一定的粮食自给率。

（二）保障农民利益才有粮食安全

粮食归根结底要靠农民去种，农民种粮能赚钱，国家粮食就安全。农民是农产品价值创造的核心主体，是农业价值链上利益与风险的汇聚点。我国农户种粮效益低，主要有几方面因素叠加影响。一是土地、人工成本上升；二是农药、化肥、种子等农业生产资料价格上涨；三是农业技术推广、农机、植保以及贷款、保险、信息、营销等服务环节的费用负担加重；四是粮食销售价格下降或增长缓慢。农民对降成本、增收益、稳预期具有迫切需求。解决问题的关键在于保障农民种粮收益，激发种粮积极性，实现粮食增产、农民增富、集体增收。[②]

2024年6月中央全面深化改革委员会第五次会议审议通过了《关于健全种粮农民收益保障机制和粮食主产区利益补偿机制的指导意见》，强调必须保护和调动农民种粮和地方抓粮积极性，夯实粮食安全根基。2024年7月，党的二十届三中全会通过的《中共中央关于进一步全面深化改革、推进中国式现代化的决定》也提出，加快健全种粮农民收益保障机制，推

[①] 《中国的粮食安全》白皮书（2019年10月），见国务院新闻办公室网站：https://www.gov.cn/zhengce/2019-10/14/content_5439410.htm。

[②] 《仓廪实 粮农富 饭碗固——全国政协双周协商座谈会建言夯实粮食安全根基》，载《光明日报》2024年5月11日。

动粮食等重要农产品价格保持在合理水平。

随着我国不断强化强农惠农富农政策，重点从价格、补贴、保险等方面强化政策举措，健全种粮农民收益保障机制，让农民种粮有钱赚、能得利，为粮食持续稳产增产提供政策支撑。然而，正如《经济日报》记者调查指出，当前种粮面临"价格失灵、政策失效、动力失势"的风险隐患。①

加入世界贸易组织以来，我国农业支持政策逐步形成以价格支持政策和农业支持保护补贴政策为主体，农业保险费补贴、生态补偿等多项补贴在内的政策支持框架。但在具体落实上，仅仅依靠行政部门去"扶持"，依靠工商企业去"带动"，效果上还是有局限的。

粮食安全的要害在于农民的收益保障机制。最大的农民收益保障机制，正是合作经济机制。保障粮食安全与确保农民增收不是非此即彼的选择题，两者完全可以相辅相成、统筹推进。

党的二十届三中全会通过的《中共中央关于进一步全面深化改革、推进中国式现代化的决定》提出，"促进农民合作经营，推动新型农业经营主体扶持政策同带动农户增收挂钩"。2024年6月1日起施行的《中华人民共和国粮食安全保障法》规定："国家扶持和培育家庭农场、农民专业合作社等新型农业经营主体从事粮食生产，鼓励其与农户建立利益联结机制，提高粮食生产能力和现代化水平。国家支持面向粮食生产者的产前、产中、产后社会化服务，提高社会化服务水平，鼓励和引导粮食适度规模经营，支持粮食生产集约化"。

家庭农场就是农民（农户）的升级版，农民合作社是农民、家庭农场之间的合作经济组织。上述"产前、产中、产后社会化服务"，主要寄希望于农民为主体的合作经济组织，这样形成的"利益联结机制"才能真正"推动新型农业经营主体扶持政策同带动农户增收挂钩"，切实保障农民利益，方能保障粮食安全。但我们的最大差距，仍在于合作经济组织体系的短板。

---

① 刘慧：《加快健全收益保障机制——确保种粮农民有钱挣》，载《经济日报》2024年8月19日。

各种农产品的价值实现，主要取决于加工、流通乃至相关金融服务环节，而农业生产者的利益经常被边缘化。农业投入品，也多受制于垄断市场，以至于国内某些农产品的成本已经高于国际市场，而各种农业补贴和优惠政策多被涉农的工商金融企业截取。只有农民（农业生产者）为主体的合作经济组织占据了加工、流通、金融的重要地位，政府支农惠农政策也主要依托合作经济组织去落实，才能帮助农民增收节支。通过合作经济，在体制机制上，从生产端的源头保护农民的利益和积极性，这是粮食安全的根本所在。

在我国，合作社已经成为保障粮食安全的重要主体。当前，农民合作社从事粮食产业主要有两种方式，第一种是通过托管代耕、规模流转、入股经营等方式直接从事粮食从种到收的全过程，第二种是为从事粮食生产的主体提供农机作业、深加工、销售等产前、产中、产后服务。[①] 据不完全统计，农民合作社领域的十三届全国人大代表有54位，涉及22个省份，充分彰显合作社群体作为新型农业经营主体在农业乃至整个社会发展中的重要作用。在采访过程中，记者发现粮食安全、乡村振兴是他们最多提及的事，也是他们最关心的事。关于如何把饭碗牢牢端在自己手中，"要让农民愿意种粮！"一位全国人大代表、基层合作社理事长表示，要切实提高种粮收益，鼓励企业与种粮大户、家庭农场、农民合作社等联合，建立新型产销合作，延长生产链条，提高种粮收益。[②]

日本与我国都是东亚小农国家，日本人均耕地面积仅有中国的1/3，同样面临严峻的粮食安全问题。日本始终坚持口粮绝对安全政策，其中主食大米自给率更是维持在接近100%。[③] 2023年4月，英国经济学人智库（The Economist Intelligence Unit，EIU）发布的《全球粮食安全指数》（GFSI, *GFSI-Global Food Security Index*），日本排名第6（中国排名第25，相比

[①] 孙超：《合作社是保障粮食安全的重要主体》，载《中国农民合作社》，2021年第3期。
[②] 孙超：《合作社领域全国人大代表热议 确保粮食安全、促进乡村全面振兴》，载《中国农民合作社》，2022年第4期。
[③] 曹斌、郭芸芸：《日本综合农协在落实"口粮绝对安全"政策中发挥的作用》，载《现代日本经济》，2019年第6期。

2021 年上升 14 个位次）。① 需要指出，日本在粮食安全政策中始终坚持以农民为主，注重发挥农业协同组合（也就是农业合作社或农协）的抓手作用，既降低了行政成本，也提升了政策效率。农协组织在保障粮食安全方面发挥着维持总量供给、提升粮食政策实施精度、提升粮食品质、增加农民收入、扩大经营规模、改善农民经营管理水平、保障种粮资金充裕、提升稻农灾后恢复能力和中长期储备能力等重要作用。由此可见，各级政府应当更加重视农民合作社，将农民合作社作为政策抓手，不断完善农民合作社相关法律制度、监管制度，加大扶持力度，促进扩大经营规模和提升为农服务能力。②

（三）粮商巨头与合作经济

国际粮商巨头被不少人认为掌握着"定价权"，最经常被提到的是"ABCD"：美国艾地盟（ADM）、美国邦吉（Bunge）、美国嘉吉（Cargill）和法国路易·达孚（Louis Dreyfus）。当然，近些年随着经济全球化和亚太新兴经济体的崛起，包括中粮集团（COFCO）、新加坡丰益国际（Wilmar International）、新加坡奥兰集团（OLAM GROUP）在内的新生代国际粮商崛起，与"ABCD"等传统粮商形成相互竞争与制衡。

美国农业生产了世界 1/5 的粮食，人均占有量名列世界第一；美国又是最大的粮食出口国，其出口约占全球总量的一半。"ABCD" 四大国际粮商中，就有三家属于美国，但他们至少在美国国内并不能掌握"定价权"，这是因为真正的供应商——农场主合作社控制着相当大的市场份额和话语权。在美国，谷物销售合作社控制了国内粮食市场 60% 的市场份额，并提供了全国出口谷物总量的 40% 的粮源；由农业合作社加工的农产品占农产

---

① 全球粮食安全指数（GFSI）与粮食自给率（Food Self-Sufficiency Rate）的单一指标不同，而是从四个关键支柱评估粮食安全。包括：(1) 可负担性（Affordability），涉及国家经济状况、人均收入以及食品价格等因素。(2) 可获得性（Availability），涉及农业生产能力、供应链韧性等因素。(3) 质量与安全（Quality and Safety），涉及食品品种多样性、营养均衡、安全可靠等因素。(4) 可持续性和适应性（Sustainability and Adaption），涉及气候变化及其他自然风险与应对。

② 倪镜、曹斌、郭芸芸：《日本综合农协治理与粮食安全保障》，载《中国合作经济评论》，2020 年第 1 期。

品总量的 80%；而且美国全部出口农产品的 70% 左右，是由农业合作社完成实现的；2019 年，全美规模最大五十家（Top50）乳制品合作社占总产量的 81% 以上，其中最大五家（Top5）占 48%。

在国际十大粮商排名中，有两家纯粹属于合作社粮商，这便是美国新谷（CHS）和日本全农（ZEN-NOH）。

新谷由美国各地的农民、牧场主及其合作社，以及数千名优先股持有人共同所有，其在美国国家消费者合作银行（NCB，National Consumer Co-operative Bank）发布的美国《合作社 100 强》（*Top Co-op 100*）中经常排名第 1。2023 财年营业收入 455.9 亿美元，在世界 500 强中排名第 335，国际粮商排名第 6。

CHS 是长期以来农民合作社多次合并的结果。1931 年，Farmers Union Central Exchange 在明尼苏达州的圣保罗成立，后来成为 Cenex（Central 与 Exchange 两个单词的缩写组合）。1998 年，Cenex 与 Harvest States Cooperatives 合并成立了 Cenex Harvest States。2003 年，合作社将其法定名称更改为 CHS Inc.，Cenex 成为其能源品牌的名称。

CHS 的业务包括谷物营销和运输、向日葵和大豆加工、批发肥料、动物饲料生产和销售，以及各种农场供应。它也是 Cenex 牌汽油和柴油产品的制造商。通过全资子公司，提供财产保险和意外伤害保险，团体健康福利，农业融资和商品经纪服务。CHS 还与其他企业合资生产和销售基于植物油的产品，如人造黄油和食用油。CHS 为 65 个国家的客户提供服务，设有 28 个海外网点，将农民与全球市场联系起来，在全球拥有 27000 多名员工。

日本全农，即全国农业协同组合联合会，负责农业协同组合（农协）的销售与供应业务，包括农产品的销售和农业生产用物资的供应。全农与基层农协（即全农的成员合作社）及都道府县联合会合作，共同创造规模经济，确保销售与供应活动竞争力。销售与供应活动有助于增加农户的收入和扩大农业生产能力。全农的另一角色是通过这些活动向日本各地的消费者提供食品。

日本全农进入国际粮商排名前 10，2023 财年营业额 4.93 万亿日元。

全农在日本国内有 923 家合作社，在日本以外 12 个国家拥有 26 个网点。日本全农为了确保长期稳定的业务往来，在沟通交流促进互信的基础上，通过缔结长期稳定的商业交易协议以及建立合资企业等方式，加强与世界各地主要合作社的关系。

由超级大公司主导的高度集中化格局，即便在西方也面临着争议和挑战。合作社粮商，有的已经直接进入国际市场头部，代表着中小农户在全球农业价值链中发挥战略作用。即使是"ABCD"这些传统的国际粮商，也不能不在供应链上与合作社积极对接，在一些方面向农民生产者的利益作出让步。

由于全球化大市场的形成，出现了若干国际粮商巨头，在一些人看来仿佛是它们"控制"了粮食市场，于是呼唤培育中国"自己的"国际粮商巨头。这恐怕只看到了国际粮食市场的表面现象。如果看不清大粮商与农民合作社的关系，甚至脱离合作经济的基础去强行"培育"大粮商，这些"大粮商"到国外市场未必能占到什么便宜，对国内生产者、消费者倒可行使垄断带来的"定价权"了。可以说，中国不缺大粮商，最缺的还是有实力的大规模合作社，进而才能发展出美国新谷和日本全农这样的合作社粮商。纵使合作社本身一时发展不出大粮商，也要让众多农民通过合作社（及其联合社、联盟）面对大粮商，这样更能在市场博弈中维护其利益，保护农民的种粮积极性，进而保障国家粮食安全。

（四）兼论食品安全与合作经济

说到粮食安全（food security），顺便讨论一下食品安全（food safety），两者各有侧重。从英文来看，"security"强调的是免受来自外部或内部"蓄意或恶意"的伤害，采取必要的措施防止这样的伤害发生。"safety"则多针对无意的伤害或危险，又如"劳动安全"或"安全生产"（work safety），强调的是确保人们都能得到维持生活所需要的粮食。food security（粮食安全）强调的是确保人们都能得到维持健康生活所需要的粮食，主要跟粮食的供应和人们获取的渠道有关；food safety（食品安全）强调的是确保人们吃进嘴里的食物在生产、存储和销售等环节都符合卫生健康标准。

广义上的粮食安全,应包括食品安全因素。例如全球粮食安全指数（GFSI）的构成中,就包括质量与安全（Quality and Safety）方面。

食品安全的最佳保障,是实现农产品的质量安全可追溯,把产供销链条全部打通。但这不是依靠层层监督就可以胜任的,也不能完全指望科技手段。归根结底是要把利益链条理顺,该给农民的利益要给农民,并在源头上有基于互助的相互监督,这就需要发挥合作经济的独特功能。食品安全不仅关系到消费者的切身利益,也与生产者的根本利益紧紧联系在一起。通过合理制度设计让生产者自己来防范"害群之马",维护自身长远利益,才是治本之策。

在日本,保障食品安全的主力军并不是政府部门,而是日本农协,其从源头和流通等各个环节控制食品质量,让民众吃上了"放心食品"。[①] 作为日本食品安全委员会、农林水产省及各地相关农业政策的具体执行者,农协开展食品安全监管,在生产和生活两个方面为农民和消费者提供了最大限度的保证。农协制定了一整套农业生产经营的标准化流程,并指导农民严格执行流程。农产品的储存、加工和流通,是保证食品安全的重要环节,也由农协广泛介入甚至主导。2001年开始施行并推广的农产品与食品的追踪系统,由农协负责具体执行。日本农业具有农地较为分散、生产单位小的特点。农协却把农业生产主体有效组织起来,办好了政府都很难办好的事。

值得指出的是,2008年"三鹿毒奶粉事件"中偶尔被提到的那个外资股东——新西兰的恒天然集团（Fonterra Co-operative Group）,之所以能够坚守应有的原则立场,源于其并非资本主导型企业,而是奶牛农场主的合作经济组织。恒天然是新西兰最大企业,也是世界最大奶品公司,有一万多名成员。世界最大的奇异果公司佳沛（Zespri）,也是新西兰的合作经济组织。类似恒天然的例子,还有荷兰的皇家弗里斯兰食品公司（Friesland

---

① 《日本依靠农协全程打造食品安全链》,见中国新闻网：https://www.chinanews.com.cn/hb/2015/03-25/7158281.shtml, 2015年3月25日。

Foods）和坎皮纳公司（Campina），以及芬兰最大的乳制品公司瓦利奥（Valio）。它们都是奶农合作社发展的成功典范。国外奶农合作社的成功，不仅在于规模和效率优势，更在其与奶农利益上的一致性。奶农通过合作组织，介入鲜奶收购、加工和销售产业链，不仅有助于奶农利益的维系，也有助于食品安全和消费者利益。

当年的"三鹿毒奶粉事件"，不仅仅是个产品质量安全问题，更不仅仅是个轻描淡写的企业社会责任问题；不仅涉及企业和消费者之间的关系，更涉及企业与原料供应者（即广大奶农）的关系，后面这一点却常常被忽略。奶农们难以分享原料加工和流通的增值收益，却受到层层压榨，乃是不争的事实。奶业厂商还经常向奶农转嫁风险。即使三鹿公司破产了，实际上损失更大的仍是处于产业上游的众多奶农。以至于一些同情者甚至认为，奶农如果有掺杂，也是被逼无奈，并且事发前一直得到默许。从另一方面来说，即使奶业厂商要严格控制奶源质量的可靠性，也要看奶农与之有何共同利益的基础，凭什么要真心实意去配合。因此，即使从消费者保护、产品质量安全和"可追溯性"的角度，也不得不关心农民的利益和命运，以及相应的合作经济机制安排。

二、合作经济巩固金融安全

（一）最大的安全隐患：金融堰塞湖

过去一个时期中国金融业的超常增长，其实是经济市场化特别是货币化程度加深、全社会资源资产化和价值重估的外溢效应。一些业内人士过高估计了自己的作用，不免有些飘飘然。社会上很多人更把金融看成了一本万利，甚至无本万利，"空手套白狼"的金钱游戏。由此加剧了金融乱象，更混淆了对于金融本质规律和金融安全深层隐患的认识。经济是肌体，金融是血脉，两者本当共生共荣。血脉不畅则肌体不健。离开了服务实体经济这个根本，金融发展便无所依托，就成为无本之木、无源之水，进而造成金融安全隐患。

根据中国人民银行公开数据，2024年6月末，中国广义货币（M2）余额305.02万亿元，几乎是美国、日本、欧盟之和（有统计口径上的细微差异）。这些货币多沉淀在金融体系内"空转"，"死钱"多于"活钱"，如果没有流动，其对实体经济就没有任何意义。2024年6月末，扣除了定期存款后的狭义货币（M1）余额66.06万亿元，连续多月呈现下降趋势，是几十年来所罕见的。与此同时，M1与M2的增速剪刀差继续扩大，创下新冠疫情以来的最高水平，这意味着越来越多的货币被沉淀下来。虽然电子支付和互联网理财工具的发展对于传统M1、M2的划分带来变数，但是不影响作出基本判断。

当前金融安全的最大隐患是什么？恰恰是过度膨胀的商业金融体系又过度依赖大银行，使大量资金无法投放到实体经济特别是小微企业和农户，形成的"金融堰塞湖"。全社会遍闻"融资难"的呼声，而商业银行的钱贷不出去。真的是没有社会需求吗？真的是中国人都不讲信用了吗？其实是供求衔接、资源配置出了问题，背后则是整个金融体制的问题，包括本书探讨的合作经济特别是合作金融欠缺发展的问题。

（二）合作经济作为金融安全阀、稳定器

合作经济、合作金融具有金融安全阀、稳定器的功能。首先，如本书前面反复论证的，合作经济、合作金融贴近基层、贴近客户，以客户（成员）为权利主体，而不是交易对手、图利对象。这就在信息、管理、监督上有商业金融难以比拟的优势，可以更好地控制信用风险和预防不良贷款的发生，有利于缓解实体经济特别是小微经济主体的"融资难"，进而有利于疏通"金融堰塞湖"，巩固金融安全。

其次，合作金融机构本身也体现出特殊的安全稳定性，更能遏制少数股东和高管人员的行为扭曲，以免危害公共利益。

对于股份制公司来说，尤其是股权高度分散的，以及财务上高负债高杠杆的公司（金融机构最为典型），少数股东甚至少数几个经理人就可在相当程度上控制公司，非常容易诱发过高的风险偏好，"负赢不负亏"，助长短期行为。试想，高风险伴随着高收益的可能性（当然也伴随着高亏损

的可能性），而经理人和/或少数股东通过更大冒险，短期内可能分享到高收益，高风险则由全体股东乃至债权人（包括存款人）承担。长期上纵使经营失败，经理人可以轻松"跳槽"，少数股东也可能利用内幕信息先"解套"，徒留众多的小股东和/或债权人继续挣扎，甚至要政府动用公共资源去救援。

这个委托代理问题，特别是由于金融高杠杆造成的经营行为扭曲和风险叠加，在国外多次金融危机中，时隐时现。这样的事例在华尔街不胜枚举，在中国更不陌生。关于股东坑债权人、控股股东坑小股东，然后经理人把股东、债权人乃至供应商、客户全坑一遍的戏码，并不鲜见。

对于合作经济特别是合作金融来说，股东与客户（存款人、债权人）基本重合，股权又相对平等。合作经济、合作金融服务对象以内部成员为主，不以追求资本回报（股份分红）为目的，不存在"上市"问题，就没有股价、股票期权的波动和诱惑。合作组织的高管人员有些是由志愿者担任，也可以聘请职业经理人按照市场化标准给付薪酬，他们通过高杠杆、高风险追逐暴利的动机更弱，事实上也更难做到。这有利于金融安全与稳定。

（三）银行业安全稳定与合作经济

从历史经验来看，美国得克萨斯大学教授克劳迪亚·桑切斯·逍遥和国际合作联盟工业、手工业及生产服务者合作组织（CICOPA）秘书长布鲁诺·罗兰滋著有《资本与债务陷阱：向全球危机中的合作社学习》一书。该书总结了合作社在金融危机中的优异表现，反映出了以成员利益为导向的合作制相比股东利益最大化的股份制在治理制度方面的优势。这种优势在经历了2008年的经济危机后，能够看得更清楚。这一点也得到了国际货币基金组织的认可。按照该书提供的资料，7708家美国信用合作社在2009年资产超过8990亿美元，占整个金融机构资产的6%；在保险业，合作社及互助社在2007—2008年的全球份额为24%。虽然也受到金融危机的冲击，但是信用合作社的表现普遍好于银行金融机构。在美国，2007—

2008年，信用合作社联盟的贷款增长率为6.68%，而同期8300家传统银行贷款业务下降了0.39%。2009年，美国信用合作社联盟的生产性贷款增长达到了11%，而传统银行则下降了15%；其总储蓄和总资产增长率都达到了2005年以来的最高值，分别为10.3%和8.9%。在欧盟，占有19%银行储蓄和16%银行贷款的合作社银行在危机中没有破产，而一些政府和商业银行却倒闭了。在危机中，法国、德国和荷兰等国的合作社银行保险都比它们的同行表现得好。[1]

国际货币基金组织（IMF）在一篇报告中指出："合作社在发达经济体及新兴市场条件下比商业银行和储蓄银行（较小幅度）具有更高的Z分数，说明合作社银行稳定性更强。我们注意到合作社银行利益回报具有较低的可变性，原因可能在于在平时，合作社银行把大部分收益返还给顾客，但在困难时期，合作社银行能够收回这部分盈余。某种程度上，这种结果反映出很多合作社银行所创造出的相互支持机制。"

有学者汇总了欧洲最大的18家合作性银行及整体银行业的数据，并发现欧洲合作性银行长期表现好于整体银行业，在危机期间的韧性更强，典型的表象就是合作性银行的净资产收益率（ROE，Rate of Return on Equity）长期高于整体银行业。[2] 背后原因可能是合作性组织的自下而上的机制、熟人文化、地方经营、不以短期盈利最大化而以会员利益最大化为目的的商业模式，以及完善的多层级互助合作体系降低了其经营风险，降低了其过度扩张和从事高风险业务的可能性。[3]

从反面例证来看，也有一些经验教训。如英国合作银行20世纪70年代私有化，十多年之后又上市，却逐步走下坡路，监管指标持续多年不合格。英国北岩银行的前身是北岩建屋互助会（Northern Rock Building Socie-

---

[1] 〔美〕逍遥（Claudia Sanchez Bajo）、罗兰滋（Bruno Roelants）：《资本与债务陷阱：向全球危机中的合作社学习》，中华全国供销合作总社国际交流促进中心译，中国商业出版社2014年版。

[2] Hans Groeneveld, "European Cooperative Banks in 2021: A Concise Assessment", Research Letter European Cooperative Banks, 2022.

[3] Mikko Mäkinen, & Derek C. Jones, "Comparative Efficiency between Cooperative, Savings and Commercial Banks in Europe Using the Frontier Approach", *Annals of Public and Cooperative Economics*, Vol. 86, Issue 3, September 2015, pp. 401 – 420.

ty），曾经发展得不错，20 世纪 90 年代从互助会转型为上市公司，走上激进扩张之路，遭受次贷危机影响，酿成英国 100 多年来首次银行挤兑事件，不得不寻求政府紧急救助（后被维珍金融公司收购整合）。①

从法国的具体情况来看，20 世纪 90 年代初期法国银行业一度陷入危机时，合作性银行的表现普遍好于商业银行等其他类型的银行。当时在银行业整体重组过程中，法国的合作性银行收购了大量陷入危机的商业银行资产，使其业务份额迅速提高，业务范围也迅速扩展至各类非传统业务，包括大量境外业务。2001 年法国农业信贷集团将 30% 的股份进行 IPO，此举背离了合作性银行一般不上市的传统。截至 2023 年末，法国农业信贷集团高达 46% 的股份上市。基于这些变动，Ory 研究指出②，与德国等国的合作性银行体系不同，法国的合作性银行体系已经不是纯粹的合作性银行体系，而是一种商业银行和合作性银行混合的体系。这种混合体系造成部分法国的合作性银行经营目标出现混乱，同时导致法国的合作性银行涉足了之前并不熟悉的、非合作金融传统的、偏高风险的领域，这也是其进入 21 世纪后业绩表现下降的重要原因。

与法国相比，德国、荷兰等国的合作性银行并未经历类似的变动，其表现仍旧优于同一经济体的商业银行。这恰恰是因为坚持了合作制的传统。以德国为例，近 50 年，德国合作性银行的表现优于德国其他类型的银行。从行业整体来看，其自 1934 年以来没有一家合作性银行倒闭，自 70 年代以来没有一年整体出现过亏损，也没有一家合作性银行申请过政府救助，而同时期德国银行业整体曾在不同年份出现过亏损，甚至有部分商业银行由于亏损严重还接受政府救助。③

---

① 管斌：《商业银行法律风险的产生及其规制——以英国北岩银行危机为分析蓝本》，载《法商研究》，2012 年第 5 期。

② Jean-Noël Ory, Mireille Jaeger, Emmanuelle Gurtner, "La banque à forme coopérative peut elle soutenir durablement la compétition avec la banque SA", Finance Contrôle Stratégie, Vol. 9, No. 2, 2006, pp. 121 – 157.

③ 张晓朴、朱鸿鸣等：《金融的谜题——德国金融体系比较研究》，中信出版社 2021 年版，第 270—271 页。

（四）保险业安全稳定与合作经济

2024年12月，美国最大、全球营业额第二大的保险公司联合健康保险（UnitedHealthcare）的CEO布莱恩·汤普森在纽约被当街枪杀，枪手是一位刚刚名校毕业的年轻"高富帅"，竟然被很多人视为"当代罗宾汉"，因其一副"为民请命"的姿态，被捕时身上带着一份控诉医保公司将利润置于患者健康之上的宣言。枪杀现场遗留弹壳上所刻的文字——"Delay"（拖延）、"Deny"（拒绝）、"Depose"（废除），正源自美国民间长期以来对于商业医疗保险公司的普遍印象。①

早在1905年，纽约州议会授权成立一个以参议员威廉·W. 阿姆斯特朗为首的委员会调查当时的保险乱象。② 阿姆斯特朗委员会发现，保险业中存在非法贷款、大笔政治献金、欺骗性的财务报表、官员和董事假公济私、无节制的开支以及不正当地扣留应分给投保人的红利等诸多问题，建议允许股份公司转变成相互制形式。③ 此后，由于股份制保险公司广泛存在的高额佣金、销售误导等问题受到消费者的强烈排斥，而不以营利为目的、注重长期保障的相互保险得到了更多的认同和欢迎，全世界掀起一股保险"相互化"或"合作化"的浪潮，大批股份制保险公司转变为相互保险公司，包括美国最大的三家人寿与健康相互保险公司——大都会人寿、保德信人寿和保平人寿。到20世纪80年代后期、90年代初期，相互保险迎来发展巅峰，占全球保险市场的份额将近66%。

20世纪90年代以后，全球化带来的激烈竞争要求保险公司迅速扩大规模，而相互保险公司难以有效利用资本市场迅速筹集资金。同时，消费者在保险保障需求的基础上更加注重投资。在此背景下，国际上出现了"去相互化"的浪潮，有一些相互保险公司转变为股份制保险公司。但进入21世纪，特别是2008年国际金融危机以后，受国际金融危机和新科技

---

① 《为何射杀保险大亨的枪手被捧为了"罗宾汉"？》，见央视网微信公众号，2024年12月24日。
② 范娟娟：《穿透百年的美国寿险业》，载《中国金融》，2022年第14期。
③ 赵大伟：《对美国寿险业产生深远影响的阿姆斯特朗调查究竟发生了什么？》，见玮玮道保微信公众号，2024年3月17日。

革命的双重影响，相互保险重新崛起。

国际互助合作保险联盟认为，金融危机以来消费者对保险和其他金融产品消费行为的改变是相互保险成为保费增速最快的组织形式的原因。消费者对以利润为导向的股份制保险公司不信任的增加和对相互制信任程度的增加，导致消费者在保险业内部由股份制保险向相互保险迁移，这一转换在寿险和理财型产品领域尤为明显。① 根据《全球相互保险市场份额2023》研究报告，相互保险作为全球主流的保险商业模式之一，展现出勃勃生机。2007—2021 年，相互保险保费发展速度（46.3%）要超过全球整体的保费发展速度（36.8%）。② 相互保险在全球保险市场的份额从 2007 年的 23.7% 增长到 2021 年的 26.2%（剔除中国因素则为 30.0%）。

笔者同时认为，从民粹激情出发，对于商业保险简单加以道义指责和"污名化"，甚至进而否定整个市场经济，幻想全能政府包办代替，也是要不得的。商业保险，如同其他任何一种自愿有偿的市场经营模式，有其合理存在的空间与价值。在保险公司与投保客户之间，看上去是力量不对称的，人们的同情心多在貌似弱小的个人客户一边。但就保险业特别是医疗保险领域来说，由于严重的"信息不对称""道德风险""逆向选择"难题，保险公司面对庞大、陌生的客户群体，也经常陷入防不胜防的境地，不得不提高费率、加强理赔审核。商业保险本身的高昂成本和风险最终又转嫁给投保人（或把一部分高风险投保人排斥在外，而另外一些低风险投保人则主动退出）。

商业保险公司与投保人相互防范、相互算计，互不信任甚至会发展到"互害"。于是，建立在合作经济原理基础上的相互保险（互助保险），有着商业保险难以替代的优势。在相互制这一组织形式下，投保者和保险人身份的统一性和利益的一致性，能很好地避免这种信息的不对称问题。保险人能够充分了解投保者的身体状态，进而可以达到减少道德风险和逆向选择的目的。同时，由于道德风险降低和逆向选择问题的减少，保险费率

---

① 姚庆海、宋占军：《相互保险的历史与借鉴》，载《中国金融》，2016 年第 24 期。
② 于泳：《全球相互保险市场研究报告发布》，载《经济日报》2023 年 10 月 12 日。

也会相应的降低，加之相互保险不以营利为目的，因此可以提供更低价的保险产品，使更多的中低收入人群能够参与保险。因此，医疗领域一直是相互保险发展的重点领域。[①]

而一个健全的保险体系，除了商业保险、合作保险之外，还需要建立在法定的、强制性基础上的社会保险，从而在更大范围内克服"信息不对称"。美国长期是发达国家中唯一没有实现全民医疗保障的国家，而医疗花费却是全世界最贵的，美国的人均医疗开支以及医疗支出占GDP比重都是世界最高；尽管医疗资源的投入和医疗科技的水平领先于世界，但美国的人均寿命在发达国家当中也是垫底的，更有统计表明美国每年60%的个人破产申请与医疗费用有关。2010年3月，奥巴马总统执政时期推动美国国会通过了《平价医保法案》（ACA，*Affordable Care Act*）。围绕奥巴马医保改革法案，特别是"强制购买医保"的条款，从各州到联邦、从国会内外到最高法院，近些年一直缠斗不断。商业保险公司、医药行业以及某些政治势力，已经形成了错综复杂的利益格局。整个美国医疗体系弊端丛生、积重难返，其改革仍未有穷期。

（五）金融的功能性与合作经济

2023年10月中央金融工作会议提出，金融具有功能性和营利性的双重特性，但功能性是第一位。从国际上的成功经验来看，功能性金融一部分是由政策性金融承载的，且政策性金融主要起引导性作用，其机构网点不多，不适宜直接面对千百万、亿万小微客户及其具体需求。功能性金融更多要由植根基层、遍及城乡的合作金融（信用合作）去承载。

合作经济特别是合作金融，却常被一些人视为拾遗补阙，甚至是可有可无。合作经济与金融安全的正向关系，过去很少涉及。倒是有些人把一部分金融乱象归咎于合作金融。其实，哪怕是不规范的、打着"合作经济"名义的民间金融，至少起到了民间借贷的作用。具有一些合作经济传

[①] 宋占军、宋蒙蒙：《相互保险在我国医疗领域的发展前景分析》，载《中国医疗保险》，2017年第2期。

统基因的农信社、农商行,在金融机构体系中,在中小机构的生态位上,亦有其重要作用。笔者认为:金融乱象一部分是纯粹的违法犯罪所致,但也有相当部分是因为"正规金融"不能满足经济社会发展的差异化需求,有其客观土壤,宜疏不宜堵。

过去一个时期社会上特别是金融业对于股份制的过度偏好,对于合作制缺乏了解甚至是误解:一部分是因为对近现代市场经济缺乏完整理解,一部分是由于某些历史片面记忆造成的"杯弓蛇影"心态。过去几十年的经济增长伴随着资源资产化和货币化加速,甚至是一定程度的泡沫化,金融行业、金融资产获得显著的高溢价,却对实体经济特别是小微主体缺乏回馈。这种金融溢价,相当部分与其说是资本增值,倒不如说源于传统经济体制下价格体系扭曲的反弹,来自全社会估值体系的调整。更有甚者,把金融异化成为无本万利、一本万利的资本游戏。股份制无非是有利于这些人套利变现,众多局外人也幻想分取一杯羹,于是都对合作制不感兴趣。

具体到农村金融领域,农业农村、供销流通和金融主管部门各自为政,农民专业合作、供销合作、信用合作与集体经济改革各行其道。我国"三农"学界对于金融问题缺乏专门研究,我国金融学界对于"三农"问题缺乏整体思考。要打破这些部门分割、学科分割,农村金融所期待的新型主体和普惠合作体系,还有待茁壮成长。正如金融深化论的创始人爱德华·肖所指出的,"金融体制缺乏效率的问题,不可能只由金融机构和金融政策的改善而得到解决。金融体制的改革应与其他非金融政策的改革配套进行"[1]。

三、合作经济通向共同富裕

习近平总书记反复强调"中国要富,农民必须富"[2],"促进共同富裕,

---

[1] 〔美〕爱德华·S. 肖:《经济发展中的金融深化》,邵伏军、许晓明、宋先平译,上海三联书店1988年版。

[2] 中共中央文献研究室编:《十八大以来重要文献选编(上)》,中央文献出版社2014年版,第658页。

最艰巨最繁重的任务仍然在农村"①。共同富裕是社会主义的本质要求，也是中华民族的千年梦想。共同富裕作为一个完整概念，最早见诸中央文件，恰恰攸关农村合作经济，并非偶然，而有着深厚的历史渊源，内在相通的理论逻辑。②

早在1953年12月《中共中央关于发展农业生产合作社的决议》中，第一段开宗明义："党在农村中工作的最根本的任务，就是……教育和促进农民群众逐步联合组织起来……由落后的小规模生产的个体经济变为先进的大规模生产的合作经济……取得共同富裕和普遍繁荣的生活"。毛泽东在《关于农业合作化问题》中进一步指出："全国大多数农民，为了摆脱贫困，改善生活，为了抵御灾荒，只有联合起来，向社会主义大道前进，才能达到目的。"③20世纪50年代我国农村的合作化（集体化）运动前期，还是尊重财产权利和市场规则的，适应了经济社会发展需要，曾经受到农民群众的欢迎；后来的挫折，恰恰因为背离了合作经济的原则。

合作经济是共同富裕的必由之路，对于反垄断、防止资本无序扩张也有独特作用。回归合作经济的本源，既是19世纪以来社会主义运动的初心所在，也符合现代市场经济的要求，并有世界上大范围的成功范例可循。2016年伊利诺伊州立大学一项实证研究表明，基尼系数与合作经济规模之间显示出明显的负相关关系，"一个经济体中的大规模合作社部门会削弱不平等"④。

然而，关于共同富裕的很多讨论，忽视了合作经济机制，多局限于国民收入"三次分配"的框架，即初次分配、再分配、第三次分配。初次分配是按照要素贡献分配，形成工资、利润、地租等，主要由市场自发机制形成。再分配是在初次分配的基础上，把国民收入中的一部分提取出来，通过税收和社会保险系统进行重新分配，主要体现为国家调控机制。第三

---

① 习近平：《扎实推动共同富裕》，载《求是》，2021年第20期，第8页。
② 陈林：《合作经济与共同富裕思考》，载《农村经营管理》，2022年第5期。
③ 《毛泽东文集》第六卷，人民出版社1999年版，第429页。
④ Bryan Titzler, "Worker Cooperatives as An Innovative Strategy to Address Income Inequality?", *Stevenson Center for Community and Economic Development—Student Research*, Vol. 18, Summer 2016, https://ir.library.illinoisstate.edu/scced/18.

次分配借助于民间捐赠、公益慈善、志愿行为，是一种社会共济机制。当然，现实中三者经常是相互交织、并行不悖的；有的志愿劳动与初次分配同时发生，有的捐赠发生在再分配之前而获得税收减免。

曾经有一个历史时期，人们把共同富裕的理想主要寄托于初次分配环节，进而追求所有制上的"一大二公"。在经济市场化、所有制结构多元化的条件下，共同富裕涉及生产的基础、分配的安排，而生产和分配受制于流通的格局或市场力量对比。对于市场主体来说，初次分配源自经营收入，而收入不仅取决于产销数量，更取决于价格。家庭经营方式下作为自雇劳动者的农民收入，更是在通常所谓"初次分配"之前，在流通格局下就已经被框定了。合作经济在初次分配之前就可以发挥很大的作用。

促进共同富裕不能矫枉过正，在具体操作上有两种思路：限强、扶弱；限强不如扶弱。防止资本无序扩张，并不需要过度干预资本特别是民间资本的经营与决策。在少数的情况下，强行分拆垄断企业，或者限制强强合谋乃至合并，是有必要的。在更多的常态情况下，主要应靠鼓励和扶持弱弱合作与联合，起到制衡强者的作用。合作经济组织，就是这样一种行之有效的方式。

前些年关于共同富裕的讨论，多集中于再分配，特别是第三次分配，忽视了合作经济的独特功能。正如温铁军、冯开文研究指出，旧中国发生农民革命的直接原因是农民贫困和农业破产，但从本质上看，最主要的原因是工商业资本和金融资本对农村的过量剥夺。[①] 这样的前车之鉴，值得汲取。作为传统农业大国，当今中国农业的短板日益突出，表面上因为农业比较收益低，实际上真正农业生产主体的价值创造被加工、流通、金融环节所转移，而国家支农惠农的政策被中间利益集团所扭曲。探索社会主义市场经济条件下的新型合作化道路，成为当务之急。在共同富裕目标下，要有政治上的清醒与坚定。

---

① 温铁军、冯开文：《略论工商资本和金融资本对中国传统农业的剥削——兼论中国农民革命的缘起》，载《中国与世界》，1999年10月号（总第三十六期）。

合作经济不仅仅是推动发展，更重要的是让更多的人分享发展的成果。中国人民银行原行长戴相龙曾经做过一个测算：2019年，我国农产品加工利润超过1万亿元，农村商业银行系统年利润2500多亿元。如果在农民合作社内开展生产，同时开展供销、信用综合合作，可将一部分农产品加工合作，利润和商业金融的利润转化为农民收入，这对于实现习近平总书记提出的到2035年我国"人民生活更为宽裕"的目标是一条战略性措施。[①]

只有大力发展合作经济，才能保障农民的应有地位和利益，促进农业发展和粮食安全，维护农村稳定和国家长治久安。为了改变合作经济过于弱小分散的局面，只有"三位一体"这样足够强大的制度安排才能从根本上扭转农民整体在市场上的不利地位，从而在宏观上进一步促进共同富裕。

而在"三位一体"合作经济的始源地，恰恰因为走在前列，改革进入深水区，也更早触及体制机制上的一些深层矛盾和障碍。2021年6月，《中共中央　国务院关于支持浙江高质量发展建设共同富裕示范区的意见》发布。顾名思义，建设共同富裕示范区，核心动词在于"建设"，建设是进行时，不是完成时，不是已经完事大吉了。越是经济先发地区，市场和资本的自发力量越强，政商关系越是复杂隐晦，越是已经密集充斥于各种利益空间。在巩固市场基础地位、积极发挥资本活力的同时，也越要警惕一些消极不良因素。这既是攻坚克难的挑战，也是再创辉煌的机遇。

合作制、合作经济主要起源于19世纪的欧洲，倾向于弱势群体的利益和需要，因而与同时期风起云涌的社会主义运动，有着难分难解的关系，也很早引起马克思主义创始人的重视。但由于社会主义实践中的曲折，以及认识上的困扰，至今仍然存在不少误解。在新时代迈向共同富裕，合作经济不但不容回避，而且是重要的促进机制。

四、"三位一体"开创新型合作化道路

习近平总书记很早研究借鉴了发达国家农村市场化的发展史，指出其

---

① 戴相龙：《发展新型农村合作金融组织》，载《农村金融研究》，2022年第3期。

大多经历了以家庭农场为基础的横向与纵向联合的发展阶段。他设想："要发展农民的横向与纵向联合，把农民的合作组织培育成为农产品流通的主渠道之一，提高其在农产品市场经营中的占有率；要强化农民合作经济组织的农产品销售职能，加强产后服务，把生产职能与流通职能融为一体；要在家庭联产承包责任制的基础上，发展跨乡、县的地区联合，组建大规模的中心合作社或农产品销售集团，提高农产品流通规模效益。"① 习近平总书记要求："各级政府要高度重视和大力发展农村社会化服务，采取各种政策措施有计划、有组织、有步骤地发展多层次、多形式、全方位的农业社会化服务组织，……为千家万户提供农业生产的产前、产中、产后综合服务和信息、良种、技术、资金、物资、加工、贮运、推销等系列化服务，不断提高社会化服务质量和水平。"②

前面讲到的"纵横联合"，"融为一体"，"多形式、全方位"，"产前、产中、产后"，"综合"，"系列化"，都属于合作功能及其一体化的范畴。"纵横联合"又属于合作体系及其一体化的范畴，"跨乡、县""中心""集团""多层次""社会化"，都是合作体系的重要维度。"大规模""规模效益""千家万户"，更对合作组织一体化提出了要求。

"三位一体"，就是纵横联合、融为一体。"三位一体"合作经济，既是三重合作功能的一体化，又是三类合作组织的一体化，也是三类合作体系的一体化。横向联合包括功能融合、组织融合，纵向联合主要是在此基础上进行体系融合。应以大规模、多层次、普惠性合作经济组织为载体，全面深化农村金融、流通与农技推广体制等改革，增进为农服务的效率、公平与覆盖面。

"三位一体"，促进生产服务、供销服务、信用服务"三重合作功能的一体化"，发挥合作经济不同业务之间的综合协同效应，探索产业链、供应链、信用链的"三链重构"。

"三位一体"，促进专业合作、社区合作、集体经济"三类合作组织的

---

① 习近平：《中国农村市场化建设研究》，人民出版社2001年版，第337页。
② 习近平：《中国农村市场化建设研究》，人民出版社2001年版，第428—429页。

一体化",通过兼容性框架设计,推动各类合作组织的发展、规范与改革,加强综合、联合与整合。

"三位一体",促进宏观(全国)、中观(区域或行业)、微观(基层)"三级合作体系的一体化",构建立体式、复合型的经营体系,实现合作经济各种业务在适度层次上的适度规模效应,并通过层层嵌套,为行业自律监管奠定基础。

"三位一体"是合作制的创新与发展,不涉及所有制的任何改变,也要避免打乱重组现有法人财产和债权债务关系。"三位一体"合作经济之供销合作、信用合作,与原有供销社、信用社没有必然联系,也不是农民合作社、供销社、信用社形式上的简单"联合"。"三位一体"更不是三"社"一体,不能"拉郎配""归大堆",不会走到"一大二公""一平二调"的集体化老路上去。如果借用数学的语言,"三位一体"构想,好比是个联立方程:该方程有解,有唯一解,而且是稳定解。具体推动则要注重策略,在有关各方的最小公约数和最大公倍数之间寻求博弈的均衡和演进。

当务之急是梳理和整合生产、供销、信用三大服务链条,发挥协同效应和规模效应。生产服务,涉及农地、农技、农机及数字农业服务等;供销服务,涉及农业生产资料及其他商品采购、农产品及其他商品销售等;信用服务,涉及生产、供销过程以及社区生活中的支付结算、征信增信、融资理财等。生产、供销、信用可分别对应产业链、供应链、信用链,具有相互交叉、循环往复的特征,而信用是最能一以贯之的,金融科技可以赋能合作经济。

维护合作经济的本质特征,引导和鼓励互助合作。其运营重点首先是各种产品、服务的联购联销、代购代销,缩短流通环节,维护生产者和消费者权益,确保质量安全可追溯、可问责。同时,依托各级合作经济组织特别是基层组织,广泛开展征信评级、限额联保,引入反担保措施盘活抵押物资源,发现和增进农村信用,创新发展合作经济互助增信贷款、互助委托贷款,便利于和让利于农民,可以达到类似传统合作金融的效果。这既有助于克服信息不对称、畅通金融内循环和微循环,又可避免形成"资

"三位一体"服务"三农"
新型合作经济与普惠金融

金池",防范集资风险,更加安全稳健,容易得到政府和农民认可,也为金融发展打开广阔空间。对于"三位一体"中的信用合作,我们通过理论创新和制度创新,将之理解为一种互助合作"机制"而不必是"机构",与金融机构相互嫁接,无须再行申请牌照,这就巧妙化解了中国合作经济发展长期以来的金融瓶颈问题。同时有效利用各种具备互助合作因素的组织资源,为普惠金融提供组织保障和便捷渠道,进而实现合作经济与普惠金融的交叉融合。

生产、供销、信用"三位一体"新型合作经济,是在平等互助的基础上,生产服务、供销服务、信用服务的进一步发展、协同与融合;更多注重社区依托,发展综合合作和多层次联合,以期形成大规模多层次的合作经济组织体系。"三位一体",是基于中国国情农情,对于欧美专业合作模式和东亚综合农协模式取长补短,又对苏联模式下形成的集体经济组织资源进行改造利用。"三位一体"的目标模式,并非日本、韩国、中国台湾综合农协,并不需要达到那种垄断强度,事实上也很难做到那个地步。但是我国现有合作经济整合程度过低,严重受损的是农民,突出的短板更在于缺少小农合作、社区合作及其金融支持,因此在一个时期内稍多借鉴一些东亚经验亦无妨,因为过去言必称苏联、言必称欧美的时候太多了,这是一个平衡之道。

"三位一体"合作经济,核心依归必须是合作经济,在正式表述中"合作经济"不能省略,否则就混淆了为了谁、依靠谁的基本立场。如果对于合作经济的基本精神与原则缺乏理解与尊重,有意无意搞的还是助长资本无序扩张那一套,这就很成问题。有的材料把"三位一体"合作经济,仅仅表述为农村"三位一体"或者生产、供销、信用"三位一体",丢弃了"合作"这个关键词,或者把"合作体系"混同于"服务体系",甚至解释为相关部门单位之间的"合作",这并不严肃、并不科学,模糊了根本,转移了焦点。还有一些人士,仅仅从一般商业模式和经营业态上的"产供销一体化""产融结合"去理解"三位一体"合作经济,也容易忽略农民的主体地位。文字表述的话语体系背后隐含有认知结构和利益站位,不可不明察。

"三位一体",和当年的"三自一包"好有一比。回顾农村改革的历史,"三自一包",特别是包产、包干到户,赋予农民较大的经济自由,很快实现了农业生产的大幅度增长。但原来构想的"统分结合的双层经营体制"一直未得到落实。20世纪90年代以后,原有政策的潜力几乎释放殆尽,"三农"问题空前突出。在当前的资源与技术条件下,农业生产领域以分为主,承包到户,往往更有效率。但是千家万户的分散农户,要与千变万化的大市场对接,特别是要在市场化进程中分享到应有的利益,就必须在生产服务、供销服务、信用服务等领域广泛深入开展合作。"三自一包"赋予农民市场地位,但这种市场地位还是一盘散沙;"三位一体"则要进一步提升农民的市场地位,形成整体合力。"三自一包"解决温饱问题,"三位一体"则是通过体制性重组,要让农民在农业农村经济发展中分享更多实惠,实现共同富裕。从"三自一包"到"三位一体",分而后合,有分有合,这是历史与逻辑的必然。

同时,"三位一体"合作经济,恰与"两山"价值转化机制,内在相通。两者同样发源于浙江,殊途同归。"两山"资源在农村主要来自集体经济合作社及其成员,价值转化机制借鉴金融思维更要从信用合作入手。事实上浙江已将原来的"两山银行"探索更名为"两山合作社",回到"三位一体"合作经济的大道。正如习近平总书记指出,"三位一体"的农村新型合作经济在坚持和稳定农村统分结合的双层经营体制的基础上,进一步丰富了双层经营体制中"统"的内涵,创造了新的形式,"可以说是农村生产关系和农业经营体制的又一个创新"[1]。

在全国一些地方,进而把生产、供销、信用"三位一体"合作经济以及相应的普惠金融理念,从农业农村推广到城市和更多行业领域,覆盖到更多的小微经济主体如城乡消费者、劳动者和小生产者(小微企业)等。也就是,从"三位一体服务三农"发展到"三位一体服务小微"(但本书限于篇幅,主要面向"三农"展开讨论)。合作经济的载体,也可从专门

---

[1] 浙江省中国特色社会主义理论体系研究中心:《习近平新时代中国特色社会主义思想在浙江的萌发与实践》,载《浙江日报》2018年7月21日。

登记注册的合作社，拓展到各种具有互助合作因素的工会、商会（行业协会）、校友会、同乡会、社区业主组织等形式；通过数字化平台，从线下延伸到线上，进而与普惠金融交叉融合。正所谓：

> 机械化数字化合作化促进农业现代化，
> 助农惠农增产增收巩固国家粮食安全。
> 信用链贯通产供销，数字化促进合作化。
> 三位一体服务小微，城乡互助信合联盟。
> 互助增信善贷且成，众筹共济大道之行。
> 适度规模统分结合，综合协同系统集成。
> 金融科技赋能合作经济，互助委托防范集资风险。
> 生产供销信用三位一体，普惠合作迈向共同富裕。

总之，正如习近平总书记多年前的豪迈预言："新型的合作化道路将会越走越广阔。"[①]"三位一体"合作经济有着深厚的社会基础，深得人心。先行试点和各地推广的实践探索，表明"三位一体"的均衡结构和实施路径是确实存在的、是切实可行的，又为普惠金融和"两山"理念真正落地提供了组织保障。作为社会主义合作经济思想的继承与发展，这是一种制度意义上植根中国本土的自主创新，有力充实和完善了"统分结合"的双层经营体制，开创了社会主义市场经济条件下新型合作化的中国道路。[②]

---

① 习近平：《中国农村市场化建设研究》，人民出版社2001年版，第375页。
② 陈林：《三位一体服务三农：新型合作化的经验与理论》，载《马克思主义与现实》，2015年第1期；陈林：《"三位一体"开创新型合作化道路》，载《农民日报》2014年1月15日专访。

后记

笔者在浙江挂职期间，有幸在地方、基层具体组织开展"三位一体"合作经济先行试点。习近平总书记曾专门听取汇报，予以高度勉励："陈林同志学以致用啊，博士的作用真正发挥出来了。博士就要到这样的岗位上来，这才相得益彰啊，才能发挥化合作用，当地也需要你，你也需要当地"，"这个理论与实践的结合，对历史、对政策的把握，恰到好处。"[①] 他当即决定在瑞安召开全省发展新型农村合作经济工作现场会，亲自出席并发表重要讲话，进行经验总结与推广。

长期以来，无论在任何岗位上，我都铭记习近平总书记的嘱托，理论与实践相结合，知识分子与工农相结合，二十年上下求索，把论著写在祖国大地上，化身为千千万万干部群众的行动，又从鲜活的本土经验中不断提炼具有普遍意义的学术命题。我领衔智库团队继续开展了若干地方、部门和领域的改革创新探索。不管遇到什么样的压力、误解或者诱惑，毁誉置之度外，我的初心丝毫未改。

2023年10月10日，我到浙江杭州，陪同原陈云同志办公室负责人、中国社会科学院原副院长朱佳木老师参观《大道之行——"八八战略"实施20周年大型主题展览》，其中就以两个展板的宝贵篇幅，回顾了在全省农村工作会议精神指引下，组建国内首家农村合作协会及信合联盟，全面开展生产、供销、信用"三位一体"新型合作经济先行试点的历历往事。

[①] 俞颖、陈关杰、潘勤勇：《大道兴农："三位一体"瑞安模式的探索之路》，红旗出版社2021年版，第51页。

展板上还有我和团队当年的活动照片。历史和人民不会忘记，而改革未有穷期，不由感慨系之，又想起了这本流转多年的书稿。

《"三位一体"服务"三农"：新型合作经济与普惠金融》这本专著，源于笔者亲身参与"三位一体"合作经济先行试点、后续推广的实践经验和研究心得。本书原稿多年前即已完成，在学界和决策部门内部广为流传，部分成果曾以论文、专访等形式公开发表，在重要节点上有力配合了改革进程。同时，还有一部笔者主编、每隔两三年都要增订更新的《新型合作化道路（资料汇编）》，同样是长期奉行"源代码开放"，广为提供。本来考虑有些话、有些道理让别人去说、去写，各取所需、各自表述，有利于营造氛围，共襄盛举。多年来，媒体关注此起彼伏，学界研究日益增多，但是牵强附会的、以讹传讹的，不免也有发生。正本清源，蓄势再发，此其时矣。

根据有关方面的建议，笔者近期在原书稿基础上进行了全面修订。基本的理论框架没有变，完全依照我当年进行汇报并获得高度认可的发言提纲。主要是对逻辑框架的细节进行了完善，篇章结构上稍作调整，重点补充了涉及普惠金融和数字化的内容，更新了不少数据和事例。本书并非简单介绍国内外经验和现有各种理论观点，而是立足本土、植根现实、博采众长，在此基础上熔为一炉，围绕理论内核进行逻辑展开，力求形成体系。原稿中涉及过深理论抽象、历史思辨的部分，考虑分拆成为单独著作《合作的博弈》。但本书前几章偏重学术的内容可能仍显枯燥，对这方面缺乏兴趣的读者可以暂时略过，后几章的内容侧重具体实践操作。学术理论上尽量系统化，但是在机制设计和实践操作上可以模块化、见机行事、先易后难，并不立即指望100%完整实现，哪怕能有5%、10%的部分站住脚也是胜利。一些功能模块可以独立运作，有的甚至可以成为一种商业模式。

由于"三位一体"合作经济横跨多个部门职能和学科领域，涉及复杂的权力博弈和政商关系，对于旧有利益格局、认知框架、思维定式都有冲击，也引起一些反弹，因此在严格意义上，尚未克竟全功。认识问题尚有希望通过学术思辨来解决，利益问题则要诉诸循循善诱或者纵横捭阖的政治过程，其在本书中仅仅点到为止。也有同志希望能对改革全过程进行多方位复盘，总结战略策略上的经验得失。这些动态过程的故事和剖析将构成另外一部著作《合作的博弈》，本书主要是对于目标模式进行理论化、系统化的论证，立足于正面阐发，留此存照。诚请各界有识之士有以教我，不吝提出意见和建议（可发 Email：chenlin@ tsinghua. org. cn）。

在此，还要感谢中国国际经济交流中心、中国建设银行研修中心（研究院）、首辅智库、浙南农村合作中心（瑞安农村合作协会）、浙江信合联盟和哈尔滨信合联盟等单位的课题支持和调研协助，更要向研究出版社编辑团队的政策理论素养和严谨负责作风，致以敬意。

陈林

2025 年 4 月 8 日